Código de Aguas de Chile

ACCESO GRATIS ***a la Lectura en la Nube***

Para visualizar el libro electrónico en la nube de lectura envíe junto a su nombre y apellidos una fotografía del código de barras situado en la contraportada del libro y otra del ticket de compra a la dirección:

ebooktirant@tirant.com

En un máximo de 72 horas laborales le enviaremos el código de acceso con sus instrucciones.

Código de Aguas de Chile

DANIELA RIVERA BRAVO

tirant lo blanch
Valencia, 2024

EDITA: TIRANT LO BLANCH
C/ Artes Gráficas, 14 - 46010 - Valencia
TELFS.: 96/361 00 48 - 50
FAX: 96/369 41 51
Email: tlb@tirant.com
www.tirant.com
Librería virtual: https://editorial.tirant.com/cl
ISBN: 978-84-1056-726-9

Si tiene alguna queja o sugerencia, envíenos un mail a: *atencioncliente@tirant.com*. En caso de no ser atendida su sugerencia, por favor, lea en *www.tirant.net/index.php/empresa/politicas-de-empresa* nuestro procedimiento de quejas.

Responsabilidad Social Corporativa: http://www.tirant.net/Docs/RSCTirant.pdf

ÍNDICE

II. CAMBIO CLIMÁTICO

III. EVENTOS EXTREMOS

IV. FUENTES HÍDRICAS COMPLEMENTARIAS

V. ILÍCITOS PENALES

VI. MEDIO AMBIENTE

VII. RIEGO Y AGRICULTURA

VIII. TIERRAS Y AGUAS INDÍGENAS

REGLAMENTOS

ACTOS ADMINISTRATIVOS DE LA DIRECCIÓN GENERAL DE AGUAS

INTRODUCCIÓN A LA PRIMERA EDICIÓN

Así como el agua es un elemento esencialmente variable y en constante movimiento, la normativa que como sociedad forjamos para regular su uso, gestión y conservación se encuentra en fuentes de diversa tipología y jerarquía (Constitución, leyes, reglamentos, fundamentalmente), cuya evolución es a veces lenta, y, en otras ocasiones, un tanto vertiginosa.

Si bien el Código de Aguas, que experimentó una modificación sustancial en 2022, a lo que se han añadido otros ajustes en 2023, constituye la principal ley en este ámbito, hay varias otras normas que tienen importantes prescripciones esta temática. Por lo tanto, cualquier referencia, estudio o análisis que se circunscriba al primero abordará sólo una parte de la "motorizada" regulación jurídica de este trascendental componente ambiental.

En este contexto, es un gran honor y agrado contribuir a la publicación de esta recopilación, que tiene por objeto reunir el texto vigente del Código de Aguas, de otras leyes significativas en materia de recursos hídricos y de los reglamentos centrales que rigen en este campo, además de ofrecer una enunciación y clasificación temática de algunos actos administrativos que la Dirección General de Aguas (en adelante, indistintamente, DGA) ha emitido en ejercicio de sus potestades.

Es interesante constatar que, respecto a varias de las disposiciones contenidas en esta obra, recientemente incorporadas a nuestro ordenamiento jurídico, aún no se tiene experiencia de su interpretación y aplicación práctica, lo que añade un reto adicional para los múltiples actores que se desempeñan en esta área. Por otro lado, lo anterior enfatiza la necesidad de sistematizaciones como la que el lector tiene en sus manos, que contribuye al orden conceptual de un espacio en que la prolífica actividad legislativa y reglamentaria muchas veces desafía un completo y articulado entendimiento e implementación de las reglas.

Es de esperar que este trabajo, y sus futuras actualizaciones, sea útil y constituya un aporte a la comprensión del Derecho de Aguas, y también, por cierto, de otras disciplinas vinculadas a los recursos hídricos en nuestro país.

Santiago, enero de 2024

CONTEXTO NORMATIVO
DEL CÓDIGO DE AGUAS

DECRETO LEY Nº 2.603, MODIFICA Y COMPLEMENTA EL ACTA CONSTITUCIONAL Nº 3; Y ESTABLECE NORMAS SOBRE DERECHOS DE APROVECHAMIENTO DE AGUAS Y FACULTADES PARA EL ESTABLECIMIENTO DEL RÉGIMEN GENERAL DE LAS AGUAS, DE 1979

Núm. 2.603.- Santiago, 18 de abril de 1979.- Visto: lo dispuesto en los decretos leyes 1 y 128, de 1973; 527 y 788, de 1974, y 991, de 1976, y

Considerando: que es necesidad nacional iniciar el proceso de normalización de todo cuanto se relaciona con las aguas y sus diferentes formas de aprovechamiento, y

Que la legislación vigente sobre esta materia no corresponde a los principios que inspiran al Supremo Gobierno en el proceso de institucionalización del país, expresado, principalmente, a través de las Actas Constitucionales y las leyes que las complementan, la Junta de Gobierno, en ejercicio de sus potestades constituyente y legislativa, ha acordado dictar el siguiente

DECRETO LEY:

ARTÍCULO 1° Modifícase el Acta Constitucional N° 3, en la forma siguiente:

a) Suprímese en el inciso final del N° 16 del artículo 1° la frase "y al dominio de las aguas".

b) Agrégase al N° 16 del artículo 1°, antes del inciso final, el siguiente nuevo inciso:

"Los derechos de los particulares sobre las aguas, reconocidos o constituidos en conformidad a la ley, otorgarán a sus titulares la propiedad sobre ellos".

c) Suprímense en el artículo 4º transitorio los términos "y décimo" e intercálase la conjunción "y" entre las expresiones "quinto" y "sexto", suprimiendo la coma (,) existente entre ellos.

ARTÍCULO 2º Facúltase al Presidente de la República para que, en el plazo de un año contado desde la fecha de vigencia del presente decreto ley, dicte las normas necesarias para el establecimiento del Régimen General de las Aguas, que modifique o reemplace, total o parcialmente, el Código de Aguas y las demás normas relativas a la misma materia.

ARTÍCULO 3º Facúltase, asimismo, al Presidente de la República para que, dentro del plazo señalado en el artículo precedente, dicte las normas necesarias para separar, dentro del avalúo total vigente de los bienes raíces agrícolas, el valor correspondiente al inmueble propiamente tal y el de los derechos de aprovechamiento de agua que actualmente estuviere utilizando el predio.

Las normas que el Presidente de la República dicte en uso de esta facultad, no podrán importar un aumento del avalúo vigente del predio, ni de sus impuestos territoriales, ni de los impuestos que, por aplicación de la ley de la renta, deben corresponder al propietario.

Las rentas que se presumen en relación con los avalúos de bienes raíces, se determinarán en relación con los avalúos conjuntos del inmueble propiamente tal y del derecho de aprovechamiento de aguas.

Las contribuciones del inmueble propiamente tal y las de los derechos de aprovechamiento se pagarán separadamente, quedando en igual forma sujetas a los procedimientos y sanciones legales por el incumplimiento en dichos pagos.

ARTÍCULO 4º Los derechos de aprovechamiento constituidos legalmente y que se encontraren caducados a la fecha de vigencia de la presente ley, serán enajenados en licitación pública por la Dirección General de Aguas en forma de derechos de aprovechamiento vacantes.

Lo mismo se aplicará a los derechos de aprovechamiento que emanen de obras nuevas construidas por el Estado cuando el beneficiario renuncie a ellas, o no sean aceptados por éstos.

Para tales efectos, la Dirección General de Aguas podrá establecer el número de derechos de aprovechamiento vacantes y la cantidad de agua que a cada uno corresponde, expresada en medida métrica y de tiempo, o solicitar las ofertas sin dichas especificaciones.

Los derechos de aprovechamiento enajenados en conformidad con este artículo se entenderán constituidos y se adquirirán por el adjudicatorio de la propuesta en el momento en que suscriba la correspondiente escritura pública de compraventa.

El Fisco y cualquiera de las instituciones del sector público podrán concurrir a la licitación en las mismas condiciones de los particulares y sometidos a las bases correspondientes.

ARTÍCULO 5° Derogado.

ARTÍCULO 6° Las personas que realizaren obras que permitan incorporar al uso nuevas aguas en conformidad a la ley, serán consideradas como titulares de derechos de aprovechamiento sobre ellas, los cuales deberán ser anotados en el Registro de Aguas que corresponda.

ARTÍCULO 7° Se presumirá dueño de derecho de aprovechamiento a quien lo sea del inmueble que se encuentre actualmente utilizando dichos derechos.

En caso de no ser aplicable la norma precedente, se presumirá que es titular del derecho de aprovechamiento quien se encuentre actualmente haciendo uso efectivo del agua.

ARTÍCULO 8° Derogado.

ARTÍCULOS TRANSITORIOS

ARTÍCULO 1° Sin perjuicio del ejercicio de las facultades otorgadas al Presidente de la República en los artículos 2° y 3° del presente decreto ley, las modificaciones del Acta Constitucional contenidas en el artículo 1° serán aplicables a partir de la fecha de vigencia de este mismo decreto ley.

Hasta la fecha en que entre en vigencia el Régimen General de las Aguas, cualquier acto que implique enajenación del derecho de aprovechamiento de agua deberá ser otorgado por escritura pública y anotado en el Registro de Aguas que corresponda.

ARTÍCULO 2° Las contiendas que se promuevan durante el período a que se refiere el artículo 1° transitorio del presente decreto ley, serán resueltas por el Juez de Letras de Mayor Cuantía del Departamento en que se encuentre ubicado el inmueble o el establecimiento en el cual se estuviera actualmente utilizando las aguas, aplicándose, en lo demás, las normas sobre competencia que establece el Código Orgánico de Tribunales.

ARTÍCULO 3° Las causas a que se refiere el artículo anterior se tramitarán conforme al procedimiento sumario establecido en el Título XI del Libro III del Código de Procedimiento Civil.

ARTÍCULO 4° Las disposiciones del Código de Aguas continuarán vigentes hasta la dictación del Régimen General de Aguas en todo aquello que no sean contrarias a las normas constitucionales contenidas en el artículo 1° o en las legales contenidas en los artículos 2° y siguientes del presente decreto ley.

Regístrese en la Contraloría General de la República, publíquese en el Diario Oficial e insértese en la Recopilación oficial de dicha Contraloría.- AUGUSTO PINOCHET UGARTE.- JOSE T. MERINO CASTRO.- CESAR MENDOZA DURAN.- FERNANDO MATTHIE AUBEL.- Alfonso Márquez de la Plata.

ARTÍCULO 19 Nº 24 INCISO FINAL DE LA CONSTITUCIÓN POLÍTICA DE LA REPÚBLICA

Artículo 19.- La Constitución asegura a todas las personas:

24º.- El derecho de propiedad en sus diversas especies sobre toda clase de bienes corporales o incorporales.

[...]

[...] Los derechos de los particulares sobre las aguas, reconocidos o constituidos en conformidad a la ley, otorgarán a sus titulares la propiedad sobre ellos; [...]

DECRETO CON FUERZA DE LEY Nº 1.122, FIJA EL TEXTO DEL CÓDIGO DE AGUAS, DE 1981

Santiago, 13 de Agosto de 1981.

Hoy se decretó lo que sigue:

D.F.L. Nº 1.122. Visto: la facultad que me otorga el artículo 2º, del decreto ley Nº 2.603, de 1979, prorrogada por el decreto ley Nº 3.337, de 1980, y renovada por el decreto ley Nº 3.549, de 1981, dicto el siguiente

DECRETO CON FUERZA DE LEY

LIBRO PRIMERO
DE LAS AGUAS Y DEL DERECHO DE APROVECHAMIENTO

TÍTULO I
DISPOSICIONES GENERALES

ARTÍCULO 1.- Las aguas se dividen en marítimas y terrestres. Las disposiciones de este Código sólo se aplican a las aguas terrestres.

Son aguas pluviales las que proceden inmediatamente de las lluvias, las cuales serán marítimas o terrestres según donde se precipiten.

ARTÍCULO 2.- Las aguas terrestres son superficiales o subterráneas.

Son aguas superficiales aquellas que se encuentran naturalmente a la vista del hombre y pueden ser corrientes o detenidas.

Son aguas corrientes las que escurren por cauces naturales o artificiales.

Son aguas detenidas las que están acumuladas en depósitos naturales o artificiales, tales como lagos, lagunas, pantanos, charcas, aguadas, ciénagas, estanques o embalses.

Son aguas subterráneas las que están ocultas en el seno de la tierra y no han sido alumbradas.

ARTÍCULO 3.- Las aguas que afluyen, continua o discontinuamente, superficial o subterráneamente, a una misma cuenca u hoya hidrográfica, son parte integrante de una misma corriente.

La cuenca u hoya hidrográfica de un caudal de aguas la forman todos los afluentes, subafluentes, quebradas, esteros, lagos y lagunas que afluyen a ella, en forma continua o discontinua, superficial o subterráneamente.

ARTÍCULO 4.- Atendida su naturaleza, las aguas son muebles, pero destinadas al uso, cultivo o beneficio de un inmueble se reputan inmuebles.

TÍTULO II
DEL APROVECHAMIENTO DE LAS AGUAS Y SUS FUNCIONES

ARTÍCULO 5.- Las aguas, en cualquiera de sus estados, son bienes nacionales de uso público. En consecuencia, su dominio y uso pertenece a todos los habitantes de la nación.

En función del interés público se constituirán derechos de aprovechamiento sobre las aguas, los que podrán ser limitados en su ejercicio, de conformidad con las disposiciones de este Código.

Para estos efectos, se entenderán comprendidas bajo el interés público las acciones que ejecute la autoridad para resguardar el consumo humano y el saneamiento, la preservación ecosistémica, la disponibilidad de las aguas, la sustentabilidad acuífera y, en general, aquellas destinadas a promover un equilibrio entre eficiencia y seguridad en los usos productivos de las aguas.

El acceso al agua potable y el saneamiento es un derecho humano esencial e irrenunciable que debe ser garantizado por el Estado.

No se podrán constituir derechos de aprovechamiento en glaciares.

En el caso de los territorios indígenas, el Estado velará por la integridad entre tierra y agua, y protegerá las aguas existentes para beneficio de las comunidades indígenas, de acuerdo a las leyes y a los tratados internacionales ratificados por Chile y que se encuentren vigentes.

ARTÍCULO 5 bis.- Las aguas cumplen diversas funciones, principalmente las de subsistencia, que incluyen el uso para el consumo humano, el saneamiento y el uso doméstico de subsistencia; las de preservación ecosistémica, y las productivas.

Siempre prevalecerá el uso para el consumo humano, el uso doméstico de subsistencia y el saneamiento, tanto en el otorgamiento como en la limitación al ejercicio de los derechos de aprovechamiento.

Se entenderá por usos domésticos de subsistencia, el aprovechamiento que una persona o una familia hace del agua que ella misma extrae, con el fin de utilizarla para satisfacer sus necesidades de bebida, aseo personal, la bebida de sus animales y cultivo de productos hortofrutícolas indispensables para su subsistencia.

La autoridad deberá siempre velar por la armonía y el equilibrio entre la función de preservación ecosistémica y la función productiva que cumplen las aguas.

La Dirección General de Aguas se sujetará a la priorización dispuesta en el inciso segundo cuando disponga la reducción temporal del ejercicio de los derechos de aprovechamiento o la redistribución de las aguas, de conformidad con lo dispuesto en los artículos 17, 62, 314 y demás normas pertinentes de este Código. Con todo, la autoridad deberá considerar la diversidad geográfica y climática del país, la disponibilidad efectiva de los recursos hídricos y la situación de cada cuenca hidrográfica.

Cuando se concedan derechos de agua para el consumo humano y el saneamiento, solo podrá utilizarse dicha agua para fines distintos en la medida que se destinen a un uso no consuntivo y prevalezca la preferencia del consumo humano y el saneamiento.

Tratándose de solicitudes realizadas por un comité o una cooperativa de servicio sanitario rural, y siempre que no excedan de 12 litros por segundo, durante la tramitación de la solicitud definitiva, la Dirección General de Aguas podrá autorizar transitoriamente, mediante resolución, la extracción del recurso hídrico por un caudal no superior al indicado. Para ello, la Dirección deberá efectuar una visita a terreno y confeccionar un informe técnico que respalde el caudal autorizado transitoriamente y dictará una resolución fundada al respecto dentro del plazo de noventa días, contado desde la presentación de la solicitud. Esta autorización se mantendrá vigente durante la tramitación de la solicitud definitiva, la que no podrá exceder de un año, prorrogable por una sola vez.

ARTÍCULO 5 ter.- Para asegurar el ejercicio de las funciones de subsistencia y de preservación ecosistémica, el Estado podrá constituir reservas de aguas disponibles, superficiales o subterráneas, de conformidad con lo dispuesto en el artículo 147 bis.

Sin perjuicio de lo anterior, como consecuencia del término, caducidad, extinción o renuncia de un derecho de aprovechamiento, las aguas quedarán libres para ser reservadas por el Estado, de conformidad con lo dispuesto en este artículo, y para la constitución de nuevos derechos sobre ellas.

Sobre dichas reservas, la Dirección General de Aguas podrá constituir derechos de aprovechamiento para los usos de la función de subsistencia.

Las aguas reservadas podrán ser entregadas a prestadores de servicios sanitarios para garantizar el consumo humano y el saneamiento. Para efectos del proceso de fijación de tarifas establecido en el decreto con fuerza de ley N° 70, de 1988, del Ministerio de Obras Públicas, se considerará que las aguas entregadas en virtud del presente artículo son aportes de terceros y tienen un costo igual a cero.

Sin perjuicio de lo dispuesto en este artículo, las prestadoras de servicios sanitarios mantendrán la obligación de garantizar la continuidad y calidad del servicio, planificando y ejecutando las obras necesarias para ello, incluidas las de prevención y mitigación que correspondiere.

ARTÍCULO 5 quáter.- La solicitud y el otorgamiento de derechos de aprovechamiento sobre aguas reservadas, para los usos de la función de subsistencia, se sujetarán, en lo que sea compatible con su objeto, al procedimiento contenido en el Párrafo I del Título I del Libro Segundo.

ARTÍCULO 5 quinquies.- Los derechos de aprovechamiento que se otorguen sobre aguas reservadas podrán transferirse, siempre que se mantenga el uso para el cual fueron originariamente concedidos y las transferencias sean informadas a la Dirección General de Aguas.

Los derechos de aprovechamiento constituidos sobre aguas reservadas adquiridos por sucesión por causa de muerte o por cualquier otro modo derivativo, se transmiten o transfieren, según sea el caso, con las mismas cargas, gravámenes, limitaciones y restricciones que afectan al derecho adquirido originariamente, en todas sus sucesivas transferencias o transmisiones. Ello deberá constar en las respectivas inscripciones conservatorias.

Estos derechos de aprovechamiento se extinguirán, por resolución del Director General de Aguas, si su titular no realiza las obras para utilizar las aguas de conformidad con los plazos y suspensiones indicados en el artículo 6 bis, las usa para un fin diverso para aquel que han sido otorgadas, o cede su uso a cualquier otro título.

La extinción a la que hace referencia el inciso anterior podrá ser objeto de los recursos de reconsideración y reclamación dispuestos en los artículos 136 y 137. Estos recursos no suspenderán el cumplimiento de la resolución, sin perjuicio que, en el caso del recurso de reclamación, la Corte de Apelaciones respectiva ordene lo contrario.

ARTÍCULO 6.- El derecho de aprovechamiento es un derecho real que recae sobre las aguas y consiste en el uso y goce temporal de ellas, de conformidad con las reglas, requisitos y limitaciones que prescribe este Código. El derecho de aprovechamiento se origina en virtud de una concesión, de acuerdo a las normas del presente Código o por el solo ministerio de la ley.

El derecho de aprovechamiento que se origina en una concesión será de treinta años, el que se concederá de conformidad con los criterios de disponibilidad de la fuente de abastecimiento y/o de sustentabilidad del acuífero, según corresponda. En caso que la autoridad considere que el derecho de aprovechamiento deba otorgarse por un plazo menor, deberá justificar dicha decisión por resolución fundada.

La duración del derecho de aprovechamiento se prorrogará por el solo ministerio de la ley y sucesivamente, a menos que la Dirección General de

Aguas acredite, mediante una resolución fundada, el no uso efectivo del recurso o que existe una afectación a la sustentabilidad de la fuente que no ha podido ser superada con las herramientas que dispone el inciso quinto de este artículo. Esta prórroga se hará efectiva en la parte utilizada de las aguas en consideración a lo dispuesto en el artículo 129 bis 9, inciso primero, sin que pueda exceder el plazo establecido en el inciso anterior.

El titular podrá solicitar anticipadamente la prórroga de su derecho dentro de los diez años previos a su vencimiento, la cual será evaluada por la Dirección General de Aguas en consideración a los criterios indicados en los incisos primero y tercero del presente artículo. Otorgada la prórroga, el periodo prorrogado se regirá por las normas de este artículo y comenzará a regir desde la fecha de aprobación de la solicitud de prórroga anticipada. En caso de rechazarse la solicitud de prórroga anticipada, el derecho de aprovechamiento continuará estando vigente por el tiempo que le restare desde su otorgamiento, aplicándose al efecto lo establecido en el inciso precedente y las demás disposiciones pertinentes de este Código.

De existir riesgo de que el ejercicio de los derechos de aprovechamiento de aguas pueda generar una grave afectación al acuífero o a la fuente superficial de donde se extrae o, en caso de que este riesgo se haya materializado, la Dirección General de Aguas aplicará lo dispuesto en los artículos 17 y 62, según corresponda. En caso de persistir esta situación, suspenderá el ejercicio de todos aquellos derechos que provocan el riesgo o afectación, lo cual, en el caso de los derechos que se encuentren en situación de ser objeto de prórroga, deberá ser considerado en la ponderación a que se refiere el inciso tercero, a objeto de determinar la continuidad. Ésta podrá incluso ser parcial.

Para efectos de la ponderación del riesgo o de la afectación descritos en el inciso anterior, se considerará especialmente el resguardo de las funciones de subsistencia, consumo humano, saneamiento y preservación ecosistémica, de conformidad con lo dispuesto en el artículo 5 bis.

Si el titular renunciare total o parcialmente a su derecho de aprovechamiento, deberá hacerlo mediante escritura pública que se inscribirá o anotará, según corresponda, en el Registro de Propiedad de Aguas del Conservador de Bienes Raíces competente. El Conservador de Bienes Raíces informará de lo anterior a la Dirección General de Aguas, en los términos previstos por el artículo 122. En todo caso, la renuncia no podrá ser en perjuicio de terceros, en especial si disminuye el activo del renunciante en relación con el derecho de prenda general de los acreedores.

ARTÍCULO 6 bis.- Los derechos de aprovechamiento se extinguirán total o parcialmente si su titular no hace uso efectivo del recurso en los términos dispuestos en el artículo 129 bis 9°. En el caso de los derechos de aprovechamiento consuntivos el plazo de extinción será de cinco años, y en el caso de aquellos de carácter no consuntivos será de diez años. Estos plazos de extinción comenzarán a correr desde la publicación de la resolución que los incluya por primera vez en el listado de derechos de aprovechamiento afectos al pago de patente por no uso, de conformidad a lo dispuesto en el artículo 129 bis 7°. A este procedimiento de extinción se le aplicará lo dispuesto en el artículo 134 bis.

La contabilización de los plazos indicados en el inciso primero se suspenderá mientras dure la tramitación de los permisos necesarios para construir las obras a que se refiere el inciso primero del artículo 129 bis 9 y que deban ser otorgados por la Dirección General de Aguas o por la Dirección de Obras Hidráulicas, incluyendo la tramitación de los ajustes a que se refiere el inciso tercero del artículo 156. Las solicitudes de traslado del ejercicio del derecho de aprovechamiento y las de cambio de punto de captación de éste no quedarán comprendidas en la referida suspensión, salvo cuando dichas solicitudes se deban presentar a consecuencia del cumplimiento de un trámite exigido para la recepción de las obras por parte de la Dirección General de Aguas o en otros casos calificados determinados por resolución fundada de esa Dirección, donde se compruebe la diligencia del solicitante.

Asimismo, la Dirección General de Aguas, a petición del titular del derecho de aprovechamiento, podrá suspender este plazo hasta por un máximo de cuatro años cuando, respecto de la construcción de las obras necesarias para la utilización del recurso, se encuentre pendiente la obtención de una resolución de calificación ambiental, exista una orden de no innovar dictada en algún litigio pendiente ante la justicia ordinaria, o se hallen en curso otras tramitaciones que requieran autorizaciones administrativas. Lo dispuesto en este inciso regirá en la medida que en dichas solicitudes se encuentre debidamente justificada la necesidad de la suspensión, y siempre que se acredite por parte del titular la realización de gestiones, actos u obras de modo sistemático, ininterrumpido y permanente, destinadas a aprovechar el recurso hídrico en los términos contenidos en la solicitud del derecho.

A su vez, la contabilización de los plazos descritos en el inciso primero se suspenderá en caso que el titular del derecho de aprovechamiento justifique ante la autoridad administrativa que no ha podido construir las obras para hacer un uso efectivo del recurso por circunstancias de caso fortuito o fuerza mayor, debidamente acreditadas, y mientras ellas persistan.

Todo cambio de uso de un derecho de aprovechamiento deberá ser informado a la Dirección General de Aguas en los términos que ésta disponga. El incumplimiento de este deber de informar será sancionado con una multa a beneficio fiscal de segundo a tercer grado inclusive, en conformidad con lo dispuesto en el artículo 173 ter.

Sin perjuicio de lo anterior, en caso de constatar que el ejercicio de uno o más derechos de aprovechamiento de aguas, luego de un cambio de uso, causa una grave afectación al acuífero o a la fuente superficial de donde se extrae, la Dirección General de Aguas aplicará lo dispuesto en los incisos quinto y sexto del artículo 6.

Para los efectos de este artículo, se entenderá por cambio de uso aquel que se realiza entre distintas actividades productivas, tales como la agropecuaria, la minería, la industria o la generación eléctrica, entre otras.

La resolución que declare extinguido el derecho de aprovechamiento podrá ser objeto del recurso de reconsideración regulado en el artículo 136, en cuyo caso se suspenderá su cumplimiento, y del recurso de reclamación dispuesto en el artículo 137, en conformidad al procedimiento de extinción establecido en el artículo 134 bis.

ARTÍCULO 7.- El derecho de aprovechamiento se expresará en volumen por unidad de tiempo.

En el caso de aguas superficiales, el derecho de aprovechamiento se constituirá en la forma que establece este Código, considerando las variaciones estacionales de caudales a nivel mensual. En el título respectivo siempre deberá indicarse los caudales máximos autorizados a nivel mensual.

Tratándose de aguas subterráneas, el derecho de aprovechamiento se constituirá en la forma que establece este Código. En el título respectivo siempre deberá indicarse el caudal máximo instantáneo y el volumen total anual, conforme a los criterios establecidos en el Reglamento de Aguas Subterráneas.

ARTÍCULO 8.- El que tiene un derecho de aprovechamiento lo tiene, igualmente, a los medios necesarios para ejercitarlo. Así, el que tiene derecho a sacar agua de una fuente situada en la heredad vecina, tiene el derecho de tránsito para ir a ella, aunque no se haya establecido en el título.

ARTÍCULO 9.- El que goza de un derecho de aprovechamiento puede hacer, a su costa, las obras indispensables para ejercitarlo.

ARTÍCULO 10.- El uso de las aguas pluviales que caen o se recogen en un predio de propiedad particular corresponde al dueño de éste, mientras corran dentro de su predio o no caigan a cauces naturales de uso público.

En consecuencia, el dueño puede almacenarlas dentro del predio por medios adecuados, siempre que no se perjudique derechos de terceros.

ARTÍCULO 11.- El dueño de un predio puede servirse, de acuerdo con las leyes y ordenanzas respectivas, de las aguas lluvias que corren por un camino público y torcer su curso para utilizarlas. Ninguna prescripción puede privarle de este uso.

ARTÍCULO 12.- Los derechos de aprovechamiento son consuntivos o no consuntivos; de ejercicio permanente o eventual; continuo, discontinuo o alternado entre varias personas.

ARTÍCULO 13.- Derecho de aprovechamiento consuntivo es aquel que faculta a su titular para consumir totalmente las aguas en cualquier actividad.

ARTÍCULO 14.- Derecho de aprovechamiento no consuntivo es aquel que permite emplear el agua sin consumirla y obliga a restituirla en la forma que lo determine el acto de adquisición o de constitución del derecho.

La extracción o restitución de las aguas se hará siempre en forma que no perjudique los derechos de terceros constituidos sobre las mismas aguas, en cuanto a su cantidad, calidad, substancia, oportunidad de uso y demás particularidades.

ARTÍCULO 15.- El uso y goce que confiere el derecho de aprovechamiento no consuntivo no implica, salvo convención expresa entre las partes, restricción al ejercicio de los derechos consuntivos.

ARTÍCULO 16.- Son derechos de ejercicio permanente los que se otorguen con dicha calidad en fuentes de abastecimiento no agotadas, en conformidad a las disposiciones del presente Código, así como los que tengan esta calidad con anterioridad a su promulgación.

Los demás son de ejercicio eventual.

ARTÍCULO 17.- Los derechos de aprovechamiento de ejercicio permanente facultan para usar el agua en la dotación que corresponda, salvo que la fuente de abastecimiento no contenga la cantidad suficiente para satisfacerlos en su integridad, en cuyo caso el caudal se distribuirá en partes alícuotas.

De existir una junta de vigilancia, se aplicará lo dispuesto en los artículos 266, 274 y siguientes.

Cuando no exista una junta de vigilancia que ejerza la debida jurisdicción y si la explotación de las aguas superficiales por algunos usuarios ocasionare perjuicios a los otros titulares de derechos, la Dirección General de Aguas, de oficio o a petición de uno o más afectados, podrá establecer la reducción temporal del ejercicio de los derechos de aprovechamiento, a prorrata de ellos.

En aquellos casos en que dos o más juntas de vigilancia ejerzan jurisdicción en la misma fuente de abastecimiento, por encontrarse ésta seccionada, la Dirección General de Aguas podrá ordenar una redistribución de aguas entre las distintas secciones, cuando una de estas organizaciones se sienta perjudicada por las extracciones que otra realice y así lo solicite fundadamente.

Esta medida podrá ser dejada sin efecto cuando los titulares de derechos de aprovechamiento lo soliciten o cuando a juicio de la Dirección General de Aguas hubieren cesado las causas que la originaron.

ARTÍCULO 18.- Los derechos de ejercicio eventual sólo facultan para usar el agua en las épocas en que el caudal matriz tenga un sobrante después de abastecidos los derechos de ejercicio permanente.

Las aguas lacustres o embalsadas no son objeto de derechos de ejercicio eventual.

El ejercicio de los derechos eventuales queda subordinado al ejercicio preferente de los derechos de la misma naturaleza otorgados con anterioridad.

ARTÍCULO 19.- Son derechos de ejercicio continuo los que permiten usar el agua en forma ininterrumpida durante las veinticuatro horas del día.

Los derechos de ejercicio discontinuo sólo permiten usar el agua durante determinados períodos.

Los derechos de ejercicio alternado son aquellos en que el uso del agua se distribuye entre dos o más personas que se turnan sucesivamente.

TÍTULO III
DE LA CONSTITUCIÓN DEL DERECHO DE APROVECHAMIENTO

ARTÍCULO 20.- El derecho de aprovechamiento se constituye originariamente por acto de autoridad. La posesión de los derechos así constituidos se adquiere por la competente inscripción en el Conservador de Bienes Raíces correspondiente. El titular de un derecho de aprovechamiento inscrito podrá disponer de él con los requisitos y en las formas prescritas en este Código y demás disposiciones legales.

Exceptúanse los derechos de aprovechamiento sobre las aguas que corresponden a vertientes que nacen, corren y mueren dentro de una misma heredad, como, asimismo, sobre las aguas de lagos menores no navegables por buques de más de cien toneladas, de lagunas y pantanos situados dentro de una sola propiedad y en las cuales no existan derechos de aprovechamiento constituidos en favor de terceros, a la fecha de vigencia de este Código. Se reconoce el derecho real de uso y goce sobre dichas aguas al propietario de las riberas. Esta facultad se extingue, por el solo ministerio de la ley, en caso que el predio se subdivida o no se mantenga la condición descrita de las aguas, indistintamente. Los titulares de los predios subdivididos gozarán de un derecho preferente ante la solicitud de un tercero para solicitar la constitución del derecho de aprovechamiento en la parte proporcional que corresponda al predio adjudicado. Dicha preferencia tendrá la duración de un año, contado desde la fecha de la inscripción de la subdivisión.

Se entiende que mueren dentro de la misma heredad las vertientes o corrientes que permanentemente se extinguen dentro de aquélla sin confundirse con otras aguas, a menos que caigan al mar.

Excepcionalmente y con la sola finalidad de satisfacer las necesidades humanas de bebida y los usos domésticos de subsistencia, cualquier persona podrá extraer aguas provenientes de las vertientes, de las nacientes cordilleranas o de cualquier forma de recarga natural que aflore superficialmente, sin que esta extracción reporte utilidad económica alguna, salvo de aquellas fuentes descritas en el inciso segundo, en la medida que en el área no exista un sistema de agua potable concesionada o rural, u otra red para abastecer de agua potable a la población. En todo caso, si el ejercicio de este derecho causare un perjuicio superior al beneficio que reporta, deberá de inmediato suspenderse.

ARTÍCULO 21.- La transferencia, transmisión y la adquisición o pérdida por prescripción de los derechos de aprovechamiento se efectuará con arreglo a las disposiciones del Código Civil, salvo en cuanto estén modificadas por el presente Código. Las inscripciones que procedan se efectuarán en el Registro de Propiedad de Aguas del Conservador de Bienes Raíces competente.

ARTÍCULO 22.- La autoridad constituirá el derecho de aprovechamiento sobre aguas existentes en fuentes naturales y en obras estatales de desarrollo del recurso, no pudiendo perjudicar ni menoscabar derechos de terceros, y considerando la relación existente entre aguas superficiales y subterráneas, en conformidad a lo establecido en el artículo 3°.

ARTÍCULO 23.- La constitución del derecho de aprovechamiento se sujetará al procedimiento estatuido en el párrafo 2° del Título I, del Libro II de este Código.

ARTÍCULO 24.- Si el acto de constitución del derecho de aprovechamiento no expresa otra cosa, se entenderá que su ejercicio es continuo. Si se constituye el derecho como de ejercicio discontinuo o alternado, el uso sólo podrá efectuarse en la forma y tiempo fijados en dicho acto.

ARTÍCULO 25.- El derecho de aprovechamiento conlleva, por el ministerio de la ley, la facultad de imponer todas las servidumbres necesarias para su ejercicio, sin perjuicio de las indemnizaciones correspondientes.

ARTÍCULO 26.- El derecho de aprovechamiento comprenderá la concesión de los terrenos de dominio público necesarios para hacerlo efectivo.

Abandonados estos terrenos o destinados a un fin distinto, volverán a su antigua condición.

ARTÍCULO 27.- El Ministerio de Obras Públicas podrá expropiar derechos de aprovechamiento tanto para satisfacer menesteres domésticos de una población como para satisfacer la conservación de los recursos hídricos, cuando no existan otros medios para obtener el agua. Para ello deberá dejarse al expropiado el agua necesaria para satisfacer sus usos domésticos de subsistencia. En ambos casos deberá aplicarse el procedimiento establecido en el decreto ley N° 2.186 de 1978, que aprueba la Ley Orgánica de Procedimiento de Expropiaciones, o la norma que la reemplace.

ARTÍCULO 28.- Los derechos de aprovechamiento que se destinen a la producción de energía eléctrica, se someterán a las disposiciones del presente código y las centrales respectivas continuarán rigiéndose, en lo demás, por la Ley de Servicios Eléctricos.

ARTÍCULO 29.- El derecho de aprovechamiento de las aguas medicinales y mineromedicinales se adquirirá en conformidad a las disposiciones de este código, pero su ejercicio se someterá a las leyes que rijan la materia.

TÍTULO IV
DE LOS CAUCES DE LAS AGUAS

1. De los álveos o cauces naturales

ARTÍCULO 30.- Álveo o cauce natural de una corriente de uso público es el suelo que el agua ocupa y desocupa alternativamente en sus creces y bajas periódicas.

Para los efectos de este Código, se entiende por suelo desde la superficie del terreno hasta la roca madre.

Este suelo es de dominio público y no accede mientras tanto a las heredades contiguas, pero los propietarios riberanos podrán aprovechar y cultivar la superficie de ese suelo en las épocas en que no estuviere ocupado por las aguas.

Sin perjuicio de lo dispuesto en los incisos precedentes, las porciones de terrenos de un predio que, por avenida, inundación o cualquier causa quedaren separadas del mismo, pertenecerán siempre al dueño de éste y no formarán parte del cauce del río.

ARTÍCULO 31.- La regla del artículo anterior se aplicará también a los álveos de corrientes discontinuas de uso público. Se exceptúan los cauces naturales de corrientes discontinuas formadas por aguas pluviales, los cuales pertenecen al dueño del predio.

ARTÍCULO 32.- Sin permiso de la autoridad competente, no se podrá hacer obras o labores en los álveos, salvo lo dispuesto en los artículos 8°, 9°, 25, 26 y en el inciso 2° del artículo 30.

ARTÍCULO 33.- Son riberas o márgenes las zonas laterales que lindan con el álveo o cauce.

ARTÍCULO 34.- En los casos de aluvión, avenida, inundación, variación de curso de un río o división de éste en dos brazos, se estará a lo dispuesto sobre accesiones del suelo en el párrafo 2° del Título V, Libro II, del Código Civil.

2. De los álveos de aguas detenidas

ARTÍCULO 35.- Álveo o lecho de los lagos, lagunas, pantanos y demás aguas detenidas, es el suelo que ellas ocupan en su mayor altura ordinaria. Este suelo es de dominio privado, salvo cuando se trate de lagos navegables por buques de más de cien toneladas.

Es aplicable a estos álveos lo dispuesto en el artículo anterior.

3. De los cauces artificiales y de otras obras

ARTÍCULO 36.- Canal o cauce artificial es el acueducto construido por la mano del hombre. Forman parte de él las obras de captación, conducción, distribución y descarga del agua, tales como bocatomas, canoas, sifones, tuberías, marcos partidores y compuertas. Estas obras y canales son de dominio privado.

Embalse es la obra artificial donde se acopian aguas.

ARTÍCULO 37.- El titular de un derecho de aprovechamiento podrá construir canales a sus expensas, en suelo propio o ajeno, con arreglo a las normas del presente Código.

ARTÍCULO 38.- Las organizaciones de usuarios o el propietario exclusivo de un acueducto que extraiga aguas de una corriente natural, estarán obligados a construir y mantener, a su costa, a lo menos una bocatoma con compuertas de cierre y descarga y un canal que permita devolver las aguas o su exceso al cauce de origen, además de los dispositivos que permitan controlar y aforar el agua que se extrae y un sistema de transmisión instantánea de la información que se obtenga al respecto. Esta información deberá ser siempre entregada a la Dirección General de Aguas cuando ésta la requiera, la que, por resolución fundada, determinará los plazos y las condiciones técnicas para cumplir dicha obligación.

La autoridad dictará un reglamento en que se expliciten los plazos, criterios y condiciones necesarios para aplicar las resoluciones fundadas dispuestas en el inciso anterior. Ante el incumplimiento de las medidas a que se refiere el inciso anterior, la Dirección General de Aguas, mediante resolución fundada, impondrá las sanciones que establecen los artículos 173 y siguientes.

4. De la concesión de cauces de uso público para conducir aguas de aprovechamiento particular

ARTÍCULO 39.- Las aguas de aprovechamiento particular podrán vaciarse en cauces naturales de uso público para ser extraídas en otra parte de su curso, previa autorización de la Dirección General de Aguas.

Serán de cargo del concesionario los gastos que ocasionen la introducción y extracción de las aguas y los perjuicios que se causaren, como también los gastos de conservación de las nuevas obras.

ARTÍCULO 40.- El concesionario no podrá extraer del cauce mayor cantidad de agua que la vaciada, deducidas las mermas por evaporación e infiltración, tomando en cuenta la distancia recorrida por las aguas y la naturaleza del lecho.

La junta de vigilancia respectiva o cualquier interesado podrá, en caso justificado, solicitar la revocación de la autorización a que se refiere el artículo anterior.

5. Disposiciones especiales

ARTÍCULO 41.- El proyecto y construcción de las modificaciones que fueren necesarias realizar en cauces naturales o artificiales que puedan causar daño a la vida, salud o bienes de la población o que de alguna manera alteren el régimen de escurrimiento de las aguas, serán de responsabilidad del interesado y deberán ser aprobadas previamente por la Dirección General de Aguas de conformidad con el procedimiento establecido en el párrafo 1 del Título I del Libro Segundo del Código de Aguas. La Dirección General de Aguas determinará mediante resolución fundada cuáles son las obras y características que se encuentran o no en la situación anterior.

Se entenderá por modificaciones no sólo el cambio de trazado de los cauces, su forma o dimensiones, sino también la alteración o sustitución de cualquiera de sus obras de arte y la construcción de nuevas obras, como, abovedamientos, pasos sobre o bajo nivel o cualesquiera ii) otras de sustitución o complemento.

La contravención de lo dispuesto en los incisos anteriores será sancionada de conformidad a lo establecido en los artículos 173 y siguientes de este Código.

La operación y la mantención de las nuevas obras seguirán siendo de cargo de las personas o entidades que operaban y mantenían el sistema primitivo. Si la modificación introducida al proyecto original implica un aumento de los gastos de operación y mantención, quien la encomendó deberá pagar el mayor costo.

ARTÍCULO 42.- Cuando un ferrocarril, camino o instalación de cualquier naturaleza atravesare ríos, lagos, lagunas, tranques, represas o acueductos, deberán ejecutarse las obras de manera que no perjudiquen o entorpezcan la navegación ni el aprovechamiento de las aguas como tampoco el ejercicio de las servidumbres constituidas sobre ellas.

Las nuevas obras serán de cargo del dueño del ferrocarril, camino o instalación, quien deberá, además, indemnizar los perjuicios que se causaren.

TÍTULO V
DE LOS DERRAMES Y DRENAJES DE AGUA

1. De los derrames

ARTÍCULO 43.- Constituyen derrames las aguas que quedan abandonadas después de su uso, a la salida del predio.

Se presume el abandono de estas aguas desde que el titular del derecho de aprovechamiento hace dejación de ellas, en los linderos de la propiedad, sin volver a aprovecharlas.

ARTÍCULO 44.- Los derrames que escurren en forma natural a predios vecinos podrán ser usados dentro de éstos, sin necesidad de obtener un derecho de aprovechamiento.

ARTÍCULO 45.- La producción de derrames estará sujeta a las contingencias del caudal matriz y a la distribución o empleo que de las aguas se haga en el predio que los origina, por lo cual no es obligatoria ni permanente.

ARTÍCULO 46.- La existencia de un título respecto al uso de derrames, no importa limitación de una mejor forma de utilización de las aguas por el titular del derecho de aprovechamiento, salvo convención en contrario.

2. De los drenajes

ARTÍCULO 47.- Constituyen un sistema de drenaje todos los cauces naturales o artificiales que sean colectores de aguas que se extraigan con el objeto de recuperar terrenos que se inundan periódicamente, desecar terrenos pantanosos o vegosos y deprimir niveles freáticos cercanos a la superficie.

No podrán construirse sistemas de drenaje en las zonas de turberas existentes e identificadas por el Ministerio del Medio Ambiente en el Inventario Nacional de Humedales, en la provincia de Chiloé y en las Regiones de Aysén del General Carlos Ibáñez del Campo y de Magallanes y de la Antártica Chilena. La Dirección General de Aguas delimitará el área en la cual se entenderán prohibidos los sistemas de drenaje.

Excepcionalmente, y en la medida que cuenten con una resolución de calificación ambiental, podrán desarrollarse proyectos públicos y privados de conectividad vial en fajas acotadas, con el trazado menos invasivo para dichas zonas y con obras que permitan un flujo de las aguas que asegure la mantención de dichos sistemas ecológicos.

A las aguas extraídas de sistemas de drenaje les serán aplicables las normas establecidas en el artículo 129 bis.

ARTÍCULO 48.- Son beneficiarios del sistema de drenaje todos aquellos que lo utilizan para desaguar sus predios y de este modo aprovechar las aguas provenientes de los mismos. Estos beneficiarios deberán informar las características del sistema, la ubicación de la captación y el caudal drenado a la Dirección General de Aguas.

ARTÍCULO 49.- La obligación de mantener los cauces u obras que constituyen el sistema de drenaje, recae sobre todos aquellos que reportan beneficios del mismo, en conformidad a lo que establecen los artículos siguientes.

No se podrá construir obra alguna que eleve el nivel natural de los desagües y el nivel freático con perjuicio de terceros.

Sin embargo, la mantención de las obras de drenaje que sea necesario construir para evitar los daños a que se refiere el inciso anterior, serán de cargo del que ordene las obras.

ARTÍCULO 50.- Si el humedecimiento excesivo de los suelos se debiera a la existencia de obras artificiales, el o los afectados tendrán derecho a solicitar su modificación, la cual no podrá causar perjuicio al dueño de las obras ni a terceros.

Los gastos que irroguen dichas modificaciones serán de cargo de los beneficiados con ellas en proporción al beneficio que reporten.

ARTÍCULO 51.- Para los efectos de lo dispuesto en los artículos precedentes se entenderá en todo caso que los beneficiarios que sanean sus predios por medio de un mismo sistema de drenaje, constituyen por ese hecho, una comunidad de drenaje, que se regirá por las disposiciones del Título III, Párrafo 2°, del Libro II de este Código.

ARTÍCULO 52.- Las cuestiones que se susciten por la aplicación de las normas contempladas en este párrafo, serán resueltas por el Juez de Letras del lugar en que se encuentre ubicado el predio afectado.

3. Normas generales

ARTÍCULO 53.- Las aguas provenientes de derrames o drenajes, caídas a un cauce natural o artificial, se confunden con las de éstos.

ARTÍCULO 54.- El uso por terceros de derrames o drenajes, no constituye gravamen o servidumbre que afecte al predio que los produce. Son actos de mera tolerancia que no confieren posesión ni dan fundamento a prescripción.

ARTÍCULO 55.- Los derechos, gravámenes o servidumbres sobre derrames y drenajes sólo pueden constituirse a favor de terceros, por medio de un título. Ni aun el goce inmemorial bastará para constituirlos.

Para que produzca efectos respecto de terceros el título deberá constar en instrumento público e inscribirse en el Registro de Hipotecas y Gravámenes de Aguas del Conservador de Bienes Raíces.

TÍTULO VI
DE LAS AGUAS SUBTERRÁNEAS

1. Normas generales

ARTÍCULO 55 bis.- Acuífero es una formación geológica que contiene o ha contenido agua bajo la superficie de la tierra y posee la capacidad de almacenar y transmitir agua.

Sin perjuicio de la titularidad del dominio de este subsuelo, las aguas subterráneas contenidas en él son bienes nacionales de uso público a las que se tiene acceso en conformidad a las disposiciones del presente Código.

Se entenderá por Sector Hidrogeológico de Aprovechamiento Común, un acuífero o parte de un acuífero cuyas características hidrológicas espaciales y temporales permiten una delimitación para efectos de su evaluación hidrogeológica o gestión en forma independiente.

ARTÍCULO 55 ter.- Cuando se realicen actos u obras en el suelo o subsuelo que puedan menoscabar la disponibilidad de las aguas subterráneas o deterioren su calidad, en contravención a la normativa vigente, serán plenamente aplicables las facultades de policía y vigilancia de la Dirección General de Aguas, aunque estos actos u obras no tengan por finalidad aprovechar aguas subterráneas.

ARTÍCULO 56.- Cualquiera puede cavar en suelo propio pozos para las bebidas y usos domésticos de subsistencia, aunque de ello resulte menoscabarse el agua de que se alimente algún otro pozo; pero si de ello no reportare utilidad alguna, o no tanta que pueda compararse con el perjuicio ajeno, será obligado a cegarlo.

El mismo derecho, en iguales condiciones, podrán ejercer los servicios sanitarios rurales para hacer uso de aguas subterráneas destinadas al consumo humano, las que podrán extraer de pozos cavados en el suelo propio de la organización, de algunos de los integrantes de ella, o en terrenos del Estado, previa autorización en todos los casos señalados. Sin perjuicio de lo anterior, los prestadores de servicios sanitarios rurales que caven pozos y se beneficien de ellos deberán informar a la Dirección General de Aguas la existencia y la ubicación de dichas obras.

Quienes exploten estos pozos podrán extraer un volumen de agua subterránea igual o inferior al que determine la Dirección General de Aguas para cada cuenca, y siempre que estén destinados íntegra y exclusivamente a usos domésticos de subsistencia.

ARTÍCULO 56 bis.- Las aguas halladas por los concesionarios mineros en las labores de exploración y de explotación minera podrán ser utilizadas por éstos, en la medida que sean necesarias para las faenas de explotación y sean informadas para su registro a la Dirección General de Aguas, dentro de noventa días corridos desde su hallazgo. Deberán indicar su ubicación y volumen por unidad de tiempo y las actividades que justifican dicha necesidad. En caso de haber aguas sobrantes, igualmente deberán informarlas. El uso y goce de estas aguas se extinguirá por el cierre de la faena minera, por la caducidad o extinción de la concesión minera, porque dejen de ser necesarias para esa faena o porque se destinen a un uso distinto.

El uso y goce de las aguas referido en el inciso anterior no podrá poner en peligro la sustentabilidad de los acuíferos en conformidad con lo dispuesto en el artículo 5 bis, o los derechos de terceros, lo cual deberá ser verificado por la Dirección General de Aguas, la que deberá emitir un informe técnico en el plazo de noventa días corridos, contado desde la recepción de la información señalada en el inciso anterior. El referido informe deberá considerar la evaluación ambiental a la que se refiere el inciso cuarto de este artículo. Dicho plazo podrá ser prorrogado solo por una vez y justificadamente. En caso que se verificare una grave afectación de los acuíferos o a los derechos de terceros a consecuencia de estos aprovechamientos, la Dirección General de Aguas limitará su uso.

La Dirección General de Aguas, por resolución, determinará las formas, requisitos y periodicidad en que se deberá entregar la información, incluyendo un procedimiento simplificado para la minería artesanal y pequeña minería, de conformidad con lo establecido en el inciso segundo del artículo 142 del Código de Minería.

Lo expresado en el presente artículo, no obsta que en la exploración o explotación se aplique la correspondiente evaluación ambiental, conforme a la ley N° 19.300 y su reglamento, como también respecto de su seguimiento y fiscalización, con el propósito de evaluar la sustentabilidad de la explotación del recurso.

ARTÍCULO 57.- El derecho de aprovechamiento de las aguas subterráneas para cualquier otro uso se regirá por las normas del Título III de este Libro y por las de los artículos siguientes.

2. De la exploración de las aguas subterráneas

ARTÍCULO 58.- Cualquiera persona puede explorar con el objeto de alumbrar aguas subterráneas, sujetándose a las normas que establezca la Dirección General de Aguas.

Si dentro del plazo establecido en el inciso primero del artículo 142 se hubieren presentado dos o más solicitudes de exploración de aguas subterráneas sobre una misma extensión territorial de bienes nacionales, la Dirección General de Aguas resolverá la adjudicación del área de exploración mediante remate entre los solicitantes. Las bases de remate determinarán la forma en que se llevará a cabo dicho acto, siendo aplicable a su respecto lo dispuesto en los artículos 142, 143 y 144, en lo que corresponda.

Sin perjuicio de lo dispuesto en el inciso anterior, y siempre que se haya otorgado el permiso para explorar aguas subterráneas, para los efectos de lo señalado en artículo 142 inciso primero, se entenderá que la fecha de presentación de la solicitud para constituir el derecho de aprovechamiento sobre aguas subterráneas será la de la resolución que otorgue tal permiso.

El terreno ajeno sólo se podrá explorar previo acuerdo con el dueño del predio, y en bienes nacionales con la autorización de la Dirección General de Aguas.

No se podrán efectuar exploraciones en terrenos públicos o privados de zonas que alimenten áreas de vegas, pajonales y bofedales en las regiones de Arica y Parinacota, de Tarapacá, de Antofagasta, de Atacama y de Coquimbo, sin la autorización fundada de la Dirección General de Aguas, la que previamente deberá identificar y delimitar dichas zonas.

Asimismo, no se podrán efectuar exploraciones en terrenos públicos o privados de zonas que correspondan a sectores acuíferos que alimenten humedales, que hayan sido declarados por el Ministerio del Medio Ambiente como ecosistemas amenazados, ecosistemas degradados o sitios prioritarios, en la medida que esa declaración, en coordinación con la Dirección General de Aguas, contenga entre sus fundamentos que la estructura y el funcionamiento de dicho humedal está dado por los recursos hídricos subterráneos que lo soportan. Con posterioridad a esa declaración, la Dirección General de Aguas delimitará el área de terrenos públicos o privados en los cuales no se podrán efectuar exploraciones para los fines de este artículo.

ARTÍCULO 58 bis.- Comprobada la existencia de aguas subterráneas en bienes nacionales, el beneficiario del permiso de exploración tendrá la preferencia para que se le otorgue el derecho sobre las aguas alumbradas durante la vigencia del mismo por sobre todo otro peticionario, salvo que otro solicitante, dentro del plazo que señala el inciso primero del artículo 142 de este Código, haya presentado una solicitud para constituir un derecho de aprovechamiento sobre las mismas aguas que se alumbraron y solicitaron durante la vigencia del período de exploración, en cuyo caso, y si no existe disponibilidad para constituir ambos derechos, se aplicarán las normas sobre remate señaladas en los artículos 142, 143 y 144. Esta excepción no será aplicable si el permiso para explorar aguas subterráneas fue adquirido de conformidad con lo dispuesto en el inciso segundo del artículo anterior.

La preferencia consagrada en el inciso anterior, sólo podrá ejercerse dentro del plazo del permiso, y hasta tres meses después, y siempre que el concesionario haya dado cumplimiento a la obligación de presentar un informe completo sobre los trabajos realizados, sus resultados y las conclusiones obtenidas.

3. De la explotación de aguas subterráneas

ARTÍCULO 59.- La explotación de aguas subterráneas deberá efectuarse en conformidad a normas generales, previamente establecidas por la Dirección General de Aguas, las que deberán tener un interés principal en lograr el aprovechamiento sustentable de los recursos hídricos subterráneos.

ARTÍCULO 60.- Comprobada la existencia de aguas subterráneas, el interesado podrá solicitar el otorgamiento del derecho de aprovechamiento respectivo, el que se constituirá de acuerdo al procedimiento establecido en el Título I del Libro II de este Código.

ARTÍCULO 61.- La resolución que otorgue el derecho de aprovechamiento de aguas subterráneas establecerá un área de protección en la cual se prohibirá instalar obras similares, la que se constituirá como una franja paralela a la captación subterránea y en torno a ella. La dimensión de la franja o radio de protección será de 200 metros, medidos en terreno. En casos justificados se podrá autorizar una franja o radio superior a los metros indicados, como en los casos de los pozos pertenecientes a un servicio sanitario rural o a una cooperativa de servicio sanitario rural.

ARTÍCULO 62.- Si la explotación de aguas subterráneas produce una degradación del acuífero o de una parte de él, al punto que afecte su sustentabilidad, la Dirección General de Aguas, si así lo constata, de oficio o a petición de uno o más afectados, deberá limitar el ejercicio de los derechos de aprovechamiento en la zona degradada, a prorrata de ellos, de conformidad a sus atribuciones legales.

Se entenderá que se afecta la sustentabilidad del acuífero cuando con el volumen de extracción actual se produce un descenso sostenido o abrupto de sus niveles freáticos.

Sin perjuicio de lo dispuesto en el inciso primero, si la explotación de aguas subterráneas por algunos usuarios ocasionare perjuicios a los otros titulares de derechos, la Dirección General de Aguas, de oficio o a petición de parte, podrá establecer la reducción temporal del ejercicio de los derechos de aprovechamiento, a prorrata de ellos, mediante resolución fundada.

Esta medida quedará sin efecto cuando a juicio de dicha Dirección hubieren cesado las causas que la originaron.

ARTÍCULO 63.- La Dirección General de Aguas podrá declarar zonas de prohibición para nuevas explotaciones, mediante resolución fundada en la protección de acuífero, la cual se publicará en el Diario Oficial.

La declaración de una zona de prohibición dará origen a una comunidad de aguas formada por todos los usuarios de aguas subterráneas comprendidos en ella, quienes deberán organizarla de conformidad con lo indicado en el inciso primero del artículo 196, dentro del plazo de un año. Toda vez que dicha comunidad se origina por el solo mérito de la ley, no se podrá promover cuestión sobre su existencia conforme a lo señalado en el artículo 188. Transcurrido este plazo sin que la comunidad de aguas se haya organizado, la Dirección General de Aguas no podrá autorizar cambios de punto de captación en dicha zona respecto de aquellas personas que no se hayan hecho parte en el proceso de organización de la comunidad.

Las zonas que correspondan a acuíferos que alimenten vegas, pajonales y bofedales de las regiones de Arica y Parinacota, de Tarapacá, de Antofagasta, de Atacama y de Coquimbo se entenderán prohibidas para mayores extracciones que las autorizadas, así como para nuevas explotaciones, sin necesidad de declaración expresa.

Lo dispuesto en el inciso anterior también se aplica a aquellas zonas que corresponden a sectores acuíferos que alimentan humedales que hayan sido declarados por el Ministerio del Medio Ambiente como ecosistemas amenazados, ecosistemas degradados, sitios prioritarios o humedales urbanos declarados en virtud de la ley N° 21.202, en la medida que dicha declaración, en coordinación con la Dirección General de Aguas, contenga entre sus fundamentos los recursos hídricos subterráneos que los soportan. Con posterioridad a esa declaración, la Dirección General de Aguas delimitará el área en la cual se entenderán prohibidas mayores extracciones que las autorizadas, así como nuevas explotaciones.

Ante la solicitud de cambio de punto de captación de los derechos de aprovechamiento que queden comprendidos en la zona de prohibición, la Dirección General de Aguas podrá denegarla o autorizarla, total o parcialmente, si la situación hidrogeológica del acuífero presenta descensos significativos y sostenidos que puedan poner en riesgo su sustentabilidad, implica un grave riesgo de intrusión salina o afecta derechos de terceros. Si el Servicio no contare con toda la información pertinente, podrá requerir al peticionario los estudios o antecedentes necesarios para mejor resolver. La información que respalde dicho cambio de punto de captación tendrá carácter público.

En ningún caso se podrá autorizar el cambio de punto de captación a quien tenga litigios pendientes, en calidad de demandado, relativos a extracción ilegal de aguas en la misma zona de prohibición.

Las resoluciones dictadas con motivo de este artículo se entenderán notificadas desde su publicación en el Diario Oficial, la que se efectuará los días primero o quince de cada mes o el primer día hábil siguiente, si aquellos fueren feriados.

A excepción de lo dispuesto en los incisos tercero y cuarto, la Dirección General de Aguas podrá alzar la prohibición de explotar, de acuerdo con el procedimiento indicado en el artículo siguiente.

ARTÍCULO 64.- La autoridad deberá dictar una nueva resolución sobre la mantención o alzamiento de la prohibición de explotar, a petición justificada de parte, si así lo aconsejan los resultados de nuevas investigaciones respecto de las características del acuífero o la recarga artificial del mismo.

ARTÍCULO 65.- Serán áreas de restricción aquellos sectores hidrogeológicos de aprovechamiento común en los que exista el riesgo de grave disminución de un determinado acuífero o de su sustentabilidad, con el consiguiente perjuicio de derechos de terceros ya establecidos en él.

Cuando los antecedentes sobre la explotación del acuífero demuestren la conveniencia de declarar área de restricción de conformidad con lo dispuesto en el inciso anterior, la Dirección General de Aguas deberá así decretarlo. Esta medida también podrá ser declarada a petición de cualquier usuario del respectivo sector, si concurren las circunstancias que lo ameriten.

Será aplicable al área de restricción lo dispuesto en el artículo precedente y la limitación a la autorización de los cambios de punto de captación indicada en el inciso quinto del artículo 63.

La declaración de un área de restricción dará origen a una comunidad de aguas formada por todos los usuarios de aguas subterráneas comprendidas en ella.

Alzada el área de restricción, la Dirección General de Aguas, para la constitución de nuevos derechos sobre las aguas subterráneas, de acuerdo con lo dispuesto en los artículos 5, 5 bis y 6, preferirá al titular del derecho de aprovechamiento constituido provisionalmente, en función del orden de prelación en que se hubieren ingresado las solicitudes que dieron origen a dichos derechos provisionales. Con todo, siempre prevalecerá respecto de cualquier otra preferencia o consideración el uso para el consumo humano, de subsistencia y saneamiento.

ARTÍCULO 66.- Declarada un área de restricción en uno o más sectores del acuífero o en su totalidad, la Dirección General de Aguas no podrá otorgar derechos de aprovechamiento definitivos. De modo excepcional, y previo informe técnico de disponibilidad a nivel de la fuente de abastecimiento, sólo podrá conceder derechos provisionales en la medida que no se afecten derechos preexistentes y/o la sustentabilidad del acuífero o de uno o más sectores de él.

El informe técnico a que refiere el inciso anterior deberá considerar la opinión de las comunidades de agua existentes en la zona.

La Dirección General de Aguas siempre podrá limitar, total o parcialmente, e incluso dejar sin efecto estos derechos. Podrá, a su vez, suspender total o parcialmente su ejercicio, en caso que se constate una afectación temporal a la sustentabilidad del acuífero o perjuicios a los derechos de aprovechamiento ya constituidos, mientras estas situaciones se mantengan.

ARTÍCULO 66 bis.- Sin perjuicio de otros permisos regulados en este Código, previo informe favorable de la Dirección General de Aguas sobre la no afectación a extracciones de agua para consumo humano y aspectos relativos a la calidad de las aguas, cualquier persona podrá ejecutar obras para recargar artificialmente un acuífero.

Se entenderá por recarga natural el flujo o caudal de agua que alimenta un acuífero proveniente de aguas pluviales, corrientes, detenidas o subterráneas, que no sea a consecuencia de la intervención humana.

No requerirá del informe a que se refiere el inciso primero la obra de recarga de aguas lluvias, que para estos efectos se considerará recarga natural.

La recarga artificial de aguas podrá realizarse para distintos fines, tales como resguardar la preservación ecosistémica, incluyendo la mejora o mantención de la sustentabilidad del acuífero; evitar la intrusión salina; aprovechar la capacidad depuradora del subsuelo; infiltrar agua desalinizada o residuos líquidos regulados por la normativa ambiental; o aprovechar la capacidad de almacenamiento y conducción de los acuíferos para posteriormente posibilitar la reutilización de estas aguas.

El titular de un derecho de aprovechamiento que haya efectuado las obras a que se refiere el inciso primero y que desee reutilizar las aguas infiltradas, sea en el mismo u otro punto del acuífero, podrá solicitar a la Dirección General de Aguas que le autorice a ejercer su derecho sobre la mayor parte de las aguas recargadas que, de acuerdo al análisis técnico de los antecedentes presentados, considere las pérdidas propias del proceso, la sustentabilidad del acuífero y los derechos de terceros.

La solicitud a la que se refiere el inciso anterior contendrá las especificaciones técnicas de la obra; la información sobre el sector hidrogeológico del acuífero que permita justificar la cantidad de agua que se pretende extraer; los puntos de recarga y aquellos desde los cuales se pretende extraer las aguas; y un sistema de medición y de transmisión de la información en ambos puntos, la que se tramitará de conformidad a lo dispuesto en el Título I del Libro Segundo.

La Dirección General de Aguas con el propósito de emitir el informe respectivo, deberá oír a las organizaciones de usuarios interesadas.

ARTÍCULO 66 ter.- Si el proyecto de recarga artificial utiliza aguas provenientes desde una fuente ajena a la cuenca o tiene por objeto aumentar la disponibilidad para constituir nuevos derechos, deberá contar con la aprobación de la Dirección General de Aguas. La solicitud deberá tramitarse en los términos que establecen los artículos 130 y siguientes.

ARTÍCULO 66 quáter.- No se podrá operar obra alguna de recarga artificial con perjuicio de terceros. El responsable será obligado a la indemnización de perjuicios.

Las obras urgentes que sea necesario construir o modificar para evitar los daños a que se refiere el inciso anterior serán de cargo de quien se encuentre operando el proyecto de recarga, sin perjuicio de sus acciones para repetir en contra del causante del perjuicio.

ARTÍCULO 67.- Cuando la suma de los derechos de aprovechamiento definitivos y provisionales existentes en un área de restricción comprometa toda la disponibilidad determinada en los respectivos estudios técnicos, dicha área deberá ser declarada como zona de prohibición para nuevas explotaciones, de acuerdo con lo dispuesto en el artículo 63.

En caso que los antecedentes técnicos señalen que el efecto sobre la sustentabilidad no obedece a razones ocasionales, sino que a una situación de carácter permanente, también deberá declararse zona de prohibición.

La Dirección General de Aguas podrá revisar, en cualquier momento, las circunstancias que dieron origen a la declaración de área de restricción; sin embargo, transcurridos cinco años contados desde la citada declaración, será obligatorio para el Servicio reevaluar dichas circunstancias. En caso de comprobar que la disponibilidad está comprometida, de conformidad a lo indicado precedentemente, dicha área se declarará zona de prohibición.

De conformidad con lo dispuesto en el artículo 63, al declarar una zona de prohibición de nuevas explotaciones, la Dirección General de Aguas no podrá constituir nuevos derechos de aprovechamiento, ya sean definitivos o provisionales, y deberá prohibir cualquier nueva explotación de derechos o de aquella parte de ellos que no se hubiesen explotado con anterioridad a dicha declaración. Adicionalmente, el Servicio deberá reevaluar la situación de sustentabilidad del Sector Hidrogeológico de Aprovechamiento Común y, consecuentemente, podrá ejercer las atribuciones descritas en el inciso anterior. Lo dispuesto en este inciso es sin perjuicio de lo señalado en el artículo 62.

Los titulares de los derechos de aprovechamiento concedidos, tanto en zonas declaradas de prohibición como en áreas de restricción, deberán instalar y mantener un sistema de medición de caudales y volúmenes extraídos, de control de niveles freáticos y un sistema de transmisión de la información que se obtenga. Los titulares, por sí o por medio de las Comunidades de Aguas Subterráneas, serán responsables de transmitir la información que se recabe a la Dirección General de Aguas. El Servicio, mediante resolución fundada, determinará los plazos y condiciones para cumplir dicha obligación, y deberá comenzar siempre por aquellos concedidos provisionalmente.

Ante el incumplimiento de estas medidas, la Dirección General de Aguas, mediante resolución fundada, impondrá las sanciones que establecen los artículos 173 y siguientes.

ARTÍCULO 67 bis.- La declaración o el alzamiento de las zonas de restricción y de prohibición, se publicarán en el sitio web institucional y en el Diario Oficial, los días primero o quince de cada mes o el primer día hábil siguiente, si aquéllos fueren feriados.

ARTÍCULO 68.- La Dirección General de Aguas podrá exigir la instalación y mantención de sistemas de medición de caudales, de volúmenes extraídos y de niveles freáticos en las obras, además de un sistema de

transmisión de la información que La Dirección General de Aguas podrá exigir la instalación y mantención de sistemas de medición de caudales, de volúmenes extraídos y de niveles estáticos o dinámicos en las obras, además de un sistema de transmisión de la información que se obtenga. En el caso de los derechos de aprovechamiento no consuntivos esta exigencia se aplicará también en la obra de restitución al acuífero. La Dirección General, por resolución fundada, determinará los plazos y las condiciones técnicas para cumplir la obligación dispuesta en este artículo.

Ante el incumplimiento de las medidas a que se refiere el inciso anterior, la Dirección General de Aguas, mediante resolución fundada, impondrá las multas y sanciones que establecen los artículos 173 y siguientes.

TÍTULO VII
DE LAS SERVIDUMBRES E HIPOTECAS

1. De las servidumbres

a) Disposiciones generales

ARTÍCULO 69.- Son aplicables a las servidumbres relacionadas con las aguas de que se ocupa este Código, las disposiciones del Código Civil y leyes especiales, en cuanto no estén modificadas por la presente ley.

ARTÍCULO 70.- Las servidumbres legales no podrán aprovecharse en fines distintos de aquellos para los cuales se han constituido, salvo acuerdo de los interesados.

ARTÍCULO 71.- Si hubiere desacuerdo en cuanto al monto de la indemnización, resolverá el Juez, con informe de peritos, debiendo autorizar la constitución sólo una vez pagada la suma que fije provisionalmente para responder de la indemnización que se determine en definitiva.

ARTÍCULO 72.- Las servidumbres relativas a las aguas que establece el Código de Minería, se constituirán y ejercerán con arreglo a las disposiciones del presente Código.

b) De la servidumbre natural de escurrimiento

ARTÍCULO 73.- El predio inferior está sujeto a recibir las aguas que descienden del predio superior naturalmente, es decir, sin que la mano del hombre contribuya a ello.

No se puede, por consiguiente, dirigir un albañal o acequia sobre un predio vecino, si no se ha constituido esta servidumbre especial.

ARTÍCULO 74.- En el predio sirviente no se puede hacer cosa alguna que estorbe la servidumbre natural, ni en el predio dominante que la agrave.

Con todo, el dueño del predio inferior tiene derecho a hacer dentro de él, pretiles, malecones, paredes u otras obras que, sin impedir el normal descenso de las aguas, sirvan para regularizarlas o aprovecharlas, según el caso.

ARTÍCULO 75.- El derecho que establece el inciso final del artículo anterior se concede también al dueño del predio superior dentro de éste, pero sin hacer más gravosa la servidumbre que deba soportar el predio inferior.

c) De la servidumbre de acueducto

ARTÍCULO 76.- La servidumbre de acueducto es aquella que autoriza a conducir aguas por un predio ajeno a expensas del interesado.

La servidumbre comprende el derecho de construir obras de arte en el cauce y de desagües para que las aguas se descarguen en cauces naturales.

ARTÍCULO 77.- Toda heredad está sujeta a la servidumbre de acueducto en favor de un pueblo, industria, mina u otra heredad que necesite conducir aguas para cualquier fin.

ARTÍCULO 78.- La conducción de las aguas se hará por un acueducto que no permita filtraciones, derrames ni desbordes que perjudiquen a la heredad sirviente; que no deje estancar el agua ni acumular basuras y que tenga los puentes, canoas, sifones y demás obras necesarias para la cómoda y eficaz administración y explotación de las heredades sirvientes.

La obligación de construir las obras se refiere a la época de la constitución de la servidumbre.

ARTÍCULO 79.- La servidumbre comprende el derecho de llevar el acueducto por un rumbo que permita el libre descenso de las aguas y que, por la naturaleza del suelo, no haga excesivamente dispendiosa la obra.

Verificadas estas condiciones, se llevará el cauce por el rumbo que menos perjuicio ocasione al predio o heredad sirviente.

El rumbo más corto se mirará como el menos perjudicial a la heredad sirviente y el menos costoso al interesado, si no se probare lo contrario.

El Juez conciliará, en lo posible, los intereses de las partes y en los puntos dudosos decidirá a favor de las heredades sirvientes.

ARTÍCULO 80.- Los edificios, instalaciones industriales y agropecuarias, estadios, canchas de aterrizaje y las dependencias de cada uno de ellos, no están sujetos a la servidumbre de acueducto.

ARTÍCULO 81.- El trazado y construcción del acueducto en los caminos públicos se sujetarán a la ley respectiva.

ARTÍCULO 82.- El dueño del predio sirviente tendrá derecho a que se le pague, por concepto de indemnización, el precio de todo el terreno que fuere ocupado y las mejoras afectadas por la construcción del acueducto; el de un espacio a cada uno de los costados, que no será inferior al cincuenta por ciento del ancho del canal, con un mínimo de un metro de anchura en toda la extensión de su curso, y que podrá ser mayor por convenio de las partes o por disposición del Juez, cuando las circunstancias lo exigieren, para contener los escombros provenientes de la construcción del acueducto y de sus limpias posteriores y un diez por ciento adicional sobre la suma total. Dicho espacio, en caso de canales que se desarrollen por faldeos pronunciados, se extenderá en su ancho total por el lado del valle.

Tendrá, además, derecho a que se le indemnice de todo perjuicio ocasionado por la construcción del acueducto y por sus filtraciones, derrames y desbordes que puedan imputarse a defectos de construcción o mal manejo del mismo.

ARTÍCULO 83.- El dueño del acueducto podrá impedir toda plantación u obra nueva en el espacio lateral a que se refiere el artículo anterior. Podrá además, reforzar los bordes del canal sin perjudicar el predio sirviente.

ARTÍCULO 84.- El que tiene a beneficio suyo un acueducto en su heredad, puede oponerse a que se construya otro en ella, ofreciendo paso por el suyo a las aguas que otra persona quiera conducir, con tal que de ello no se siga perjuicio notable al que quiera abrir el nuevo acueducto.

En las mismas condiciones podrá oponerse a la constitución de una nueva servidumbre de acueducto cuando su predio esté gravado con otra que haga innecesaria la construcción de un nuevo acueducto.

Con todo, si con motivo de la utilización de los canales existentes a que se alude en los incisos anteriores debieren efectuarse ensanches, ampliaciones o modificaciones en el cauce, se procederá en la forma señalada en el artículo siguiente.

ARTÍCULO 85.- El que tuviere un derecho de aprovechamiento en un cauce natural de uso público podrá utilizar la bocatoma de un canal existente, que se derive del mismo cauce, para captar sus aguas.

Podrá además, utilizar el canal en la extensión indispensable para conducir las aguas hasta el punto en que pueda derivarlas independientemente hacia el lugar de aprovechamiento.

Si el canal y sus obras complementarias tuvieran capacidad suficiente para conducir las nuevas aguas, el interesado deberá pagar, en todo caso, al propietario del acueducto una indemnización equivalente al valor de los terrenos ocupados por él y de las obras existentes en la parte que efectivamente utilice a prorrata de su derecho.

En caso que para el ejercicio de un derecho de aprovechamiento no consuntivo fuere innecesario introducir más aguas al canal, porque se usa parte o el total de las que por él escurren, la indemnización se determinará de común acuerdo entre las partes o a falta de éste, por el Juez.

El interesado, en caso necesario, ensanchará el acueducto a su costa y pagará, a quien corresponda, el valor del nuevo terreno y el del espacio lateral ocupado por el ensanche.

Si se tratare de una bocatoma, serán de su exclusivo cargo todas las obras de reforma o de cualquier otra naturaleza, necesarias para extraer el nuevo volumen de agua.

Todo otro perjuicio será también de cargo del interesado, quien, además, deberá concurrir a los gastos de mantención y operación de las obras en la forma prevista en el artículo 91.

ARTÍCULO 86.- El que tiene un acueducto en heredad ajena, podrá introducir mayor volumen de agua en él, siempre que no afecte la seguridad del cauce y deberá indemnizar todo perjuicio al propietario de la heredad sirviente. Si para ello fuere necesaria la construcción de nuevas obras o la modificación de las existentes, se observará respecto a ellas lo dispuesto en el artículo 82.

ARTÍCULO 87.- La servidumbre de acueducto se ejercerá, por regla general, en cauce a tajo abierto.

El acueducto será protegido, cubierto o abovedado cuando atraviese áreas pobladas y pudiere causar daños o cuando las aguas que conduzca produjeren emanaciones molestas o nocivas para sus habitantes.

Asimismo, se deberán instalar las protecciones que el dueño del predio sirviente, con expresión de causa, requiera. La obligación de abovedar el cauce, instalar protecciones u obras destinadas a evitar daños o molestias, no será de cargo de su dueño, cuando esta necesidad se origine después de la construcción de aquél, sin perjuicio de que contribuya a los gastos de las obras, en la medida que éstas le reporten beneficios.

Las dificultades que se produzcan con motivo de la aplicación de lo dispuesto en los incisos anteriores, serán resueltas por la Justicia Ordinaria.

ARTÍCULO 88.- Cuando una heredad se divide por partición, venta, permuta o por cualquiera otra causa entre dos o más personas y se dividen también los derechos de aprovechamiento que la benefician, las hijuelas superiores quedarán gravadas con servidumbre de acueducto en beneficio de las inferiores, sin indemnización alguna, salvo estipulación en contrario y todo sin perjuicio de lo dispuesto en el artículo 881 del Código Civil.

ARTÍCULO 89.- El que tiene constituida a su favor una servidumbre de acueducto, podrá hacer a su costa las variantes de trazado necesarias para un mejor y más económico aprovechamiento de las aguas, sin perjuicio de las indemnizaciones que correspondan.

Igualmente, el dueño del predio sirviente podrá efectuar a su costa, dentro de su heredad, las variantes que hagan menos oneroso el ejercicio de la servidumbre, sin perjudicar el acueducto.

El Juez conciliará en lo posible los intereses de las partes, y, en los puntos dudosos, decidirá a favor de las heredades sirvientes.

ARTÍCULO 90.- El dueño del predio sirviente está obligado a permitir la entrada de trabajadores y el transporte de materiales para la limpia y reparación del acueducto, con tal que se dé aviso al encargado de dicho predio.

Está obligado, asimismo, a permitir, con este aviso, la entrada de un inspector o cuidador del canal, quien podrá circular por las orillas del acueducto e ingresar por las puertas que instalará el dueño del canal para este efecto.

El inspector o cuidador podrá solicitar directamente a la autoridad el auxilio de la fuerza pública para ejercitar este derecho, exhibiendo el título de su nombramiento.

ARTÍCULO 91.- El o los dueños del acueducto deben mantenerlo en perfecto estado de funcionamiento, de manera de evitar daños o perjuicios a las personas o bienes de terceros. En consecuencia, deberán efectuar las limpias y reparaciones que corresponda.

El incumplimiento de estas obligaciones hará responsables al o a los dueños del acueducto del pago de las indemnizaciones que procedan, sin perjuicio del pago de la multa que fije el tribunal competente.

ARTÍCULO 92.- Prohíbese botar a los canales substancias, basuras, desperdicios y otros objetos similares, que alteren la calidad de las aguas.

Será responsabilidad de las Municipalidades respectivas, establecer las sanciones a las infracciones de este artículo y obtener su aplicación.

Además, dentro del territorio urbano de la comuna las Municipalidades deberán concurrir a la limpieza de los canales obstruidos por basuras, desperdicios u otros objetos botados en ellos.

La organización de usuarios observará el cumplimiento de la prohibición establecida en el inciso primero de este artículo e informará a la municipalidad correspondiente las infracciones de las que tome conocimiento. Del mismo modo, la organización de usuarios respectiva notificará a la municipalidad, con copia a la Dirección General de Aguas para el cumplimiento de sus funciones, de la obstrucción de canales en los casos a que se refiere el inciso tercero, señalando, al menos, el lugar en que ocurre dicha obstrucción y, de conocerse, los responsables de los hechos.

Estas presentaciones se tramitarán por el municipio de conformidad con lo indicado en el artículo 98 de la ley orgánica constitucional de Municipalidades, y su omisión podrá ser reclamable de conformidad a los artículos 151 y siguientes del referido texto legal.

ARTÍCULO 93.- Abandonado un acueducto, vuelve el terreno al goce y uso exclusivo del dueño de la heredad sirviente, que no deberá restitución alguna. Se presumirá el abandono cuando no se usare o mantuviere por cinco años consecutivos, habiendo agua disponible para su conducción por el acueducto.

d) De las servidumbres de derrames y de drenaje

ARTÍCULO 94.- Las reglas establecidas en los artículos anteriores para la servidumbre de acueducto se extienden a los cauces que se construyan para dar salida o dirección a las aguas sobrantes y derrames de predios y minas, y para desecar pantanos, bajos, vegas y filtraciones naturales, por medio de zanjas o canales de desagüe.

ARTÍCULO 95.- Las mismas reglas se aplicarán a las aguas provenientes de las lluvias o filtraciones que se recojan en los fosos de los caminos para darles salida a cauces vecinos. Para este fin, los predios intermedios quedan sujetos a servidumbre.

e) De otras servidumbres necesarias para ejercer el derecho de aprovechamiento

ARTÍCULO 96.- El titular de los derechos de aprovechamiento que no sea dueño de las riberas, terrenos o cauces en que deba usar, extraer, descargar o dividir las aguas, podrá construir en el predio sirviente las obras necesarias para el ejercicio de su derecho, tales como presas, bocatomas, descargas, estribos, centrales hidroeléctricas, casas de máquinas u otras, pagando al dueño del predio, embalse u otra obra, el valor del terreno que ocupare por las obras, más las indemnizaciones que procedan, en la forma establecida en los artículos 71 y 82.

ARTÍCULO 97.- El ejercicio de las servidumbres que está facultado a imponer el titular de un derecho de aprovechamiento no consuntivo, se sujetará, además de las que corresponda según la clase de servidumbre, a las reglas siguientes:

1. Cuando su ejercicio pueda producir perturbaciones en el libre escurrimiento de las aguas, deberá mantenerse un cauce alternativo que lo asegure y colocarán y mantendrán corrientes para su adecuado manejo a las compuertas que requiera el desvío de las aguas, según fueren las necesidades del predio sirviente y el funcionamiento de las instalaciones para el uso no consuntivo;

2. La construcción y conservación de puentes, canoas, sifones y demás obras y las limpias del acueducto, serán de cuenta del titular del derecho de aprovechamiento no consuntivo, en la sección del cauce comprendida entre el punto en que el agua se toma y aquel en que se restituye, cuando sea necesario construir un cauce de desvío;

3. Sin permiso de los titulares de derechos de aprovechamiento consuntivo no podrá detenerse el curso de las aguas;

4. Deberá evitarse, en todo caso, los golpes y mermas de agua, y

5. El titular de los derechos no consuntivos, no podrá impedir que el titular del consuntivo varíe el rumbo de un acueducto o cierre la bocatoma en épocas de limpia y cuando los trabajos en el canal lo hagan necesario.

ARTÍCULO 98.- Se aplicarán a estas servidumbres las disposiciones referentes a las servidumbres de acueducto, en lo que fueren pertinentes.

Los cauces de descarga o aliviaderos seguirán la suerte del cauce principal.

f) De la servidumbre de abrevadero

ARTÍCULO 99.- Todo pueblo, caserío o predio que carezca del agua necesaria para la bebida de sus animales, tendrá derecho a imponer servidumbre de abrevadero.

Esta servidumbre consiste en el derecho de conducir el ganado a beber dentro del predio sirviente en días, horas y puntos determinados, por los caminos y sendas usuales.

Con todo, el dueño del predio sirviente podrá enajenar los derechos de aprovechamiento o variar el rumbo del acueducto.

ARTÍCULO 100.- No podrá imponerse esta servidumbre sobre pozos ordinarios o artesianos, ni en aljibes que se encuentren en terrenos cercados.

ARTÍCULO 101.- La servidumbre de abrevadero grava también el predio superficial y los inmediatos a una mina, en beneficio de las personas y de los animales empleados en el laboreo de ésta.

ARTÍCULO 102.- El dueño del predio sirviente podrá variar la dirección del camino o senda destinada al uso de esta servidumbre, si con ello no impidiere su ejercicio.

g) De la servidumbre de camino de sirga

ARTÍCULO 103.- Los dueños de las riberas serán obligados a dejar el espacio necesario para la navegación o flote a la sirga.

ARTÍCULO 104.- El Director General de Aguas clasificará los ríos navegables y flotables, y determinará al mismo tiempo la margen y el ancho de ellos por donde haya de llevarse el camino de sirga.

Sólo en estos ríos podrá imponerse la servidumbre de que trata este párrafo.

Si el camino abarcare más de la zona señalada, se abonará a los dueños de los predios sirvientes el valor del terreno que se ocupe.

ARTÍCULO 105.- Cuando un río navegable o flotable deje de serlo permanentemente, cesará también la servidumbre del camino de sirga, sin que los dueños de los predios tengan que devolver las indemnizaciones recibidas.

ARTÍCULO 106.- La servidumbre de camino de sirga es exclusiva para las necesidades de la navegación o flotación. No podrá emplearse en otros usos.

h) De la servidumbre para investigar

ARTÍCULO 107.- Los interesados en desarrollar las mediciones e investigaciones de los recursos hidrológicos o hidrogeológicos, y los que deseen efectuar los estudios de terreno a que se refiere el artículo 151 podrán ingresar a terrenos de propiedad particular, previa constitución de las servidumbres correspondientes.

i) De las servidumbres voluntarias

ARTÍCULO 108.- Las servidumbres voluntarias sobre aguas se regirán por las disposiciones del párrafo 3° del Título XI del Libro II del Código Civil.

j) De la extinción de las servidumbres

ARTÍCULO 109.- Las servidumbres a que se refiere este código se extinguen:

1. Por la nulidad o resolución del derecho del que las ha constituido;

2. Por la llegada del día o de la condición, si se ha establecido de uno de estos modos;

3. Por la confusión, en los términos del número 3° del inciso primero del artículo 885 del Código Civil;

4. Por la renuncia del dueño del predio dominante;

5. Por haberse dejado de gozar durante 5 años. En las servidumbres discontinuas corre el tiempo desde que han dejado de gozarse; en las continuas, desde que se haya ejecutado un acto contrario a la servidumbre y siempre que éste impida absolutamente el uso, y

6. Por el cambio del destino de las aguas o del rumbo del acueducto tratándose de la servidumbre del abrevadero.

2. De la hipoteca del derecho de aprovechamiento

ARTÍCULO 110.- Los derechos de aprovechamiento inscritos pueden ser hipotecados independientemente del inmueble al cual su propietario los tuviere destinados. Los no inscritos sólo podrán hipotecarse conjuntamente con dicho inmueble.

ARTÍCULO 111.- La hipoteca de los derechos de aprovechamiento inscritos deberá otorgarse por escritura pública e inscribirse en el Registro de Hipotecas y Gravámenes de Aguas del Conservador de Bienes Raíces respectivo.

TÍTULO VIII
DEL REGISTRO DE AGUAS, DE LA INSCRIPCIÓN DE LOS DERECHOS DE APROVECHAMIENTO Y DEL INVENTARIO DEL RECURSO

ARTÍCULO 112.- Los Conservadores de Bienes Raíces llevarán un Registro de Aguas, en el cual deberán inscribir los títulos a que se refieren los artículos siguientes.

Los deberes y funciones del Conservador, en lo que se refiere al mencionado Registro, los libros que éste deberá llevar y la forma y solemnidad de las inscripciones, se regularán por las disposiciones de este Título, del párrafo 2° del Título precedente y, en lo no previsto, por las normas contenidas en el Código Orgánico de Tribunales y en el Reglamento del Registro Conservatorio de Bienes Raíces.

ARTÍCULO 113.- Se perfeccionarán por escritura pública los actos y contratos traslaticios de dominio de derechos de aprovechamiento, como también la constitución de derechos reales sobre ellos y los actos y contratos traslaticios de los mismos.

ARTÍCULO 114.- Deberán inscribirse en el Registro de Propiedad de Aguas del Conservador de Bienes Raíces:

1. Los instrumentos públicos que contengan el acto formal del otorgamiento definitivo de un derecho de aprovechamiento, así como las que contengan la renuncia a tales derechos;

2. Los actos y contratos que constituyan títulos traslaticios de dominio de los derechos de aprovechamiento a que se refieren los números anteriores;

3. Los actos, resoluciones e instrumentos señalados en el artículo 688 del Código Civil en el caso de transmisión por causa de muerte de los derechos de aprovechamiento;

4. Las resoluciones judiciales ejecutoriadas que reconozcan la existencia de un derecho de aprovechamiento.

ARTÍCULO 115.- Derogado.

ARTÍCULO 115 bis.- Deberán inscribirse en los Registros de Hipotecas y Gravámenes y de Interdicciones y Prohibiciones de Enajenar relativos a las aguas, las condiciones suspensivas o resolutorias del dominio de los derechos de aprovechamiento o de otros derechos reales constituidos sobre ellos, así como todo impedimento o prohibición referente a derechos de aprovechamiento, sea convencional, legal o judicial que embarace o limite, de cualquier modo, el libre ejercicio de la facultad de enajenarlos.

ARTÍCULO 116.- Podrán inscribirse en los Registros de Hipotecas y Gravámenes y de Interdicciones y Prohibiciones de Enajenar, relativos a las aguas, según el caso:

1. La constitución y tradición de los derechos reales sobre derechos de aprovechamiento;

2. Derogado.

3. El arrendamiento, en el caso del artículo 1962 del Código Civil y cualquier otro acto o contrato cuya inscripción sea permitida por la ley, y

4. Derogado.

ARTÍCULO 117.- La tradición de los derechos de aprovechamiento se efectuará por la inscripción del título en el Registro de Propiedad de Aguas del Conservador de Bienes Raíces.

La constitución y la tradición de los derechos reales constituidos sobre ellos, se efectuará por la inscripción de su título en el Registro de Hipotecas y Gravámenes de Aguas del Conservador de Bienes Raíces respectivo.

ARTÍCULO 118.- Las inscripciones se practicarán en el Conservador de Bienes Raíces que tenga competencia en la comuna en que se encuentre ubicada la bocatoma del canal matriz en el cauce natural.

Tratándose de derechos de aprovechamiento que recaigan sobre aguas embalsadas o aguas subterráneas, las inscripciones deberán hacerse en el Conservador de Bienes Raíces que tenga competencia en la comuna donde se encuentre ubicado el embalse o el pozo respectivo, pero si el embalse cubriere territorios de dos o más comunas, se inscribirán en aquélla donde se encuentre ubicada la obra de entrega.

Sin perjuicio de las inscripciones que procedan, los Conservadores deberán anotar, al margen de las inscripciones relativas a las organizaciones de usuarios o de las comunidades de aguas, las mutaciones de dominio que se efectúen y que se refieran a ellas.

ARTÍCULO 119.- Las inscripciones originarias y las transferencias contendrán los siguientes datos:

1. El nombre del titular del derecho de aprovechamiento;

2. La individualización del canal por donde se extraen las aguas de la corriente natural y la ubicación de su bocatoma o la individualización de la captación de aguas subterráneas y la ubicación de su dispositivo expre-

sados en coordenadas UTM con indicación del datum y huso, y complementariamente, en los casos que fuere posible, una relación de los puntos de referencia permanentes y conocidos;

3. La individualización de la fuente de la que proceden las aguas;

4. Las indicaciones referentes a los títulos de la comunidad u organización de usuarios a que estén sometidos los derechos de agua;

5. La forma en que estos derechos se dividen entre los usuarios de la obra, si fueren varios. Si el titular de la inscripción fuere uno, deberá indicarse la cuota que le corresponde en la fuente, y

6. Las características del derecho de aprovechamiento y demás especificaciones contenidas en el artículo 149, en la medida que el título las contenga.

ARTÍCULO 120.- La Dirección General de Aguas, sin perjuicio de la facultad de los interesados para ello, podrá requerir de los Conservadores de Bienes Raíces la anotación de los derechos que correspondan a los respectivos canales, de conformidad a lo dispuesto en el artículo 114 y de las sentencias ejecutoriadas que alteren la distribución de las aguas en los cauces naturales al margen de las respectivas inscripciones de los derechos de aprovechamiento de aguas afectados.

ARTÍCULO 121.- A los derechos de aprovechamiento inscritos en los Registros de Aguas de los Conservadores de Bienes Raíces, se les aplicarán todas las disposiciones que rijan la propiedad raíz inscrita, en cuanto no hayan sido modificadas por el presente Código.

ARTÍCULO 122.- La Dirección General de Aguas deberá llevar un Catastro Público de Aguas, en el que constará toda la información que tenga relación con ellas.

En dicho catastro, que estará constituido por los archivos, registros e inventarios que el reglamento establezca, el que deberá ser suscrito, además, por el Ministro de Justicia y Derechos Humanos, se consignarán todos los datos, actos y antecedentes que digan relación con el recurso, con las obras de desarrollo del mismo, con los derechos de aprovechamiento, con los derechos reales constituidos sobre éstos y con las obras construidas o que se construyan para ejercerlos.

En especial, en el Catastro Público de Aguas existirá un Registro Público de Derechos de Aprovechamiento de Aguas, el cual deberá ser mantenido al día, en el sitio web institucional, utilizando entre otras fuentes, la información que emane de escrituras públicas y de inscripciones que se practiquen en los Registros de los Conservadores de Bienes Raíces.

Para los efectos señalados en el inciso anterior, los conservadores de bienes raíces deberán enviar a la Dirección General de Aguas, dentro de los treinta días siguientes a la fecha del acto que se realice ante ellos y en la forma que determine el reglamento del Catastro Público de Aguas del Ministerio de Obras Públicas, la información de las inscripciones relativas a los derechos de aprovechamiento de aguas y sus antecedentes. El incumplimiento de esta obligación por parte de los conservadores será sancionado según lo previsto en el artículo 440 del Código Orgánico de Tribunales.

Sin perjuicio de lo señalado en este artículo y de lo establecido en el artículo 150 inciso segundo, los titulares de derechos de aprovechamiento de aguas, cualquiera sea el origen de éstos, deberán inscribirlos en el Registro Público de Derechos de Aprovechamiento de Aguas, bajo el apercibimiento de sanción establecida en los artículos 173 y siguientes. Con relación a los derechos de aprovechamiento que no se encuentren inscritos en el Registro Público de Derechos de Aprovechamiento de Aguas, no se podrá realizar respecto de ellos acto alguno ante la Dirección de Aguas ni la Superintendencia de Servicios Sanitarios. Los titulares de derechos de aprovechamiento de aguas, cuyos derechos reales se encuentren en trámite de inscripción en el Registro Público de Derechos de Aprovechamiento de Aguas, podrán participar en los concursos públicos a que llame la Comisión Nacional de Riego de acuerdo con la ley Nº 18.450, que aprobó normas para el fomento de la inversión privada en obras de riego y drenaje, pero la orden de pago del Certificado de Bonificación al Riego y Drenaje, sólo podrá cursarse cuando el beneficiario haya acreditado con la exhibición de copia autorizada del registro ya indicado, que sus derechos se encuentran inscritos.

La Dirección General de Aguas deberá publicar en el sitio web institucional la información contenida en el Catastro Público de Aguas y la actualizará periódicamente.

Los Registros que la Dirección General de Aguas debe, llevar en virtud de lo dispuesto en el presente artículo, no reemplazarán en caso alguno los Registros que los Conservadores de Bienes Raíces llevan en virtud de lo dispuesto en los artículos 112, 114 y 116 de este Código. Asimismo, los Registros que aquel servicio lleva, en caso alguno acreditarán posesión inscrita ni dominio sobre los derechos de aprovechamiento de aguas o de los derechos reales constituidos sobre ellos.

ARTÍCULO 122 bis.- Las organizaciones de usuarios deberán remitir a la Dirección General de Aguas una vez al año, antes del 31 de diciembre, la información actualizada que conste en el Registro a que se refiere el artículo 205, que diga relación con los usuarios, especialmente aquella referida a las mutaciones en el dominio de los derechos de aprovechamiento a que se refiere el inciso cuarto del artículo 122 y la incorporación de nuevos derechos a las mismas. La información requerida deberá enviarse en la forma que determine el reglamento previsto en el artículo anterior.

La Dirección General de Aguas, mientras no se dé cumplimiento a lo señalado en el inciso anterior, no recepcionará solicitud alguna referida a registros de modificaciones estatutarias o cualquier otra relativa a derechos de aprovechamiento, respecto de las organizaciones de usuarios que no cumplan con la obligación establecida en el inciso precedente.

Asimismo, el incumplimiento de la obligación establecida en el inciso primero del presente artículo, será sancionado, de oficio o a petición de cualquier interesado, con la multa a que se refieren los artículos 173 y siguientes.

TÍTULO IX
DE LAS ACCIONES POSESORIAS SOBRE AGUAS Y DE LA EXTINCIÓN DEL DERECHO DE APROVECHAMIENTO

ARTÍCULO 123.- Si se hicieren estacadas, paredes u otras labores que tuerzan la dirección de las aguas corrientes, de manera que se derramen sobre el suelo ajeno, o estancándose lo humedezcan o priven de su beneficio a los predios que tienen derecho a aprovecharse de ellas, mandará el Juez, a petición de los interesados, que tales obras se deshagan o modifiquen y se resarzan los perjuicios.

ARTÍCULO 124.- Lo dispuesto en el artículo precedente se aplica no sólo a las obras nuevas, sino a las ya hechas, mientras no haya transcurrido tiempo bastante para constituir un derecho de servidumbre.

Sin embargo, ninguna prescripción se admitirá a favor de las obras que corrompan el aire y lo hagan conocidamente dañoso.

ARTÍCULO 125.- El que hace obras para impedir la entrada de aguas que no está obligado a recibir, no es responsable de los daños que, atajadas de esa manera y sin intención de ocasionarlos, puedan causar en las tierras o edificios ajenos.

ARTÍCULO 126.- Si corriendo el agua por una heredad se estancare o torciere su curso, embarazada por el cieno, piedras, palos u otras materias que acarrea y deposita, los dueños de las heredades en que esta alteración del curso del agua cause perjuicio, tendrán derecho para obligar al dueño de la heredad en que ha sobrevenido el embarazo, a removerlo o les permita a ellos hacerlo, de manera que se restituyan las cosas al estado anterior.

El costo de la limpia o desembarazo se repartirá entre los dueños de todos los predios a prorrata del beneficio que reporten del agua.

ARTÍCULO 127.- Siempre que las aguas de que se sirve un predio, por negligencia del dueño en darles salida sin daño de sus vecinos, se derramen sobre otro predio, el dueño de éste tendrá derecho para que se le resarza el perjuicio sufrido y para que en el caso de reincidencia se le pague el doble de lo que el perjuicio importare.

ARTÍCULO 128.- En lo demás regirán para las acciones posesorias sobre aguas las disposiciones contenidas en los Títulos XIII y XIV del Libro II del Código Civil.

ARTÍCULO 129.- Los derechos de aprovechamiento se extinguen por la renuncia señalada en el inciso final del artículo 6° y, además, por las causas y en las formas establecidas en el derecho común.

TÍTULO X
DE LA PROTECCIÓN DE LAS AGUAS Y CAUCES

ARTÍCULO 129 bis.- Si de la ejecución de obras de recuperación de terrenos húmedos o pantanosos resultara perjuicio a terceros, las aguas provenientes de tales obras deberán ser vertidas al cauce natural más próximo. De no ser posible lo anterior, ellas serán vertidas a cauces artificiales, con autorización de sus propietarios, o a otros cauces naturales. En este último caso, deberá obtenerse autorización de la Dirección General de Aguas en conformidad al Párrafo 1° del Título I del Libro II de este Código.

ARTÍCULO 129 bis 1.- Respecto de los derechos de aprovechamiento de aguas por otorgar, la Dirección General de Aguas velará por la preservación de la naturaleza y la protección del medio ambiente. Para ello establecerá un caudal ecológico mínimo, para lo cual deberá considerar también las condiciones naturales pertinentes para cada fuente superficial.

Un reglamento, que deberá llevar la firma de los ministros del Medio Ambiente y de Obras Públicas, determinará los criterios en virtud de los cuales se establecerá el caudal ecológico mínimo. El caudal ecológico mínimo no podrá ser superior al 20 por ciento del caudal medio anual de la respectiva fuente superficial.

En casos calificados, y previo informe favorable del Ministerio del Medio Ambiente, el Presidente de la República podrá fijar caudales ecológicos mínimos diferentes, mediante decreto fundado, sin atenerse a la limitación establecida en el inciso anterior. El caudal ecológico que se fije en virtud de lo dispuesto en el presente inciso no podrá ser superior al 40 por ciento del caudal medio anual de la respectiva fuente superficial.

La Dirección General de Aguas podrá establecer un caudal ecológico mínimo respecto de aquellos derechos existentes en las áreas declaradas bajo protección oficial de la biodiversidad, como los parques nacionales, reservas nacionales, reservas de región virgen, monumentos naturales, santuarios de la naturaleza, los humedales de importancia internacional y los sitios prioritarios de primera prioridad.

Sin perjuicio de lo dispuesto en los incisos anteriores, la Dirección General de Aguas siempre podrá establecer, en el nuevo punto de extracción, un caudal ecológico mínimo en la resolución que autorice el traslado del ejercicio del derecho de aprovechamiento de aguas superficiales. Podrá, a su vez, en su calidad de organismo sectorial con competencia ambiental y en el marco de la evaluación ambiental de un proyecto, proponer un caudal ecológico mínimo o uno superior al mínimo establecido en el momento de la constitución del o los derechos de aprovechamiento de aguas superficiales en aquellos casos en que éstos se aprovechen en las obras a que se refieren los literales a), b) y c) del artículo 294. Con todo, la resolución de calificación ambiental no podrá establecer un caudal ambiental inferior al caudal ecológico mínimo definido por la Dirección General de Aguas.

ARTÍCULO 129 bis 1 A.- Al solicitarse un derecho de aprovechamiento de aguas o mientras se tramita dicha solicitud, el titular podrá declarar que las aguas serán aprovechadas en su propia fuente sin requerirse su extracción, ya sea para fines de conservación ambiental, o para el desarrollo de un proyecto de turismo sustentable, recreacional o deportivo.

Sin perjuicio de lo señalado en el inciso tercero del artículo 129 bis 2, podrán concederse derechos de aprovechamiento in situ o no extractivos fuera de aquellas áreas que se encuentren declaradas bajo protección oficial para la protección de biodiversidad, ya sea porque la Dirección General de Aguas acredita que la no extracción de estas aguas benefician a dichas áreas de protección oficial o porque el Ministerio del Medio Ambiente ha declarado zona protegida el área donde se concede el derecho de aprovechamiento. El titular no podrá solicitar que se modifique esta modalidad no extractiva de este derecho de aprovechamiento, salvo que el Ministerio del Medio Ambiente declare que el área donde se concedió ha dejado de ser protegida y la Dirección General de Aguas así lo autorice.

Igualmente se podrá solicitar a esa Dirección un derecho de aprovechamiento in situ o no extractivo para el desarrollo de un proyecto de turismo sustentable, recreacional o deportivo, lo cual deberá haberse declarado de ese modo en la memoria explicativa de que da cuenta el numeral 7 del artículo 140, o por acto posterior acompañando dicha memoria actualizada. La solicitud deberá cumplir con lo dispuesto en el reglamento dictado al efecto, el que establecerá las condiciones que debe contener la solicitud cuya finalidad sea el desarrollo de los proyectos descritos y que impliquen no extraer las aguas, la justificación del caudal requerido, los puntos de la fuente natural donde se realizará el aprovechamiento y los plazos para desarrollar la iniciativa. El titular no podrá solicitar que se modifique esta modalidad no extractiva de este derecho de aprovechamiento, salvo que no habiendo desarrollado el proyecto en cuestión, acredite el pago de una multa a beneficio fiscal ante la Tesorería General de la República, en un monto equivalente a la suma de las patentes por no uso expresadas en unidades tributarias mensuales, que hubiese debido pagar desde la fecha de afectación del derecho para estos fines, debidamente capitalizada según la tasa de interés máximo convencional aplicable a operaciones reajustables en moneda nacional. Lo anterior, con un recargo del 5 por ciento.

Respecto de los derechos existentes, para acogerse al beneficio establecido en el artículo 129 bis 9 por el cambio de la modalidad de aprovechamiento preexistente a una de carácter no extractiva, como las mencionadas en el inciso primero; su titular deberá obtener la autorización de la Dirección General de Aguas. El Reglamento señalado en el inciso precedente regulará también el procedimiento para el caso de la solicitud de modificación del modo de aprovechamiento al que se refiere este artículo.

Los derechos que se constituyan en función de lo dispuesto en el presente artículo, así como los que se acojan al cambio de modalidad de aprovechamiento, deberán dejar expresa constancia de ello en el correspondiente título que se inscribirá en el Registro del Conservador de Bienes Raíces y en el Catastro Público de Aguas.

ARTÍCULO 129 bis 2.- La Dirección General de Aguas podrá ordenar la inmediata paralización de las obras o labores que se ejecuten en los cauces naturales de aguas corrientes o detenidas que afectaren la cantidad o la calidad de éstas o que no cuenten con la autorización competente y que pudieran ocasionar perjuicios a terceros, para lo cual podrá requerir el auxilio de la fuerza pública en los términos establecidos en el artículo 138 de este Código, previa autorización del juez de letras competente en el lugar en que se realicen dichas obras. Estas resoluciones se publicarán en el sitio web institucional.

Asimismo, en las autorizaciones que otorgue la Dirección General de Aguas referidas a modificaciones o a nuevas obras en cauces naturales que signifiquen una disminución en la recarga natural de los acuíferos, dispondrá las medidas mitigatorias apropiadas. De no cumplirse dichas medidas, el Servicio aplicará las sanciones correspondientes, pudiendo ejercer las atribuciones dispuestas en el artículo 172 de este Código.

Sin perjuicio de lo establecido en los artículos anteriores, no podrán otorgarse derechos de aprovechamiento en las áreas declaradas bajo protección oficial para la protección de la biodiversidad, como los parques nacionales, reserva nacional, reserva de regiones vírgenes, monumento natural, santuario de la naturaleza, los humedales de importancia internacional y aquellas zonas contempladas en los artículos 58 y 63, a menos que se trate de actividades compatibles con los fines de conservación del área o sitios referidos, lo que deberá ser acreditado mediante informe del Ministerio del Medio Ambiente.

Los derechos de aprovechamiento ya existentes en las áreas indicadas en el inciso anterior sólo podrán ejercerse en la medida que ello sea compatible con la actividad y fines de conservación de éstas. La contravención a lo dispuesto en este inciso se sancionará de conformidad con lo establecido en el artículo 173.

Sin perjuicio de lo señalado en los incisos anteriores, y en caso de que exista actividad turística en alguno de los lugares descritos en este artículo, podrán constituirse derechos de aprovechamiento a favor de la Corporación Nacional Forestal para que ésta haga uso de ellos en la respectiva área protegida.

ARTÍCULO 129 bis 3.- La Dirección General de Aguas deberá establecer y mantener una red de estaciones de control de calidad, cantidad y niveles de las aguas tanto superficiales como subterráneas y de los glaciares y nieves en cada cuenca u hoya hidrográfica. La información que se obtenga deberá ser pública y actualizada, sin perjuicio de su publicación en la página web de la Dirección.

Para los efectos de esta ley, se entenderá por calidad, al menos, los parámetros físicos y químicos del recurso hídrico.

TÍTULO XI
DEL PAGO DE UNA PATENTE POR LA NO UTILIZACIÓN DE LAS AGUAS

ARTÍCULO 129 bis 4.- Los derechos de aprovechamiento no consuntivos de ejercicio permanente respecto de los cuales su titular no haya construido las obras señaladas en el inciso primero del artículo 129 bis 9, estarán afectos, en la proporción no utilizada de sus respectivos caudales, al pago de una patente anual a beneficio fiscal.

1.- La patente se regirá por las siguientes reglas:

a) En los primeros cinco años contados desde la fecha en que se constituya, reconozca o autorice el derecho de aprovechamiento de aguas, la patente será equivalente, en unidades tributarias mensuales, al valor que resulte de la siguiente operación aritmética:

Valor anual de la patente en UTM=0.33xQxH.

El factor Q corresponderá al caudal medio no utilizado expresado en metros cúbicos por segundo, y el factor H, al desnivel entre los puntos de captación y de restitución expresado en metros.

b) Entre los años sexto y décimo inclusive, la patente calculada de conformidad con la letra anterior se multiplicará por el factor 2, y

c) Entre los años undécimo y décimo quinto inclusive, la patente calculada de conformidad con la letra a) precedente se multiplicará por el factor 4, y en los quinquenios siguientes su monto se calculará duplicando el factor anterior, y así sucesivamente.

d) El titular de un derecho de aprovechamiento constituido con anterioridad a la publicación de esta ley que no haya construido las obras descritas en el inciso primero del artículo 129 bis 9, habiendo transcurrido diez años contados desde dicha fecha de publicación, quedará afecto a la extinción de su derecho de aprovechamiento en aquella parte no efectivamente utilizada, de conformidad con las disposiciones y las suspensiones señaladas en el artículo 6 bis y sujeto al procedimiento descrito en el artículo 134 bis. Sin perjuicio de los plazos de las suspensiones establecidos en el artículo 6 bis, la contabilización del plazo para abrir el expediente administrativo de extinción del derecho se suspenderá por todo el tiempo que dure la tramitación de los permisos necesarios para construir las obras que deban ser otorgados por la Dirección General de Aguas y/o la Dirección de Obras Hidráulicas, incluyendo los ajustes a que se refiere el inciso tercero del artículo 156. Las solicitudes de traslado del ejercicio del derecho de aprovechamiento y las de cambio de punto de captación de él no quedarán comprendidas en la referida suspensión, salvo que deban presentarse a consecuencia del cumplimiento de un trámite exigido para la recepción de las obras por parte de la Dirección General de Aguas o en otros casos calificados determinados por resolución fundada de esa Dirección, donde se compruebe la diligencia del solicitante.

2.- Para los efectos del cálculo de la patente establecida en el presente artículo, si la captación de las aguas se hubiere solicitado realizar a través de un embalse, el valor del factor H corresponderá, en todo caso, al desnivel entre la altura máxima de inundación y el punto de restitución expresado en metros.

En todos aquellos casos en que el desnivel entre los puntos de captación y restitución resulte inferior a 10 metros, el valor del factor H, para los efectos de esa operación, será igual a 10.

Para los efectos de la contabilización de los plazos de no utilización de las aguas, éstos comenzarán a regir a contar del 1 de enero del año siguiente al de la fecha de publicación de la ley N° 20.017, salvo que se trate de derechos de aprovechamientos que se constituyan, autoricen o reconozcan con posterioridad a esa fecha.

ARTÍCULO 129 bis 5.- Los derechos de aprovechamiento consuntivos de ejercicio permanente, respecto de los cuales su titular no haya construido las obras señaladas en el inciso primero del artículo 129 bis 9, estarán afectos, en la proporción no utilizada de sus respectivos caudales medios, al pago de una patente anual a beneficio fiscal.

La patente a que se refiere este artículo se regirá por las siguientes normas:

a) En los primeros cinco años, los derechos de ejercicio permanente pagarán una patente anual cuyo monto será equivalente a 1,6 unidades tributarias mensuales por cada litro por segundo.

b) Entre los años sexto y décimo inclusive, la patente calculada de conformidad con la letra anterior se multiplicará por el factor 2, y

c) Entre los años undécimo y décimo quinto inclusive, la patente calculada de conformidad con la letra a) precedente se multiplicará por el factor 4, y en los quinquenios siguientes su monto se calculará duplicando el factor anterior, y así sucesivamente.

d) El titular de un derecho de aprovechamiento constituido con anterioridad a la publicación de esta ley, que no haya construido las obras descritas en el inciso primero del artículo 129 bis 9, habiendo transcurrido cinco años contados desde la fecha de publicación de esta ley, quedará afecto a la extinción de su derecho de aprovechamiento en aquella parte no efectivamente utilizada, de conformidad con las disposiciones y las suspensiones señaladas en el artículo 6 bis y sujeto al procedimiento descrito en el artículo 134 bis. Sin perjuicio de los plazos de las suspensiones establecidos en el artículo 6 bis, la contabilización del plazo para abrir el expediente administrativo de extinción del derecho se suspenderá por todo el tiempo que dure la tramitación de los permisos necesarios para construir las obras, que deban ser otorgados por la Dirección General de Aguas y/o la Dirección de Obras Hidráulicas, incluyendo los ajustes a que se refiere el inciso tercero del artículo 156. Las solicitudes de traslado del ejercicio del derecho de aprovechamiento y las de cambio de punto de captación de él no quedarán comprendidas en la referida suspensión, salvo cuando deban presentarse a consecuencia del cumplimiento de un trámite exigido para la recepción de las obras por parte de la Dirección General de Aguas.

Para los efectos de la contabilización de los plazos de no utilización de las aguas, de que dan cuenta los literales a), b) y c) anteriores, éstos comenzarán a regir a contar del 1 de enero del año siguiente al de la fecha de publicación de la ley N° 20.017, a menos que se trate de derechos de aprovechamiento que se constituyan o reconozcan con posterioridad a tal fecha, caso en el cual los plazos se computarán desde la fecha de su constitución o reconocimiento.

ARTÍCULO 129 bis 6.- Los derechos de aprovechamiento de ejercicio eventual, que no sean utilizados total o parcialmente, pagarán un tercio del valor de la patente asignada a los derechos de ejercicio permanente.

ARTÍCULO 129 bis 7.- El pago de la patente se efectuará dentro del mes de marzo de cada año, en cualquier banco o institución autorizados para recaudar tributos. La Dirección General de Aguas publicará la resolución que contenga el listado de los derechos sujetos a esta obligación, en las proporciones que correspondan. El listado deberá contener: la individualización del propietario, la naturaleza del derecho, el volumen por unidad de tiempo involucrado en el derecho y la capacidad de las obras de captación, la fecha y número de la resolución de la Dirección General de Aguas o de la sentencia judicial que otorgó el derecho y la individualización de su inscripción en el Registro de Aguas del Conservador de Bienes Raíces respectivo en el caso en que estos datos se encuentren en poder de la autoridad. La publicación será complementada mediante mensaje radial de un extracto de ésta, en una emisora con cobertura territorial del área correspondiente. Esta publicación se efectuará el 15 de enero de cada año o el primer día hábil inmediato si aquél fuere feriado, en el Diario Oficial y en forma destacada en el sitio web institucional y en un diario o periódico de la provincia respectiva y, si no lo hubiere, en uno de la capital de la Región correspondiente.

Esta publicación se considerará como notificación suficiente para los efectos de lo dispuesto en el artículo 129 bis 10.

Sin perjuicio de lo señalado en el presente artículo, el pago de la patente se suspenderá durante el tiempo que se encuentre vigente cualquier medida de un tribunal que ordene la paralización total o parcial de la construcción de las obras que se señalan en el artículo 129 bis 9.

ARTÍCULO 129 bis 8.- Corresponderá al Director General de Aguas, previa consulta a la organización de usuarios respectiva, determinar los derechos de aprovechamiento cuyas aguas no se encuentren total o parcialmente utilizadas, al 31 de agosto de cada año, para lo cual deberá confeccionar un listado con los derechos de aprovechamiento afectos a la patente, indicando el volumen por unidad de tiempo involucrado en los derechos. En el caso que los derechos tengan obras de captación, se deberá señalar la capacidad de dichas obras y se individualizará la resolución que las hubiese aprobado.

ARTÍCULO 129 bis 9.- Para los efectos del artículo anterior, el Director General de Aguas no podrá considerar como sujetos al pago de la patente a que se refieren los artículos 129 bis 4, 129 bis 5 y 129 bis 6, aquellos derechos de aprovechamiento para los cuales existan obras de captación de las aguas. Se entenderá por obras de captación de aguas superficiales, aquellas que permitan incorporarlas a los canales y a otras obras de conducción, aun cuando tales obras sean de carácter temporal y se renueven periódicamente. Tratándose de aguas subterráneas, se entenderá por obras de captación aquéllas que permitan su alumbramiento, tales como, bombas de extracción, instalaciones mecánicas, instalaciones eléctricas y tuberías, entre otras. En ambos casos, dichas obras deberán ser suficientes y aptas para la efectiva utilización de las aguas, capaces de permitir su captación o alumbramiento, y su restitución al cauce, en el caso de los derechos de aprovechamiento no consuntivos.

El no pago de patente a que se refiere el inciso anterior se aplicará en proporción al caudal correspondiente a la capacidad de captación de tales obras.

Estarán exentos del pago de la patente a la que se refiere este Título:

1. Aquellos derechos de aprovechamiento de aguas inscritos a nombre de un comité u otra asociación de agua potable rural o de servicios sanitarios rurales, según corresponda, destinados al servicio sanitario rural mediante contratos, circunstancias que deberá certificar el administrador del servicio o, cuando corresponda, la Dirección de Obras Hidráulicas.

2. Aquellos derechos de aprovechamiento que posean las empresas de servicios públicos sanitarios y que se encuentren afectos a su respectiva concesión, hasta la fecha en que, de acuerdo con su programa de desa-

rrollo, deben comenzar a utilizarse, circunstancias que deberá certificar la Superintendencia de Servicios Sanitarios.

3. Aquellos derechos de aprovechamiento de aguas de los que sean titulares las comunidades agrícolas definidas en el artículo 1 del decreto con fuerza de ley Nº 5, de 1967, del Ministerio de Agricultura.

4. Aquellos derechos de aprovechamiento destinados a fines no extractivos, de conformidad con lo dispuesto en el artículo 129 bis 1 A y su reglamento. Este reglamento definirá el plazo para desarrollar los proyectos a que se refiere el inciso primero de ese artículo, cumplido el cual, y no habiéndose desarrollado el referido proyecto, dejará de aplicar la exención que se regula en esta disposición.

5. Aquellos derechos de aprovechamiento de ejercicio eventual, cualquiera sea su caudal, que sean de propiedad fiscal.

6. Aquellos de los que sean titulares indígenas o comunidades indígenas, entendiendo por tales los regulados en el artículo 5 de este Código, y considerados en los artículos 2 y 9 de la ley Nº 19.253, respectivamente.

ARTÍCULO 129 bis 10.- Serán aplicables a las resoluciones de la Dirección General de Aguas, dictadas en conformidad con lo dispuesto en el presente Título, los recursos contemplados en los artículos 136 y 137 de este Código.

La interposición del recurso de reclamación señalado en el artículo 137, no suspenderá el pago de la patente, salvo que la Corte de Apelaciones respectiva ordene dicha medida.

ARTÍCULO 129 bis 11.- Si el titular del derecho de aprovechamiento no pagare la patente dentro del plazo indicado en el artículo 129 bis 7, se iniciará un procedimiento judicial para efectuar un remate público de ese derecho.

La ejecución de la obligación de pagar la patente sólo podrá hacerse efectiva sobre la parte no utilizada del respectivo derecho de aprovechamiento.

La referida acción prescribirá en el plazo de tres años, contado desde el 1 de abril del año en que debió pagarse la patente.

ARTÍCULO 129 bis 12.- Antes del 1 de junio de cada año, el Tesorero General de la República enviará a los juzgados competentes la nómina de los derechos de aprovechamiento de aguas, cuyas patentes no hayan sido pagadas, especificando su titular y el monto adeudado para iniciar el procedimiento de cobranza. La nómina tendrá mérito ejecutivo y deberá indicar a lo menos: nombre del titular, fecha de constitución y número del acto administrativo que otorgó el derecho, la parte que está afecta a tributo y resolución respectiva e inscripción en el Registro de Aguas del Conservador de Bienes Raíces y en el Catastro Público de Aguas, si se tuviesen estas dos últimas. Dentro de los treinta días siguientes de iniciado el proceso judicial, la Tesorería General de la República enviará copia de dichas nóminas, con la constancia de haber sido presentada al tribunal, a la Dirección General de Aguas, la que deberá velar por el cumplimiento de esta disposición y prestará su colaboración a la Tesorería General de la República, pudiendo actuar como tercero coadyuvante en estos procedimientos.

Mientras no se haya dado cumplimiento al trámite señalado en el inciso anterior, el pago de la patente vencida deberá hacerse con un recargo del 10 por ciento del monto adeudado, más un interés penal del 1,5 por ciento mensual por cada mes o fracción de mes, en caso de mora del pago del todo o parte que adeudare. Este interés se calculará sobre el monto reajustado.

Recibida la nómina, el juez dictará una resolución decretando el remate, la que deberá ser notificada al deudor por el recaudador fiscal del Servicio de Tesorerías, de conformidad a sus facultades legales, en especial aquellas dispuestas en el artículo 171 del Código Tributario. Si el domicilio se encontrare en áreas urbanas, dicha notificación será realizada mediante carta certificada. Efectuada la notificación y transcurrido el plazo que el deudor tiene para oponerse a la ejecución sin que lo hubiere hecho o, habiendo deducido oposición, ésta fuere rechazada, el juez dictará una resolución señalando día y hora para el remate y ordenará que su publicación junto a la nómina de los derechos a subastar se realice en dos días distintos en un diario o periódico de la provincia respectiva y, si no lo hubiere, en uno de la capital de la región correspondiente, con independencia de su soporte, sea éste impreso, digital o electrónico. Corresponderá a la Tesorería General de la República efectuar estas publicaciones y cubrir sus gastos.

El remate no podrá efectuarse antes de los treinta días siguientes a la fecha del último aviso.

Las omisiones o errores en que la Tesorería General de la República haya incurrido en la nómina referida en el inciso primero podrán ser rectificados antes del remate, a solicitud de cualquiera que tenga interés en ello o de la Dirección General de Aguas.

El juez procederá con conocimiento de causa. Las rectificaciones se publicarán de igual forma que la publicación original y el remate se postergará para una fecha posterior en treinta días, a lo menos, a la última publicación.

El secretario del tribunal dará testimonio en los autos de haberse publicado el aviso en la forma y oportunidad señaladas.

Será juez competente para conocer de este procedimiento el de la comuna donde tenga su oficio el Conservador de Bienes Raíces en cuyo Registro se encuentren inscritos los derechos de aprovechamiento o el de la comuna en que se encuentre ubicada la captación, en caso de no estar inscrito. En caso de no estar inscritos tales derechos, la Dirección General de Aguas podrá subrogarse en los derechos del titular no inscrito, sólo para los efectos de proceder a su inscripción en el Registro de Propiedad de Aguas del Conservador de Bienes Raíces competente. Los notarios, conservadores, archiveros y oficiales civiles estarán obligados a proporcionar preferentemente las copias, inscripciones y anotaciones que les pida, para estos efectos, el Director General de Aguas. El valor de sus actuaciones lo percibirán a medida que los ejecutados enteren en Tesorería las respectivas costas de cobranza. En caso de no estar inscritos tales derechos, la Dirección General de Aguas podrá subrogarse en los derechos del titular no inscrito, sólo para los efectos de proceder a su inscripción en el Registro de Propiedad del conservador que sea competente, a costa del particular. Si hubiere más de uno, lo será el que estuviere de turno al tiempo de la recepción de la nómina a que se refiere el inciso anterior.

ARTÍCULO 129 bis 12 A.- El deudor podrá oponerse a la ejecución dentro del plazo de quince días hábiles, contado desde la fecha de la notificación señalada en el artículo 129 bis 12.

La oposición sólo será admisible cuando se funde en alguna de las siguientes excepciones:

1. Pago de la deuda, siempre que conste por escrito.
2. Prescripción de la deuda.
3. Que se encuentren pendientes de resolución algunos de los recursos a que se refiere el artículo 129 bis 10. En este caso, y mientras se encuentre pendiente la resolución de dichos recursos, se suspenderá el procedimiento.
4. Que el pago de la patente se encuentre suspendido por aplicación de lo dispuesto en el inciso final del artículo 129 bis 7.

La oposición se tramitará en forma incidental, pero si las excepciones no reúnen los requisitos exigidos en el inciso anterior se rechazarán de plano. El recurso de apelación que se interponga en contra de la resolución que rechace las excepciones se concederá en el solo efecto devolutivo. El tribunal de segunda instancia sólo podrá ordenar la suspensión de la ejecución cuando la oposición se funde en el pago de la deuda que conste en un antecedente escrito o en que se encuentren pendientes de resolución algunos de los recursos a que se refiere el artículo 129 bis 10. La apelación que se interponga en contra de la resolución que acoja las excepciones se concederá en ambos efectos.

Si se acogieren parcialmente las excepciones, proseguirá la ejecución por el monto que determine el tribunal. Si los recursos a los que alude el número 3 del presente artículo son acogidos, el tribunal dispondrá el archivo de los antecedentes. En caso contrario, continuará con la tramitación del procedimiento de remate.

ARTÍCULO 129 bis 13.- El mínimo de la subasta será el valor de las patentes adeudadas, o la parte que corresponda. El titular del derecho podrá liberarlo pagando dicho valor, con el recargo del 100 por ciento de éste.

Para tomar parte en el remate, todo postor deberá rendir caución suficiente a beneficio fiscal, calificada por el tribunal sin ulterior recurso, para asegurar el pago de los derechos de aprovechamiento rematados. La garantía será equivalente al 10 por ciento de la suma adeudada, o la parte que corresponda, y subsistirá hasta que se otorgue la escritura definitiva de adjudicación.

Si el adjudicatario no enterare el precio de la subasta dentro del plazo de quince días contado desde la fecha del remate, la adjudicación quedará sin efecto por el solo ministerio de la ley y el juez hará efectiva la garantía a beneficio fiscal. En ese mismo acto, el juez ordenará cancelar total o parcialmente las correspondientes inscripciones del Registro de Propiedad de Aguas del Conservador de Bienes Raíces competente y enviará copia de dicha resolución a la Dirección General de Aguas. La deuda se entenderá extinta una vez inscrita la cancelación ordenada por el juez. Por el solo ministerio de la ley quedarán libres las aguas para ser reservadas de conformidad con el artículo 5 ter o disponibles para la constitución de nuevos derechos de aprovechamiento de conformidad con las normas generales, priorizando los usos de subsistencia y preservación eco-sistémica.

Si la suma obtenida del remate excediere lo adeudado por concepto de patentes, gastos y costas, el remanente será entregado al ejecutado, una vez descontado el recargo, gastos y costas asociados al remate.

La venta en remate se hará por el tribunal que corresponda y a ella podrán concurrir el Fisco, representado para estos efectos por el abogado del Servicio de Tesorerías, las instituciones del sector público y cualquier persona, natural o jurídica, en igualdad de condiciones. El Fisco podrá imputar al precio del remate el monto adeudado por concepto de patentes.

En aquellos casos en que no se presentaren postores el día señalado para el remate, el juez deberá proceder de conformidad con lo dispuesto en el inciso tercero. En aquellos casos en que el Fisco se adjudique el derecho de aprovechamiento de aguas y su representante manifieste que lo hace en favor de un servicio público para el desarrollo de un proyecto específico o para los fines contemplados en el artículo 5 bis, el derecho de aprovechamiento de las aguas podrá asignarse a dicho servicio a excepción de la Dirección General de Aguas. En caso contrario, se procederá de conformidad con lo dispuesto en el inciso tercero.

Será aplicable al procedimiento de remate del derecho de aprovechamiento lo dispuesto en los artículos 2428 del Código Civil y 492 del Código de Procedimiento Civil. Sin perjuicio de lo anterior, el Fisco tendrá preferencia sobre todo otro acreedor para cobrar la patente adeudada con el producto del remate.

ARTÍCULO 129 bis 14.- Los demás procedimientos relativos al remate, al acta correspondiente, a la escritura de adjudicación y a su inscripción, se regirán por las disposiciones del Código de Procedimiento Civil relativas a la subasta de bienes inmuebles embargados, pero los plazos allí establecidos no serán fatales para el Fisco, cuando actúe como adjudicatario.

ARTÍCULO 129 bis 15.- Una cantidad igual al 75% del producto neto de las patentes por no utilización de los derechos de aprovechamiento y de lo recaudado en los remates de estos últimos, será distribuida, a contar del ejercicio presupuestario correspondiente al cuarto año posterior al de publicación de la ley Nº 20.017, entre las regiones y comunas del país en la forma que a continuación se indica:

a) El 65% de dichos producto neto y recaudación por remates se incorporará a la cuota del Fondo Nacional de Desarrollo Regional que anualmente le corresponda, en el Presupuesto Nacional, a la Región donde tenga su oficio el Conservador de Bienes Raíces en cuyo Registro se encuentren inscritos los derechos de aprovechamiento.

b) El 10% restante se distribuirá proporcionalmente a la superficie de las cuencas de las respectivas comunas donde sea competente el Conservador de Bienes Raíces, en cuyo Registro se encuentren inscritos los derechos de aprovechamiento.

La proporción de la cantidad señalada en la letra a) anterior, que corresponda a cada Región, se determinará como el cuociente entre el monto recaudado por patentes y remates correspondiente a la Región en donde tenga su oficio el Conservador de Bienes Raíces en cuyo Registro se encuentren inscritos los derechos de aprovechamiento y el monto total recaudado por estos conceptos en todas las Regiones del país. Igual criterio se aplicará tratándose de las municipalidades a que se refiere la letra b). En este último caso, si un derecho de aprovechamiento se encuentra situado en el territorio de dos o más comunas, la Dirección General de Aguas determinará la proporción que le corresponderá a cada una de ellas, dividiendo el monto correspondiente a prorrata de la superficie de cada comuna comprendida en la extensión territorial del derecho de aprovechamiento.

La Ley de Presupuestos incluirá, en los presupuestos de los Gobiernos Regionales y municipalidades que correspondan, las cantidades que resulten de la aplicación de los incisos anteriores.

Para los efectos de este artículo, se entenderá por producto neto las cantidades que resulten de restar a la recaudación bruta, obtenida de la aplicación de las patentes que establecen los artículos 129 bis 4, 129 bis 5 y 129 bis 6, las sumas imputadas al pago de impuestos fiscales en la forma dispuesta en el artículo siguiente, ambos valores correspondientes al período de doce meses, contado hacia atrás desde el mes de junio del año anterior al de vigencia de la Ley de Presupuestos que incluya la distribución que proceda de acuerdo a esta disposición.

ARTÍCULO 129 bis 16.- El valor de las patentes no se considerará como gasto tributario para efectos de la determinación de la base imponible del impuesto de Primera Categoría de la Ley sobre Impuesto a la Renta. Sin perjuicio de ello, a dicho monto no le será aplicable lo dispuesto en el artículo 21 de dicha ley.

Los titulares de derechos de aprovechamiento podrán deducir del monto de sus pagos provisionales obligatorios de la Ley sobre Impuesto a la Renta, las cantidades mensuales que paguen por concepto de patentes en los años anteriores a aquél en que se inicie la utilización de las aguas. El remanente que resultare de esta imputación, por ser inferior el pago provisional obligatorio o por no existir la obligación de hacerlo en dicho período, podrá imputarse a cualquier otro impuesto fiscal de retención o recargo de declaración mensual y pago simultáneo que deba pagarse en la misma fecha, y el saldo que aún quede podrá imputarse a los mismos impuestos indefinidamente en los meses siguientes, hasta su total agotamiento, reajustado en la forma que prescribe el artículo 27 del decreto ley Nº 825, de 1974.

ARTÍCULO 129 bis 17.- Respecto a los derechos de aprovechamiento no consuntivos, podrán imputarse en conformidad al artículo anterior, todos los pagos efectuados durante los ocho años anteriores a aquél en que se inicie la utilización de las aguas.

Respecto a los derechos de aprovechamiento consuntivos, podrán imputarse asimismo todos los pagos efectuados durante los seis años anteriores a aquél en que se inicie la utilización de las aguas.

Si el derecho de aprovechamiento fuere adquirido mediante remate de conformidad con lo dispuesto en los artículos 129 bis 11 y siguientes y artículos 142 y siguientes del presente Código, la cantidad pagada, debidamente reajustada, por concepto de precio del referido derecho por el titular del mismo podrá ser imputada al pago de la patente señalada en los artículos 129 bis 4, 129 bis 5 y 129 bis 6. Un reglamento determinará la forma de efectuar la imputación señalada en el presente inciso.

LIBRO SEGUNDO
DE LOS PROCEDIMIENTOS

TÍTULO I
DE LOS PROCEDIMIENTOS ADMINISTRATIVOS

1. Normas comunes

ARTÍCULO 130.- Toda cuestión o controversia relacionada con la adquisición o ejercicio de los derechos de aprovechamiento y que de acuerdo con este código sea de competencia de la Dirección General de Aguas, deberá presentarse ante la oficina de este servicio del lugar o en el sitio web institucional, o ante el Gobernador respectivo.

La presentación y su tramitación se efectuará de acuerdo a las disposiciones de este párrafo, sin perjuicio de las normas particulares contenidas en este Código.

Recibida una solicitud por parte del delegado presidencial provincial respectivo, o en la oficina de la Dirección General de Aguas, el funcionario a cargo deberá entregar un comprobante de ingreso; procederá a registrar inmediatamente la solicitud en el sitio web institucional, y anexará todos los antecedentes.

ARTÍCULO 131.- La Dirección General de Aguas tendrá el plazo de treinta días, contado desde la emisión del comprobante de ingreso señalado en el artículo anterior, para revisar si cumple con los requisitos formales según el tipo de solicitud de que se trate y si se han acompañado los antecedentes en que se sustenta. De cumplirse las señaladas exigencias, se declarará admisible la solicitud.

Si de la revisión de los antecedentes se advierte el incumplimiento de alguna de las exigencias, se declarará inadmisible la solicitud, y se comunicará dicha situación al solicitante. En la comunicación se señalarán los antecedentes que hayan sido omitidos o que requieran complemento. El solicitante podrá acompañarlos o complementarlos dentro del plazo de treinta días, contado desde la notificación de la comunicación anterior. En caso de que los antecedentes fueren insuficientes o no fueren presentados dentro del plazo, se desechará la solicitud de plano, lo que pondrá fin al procedimiento.

Declarada admisible dicha solicitud, deberá publicarse a costa del interesado, dentro de los treinta días contados desde la fecha de su admisibilidad y por una sola vez, un extracto en el Diario Oficial los días primero o quince de cada mes o el primer día hábil inmediato si aquéllos fueren feriados, e íntegramente en el sitio web institucional de la Dirección General de Aguas.

La solicitud o extracto se comunicará, a costa del interesado, además, por medio de tres mensajes radiales. Estos mensajes deberán emitirse dentro del plazo que establece el inciso tercero de este artículo. El Director General de Aguas determinará, mediante resolución, las radioemisoras donde deben difundirse los mensajes aludidos que deberán cubrir el sector que involucre el punto de la respectiva solicitud tales como la ubicación de la bocatoma, el punto donde se desea captar el agua y el lugar donde se encuentra la aprobación de la obra hidráulica, entre otros, además, de los días y horarios en que deben emitirse, como asimismo sus contenidos y la forma de acreditar el cumplimiento de dicha exigencia.

Excepcionalmente, el jefe de la oficina del lugar o el Gobernador, según el caso, dispondrá la notificación personal cuando aparezca de manifiesto la individualidad de la o las personas afectadas con la presentación y siempre que el número de éstas no haga dificultosa la medida.

ARTÍCULO 132.- Los terceros que se sientan afectados en sus derechos, podrán oponerse a la presentación dentro del plazo de treinta días contados desde la fecha de la última publicación o de la notificación, en su caso[1].

Dentro del quinto día de recibida la oposición, la autoridad dará traslado de ella al solicitante, para que éste responda dentro del plazo de quince días.

ARTÍCULO 133.- Cumplidos estos trámites, la presentación y demás antecedentes serán remitidos a la Dirección General de Aguas, si hubieren sido presentados a la Gobernación, dentro del plazo de tres días hábiles contados desde la recepción de la contestación a la oposición.

Si dentro de los plazos previstos en el artículo anterior, no se hubiere deducido oposición o habiendo oposición, ésta no fuere contestada, el plazo de tres días se contará, respectivamente, desde el vencimiento de los plazos de treinta y quince días a que se refiere el mencionado artículo.

---

1 Cabe hacer presente que, en virtud de las modificaciones aprobadas por las Leyes Nº 21.435, de 2022, y Nº 21.586, de 2023, el nuevo texto del inciso primero del artículo 132, que comenzará a regir el 6 de abril de 2025, es el siguiente:
"Los terceros titulares de derechos de aprovechamiento constituidos e inscritos en el Registro de Propiedad de Aguas del Conservador de Bienes Raíces respectivo que se sientan afectados en sus derechos, podrán oponerse a la presentación dentro del plazo de treinta días contados desde la fecha de la última publicación o de la notificación, en su caso."

ARTÍCULO 134.- La Dirección General de Aguas, de oficio o a petición de parte y dentro del plazo de treinta días contados desde la recepción de los antecedentes que le enviaren los Gobernadores o desde la contestación de la oposición o desde el vencimiento del plazo para oponerse o para contestar la oposición, según sea el caso, podrá, mediante resolución fundada, solicitar las aclaraciones, decretar las inspecciones oculares y pedir los informes correspondientes para mejor resolver.

Reunidos los antecedentes solicitados, la Dirección General de Aguas deberá emitir un informe técnico y dictar resolución fundada que dirima la cuestión sometida a su consideración, en un plazo máximo de cuatro meses, a partir del vencimiento del plazo de 30 días a que se refiere el inciso anterior.

ARTÍCULO 134 bis.- Respecto de los derechos de aprovechamiento de aguas consuntivos que han sido incorporados en el listado de patentes por no uso durante cinco años o más y los no consuntivos durante diez años o más y que, por tanto, se encuentran en condición de ser sometidos a un procedimiento de extinción, de conformidad con lo preceptuado en los artículos 6 bis, 129 bis 4, 129 bis 5 y 129 bis 9, inciso primero, la Dirección General de Aguas aplicará el siguiente procedimiento:

1. Anualmente dictará una resolución que contenga el listado de los derechos de aprovechamiento de aguas cuyos titulares no han hecho uso efectivo del recurso en los términos dispuestos en el encabezado de este artículo. Dicho listado deberá contener la enunciación clara y precisa del derecho de aprovechamiento sobre el cual recae el procedimiento, en los términos dispuestos en el inciso primero del artículo 129 bis 7, y especificará la proporción del caudal afecto al proceso de extinción y los listados de cobro de patentes en los que ha sido incorporado. Esta resolución se publicará en el sitio web institucional.

2. La resolución indicada se notificará al titular del derecho de aprovechamiento de aguas, antes del 10 de enero de cada año, por carta certificada dirigida a su domicilio, en caso de que se cuente con esta información, o a la dirección de correo electrónico que el titular hubiere registrado especialmente para efectos de notificaciones o comunicaciones con el Ser-

vicio. La notificación mediante carta certificada se entenderá practicada a contar del tercer día siguiente a su recepción en la oficina de correos que corresponda y la efectuada mediante correo electrónico se entenderá practicada al tercer día desde su envío. Sin perjuicio de lo anterior, para efectos del cómputo del plazo para el procedimiento de extinción se estará a lo dispuesto en el numeral 4 y siguientes. Si esta notificación no ha podido realizarse por alguno de los medios indicados, sea por ignorarse el domicilio del titular o por no haber éste registrado una casilla de correo electrónico, la publicación en el Diario Oficial a que se refiere el numeral siguiente se entenderá como notificación suficiente.

3. La Dirección General de Aguas publicará en el Diario Oficial, el 15 de enero del mismo año a que se refiere el numeral anterior o el día hábil siguiente, el listado de los derechos de aprovechamiento de aguas contenidos en la resolución a que se refiere el numeral 1.

4. El titular del derecho de aprovechamiento de aguas que está siendo objeto del procedimiento de extinción tendrá el plazo de treinta días, contado desde la publicación contemplada en el numeral anterior, para oponerse a dicho procedimiento, y aportará toda la prueba que considere necesaria y pertinente para acreditar el uso efectivo del recurso o encontrarse dentro de otras circunstancias eximentes previstas por este Código. Además, el titular podrá solicitar diligencias pertinentes, entendiéndose por tales aquellas destinadas a probar la existencia de las obras de aprovechamiento, diligencias a las que la Dirección General de Aguas deberá acceder en consideración a su pertinencia. El plazo indicado se prorrogará por treinta días, a petición del titular del derecho afectado.

5. Dentro de los treinta días siguientes al vencimiento del plazo indicado en el número anterior o de su prórroga, la Dirección General de Aguas podrá solicitar aclaraciones, decretar inspecciones oculares, pedir informes o realizar cualquier otra diligencia para mejor resolver.

6. La Dirección General de Aguas para desarrollar las diligencias probatorias solicitadas o decretadas tendrá el plazo de treinta días, contado desde el vencimiento del término indicado en el número anterior o de su prórroga, y podrá extenderlo justificadamente y por una sola vez por treinta días adicionales.

7. Completadas las diligencias a las que se refieren los números 4, 5 y 6, el funcionario a cargo del procedimiento tendrá el plazo de treinta días para emitir un informe técnico, en el que analizará las cuestiones sometidas a su conocimiento relativas a la procedencia o no de la extinción del derecho de aprovechamiento por la no utilización efectiva del recurso, en los términos señalados en este artículo, y propondrá un pronunciamiento al Director General de Aguas.

8. El Director General de Aguas, por resolución fundada, resolverá el expediente de extinción de un derecho de aprovechamiento, pronunciándose única y exclusivamente sobre si procede o no la extinción. Para adoptar esta resolución tendrá el plazo de quince días contado desde que se emitió el informe técnico a que se refiere el número anterior. Esta resolución se notificará según lo dispuesto en los incisos primero y segundo del artículo 139, o en su defecto a la dirección de correo electrónico que el titular hubiere registrado en su primera presentación en este procedimiento o en cualquier otro momento dentro de él. Sin perjuicio de lo anterior, y para el solo efecto de publicidad de terceros, la resolución se publicará en la página web institucional. Contra esta resolución procederán los recursos de reconsideración y de reclamación establecidos respectivamente en los artículos 136 y 137, y se suspenderán por su interposición los efectos del acto recurrido.

9. En lo no regulado en este inciso se estará a lo dispuesto en el procedimiento general del Título I del Libro Segundo de este Código.

El recurso de reclamación respecto de la resolución que extingue un derecho de aprovechamiento de aguas, conforme al artículo 137 de este Código, se sujetará a lo dispuesto en el Título XVIII del Libro I del Código de Procedimiento Civil, con las siguientes particularidades:

a) El reclamante señalará en su escrito, con precisión, el acto, omisión o circunstancia en que se funda el reclamo, la norma legal que se supone infringida, las razones por las que no se ajusta a la ley, los reglamentos o demás disposiciones que le sean aplicables y podrá ofrecer prueba, especificando lo que se quiere probar y cómo se quiere probar el uso efectivo del recurso o encontrarse dentro de otras circunstancias eximentes.

b) La Corte rechazará de plano el reclamo si éste se presenta fuera de plazo. En caso de declararlo admisible, dará traslado por diez días, y notificará por la vía que se estime más rápida y eficiente esta resolución al Director General de Aguas. Evacuado el traslado o teniéndosele por evacuado en rebeldía, la Corte podrá abrir un término de prueba, si así lo estima necesario, el que se regirá por las reglas de los incidentes que contempla el artículo 90 del Código de Procedimiento Civil, y serán admisibles los medios de prueba a que se refiere el artículo 341 de ese Código.

Una vez que la resolución de extinción a que se refiere el numeral 8 se encuentre ejecutoriada, la Dirección General de Aguas deberá comunicarla, dentro de los quince días siguientes a los respectivos conservadores de bienes raíces, por la vía que estime más rápida y eficiente, para que practiquen las cancelaciones e inscripciones que procedan.

ARTÍCULO 135.- Los gastos que irroguen las presentaciones ante la Dirección General de Aguas, serán de cargo del interesado y los que originen las medidas que dicha Dirección adopte de oficio, serán de cargo de ella.

Si la Dirección estimare necesario practicar inspección ocular, determinará y solicitará los medios y las condiciones necesarias para acceder al lugar y, en su caso, la suma que el interesado debe consignar para cubrir los gastos de esta diligencia. En caso de que el interesado no cumpla con dichas exigencias, la Dirección podrá denegar la solicitud de que se trate.

Para realizar dicha inspección, los funcionarios de la Dirección General de Aguas podrán, previa resolución del Servicio, ingresar a terrenos de propiedad privada, debiendo levantar acta y dejar registro de la diligencia.

ARTÍCULO 136.- Las resoluciones que se dicten por el Director General de Aguas, por funcionarios de su dependencia o por quienes obren en virtud de una delegación que el primero les haga en uso de las atribuciones conferidas por la ley, podrán ser objeto de un recurso de reconsideración que deberá ser deducido por los interesados, ante el Director General de Aguas, dentro del plazo de 30 días contados desde la notificación de la resolución respectiva.

El Director deberá dictar resolución dentro del mismo plazo, contado desde la fecha de la recepción del recurso.

ARTÍCULO 137.- Las resoluciones de término que dicte el Director General de Aguas en conocimiento de un recurso de reconsideración y toda otra que dicte en el ejercicio de sus funciones serán reclamables ante la Corte de Apelaciones de Santiago, mientras que las resoluciones dictadas por los directores regionales serán reclamables ante la Corte de Apelaciones del lugar en que se dictó la resolución impugnada. En ambos casos, el plazo para la reclamación será de treinta días contado desde la notificación de la correspondiente resolución.

Serán aplicables a la tramitación del recurso de reclamación, en lo pertinente, las normas contenidas en el Título XVIII del Libro I del Código de Procedimiento Civil, relativas a la tramitación del recurso de apelación debiendo, en todo caso, notificarse a la Dirección General de Aguas, la cual deberá informar al tenor del recurso.

Los recursos de reconsideración y reclamación no suspenderán el cumplimiento de la resolución, salvo orden expresa que disponga la suspensión.

ARTÍCULO 138.- El cumplimiento de las resoluciones de la Dirección General de Aguas será de cargo de aquellos que deban ejecutarlas.

El Director General de Aguas, por sí o por delegado, podrá requerir el auxilio de la fuerza pública, con facultades de allanamiento y descerrajamiento para el cumplimiento de las resoluciones que dicte en el ejercicio de las atribuciones que le confiere el presente título.

En caso de incumplimiento o cumplimiento parcial de las resoluciones a que se refieren los incisos precedentes, el Servicio dictará una resolución que aplicará la multa correspondiente y, en caso de proceder, ordenará la ejecución de las medidas, acciones u obras que correspondan por parte del mismo Servicio o por parte de la Dirección de Obras Hidráulicas o cualquier otro servicio dependiente del Ministerio de Obras Públicas.

La Dirección General de Aguas dictará una resolución que determine el valor de las medidas, acciones u obras efectivamente realizadas, pudiendo establecer un recargo de hasta el 100% para aquellos originalmente obligados a cumplirlas. La copia autorizada de esta última resolución tendrá mérito ejecutivo para efectos de su cobro.

ARTÍCULO 139.- Las resoluciones de la Dirección General de Aguas se notificarán en el domicilio del afectado en la forma dispuesta en los artículos 44, inciso 2° y 48, del Código de Procedimiento Civil. Estas notificaciones las efectuará el funcionario que se designe en la respectiva resolución, quien tendrá el carácter de Ministro de Fe para esa actuación y todos sus efectos.

En la primera presentación el interesado deberá designar un domicilio dentro de los límites urbanos del lugar en que funcione la oficina donde se haya efectuado la presentación, designación que se considerará subsistente mientras no haga otra, aun cuando de hecho lo haya cambiado.

Si no se hace esta designación la resolución se entenderá notificada desde la fecha de su dictación. Sin perjuicio de lo señalado en los incisos precedentes, la Dirección General de Aguas deberá comunicar la resolución a la dirección de correo electrónico que las partes hubieren registrado en su primera presentación. Dicha comunicación deberá ser enviada por la Dirección General de Aguas y suscrita mediante firma electrónica avanzada.

2. Normas Especiales

a) De la constitución del derecho de aprovechamiento

ARTÍCULO 140.- La solicitud para adquirir el derecho de aprovechamiento deberá contener:

1. El nombre, cédula nacional de identidad o rol único tributario y demás antecedentes para individualizar al solicitante. El nombre del álveo, el acuífero o el Sector Hidrogeológico de Aprovechamiento Común desde donde provengan las aguas que se necesita aprovechar, su naturaleza, esto es, si son superficiales o subterráneas, corrientes o detenidas, y la provincia en que estén ubicadas o que recorren.

Tratándose de aguas subterráneas, se precisará la comuna en que se ubicará la captación y el área de protección que se solicita;

2. El uso que se le dará a las aguas solicitadas.

3. La cantidad de agua que se necesita aprovechar, expresada en medidas métricas y de tiempo. Tratándose de aguas subterráneas, deberá indicarse el caudal máximo que se necesita aprovechar en un instante dado, expresado en medidas métricas y de tiempo, y el volumen total anual que se desea aprovechar desde el acuífero, expresado en metros cúbicos;

4. El o los puntos donde se desea captar el agua.

Si la captación se efectúa mediante un embalse o barrera ubicado en el álveo, se entenderá por punto de captación aquél que corresponda a la intersección del nivel de aguas máximas de dicha obra con la corriente natural.

En el caso de los derechos a que se refiere el artículo 129 bis 1 A, se indicarán los puntos de la fuente natural donde se realizará su aprovechamiento.

En todos estos casos, los puntos deberán ser expresados en coordenadas UTM con indicación del datum y huso y, complementariamente, en relación a los puntos de referencia permanentes y conocidos, en los casos que fuere posible.

En el caso de los derechos no consuntivos, se indicará, además, el punto de restitución de las aguas y la distancia y desnivel entre la captación y la restitución;

5. El modo de extraer las aguas;

6. La naturaleza del derecho que se solicita, esto es, si es consuntivo o no consuntivo, de ejercicio permanente o eventual, continuo o discontinuo o alternado con otras personas, y

7. El solicitante deberá acompañar una memoria explicativa en la que se señale la cantidad de agua que se necesita aprovechar, según el uso que se le dará. Para estos efectos, la Dirección General de Aguas dispondrá de formularios con los antecedentes necesarios para el cumplimiento de esta obligación, pudiendo diferenciar la situación descrita en el artículo 129 bis 1 A, las extracciones de volúmenes inferiores a 10 litros por segundo y demás casos. Dicha memoria se presentará como una declaración jurada sobre la veracidad de los antecedentes que en ella se incorporen.

ARTÍCULO 141.- Las solicitudes se publicarán en la forma establecida en el artículo 131, dentro de 30 días contados desde la fecha de su presentación.

Los que se crean perjudicados por la solicitud y la junta de vigilancia, podrán oponerse dentro del plazo establecido en el artículo 132.

Si no se presentaren oposiciones dentro del plazo se constituirá el derecho mediante resolución de la Dirección General de Aguas, siempre que exista disponibilidad del recurso y fuere legalmente procedente. En caso contrario denegará la solicitud.

ARTÍCULO 142.- Si dentro del plazo de seis meses contados desde la presentación de la solicitud, se hubieren presentado dos o más solicitudes sobre las mismas aguas y no hubiere recursos suficientes para satisfacer todos los requerimientos, la Dirección General de Aguas, una vez reunidos los antecedentes que acrediten la existencia de aguas disponibles para la constitución de nuevos derechos sobre ellas, citará a un remate de estos derechos. Las bases de remate determinarán la forma en que se llevará a cabo dicho acto.

La citación se hará mediante un aviso, publicado en extracto en un diario o periódico de la provincia o capital de la región en que se encuentra ubicada la sección de la corriente o la fuente natural en la que se solicitó la concesión de derechos. Asimismo la citación será publicada en el sitio web institucional y en el Diario Oficial.

En dicho aviso se indicarán la fecha, hora y lugar de la celebración de la subasta, debiendo mediar, a lo menos, diez días entre la última publicación y el remate. La Dirección General de Aguas comunicará por carta certificada los antecedentes antes señalados, a los solicitantes que dentro del plazo establecido en el inciso primero del presente artículo, hubieren presentado solicitudes sobre las mismas aguas involucradas en el remate. La misma notificación podrá efectuarla a la respectiva organización de usuarios. En estos avisos y las comunicaciones señaladas, la Dirección General de Aguas deberá señalar el área que queda comprometida, desde el punto de vista de la disponibilidad para la constitución de nuevos derechos de aprovechamiento de aguas una vez que se adjudiquen los derechos involucrados en el remate. La omisión del envío de la carta certificada a que se refiere el presente inciso no invalidará el remate respectivo, sin perjuicio de hacer efectiva la responsabilidad del funcionario que incurrió en tal omisión.

El remate deberá llevarse a cabo cuando estén resueltas todas las oposiciones a que se refiere el inciso 2° del artículo anterior. El Director General de Aguas podrá ordenar la acumulación de los procesos.

El procedimiento de remate de que dan cuenta los incisos anteriores no podrá aplicarse a los casos en que las solicitudes presentadas se refieran a los usos de la función de subsistencia. La preferencia para la constitución de los derechos de aprovechamiento originados en dichas solicitudes se aplicará considerando la relación existente entre el caudal solicitado y el uso equivalente, respecto de una misma persona, de conformidad con la normativa en vigor.

ARTÍCULO 143.- Las ofertas se efectuarán sobre la base de un precio al contado; sin embargo, el o los adjudicatarios podrán pagar el valor de la adjudicación en anualidades iguales y en un plazo que no exceda de diez años.

Las bases de licitación establecerán los antecedentes y condiciones que el Director General de Aguas estime conveniente, los reajustes e intereses que se aplicarán al saldo del precio y las cauciones y garantías que se estimen pertinentes. Estas condiciones se incluirán, en todo caso, en el extracto a que se refiere el artículo anterior.

Las bases establecerán también, las sanciones por incumplimiento de las condiciones específicas que se exijan a los adjudicatarios.

ARTÍCULO 144.- La subasta de los derechos de aprovechamiento solicitados, la efectuará el funcionario que designe el Director General de Aguas y a ella podrán concurrir las personas que hubieren presentado la solicitud dentro del plazo señalado en el inciso primero del artículo 142, el Fisco y cualquiera de las instituciones del sector público en igualdad de condiciones. Si la solicitud recae sobre aguas superficiales podrá concurrir, además, cualquier persona.

Sin perjuicio de lo señalado en el inciso anterior, los solicitantes que se adjudiquen el derecho de aprovechamiento, podrán imputar al pago del precio del remate los costos procesales en que hubiesen incurrido en la tramitación de sus solicitudes, que correspondan a los gastos de publicación de las mismas efectuadas de conformidad a la ley y aquellos originados con ocasión de la inspección ocular que señala el artículo 135 de este Código.

ARTÍCULO 145.- El caudal disponible deberá dividirse, para los efectos del remate, en unidades no superiores a lo pedido en la solicitud que menos cantidad requiera.

El derecho de aprovechamiento por cada unidad se adjudicará al mejor postor y así sucesivamente hasta que se termine el total del caudal ofrecido.

Sin perjuicio de lo dispuesto en el inciso anterior, quien obtenga en el remate una cuota tendrá derecho a que se le adjudique, por el mismo precio, el número de unidades que desee hasta completar la cantidad que haya solicitado.

ARTÍCULO 146.- La Dirección General de Aguas podrá de oficio ofrecer en remate público el otorgamiento de derechos de aprovechamiento que estén disponibles y que no hayan sido solicitados.

Para estos efectos, deberá publicar avisos en la forma dispuesta en el artículo 142° y en el plazo de treinta días podrán presentarse oposiciones.

Si vencido el plazo no se presentaren oposiciones o bien si éstas fueren denegadas, la Dirección llevará a efecto el remate, de acuerdo a las normas establecidas en este Título.

ARTÍCULO 147.- Terminada la subasta, el funcionario encargado de ella levantará un acta que se incorporará a la resolución que constituya el derecho a que se refiere el artículo 149°.

En dicha acta se dejará constancia expresa del acuerdo entre el adjudicatario y la Dirección General de Aguas.

ARTÍCULO 147 bis.- El derecho de aprovechamiento de aguas se constituirá mediante resolución de la Dirección General de Aguas, o bien, mediante decreto supremo del Presidente de la República, en el caso previsto en el artículo 148.

El Director General de Aguas si no se dan los casos señalados en el inciso primero del artículo 142, podrá, mediante resolución fundada, limitar el caudal de una solicitud de derechos de aprovechamiento, si manifiestamente no hubiera equivalencia entre la cantidad de agua que se necesita extraer, atendidos los fines invocados por el peticionario en la memoria explicativa señalada en el N° 7 del artículo 140 de este Código, y los caudales señalados en una tabla de equivalencias entre caudales de agua y usos, que refleje las prácticas habituales en el país en materia de aprovechamiento de aguas. Dicha tabla será fijada mediante decreto supremo firmado por los Ministros de Obras Públicas, Minería, Agricultura y Economía.

Asimismo, cuando sea necesario reservar el recurso para satisfacer los usos de la función de subsistencia o para fines de preservación ecosistémica, de conformidad con el artículo 5 ter, el Presidente de la República podrá reservar el recurso hídrico, mediante decreto fundado, previo informe de la Dirección General de Aguas. Igualmente, por circunstancias excepcionales y de interés nacional, podrá disponer la denegación parcial o total de solicitudes de derechos de aprovechamiento, sean éstas para usos consuntivos o no consuntivos. Este decreto se publicará por una sola vez en el Diario Oficial, el día primero o quince de cada mes, o el primer día hábil inmediatamente siguiente si aquéllos fueran feriados, y en el sitio web institucional de la Dirección. Esta facultad se ejercerá por el Ministro de Obras Públicas, quien firmará el respectivo decreto "Por orden del Presidente de la República".

Si no existe disponibilidad para otorgar los derechos de aprovechamiento en la forma solicitada, el Director General de Aguas podrá hacerlo en la cantidad o con características diferentes, y podrá incluso denegar total o parcialmente las solicitudes respectivas, según corresponda.

Sin perjuicio de lo dispuesto en los artículos 22, 65, 66, 67, 129 bis 1 y 141 inciso final, procederá la constitución de derechos de aprovechamiento sobre aguas subterráneas, siempre que la explotación del respectivo acuífero sea la apropiada para su sustentabilidad, conservación y protección en el largo plazo, considerando los antecedentes técnicos de recarga y descarga, así como las condiciones de uso existentes, todos los cuales deberán ser de conocimiento público.

ARTÍCULO 147 ter.- El afectado por un decreto del Presidente de la República que disponga la denegación total o parcial de una petición de derecho de aprovechamiento podrá reclamar ante la Corte de Apelaciones de Santiago, dentro del plazo de treinta días contado desde la fecha de su publicación. Será aplicable a esta reclamación el procedimiento establecido en el artículo 137.

ARTÍCULO 147 quáter.- Excepcionalmente, el Presidente de la República, en atención a lo dispuesto en el inciso segundo del artículo 5 bis y fundado en el interés público, podrá constituir derechos de aprovechamiento aun cuando no exista disponibilidad. Para ello, deberá contar con un informe previo y favorable de la Dirección General de Aguas, que justifique tanto que se constituyen con la sola finalidad de garantizar el consumo humano, saneamiento o el uso doméstico de subsistencia, como que no ha sido posible la aplicación de otras normas de este Código o que éstas no han sido efectivas. Esta facultad se ejercerá por el Ministro de Obras Públicas, quien firmará el decreto respectivo "Por orden del Presidente de la República", y se aplicarán a los beneficiarios las limitaciones del artículo 5 quinquies.

ARTÍCULO 148.- El Presidente de la República podrá, previo informe de la Dirección General de Aguas, constituir directamente el derecho de aprovechamiento prescindiendo del procedimiento de constitución consagrado en este Código, con el fin de satisfacer usos domésticos de subsistencia de población o para la conservación del recurso. De igual forma podrá constituirlo directamente por circunstancias excepcionales y de interés general cuando en conformidad con lo señalado en el inciso primero del artículo 142 se hubieren presentado dos o más solicitudes sobre las mismas aguas y no hubiere recursos suficientes para satisfacer todos los requerimientos.

En este último caso, se podrá dar preferencia a organizaciones sin fines de lucro, velando por el interés público.

El decreto deberá contener lo dispuesto en el artículo 149 y se aplicarán las limitaciones establecidas en el artículo 5 quinquies, y en caso de concederse a prestadores de servicios sanitarios los incisos cuarto y quinto del artículo 5 ter. Finalmente, corresponderá a la Dirección General de Aguas realizar la inscripción en el correspondiente registro del Conservador de Bienes Raíces y en el Catastro Público de Aguas de esa misma Dirección, en conformidad a lo dispuesto en el artículo 150.

ARTÍCULO 149.- El acto administrativo en cuya virtud se constituye el derecho contendrá:

1. El nombre del titular, cédula nacional de identidad o rol único tributario y demás antecedentes para individualizarlo.

2. El nombre del álveo, acuífero o Sector Hidrogeológico de Aprovechamiento Común y/o individualización de la comuna en que se encuentre la captación de las aguas subterráneas que se necesita aprovechar y el área de protección;

3. La cantidad de agua que se autoriza extraer, expresada en la forma prevista en el artículo 7° de este Código, o la cantidad que se autorice a no extraer de conformidad con lo dispuesto en el artículo 129 bis 1 A.

4. El o los puntos precisos donde se captará el agua y el modo de extraerla. En el caso de lo dispuesto en el artículo 129 bis 1 A, los puntos de la fuente natural donde se realizará el aprovechamiento. Tanto en estos casos, como en lo dispuesto en el numeral siguiente, dichos puntos deberán ser expresados en coordenadas UTM con indicación del datum y huso.

5. La distancia, el desnivel y la distancia entre el punto de captación y el punto de restitución de las aguas si se trata de usos no consuntivos.

6. El uso específico, como el dispuesto para el caso de las concesiones sobre aguas reservadas.

7. La extensión temporal del derecho de aprovechamiento.

8. Si el derecho es consuntivo o no consuntivo, de ejercicio permanente o eventual, continuo o discontinuo o alternado con otras personas, y

9. Otras especificaciones técnicas relacionadas con la naturaleza especial del respectivo derecho y las modalidades que lo afecten, con el objetivo de conservar el medio ambiente o proteger derechos de terceros.

Sin perjuicio de lo dispuesto en los incisos quinto, sexto y séptimo del artículo 6 bis, el derecho de aprovechamiento quedará condicionado a su uso en los casos en que la ley lo disponga expresamente.

ARTÍCULO 150.- Previo a dictarse el acto administrativo de constitución del derecho, la Dirección General de Aguas requerirá al interesado que deposite los fondos necesarios para que la Dirección proceda a solicitar la inscripción de la resolución que otorga el derecho. Consignados los recursos, la Dirección General de Aguas dictará la resolución correspondiente, la que, una vez que quede firme y ejecutoriada, procederá a inscribirla, mediante copia autorizada, dentro de los quince días siguientes, en el Conservador de Bienes Raíces y en el Catastro Público de Aguas al que se refiere el artículo 122. Este mismo procedimiento se aplicará para las regularizaciones de derechos de aprovechamientos de que trata el artículo segundo transitorio de este Código.

b) De la construcción, modificación, cambio y unificación de bocatomas

ARTÍCULO 151.- Toda solicitud de construcción, modificación, cambio y unificación de bocatomas, deberá expresar, además de la individualización del peticionario, la ubicación precisa de las obras de captación, en coordenadas UTM o en relación a puntos de referencia permanentes y conocidos, la manera de extraer el agua y los títulos que justifiquen el derecho del particular para usar y gozar de las aguas que se captarán con las obras que se pretende ejecutar.

El interesado podrá ingresar a un predio ajeno en la forma prevista en el artículo 107°, para efectuar los estudios de terreno necesarios para la elaboración del proyecto de obras.

ARTÍCULO 152.- La Dirección General de Aguas ordenará las publicaciones previstas en el artículo 131°.

Si no se presentaren oposiciones o si éstas fueren desechadas, el solicitante presentará a la Dirección General de Aguas el proyecto que comprenderá planos, memorias y otros antecedentes justificativos. Este servicio aprobará, si procede, el proyecto presentado y fijará los plazos en que las obras deberán iniciarse y terminarse.

ARTÍCULO 153.- La aprobación de los proyectos por la Dirección General de Aguas confiere al solicitante los siguientes derechos:

1. De usar provisionalmente los terrenos necesarios para la constitución de las servidumbres de bocatomas;

2. De proveerse en el punto en que está ubicada la bocatoma, de la piedra y arena necesarias para las obras destinadas a la captación de las aguas;

3. De apoyar en las riberas del álveo o cauces las obras de captación o de bocatomas de las aguas, y

4. De usar, si fuere el caso, el terreno necesario para el transporte de la energía eléctrica desde la estación generadora hasta los lugares de consumo, con arreglo a las leyes respectivas.

Para ejercitar cualquiera de los derechos a que se refiere este artículo, el interesado deberá indemnizar previamente al perjudicado.

Si hubiere desacuerdo entre el dueño del terreno y el peticionario, resolverá el Juez, pudiendo éste autorizar el ejercicio de cualesquiera de los derechos que señala este artículo, previa consignación de la suma que fije provisionalmente para responder del pago de la indemnización que fuere procedente.

ARTÍCULO 154.- El titular del derecho de aprovechamiento podrá solicitar modificaciones durante la ejecución de las obras o antes de iniciarlas, acompañando los antecedentes del caso, en la forma señalada en el artículo 152°.

ARTÍCULO 155.- Durante el período de ejecución de las obras, la Dirección General de Aguas podrá inspeccionarlas en cualquier momento.

ARTÍCULO 156.- Terminadas las obras, el interesado comunicará este hecho a la Dirección.

Si las obras merecieran reparos, la Dirección General de Aguas ordenará que el interesado haga las modificaciones o las obras complementarias que determine dentro del plazo que fijará al efecto.

Si las obras no coincidieran con el punto preciso de la captación y/o de la restitución de las aguas determinados en la resolución que otorga el derecho de aprovechamiento, en la que lo reconoce o en la que aprueba su traslado, la Dirección, a solicitud de su titular, ajustará los puntos georreferenciados del derecho a las obras, en la medida que este ajuste no perjudique o menoscabe derechos de terceros. En caso contrario, se aplicará lo dispuesto en el artículo 163.

ARTÍCULO 157.- Cumplidos todos los trámites y requisitos indicados en los artículos anteriores, la Dirección General de Aguas procederá a dictar la resolución de aprobación de las obras.

Quedan exceptuados de cumplir con los trámites y requisitos establecidos en los artículos anteriores, los Servicios dependientes del Ministerio de Obras Públicas, los cuales deberán remitir los proyectos de obras a la Dirección General de Aguas, para su conocimiento, informe e inclusión en el Catastro Público de Aguas.

c) Del cambio de fuente de abastecimiento

ARTÍCULO 158.- La Dirección General de Aguas estará facultada para, dentro de una misma corriente o cuenca, cambiar la fuente de abastecimiento, ya sea en el cauce o en el sector hidrogeológico de aprovechamiento común, y el punto de restitución del titular del derecho de aprovechamiento de aguas, a petición de éste o de terceros interesados, cuando así lo aconseje el más adecuado empleo de ellas.

Si la solicitud se refiere al cambio de fuente de abastecimiento de una cuenca a otra, la Dirección General de Aguas antes de resolver deberá evaluar el interés público comprometido en dicho traslado de derechos, en virtud de lo dispuesto en el inciso segundo del artículo 5 bis.

ARTÍCULO 159.- El cambio de fuente de abastecimiento sólo podrá efectuarse si las aguas de reemplazo son de igual cantidad, de variación semejante de caudal estacional, de calidad similar y siempre que la sustitución no cause perjuicio a los usuarios, no comprometa la función de subsistencia o el interés público y se haya demostrado la directa interrelación entre las aguas, en el caso de que la solicitud se refiera a un cambio de fuente superficial a subterránea o desde una fuente subterránea a una superficial.

En caso que el cambio de fuente tenga su origen en la recarga artificial de un acuífero, deberá aplicarse lo dispuesto en el artículo 66 bis, en lo que sea pertinente.

ARTÍCULO 160.- La solicitud se publicará de conformidad con lo dispuesto en el artículo 131.

Será aplicable, en lo demás, lo dispuesto en los artículos 151 al 157, ambos inclusive.

ARTÍCULO 161.- Los afectados podrán efectuar las observaciones que estimen procedentes, directamente o por intermedio de las organizaciones de usuarios a que pertenezcan, dentro del plazo de treinta días, contados desde la última publicación.

ARTÍCULO 162.- Con todos los antecedentes reunidos, y si se cumple con los requisitos señalados en el artículo 159, la Dirección General de Aguas acogerá la solicitud de cambio de fuente de abastecimiento. En caso contrario, la solicitud será denegada.

En virtud de la resolución que acepte una solicitud se deberán practicar las inscripciones, anotaciones y cancelaciones que procedan, en el Registro de Aguas del Conservador de Bienes Raíces. Se agregará a estas inscripciones el tiempo de las reemplazadas.

d) Del traslado del ejercicio de los derechos de aprovechamiento

ARTÍCULO 163.- Todo traslado del ejercicio de los derechos de aprovechamiento de aguas superficiales en cauces naturales y todo cambio de punto de captación definitivo de derechos de aprovechamiento de aguas subterráneas deberá efectuarse mediante una autorización del Director General de Aguas, la que se tramitará en conformidad al párrafo 1° de este Título.

Si la solicitud fuera legalmente procedente, no se afectan derechos de terceros y existe disponibilidad del recurso en el nuevo punto de captación, la Dirección General de Aguas deberá autorizar el traslado o cambio de punto de captación definitivo, según corresponda.

Con todo, el o los nuevos puntos de captación mantendrán la naturaleza, uso y características del derecho de aprovechamiento. En consecuencia, los traslados de ejercicio o los cambios de punto de captación no constituyen nuevos derechos. No obstante, les será aplicable lo dispuesto en el inciso final del artículo 129 bis 1.

e) De la formación de roles provisionales de usuarios por la Dirección General de Aguas

ARTÍCULO 164.- La Dirección General de Aguas deberá formar el rol provisional de usuarios y de derechos en el caso del artículo 197, de este Código.

ARTÍCULO 165.- Para constituir el rol provisional de usuarios, la Dirección General de Aguas deberá formar un listado de ellos y de los correspondientes derechos de aprovechamiento constituidos.

A falta de derechos constituidos, la mencionada Dirección deberá formar un listado de usuarios y de derechos, con indicación de la superficie regada, la cantidad de agua aprovechada de acuerdo con la superficie normalmente regada de los suelos efectivamente explotados o el establecimiento en que se utiliza el agua y el gasto normalmente utilizado por éste, según sea el caso.

ARTÍCULO 166.- Una vez elaborado dicho listado, se citará a una reunión a todos los interesados, mediante un aviso publicado en un diario o periódico de la provincia en que estuviere ubicada la bocatoma respectiva y, además, si el número lo permite, mediante una notificación que se entregará en los respectivos domicilios con indicación de la fecha, hora y lugar de su celebración.

ARTÍCULO 167.- En la reunión a que se refiere el artículo precedente, se dará a conocer el listado de usuarios y se le harán las correcciones que se acuerden por unanimidad.

ARTÍCULO 168.- El listado resultante de la reunión se publicará, mediante un aviso en un diario o periódico de la capital de la provincia o región y en un matutino de Santiago, para que los interesados puedan formular sus observaciones en el plazo máximo de 15 días.

ARTÍCULO 169.- Conocidas las observaciones al listado, ellas serán resueltas por la Dirección General de Aguas, la que dictará la resolución que fije el rol provisional de usuarios.

ARTÍCULO 170.- Los gastos que irrogue a la Dirección General de Aguas la formación de un rol provisional de usuarios, serán determinados por dicha Dirección y cobrados a los integrantes del rol, a prorrata de sus derechos.

f) Del perfeccionamiento del derecho de aprovechamiento

ARTÍCULO 170 bis.- Toda solicitud destinada a perfeccionar o completar los elementos o características esenciales del título del derecho de aprovechamiento de aguas se someterá a la Dirección General de Aguas, por medio de un procedimiento administrativo especial que se tramitará en conformidad al Párrafo 1 de este Título. Para estos efectos se tendrá a la vista lo dispuesto en los artículos 7, 309, 312, 313 y demás disposiciones de este Código, en lo que correspondan.

Una vez que se encuentre firme y ejecutoriada la resolución administrativa que perfeccione el título del derecho de aprovechamiento de aguas, la Dirección General de Aguas, dentro del plazo de quince días hábiles, procederá a registrar el derecho en el Catastro Público de Aguas dispuesto en el artículo 122. Asimismo, el titular del derecho, cuando corresponda, deberá requerir al Conservador de Bienes Raíces respectivo que deje constancia del registro efectuado en el Catastro Público de Aguas, al margen de la inscripción del derecho de aprovechamiento de aguas.

Lo dispuesto en los incisos anteriores también será aplicable a la solicitud de perfeccionamiento del título del derecho de aprovechamiento de aguas que hubiese sido determinado en una resolución dictada por el Servicio Agrícola y Ganadero.

g) De las modificaciones en cauces naturales o artificiales

ARTÍCULO 171.- Las personas naturales o jurídicas que desearen efectuar las modificaciones a que se refiere el artículo 41 de este Código, presentarán los proyectos correspondientes a la Dirección General de Aguas, para su aprobación previa, aplicándose a la presentación el procedimiento previsto en el párrafo 1º de este Título.

Cuando se trate de obras de regularización o defensa de cauces naturales, los proyectos respectivos deberán contar, además, con la aprobación de la Dirección de Obras Hidráulicas del Ministerio de Obras Públicas.

Quedan exceptuados de los trámites y requisitos establecidos en los incisos precedentes los servicios dependientes del Ministerio de Obras Públicas, así como los proyectos financiados por servicios públicos que cuenten con la aprobación técnica de la Dirección de Obras Hidráulicas. La excepción indicada también se aplicará a los proyectos en cauces artificiales gestionados o financiados por la Comisión Nacional de Riego, los que deberán ser aprobados y recepcionados técnicamente por dicho Servicio. Estos servicios deberán informar a la Dirección General de Aguas las características generales de las obras y ubicación del proyecto antes de iniciar su construcción y remitir los proyectos definitivos de las obras para su conocimiento e inclusión en el Catastro Público de Aguas, dentro del plazo de seis meses, contado desde la recepción final de la obra.

ARTÍCULO 172.- Si se realizaren obras con infracción de lo dispuesto en el artículo anterior, la Dirección General de Aguas impondrá una multa del primer al segundo grado, de conformidad al artículo 173 ter, pudiendo apercibir al infractor y fijar un plazo perentorio para que modifique o destruya total o parcialmente las obras. En el caso de que se disponga la modificación de las obras, la Dirección General de Aguas podrá ordenar que se presente el correspondiente proyecto, de acuerdo a las normas de este Código. En caso de que el infractor no diere cumplimiento a lo ordenado, destruyendo la obra o presentando el proyecto de modificación, la Dirección impondrá una multa del tercer grado.

Si las obras que no cuentan con la debida autorización entorpecen el libre escurrimiento de las aguas o significan peligro para la vida o salud de los habitantes, la Dirección General de Aguas impondrá una multa del segundo al tercer grado, de conformidad al artículo 173 ter, y apercibirá al infractor fijándole un plazo perentorio para que destruya las obras o las modifique, ordenándole que presente el correspondiente proyecto de acuerdo a las normas de este Código. Si el infractor no diere cumplimiento a lo ordenado, la Dirección le impondrá una multa mínima de 100 y máxima de 1.000 unidades tributarias anuales, según fuere la magnitud del entorpecimiento ocasionado al libre escurrimiento de las aguas o el peligro para la vida o salud de los habitantes, y podrá adoptar las medidas para su cumplimiento de conformidad a lo dispuesto en el artículo 138.

h) De la fiscalización

ARTÍCULO 172 bis.- La Dirección General de Aguas fiscalizará el cumplimiento de las normas de este Código.

Para el cumplimiento de su labor, la Dirección podrá iniciar un procedimiento sancionatorio de oficio cuando tomare conocimiento de hechos que puedan constituir infracciones de dichas normas, por denuncia de un particular, por medio de una autodenuncia, o a requerimiento de otro servicio del Estado.

Las denuncias se presentarán ante la Dirección General de Aguas de la región o de la provincia correspondiente y deberán señalar el lugar y fecha de presentación y la individualización completa del denunciante, quien deberá suscribirla personalmente, o por su mandatario o representante habilitado. Las denuncias también podrán ser presentadas en la forma que determine la Dirección General de Aguas, mediante resolución fundada, privilegiando medios electrónicos. En todo caso, la denuncia deberá contener una descripción de los hechos concretos que se estiman constitutivos de infracción, el lugar y las referencias suficientes para determinar su locación, la fecha probable de su comisión, las normas infringidas si las conociera el denunciante, y la individualización del presunto infractor, en caso de que pudiera identificarlo.

La Dirección deberá declarar admisible la denuncia cuando cumpla con los requisitos señalados en el inciso anterior, esté revestida de seriedad y tenga mérito suficiente. Si la denuncia no contiene una descripción del hecho denunciado y el lugar de su comisión, será archivada, sin perjuicio de la facultad de la Dirección de proceder de oficio.

Declarada admisible la denuncia, se abrirá el expediente del procedimiento sancionatorio, el que deberá ser resuelto en un plazo máximo de seis meses. Éste será resuelto por el Director General de Aguas o por el respectivo director regional, previa delegación de funciones de conformidad a lo dispuesto en la letra g) del artículo 300 de este Código.

ARTÍCULO 172 ter.- En el caso de los procedimientos de fiscalización iniciados por denuncia, dentro del plazo de quince días contado desde la apertura del expediente, la Dirección efectuará una inspección a terreno, debiendo notificar del motivo de la actuación en ese mismo acto. El presunto infractor deberá entregar todas las facilidades para que se lleve a cabo el referido proceso de inspección y no podrá negarse, de manera injustificada, a proporcionar la información que le sea requerida. Las inspecciones a que se refiere el presente artículo en lugares que constituyan una habitación actualmente ocupada, cuyo ocupante se haya opuesto a la realización de la inspección, de lo que deberá dejarse constancia por escrito, podrán también realizarse con auxilio de la fuerza pública, previa autorización del juez de letras competente en el territorio jurisdiccional del lugar donde se fiscaliza, quien la podrá conceder de inmediato a solicitud del Servicio, sin forma de juicio, a través del medio más expedito.

En ejercicio de la labor fiscalizadora, el personal de la Dirección deberá siempre informar al sujeto fiscalizado de la materia específica objeto de la fiscalización y de la normativa pertinente, realizando las diligencias estrictamente indispensables y proporcionales al objeto de la fiscalización. El personal fiscalizador deberá, además, guardar reserva de aquellos antecedentes y documentos que no tengan el carácter de públicos. Los fiscalizados podrán denunciar conductas abusivas de los funcionarios ante sus superiores jerárquicos, sin perjuicio de las sanciones penales que correspondan.

Quienes realicen esta inspección deberán levantar un acta de la misma, dejando constancia de si existen o no hechos que se estimen constitutivos de una infracción y, en caso afirmativo, la indicación de la o las normas eventualmente infringidas.

El personal fiscalizador de la Dirección tendrá el carácter de ministro de fe respecto de los hechos que consignen en el cumplimiento de sus funciones y que consten en el acta a que se refiere este artículo. Los hechos establecidos por los ministros de fe constituirán presunción legal.

ARTÍCULO 172 quáter.- Cuando constaren en el acta de inspección hechos que se estimen constitutivos de infracción, deberá notificarse personalmente al presunto infractor, entregándole copia del acta y señalándole que podrá presentar sus descargos dentro del plazo de quince días contado desde esa fecha. Si éste no es habido en el lugar fiscalizado, podrá ser notificado del acta y del plazo para los descargos en la forma dispuesta en el artículo 44 del Código de Procedimiento Civil.

En caso de que no se hubieren detectado hechos constitutivos de infracción, se le entregará copia del acta al fiscalizado y se cerrará el expediente, poniendo fin al procedimiento respectivo.

ARTÍCULO 172 quinquies.- Evacuados los descargos por el presunto infractor, o vencido el plazo para ello, la Dirección General de Aguas resolverá sin más trámite cuando no existan hechos controvertidos o sean de pública notoriedad. En caso contrario, abrirá un término de prueba de quince días. Dicho plazo se ampliará, si corresponde, de conformidad a lo dispuesto en el artículo 26 de la ley N° 19.880.

La Dirección dará lugar a las medidas o diligencias probatorias que solicite el presunto infractor en sus descargos, siempre que resulten pertinentes y conducentes. En caso contrario, las rechazará mediante resolución fundada, sin perjuicio de que la Dirección pueda decretar otras medidas o solicitar antecedentes adicionales previos a resolver.

Los hechos investigados y las responsabilidades a que éstos den lugar podrán acreditarse mediante cualquier medio de prueba admisible en derecho, los que se apreciarán conforme a las reglas de la sana crítica.

ARTÍCULO 172 sexies.- Dentro del plazo de quince días contado desde la evacuación de los descargos o vencido el plazo para ello, o desde el vencimiento del término probatorio, si se hubiere dado lugar a éste, la Dirección elaborará un informe técnico que servirá de base para resolver el procedimiento y deberá ser remitido al Director para su pronunciamiento.

Dicho informe deberá contener la individualización del o de los infractores, si se conociere; la relación de los hechos investigados y la forma en que se ha llegado a acreditarlos, y la proposición al Director de las sanciones que estimare procedente aplicar o de la absolución de uno o más de los infractores.

El Director pondrá término al procedimiento mediante resolución fundada, la que deberá pronunciarse sobre cada uno de los hechos investigados, infracciones detectadas y alegaciones o descargos realizados por el presunto infractor. Contra esta resolución podrán interponerse los recursos contemplados en los artículos 136 y 137 de este Código.

3. De las sanciones

ARTÍCULO 173.- La Dirección General de Aguas aplicará una multa a beneficio fiscal, y fijará el plazo para su pago, a quienes incurran en las infracciones que a continuación se describen, cuyo monto se determinará de conformidad a lo dispuesto en este párrafo, sin perjuicio de lo dispuesto en los artículos 172 y 307 de este Código y de las responsabilidades civiles y penales que procedan:

1. Una multa de primer grado cuando se trate de infracciones relativas a la obligación de entregar información en la forma y oportunidad que disponen este Código y las resoluciones de la Dirección General de Aguas.

Asimismo, se aplicará una multa de este grado al propietario, poseedor o mero tenedor de un predio, sea o no titular de derechos de aprovechamiento, en el que existan o no obras para aprovechar el recurso, que niegue injustificadamente el ingreso de los funcionarios de fiscalización para el cumplimiento de sus labores. Se entenderá que existe negativa del propietario, poseedor o mero tenedor aun cuando quien la realice sea una tercera persona, sin perjuicio de las acciones que tengan aquéllos para repetir en contra de esta última.

2. Una multa de segundo grado cuando se trate del incumplimiento de las obligaciones que dispone el presente Código o sus reglamentos referentes a la instalación y mantención de sistemas de medición de caudales, de volúmenes extraídos y de niveles freáticos de la obra y de sistemas de transmisión de dicha información.

La resolución que disponga la aplicación de esta multa fijará un plazo prudencial, no prorrogable, que no podrá ser inferior a un mes ni superior a seis meses, para que el infractor instale y opere dichos sistemas.

3. Una multa de tercer grado en caso de incumplimiento de la resolución que otorga nuevo plazo para la instalación de los sistemas señalados en el número anterior, previo procedimiento sancionatorio abreviado consistente en una visita a terreno, notificación del acta respectiva y recepción de los descargos pertinentes, dentro del plazo de treinta días contado desde la visita a terreno.

4. Una multa de cuarto grado cuando se realicen actos u obras, sin contar con el permiso de la autoridad competente, que afecten la disponibilidad de las aguas.

5. Una multa de quinto grado a quien, siendo titular actual de un derecho de aprovechamiento de aguas o no, de forma intencional obtenga una doble inscripción de su derecho en el Registro de Propiedad de Aguas del conservador de bienes raíces, para beneficio personal o en perjuicio de terceros. En caso de que proceda, al autor material del hecho se le sancionará, además, con la revocación de su título duplicado y la cancelación de

la inscripción, conforme a lo dispuesto en el artículo 460 bis del Código Penal. Lo anterior es sin perjuicio de la responsabilidad que le corresponda al o a los funcionarios públicos por falsificación de instrumento público.

6. Las infracciones que no tengan una sanción específica serán sancionadas con una multa cuya cuantía puede variar entre el primer y tercer grado.

La Dirección comunicará la resolución a la Tesorería General de la República para efectos de su cobro, una vez que ésta se encuentre ejecutoriada.

ARTÍCULO 173 bis.- Para las sanciones dispuestas en los artículos 172 y 173, el monto de la multa podrá incrementarse en los siguientes casos:

1. Hasta el 100%, cuando la infracción afecte la disponibilidad de las aguas utilizadas para satisfacer el consumo humano, uso doméstico de subsistencia o el saneamiento.

2. Hasta el 75%:

a) Si las infracciones se cometen en las zonas declaradas como área de restricción o zona de prohibición, en acuíferos o sectores hidrogeológicos de aprovechamiento común sujetos a una reducción temporal del ejercicio, en ríos declarados agotados, o en cauces intervenidos producto de una declaración de escasez.

b) Si la infracción cometida perjudica gravemente el cauce, y siempre que no sea constitutiva de los hechos sancionados en el artículo 172.

c) Cuando, a consecuencia de la contravención, se produzca un descenso sostenido o abrupto de los niveles freáticos del acuífero.

d) Cuando se realicen actos u obras, sin permiso de la autoridad competente, que menoscaben o deterioren la calidad del agua en contravención a la normativa vigente, cuando dicha alteración no cuente con una sanción específica.

3. Hasta el 50%:

a) Cuando la infracción cometida modifique o destruya obras autorizadas destinadas al ejercicio del derecho de aprovechamiento de terceros.

b) Cuando la captación de agua además afecte el caudal ecológico mínimo impuesto en la resolución constitutiva.

Sin perjuicio de lo dispuesto en el inciso anterior, la reiteración de la infracción se sancionará duplicando el monto original.

El monto de la multa se rebajará en el 50% para aquellos infractores que se autodenuncien ante la Dirección General de Aguas por cualquier contravención de este Código. La autodenuncia no requerirá de formalidades especiales, y bastará que sólo contenga una enunciación de los hechos, el lugar y la época en la que ocurrieron, y la individualización de su autor o autores. La circunstancia señalada sólo procederá cuando la información proporcionada por el infractor sea precisa, verídica y comprobable respecto de los hechos que constituyen la infracción y ponga fin, de inmediato, a los mismos.

ARTÍCULO 173 ter.- Sin perjuicio de las sanciones específicas contempladas en los artículos 172 y 307, las infracciones que se establecen en este Código serán sancionadas con multas a beneficio fiscal, determinadas según los siguientes grados:

a) Primer grado: de 10 a 50 unidades tributarias mensuales.
b) Segundo grado: de 51 a 100 unidades tributarias mensuales.
c) Tercer grado: de 101 a 500 unidades tributarias mensuales.
d) Cuarto grado: 501 a 1.000 unidades tributarias mensuales.
e) Quinto grado: 1.001 a 2.000 unidades tributarias mensuales.

Para la determinación del monto de la multa al interior de cada grado, se deberá tener en consideración, entre otras, las siguientes circunstancias: el caudal de agua afectado, si son aguas superficiales o subterráneas, si se produce o no la afectación de derechos de terceros, la cantidad de usuarios perjudicados, el grado de afectación del cauce o acuífero, y la zona en que la infracción se produzca, según la disponibilidad del recurso.

ARTÍCULO 173 quáter.- Las infracciones establecidas en el presente Código prescribirán en el plazo de tres años contado desde su comisión.

ARTÍCULO 174.- Las multas que establece este código, y cuya aplicación corresponde a las organizaciones de usuarios se harán efectivas previa audiencia del interesado. Con lo que éste exponga dentro del plazo que se le fije, que no podrá ser inferior a diez días, o en su rebeldía, se resolverá sin más trámite.

Regirá en lo pertinente lo dispuesto en el artículo 247°.

La multa deberá pagarse dentro del plazo de cinco días, contados desde la fecha de la resolución que la aplique y, para hacer uso del derecho que confiere el inciso anterior, deberá depositarse previamente el veinte por ciento de su valor en la respectiva organización de usuarios o en la cuenta corriente bancaria que éstas tengan.

ARTÍCULO 175.- Si la ley no indicare la autoridad encargada de imponer la multa, ésta será aplicada por el Juez Letrado del lugar en que se hubiere cometido la infracción.

El tribunal comunicará la sentencia a la Tesorería General de la República para efectos de su cobro.

ARTÍCULO 176.- Las multas que no tuvieren un beneficiario determinado, se aplicarán a beneficio fiscal.

El procedimiento de cobro de las multas se realizará por la Tesorería General de la República de acuerdo a lo dispuesto en el artículo 35 del decreto ley N° 1.263, de 1975, Orgánico de Administración Financiera del Estado.

Si la multa fuere pagada dentro de los nueve días siguientes a su notificación será rebajada en el 25%.

Este beneficio no será acumulable con otras rebajas de la pena, tales como aquella que beneficia al autodenunciante.

TÍTULO II
DE LOS PROCEDIMIENTOS JUDICIALES EN LOS JUICIOS SOBRE AGUAS EN GENERAL

1. Normas Generales

ARTÍCULO 177.- Los juicios sobre constitución, ejercicio y pérdida de los derechos de aprovechamiento de aguas y todas las demás cuestiones relacionadas con ellos, que no tengan procedimiento especial, se tramitarán conforme al procedimiento sumario establecido en el Título XI, del Libro III, del Código de Procedimiento Civil.

ARTÍCULO 178.- Será competente para conocer de estos juicios, el Juez de Letras que corresponda, de acuerdo con las normas sobre competencia establecidas en el Código Orgánico de Tribunales.

ARTÍCULO 179.- En estos juicios se podrá decretar de oficio la inspección personal del Tribunal, el nombramiento de peritos y el informe de la Dirección General de Aguas.

ARTÍCULO 180.- No obstante lo dispuesto en los artículos anteriores, los juicios ejecutivos y las acciones posesorias se regirán por las disposiciones del Código de Procedimiento Civil.

2. Del amparo judicial

ARTÍCULO 181.- El titular de un derecho de aprovechamiento o quien goce de la presunción a que se refiere el artículo 7° del decreto ley N° 2.603, de 1979, que estimare estar siendo perjudicado en el aprovechamiento de las aguas, por obras o hechos recientes, podrá ocurrir ante el Juez competente a fin de que se le ampare en su derecho.

El ejercicio de este derecho no requerirá otras formalidades que las prescritas en los artículos siguientes y será innecesario, en primera instancia, el patrocinio de abogado.

En este amparo judicial procederá siempre la habilitación a que se refiere el artículo 60 del Código de Procedimiento Civil.

ARTÍCULO 182.- La solicitud de amparo deberá contener las siguientes menciones:

1. La individualización del recurrente;
2. Los entorpecimientos que le impiden el ejercicio de su derecho;
3. El daño que dichos entorpecimientos le ocasionen o pudieren ocasionar;
4. El o los presuntos responsables de tales entorpecimientos;

5. Las medidas que se solicitan para poner fin inmediato al entorpecimiento, y

6. La organización de usuarios a que pertenece el recurrente o, en su defecto, la nómina de las organizaciones constituidas en el canal, embalse o captación de donde provengan las aguas, y la individualización de sus representantes legales, cuando estas organizaciones existan.

Deberán acompañarse a la solicitud los antecedentes que justifiquen el derecho de aprovechamiento o la presunción.

ARTÍCULO 183.- La solicitud de amparo deberá ser proveída, dentro de las veinticuatro horas de recibida y se notificará en la forma prescrita en el artículo 44°, inciso 2°, del Código de Procedimiento Civil, al o los presuntos responsables, y a los representantes legales de las organizaciones señaladas en el número 6 del artículo anterior, para que éstos, dentro del plazo de cinco días, hagan sus descargos o formulen las observaciones que procedan según el caso.

El Juez dispondrá una inspección ocular, cuyo costo será de cargo del recurrente, y podrá, si lo estima conveniente, requerir a la Dirección General de Aguas, que informe al respecto, dentro del plazo que le señale, el que no podrá exceder de cinco días.

ARTÍCULO 184.- Transcurridos los plazos señalados en el artículo anterior, el Juez dictará, sin más trámite, una resolución acogiendo o denegando el amparo.

En el primer caso, la resolución expresará las medidas que se deberán adoptar para poner fin al entorpecimiento.

La resolución que se pronuncie sobre la solicitud de amparo, deberá ser notificada por cédula.

ARTÍCULO 185.- La resolución que resuelva el amparo será apelable en el solo efecto devolutivo.

3. Del arbitraje

ARTÍCULO 185 bis.- Sin perjuicio de lo dispuesto en los artículos 177 y 244 de este Código, los conflictos que se produzcan en el ejercicio de derechos de aprovechamiento de aguas, podrán ser resueltos por un árbitro con el carácter de arbitrador, el que podrá ser nombrado de común acuerdo y en subsidio, por el juez de letras en lo civil respectivo a que se refiere el artículo 178, el que deberá recaer en una persona que figure en una nómina que al efecto formarán las Cortes de Apelaciones. El carácter de árbitro será incompatible con el de funcionario público.

TÍTULO III
DE LAS ORGANIZACIONES DE USUARIOS

ARTÍCULO 186.- Si dos o más personas tienen derechos de aprovechamiento en las aguas de un mismo canal, embalse, o aprovechan las aguas de un mismo acuífero, podrán reglamentar la comunidad que existe como consecuencia de este hecho, constituirse en asociación de canalistas o en cualquier tipo de sociedad, con el objeto de tomar las aguas del caudal matriz, repartirlas entre los titulares de derechos, construir, explotar, conservar y mejorar las obras de captación, acueductos y otras que sean necesarias para su aprovechamiento. En el caso de cauces naturales podrán organizarse como junta de vigilancia.

1. De las Comunidades de Aguas

ARTÍCULO 187.- Las comunidades podrán organizarse por escritura pública suscrita por todos los titulares de derechos que se conducen por la obra común.

ARTÍCULO 188.- Si cualquier interesado o la Dirección General de Aguas promueve cuestión sobre la existencia de la comunidad o sobre los derechos de los comuneros en el agua o en la obra común, se citará a comparendo ante el Juez del lugar en que esté ubicada la bocatoma del canal principal.

La citación a comparendo se hará por medio de cuatro avisos, tres de los cuales se publicarán en un periódico de la provincia o región en que funcione el Tribunal, y uno en un diario de Santiago, debiendo mediar por lo menos entre la primera publicación y el comparendo un plazo no inferior a diez días. El o los periódicos serán designados por el Juez.

Si los interesados son menos de cuatro, se les notificará también personalmente y la notificación se hará en la forma determinada por el artículo 44°, del Código de Procedimiento Civil, aunque la persona a quien deba notificarse no se encuentre en el lugar de su morada o donde ejerce habitualmente su industria, profesión o empleo.

El comparendo se celebrará con los interesados que asistan, si son dos o más y si sólo asiste uno, se repetirá la citación en la misma forma, a excepción de la notificación que será hecha por cédula, expresándose en ésta y en los avisos que es segunda citación. En este caso, el comparendo se celebrará con el que asista.

No podrá organizarse una comunidad de aguas ante el Juez si existe otra organización ya constituida en la obra común, que tenga la misma jurisdicción.

La Dirección General de Aguas podrá participar y comprometer recursos en la organización de una comunidad de aguas desde la iniciación de la gestión judicial hasta su inscripción en el Catastro Público de Aguas.

ARTÍCULO 189.- En el comparendo a que se refiere el artículo anterior, los interesados harán valer los títulos o antecedentes que sirvan para establecer sus derechos en el agua o la obra común. A falta de acuerdo, el Juez resolverá sin más antecedentes que los acompañados.

Sin perjuicio de lo anterior, en el caso de aquellos titulares de derechos que hayan iniciado el proceso de regularización ante la Dirección General de Aguas, en conformidad con los procedimientos a que se refieren los artículos 2 y 5 transitorios de este Código, podrán acompañar al tribunal un certificado emitido por esa Dirección que acredite que han iniciado dicho proceso. En caso de que el juez resuelva que la presentación de uno o más de estos interesados es suficiente para determinar su incorporación a la comunidad, se registrará bajo un rol de miembros provisionales con los mismos derechos y deberes del resto de los comuneros. El interesado dejará esa condición de provisional una vez que la Dirección General de Aguas resuelva su solicitud de regularización. Si esa Dirección rechaza la regularización, el interesado será eliminado del registro de miembros provisionales y no será incorporado como comunero.

Cuando el Tribunal no alcance a conocer de las materias tratadas en este artículo en una sola audiencia, continuará en los días hábiles inmediatos hasta concluir.

El Tribunal, si lo estima necesario, podrá abrir un término de prueba como en los incidentes y designar un perito para que informe sobre la capacidad del canal, su gasto medio normal, los derechos de aprovechamiento del mismo y los correspondientes a cada uno de los usuarios.

ARTÍCULO 190.- Declarada por el Juez la existencia de la comunidad y fijados los derechos de los comuneros, en conformidad a los artículos anteriores, se procederá a elegir al directorio si los comuneros son más de cinco, o a uno o más administradores, con las mismas facultades que el directorio, en caso contrario.

ARTÍCULO 191.- Las resoluciones que se expidan en las gestiones contempladas en los artículos anteriores, serán apelables sólo en el efecto devolutivo y la apelación se tramitará como en los incidentes.

ARTÍCULO 192.- Los acuerdos o resoluciones que declaren la existencia de la comunidad y fijen los derechos de los comuneros, se notificarán en la forma señalada en el artículo 188. Las demás resoluciones se notificarán en la forma ordinaria indicada en el Código de Procedimiento Civil.

ARTÍCULO 193.- El derecho de cada uno de los comuneros sobre el caudal común será el que conste de sus respectivos títulos.

ARTÍCULO 194.- Los interesados que no hayan comparecido a la escritura pública de organización o que no hayan asistido al comparendo y a quienes no se haya asignado lo que les corresponde en la distribución de las aguas, podrán presentarse reclamándolo en cualquier tiempo.

A solicitud de ellos, se citará a todos los interesados, procediéndose como se indica en el artículo siguiente, pero sin que se altere mientras tanto lo que esté acordado o resuelto.

Las costas de las nuevas gestiones serán de cargo exclusivo de los que las soliciten.

Los acuerdos o resoluciones ejecutoriados que se produzcan en estas nuevas gestiones, prevalecerán sobre los acuerdos o resoluciones anteriores.

ARTÍCULO 195.- Los interesados que se sientan perjudicados con los acuerdos o resoluciones dictados en conformidad con los artículos anteriores, respecto de los derechos que les correspondan en la comunidad, podrán hacer valer esos derechos en juicio sumario.

Las sentencias ejecutoriadas que se dicten en el nuevo juicio, que modifiquen los acuerdos o las resoluciones anteriores, se aplicarán con preferencia a éstos desde que se reclame su cumplimiento.

No podrán, sin embargo, decretarse en estos juicios medidas precautorias que impidan o embaracen la ejecución de dichos acuerdos o resoluciones.

ARTÍCULO 196.- Las comunidades se entenderán organizadas por su registro en la Dirección General de Aguas.

Las comunidades de aguas que hayan cumplido con este requisito gozarán de personalidad jurídica y les serán aplicables las disposiciones del Título XXXIII del Libro I del Código Civil, con excepción de los artículos 562, 563 y 564.

ARTÍCULO 197.- Las cuestiones sobre preferencias que aleguen los titulares de derechos de aprovechamiento, no impedirán la organización de la comunidad. El Juez resolverá la forma en que dichos interesados se incorporarán a ella, tomando en cuenta exclusivamente los títulos y antecedentes que hagan valer.

La resolución judicial que reconozca la existencia de la comunidad y los titulares de los comuneros se reducirá a escritura pública, conjuntamente con los estatutos si hubiere acuerdo sobre ellos, la que deberá ser firmada por el Juez o por la persona que él designe.

Dicha resolución se notificará en extracto en la forma prescrita en el artículo 188.

Mientras se resuelve el litigio podrá organizarse la comunidad sobre la base del rol provisional a que se refieren los artículos 164 y siguientes. Declarado el abandono de la instancia a petición de cualquiera de los comuneros, el rol provisional se tendrá por definitivo.

Los estatutos se aprobarán por la mayoría de los derechos de aprovechamiento en las aguas comunes. A falta de acuerdo, la comunidad se regirá por las normas de este párrafo.

Las resoluciones que se dicten en conformidad a la presente disposición, serán apelables en el solo efecto devolutivo y la apelación se tramitará como en los incidentes.

ARTÍCULO 198.- La escritura de organización de una comunidad de aguas deberá contener:

1. Los nombres, apellidos y domicilios de los comuneros;
2. El nombre, domicilio y objeto de la comunidad;
3. El nombre de los cauces que conducen las aguas sometidas a su jurisdicción;
4. El derecho de agua que corresponde al canal en la corriente de uso público y la forma en que se divide ese derecho entre los comuneros;
5. El nombre y ubicación de los predios o establecimientos que aprovechen las aguas;
6. Los bienes comunes;
7. El número de miembros que formará el directorio, o el número de administradores, según sea el caso;
8. Las atribuciones que tendrá el directorio o los administradores, fuera de las que les confiere la ley;
9. La fecha anual en que debe celebrarse la junta general ordinaria, y
10. Los demás pactos que acordaren los comuneros.

El domicilio de la comunidad será la capital de la provincia en que se encuentre la obra de entrega o la bocatoma del canal principal, salvo que los interesados acuerden otro por mayoría de votos, determinados en conformidad al artículo 222.

ARTÍCULO 199.- Podrán ingresar convencionalmente a la comunidad quienes incorporen al canal nuevos derechos de agua. Los gastos de incorporación de nuevos derechos serán de cargo del interesado.

Los que a cualquier título sucedan en sus derechos a un comunero tendrán en la comunidad las obligaciones y derechos de su antecesor.

ARTÍCULO 200.- La competencia de la comunidad en lo concerniente a la administración de los canales, distribución de las aguas y a la jurisdicción que con arreglo al artículo 244 corresponde al directorio sobre los comuneros, se extenderá hasta donde exista comunidad de intereses, aunque sólo sea entre dos comuneros.

No obstante, en lo referente a la administración de los canales y a la distribución de las aguas, podrán los estatutos estipular una menor extensión de sus atribuciones.

ARTÍCULO 201.- Serán bienes comunes los recursos pecuniarios y de otra naturaleza con que contribuyan los titulares de los derechos de aprovechamiento, el producto de las multas y los bienes que se adquieran a cualquier título para los fines de la organización.

ARTÍCULO 202.- Las obras que formen parte de un sistema sometido a la jurisdicción de una comunidad de aguas pertenecerán a quienes hayan adquirido su dominio en conformidad a las normas de derecho común.

Se presume dueño de las obras a los titulares de derechos que extraigan, conduzcan o almacenen aguas en ellas, en la proporción de sus derechos.

ARTÍCULO 203.- Los créditos contra los comuneros y la maquinaria o equipos mecanizados adquiridos para los trabajos de la comunidad, podrán ser dados en prenda, en garantía de préstamos que contraten las comunidades, con el objeto de obtener capital necesario para el cumplimiento de sus fines.

La notificación de la prenda a los comuneros se hará por medio de un aviso en un diario o periódico de la capital de la provincia o región correspondiente al domicilio de la comunidad.

ARTÍCULO 204.- En el caso del artículo anterior el directorio, de acuerdo con el acreedor prendario, podrá requerir el pago de las cuotas y recibirlas válidamente en calidad de diputado para el cobro.

ARTÍCULO 205.- La comunidad deberá llevar un Registro de Comuneros en que se anotarán los derechos de agua de cada uno de ellos, el número de acciones y las mutaciones de dominio que se produzcan.

No se podrán inscribir dichas mutaciones mientras no se practiquen las inscripciones correspondientes en el Registro de Aguas del Conservador de Bienes Raíces.

ARTÍCULO 206.- Los comuneros extraerán el agua por medio de dispositivos que permitan aforarla, tales como compuertas, marcos partidores, bombas u otros. Éstos serán autorizados por el directorio.

ARTÍCULO 207.- Si dos o más comuneros extrajeren aguas en común por un mismo dispositivo, el directorio podrá exigirles que constituyan un representante común y serán solidariamente responsables del pago de las cuotas y multas respectivas.

Si requeridas a este efecto, no lo hicieren dentro del plazo de treinta días, el directorio efectuará el nombramiento.

Dichos comuneros podrán constituirse en comunidad de aguas independiente, o asociación de canalistas, según corresponda.

ARTÍCULO 208.- La construcción o reparación de los dispositivos se hará por el directorio a costa del interesado, o bajo la responsabilidad y vigilancia de aquél, si se permite hacerla a este último.

ARTÍCULO 209.- El comunero que se considere perjudicado por la construcción o reparación de su dispositivo, podrá reclamar al directorio para que, con citación de los demás interesados, resuelva la cuestión en la forma dispuesta por los artículos 243 y siguientes.

ARTÍCULO 210.- Las aguas de cualquier comunero podrán trasladarse de un canal a otro, o de un lugar a otro en un mismo acueducto, en ambos casos sometidos a la misma comunidad, a costa del comunero que solicite el traslado y en las épocas que fije el directorio.

ARTÍCULO 211.- Los estatutos podrán establecer normas permanentes para la distribución de las aguas.

ARTÍCULO 212.- Son obligaciones de los comuneros:

1. Asistir a las juntas de comuneros. Los inasistentes pagarán una multa siempre que no haya sala. Si los estatutos nada dijeren, la multa será determinada por el directorio;

2. Costear la construcción y reparación del dispositivo por el que extraen sus aguas del canal principal; y si fueren varios los interesados en el dispositivo, pagarán la obra a prorrata de sus derechos.

En la misma proporción los dispositivos calificados de partidores principales por las juntas generales, serán costeados por los comuneros de una y otra rama.

Cuando los dispositivos o canales costeados particularmente por los comuneros se inutilizaren por alguna medida de interés común acordada por el directorio o la junta, como ser, reforma del sistema de dispositivos, modificación de la rasante del acueducto u otra obra semejante, las nuevas obras que sean necesarias se harán a costa de los interesados en la obra;

3. Concurrir a los gastos de mantención de la comunidad, a prorrata de sus derechos, y

4. Las demás que impongan los estatutos.

ARTÍCULO 213.- Los acuerdos de las juntas sobre gastos y fijación de cuotas, serán obligatorios para todos los comuneros, y una copia de tales acuerdos debidamente autorizada por el secretario del directorio, tendrá mérito ejecutivo, en contra de aquéllos.

La misma norma se aplicará respecto de los acuerdos del directorio sobre fijación de cuotas, cuando proceda, y sobre multas.

ARTÍCULO 214.- Los derechos de aprovechamiento de aguas quedarán gravados de pleno derecho, con preferencia a toda prenda, hipoteca u otro gravamen constituido sobre ellos, en garantía de las cuotas de contribución para los gastos que fijan las juntas y directorios.

Los adquirentes a cualquier título de estos derechos, responderán solidariamente con su antecesor de las cuotas insolutas al tiempo de la adquisición.

ARTÍCULO 215.- Todos los gastos de construcción, explotación, limpia, conservación, mejoramiento y demás que se hagan en beneficio de los comuneros, serán de cuenta de éstos, a prorrata de sus derechos de aprovechamiento.

Los gastos que fueren en provecho de determinados comuneros, serán de cuenta exclusiva de éstos, también a prorrata de sus derechos.

Los comuneros que por sus títulos, estén exentos del pago de gastos, se entenderá que únicamente lo están de los ordinarios de explotación y conservación, pero no de los extraordinarios, salvo que estuvieren también exentos de tales gastos en forma expresa por dichos títulos.

ARTÍCULO 216.- Los comuneros morosos en el pago de sus cuotas podrán ser privados del agua durante la mora, sin perjuicio de la acción judicial en su contra.

Responderán, además, de los gastos que irrogue la contratación de un inspector encargado de aplicar y vigilar la privación del agua.

Los morosos podrán ser obligados al pago de sus cuotas con los reajustes, multas, y tasas de interés que determine la junta general ordinaria o el directorio, en su caso.

Las sanciones que se apliquen en conformidad a estas normas pasarán contra los sucesores a cualquier título.

ARTÍCULO 217.- Si algún comunero, por sí o por interpósita persona, alterase un dispositivo de distribución, éste será restablecido a su costa debiendo además pagar la multa que fije el directorio, lo cual es sin perjuicio de la privación del agua hasta que cumpla con estas obligaciones. Las reincidencias serán penadas con el doble o triple de la multa, según corresponda.

Las mismas reglas se aplicarán a los comuneros que hicieren estacadas u otras labores para aumentar su dotación de agua.

Las medidas a que se refiere este artículo, serán impuestas por el directorio, siendo aplicables los incisos 2° y 3° del artículo anterior.

Se presume autor de estos hechos al beneficiado con ellos.

ARTÍCULO 218.- Los negocios que interesen o afecten a la comunidad se resolverán en juntas generales las que serán ordinarias o extraordinarias.

A falta de disposición especial en los estatutos, las juntas generales ordinarias se celebrarán el primer Sábado hábil del mes de Abril de cada año, a las catorce horas, en el lugar que determine el directorio o administradores, según el caso.

Las juntas generales extraordinarias tendrán lugar en cualquier tiempo.

ARTÍCULO 219.- En las juntas generales habrá sala con la mayoría absoluta de los comuneros con derecho a voto.

Si en la primera reunión no hubiere sala, regirá la citación para el día siguiente hábil a la misma hora y en el mismo lugar y en este caso la habrá con los que asistan.

Con todo, podrá citarse para un mismo día en primera y segunda citación, siempre que entre una y otra haya lo menos 30 minutos de diferencia, caso en el cual regirá la norma sobre sala contenida en el inciso anterior.

Para que opere lo dispuesto en los dos incisos precedentes, deberá dejarse expresa constancia en la convocatoria, del día y hora para el cual se cita a una nueva reunión.

ARTÍCULO 220.- Las convocatorias a junta se harán saber a los comuneros por medio de un aviso que se publicará en un diario o periódico de la capital de la provincia en que tenga domicilio la comunidad.

A falta de ellos, la convocatoria se realizará por medio de un aviso publicado en un diario o periódico de la ciudad capital de la región correspondiente. Además, se dirigirá carta certificada al domicilio que el comunero haya registrado en la secretaría de la comunidad, en caso de citación a junta extraordinaria.

Adicionalmente, en caso que la convocatoria comprenda las materias referidas en los artículos 241, número 23, ó 274, número 9, ésta se publicará y comunicará en la forma prescrita por el artículo 131, con no menos de diez ni más de sesenta días de anticipación a la fecha de la junta.

ARTÍCULO 221.- Las convocatorias a juntas se harán con diez días de anticipación, a lo menos, indicándose el lugar, día, hora y objeto de la junta.

ARTÍCULO 222.- Cada comunero tendrá derecho a un voto por cada acción que posea.

Las fracciones de voto se sumarán hasta formar votos enteros, despreciándose las que no alcanzaren a completarlos, salvo el caso de empate, en que se computarán para decidirlo.

Si no hubiere fracciones, el empate lo dirimirá el presidente.

ARTÍCULO 223.- Sólo tendrán derecho a voto los comuneros cuyos derechos estén inscritos en el Registro de la Comunidad y estén al día en el pago de sus cuotas, los que podrán comparecer por sí o representados.

El mandato deberá ser otorgado por escrito, y constará en el respectivo instrumento la autorización notarial de la firma o suscribirse éste a través de firma electrónica avanzada. Si el mandato se otorga a otro comunero, bastará una carta poder simple.

Las comunidades o sucesiones comparecerán por medio de un solo representante.

ARTÍCULO 224.- Los acuerdos de la junta se tomarán por mayoría absoluta de los votos emitidos en ella, salvo que este código o los estatutos establezcan otra mayoría.

ARTÍCULO 225.- Las sesiones de la junta serán presididas por el presidente del directorio; en su defecto, por su subrogante y, a falta de éste, por el comunero presente que posea más acciones.

ARTÍCULO 226.- Corresponde a las juntas generales ordinarias:

1. Elegir al directorio o administradores;
2. Acordar el presupuesto de gastos ordinarios o extraordinarios para el período de un año, y las cuotas de una y otra naturaleza que deben erogar los comuneros para cubrir esos gastos. Mientras no se apruebe el presupuesto, regirá el del año anterior, reajustado según la variación que haya experimentado el índice de precios al consumidor;
3. Pronunciarse sobre la memoria y la cuenta de inversión que debe presentar el directorio;
4. Nombrar inspectores para el examen de las cuentas y facultarlos para seleccionar los auditores externos de contabilidad y procedimientos, si fuere menester;
5. Fijar las sanciones que se aplicarán a los deudores morosos, y
6. Tratar cualquier materia que se proponga en ellas, salvo las que requieren citación especial.

ARTÍCULO 227.- Las juntas generales extraordinarias sólo podrán ocuparse de los asuntos para los cuales han sido convocadas.

ARTÍCULO 228.- La comunidad será administrada por un directorio o administradores nombrados por la junta de comuneros, que tendrá los deberes y atribuciones que determinen los estatutos y, en su defecto, por los que le encomiende este código.

El directorio será elegido por el término de un año.

Cuando la comunidad de aguas se constituya judicialmente, el primer directorio se elegirá en el comparendo de que trata el artículo 188. Este directorio será provisional y durará en funciones hasta la primera junta general ordinaria de comuneros.

ARTÍCULO 229.- El directorio se elegirá en cada junta general ordinaria de comuneros, sin perjuicio de las elecciones extraordinarias que contempla el artículo 233. En las elecciones resultarán elegidos los que, en una misma votación, hayan obtenido el mayor número de votos hasta completar el número de personas por elegir.

Sin embargo, con el acuerdo unánime de la sala, las elecciones podrán efectuarse en otra forma que la señalada en el inciso precedente.

ARTÍCULO 230.- Si por cualquier causa no se eligiere oportunamente el directorio, continuará en funciones el anterior.

Éste deberá citar a la mayor brevedad a la junta general para proceder a esa designación y si no lo hiciere, cualquier comunero podrá recurrir ante la Dirección General de Aguas, para que la convoque en la forma prescrita en los artículos 220 y 221. La reunión se efectuará en presencia de un Notario o de un funcionario designado por el Director General de Aguas, quien levantará acta de ella y actuará como Ministro de Fe.

ARTÍCULO 231.- Para ser director se requiere ser comunero con derecho a voto. Podrán serlo el mandatario y el representante legal, por las personas naturales o jurídicas. No podrán serlo los empleados de la comunidad.

Los directores podrán ser reelegidos.

ARTÍCULO 232.- La asistencia de los directores a las sesiones es obligatoria. Si faltaren a tres o más reuniones sin causa justificada, quedarán excluidos del directorio.

ARTÍCULO 233.- En caso de muerte, renuncia, pérdida de la calidad de comunero, representante legal, mandatario o inhabilidad de un director, el directorio le designará reemplazante por el tiempo que falte para completar su período.

Si se produjere la renuncia total del directorio o de su mayoría, el secretario citará, dentro de los cinco días hábiles siguientes, a junta general extraordinaria de comuneros, la que deberá celebrarse dentro de los quince días siguientes a la renuncia.

A falta de citación por el secretario, se procederá en la forma descrita en el artículo 230.

ARTÍCULO 234.- El comunero que esté siendo procesado por crimen o simple delito que merezca pena aflictiva, quedará suspendido del cargo de director o de cualquier empleo en la comunidad, mientras continúe en dicha situación; en tal caso, no podrá optar a ser elegido director de ella. Si es condenado por sentencia de término, quedará inhabilitado para desempeñar el cargo de director o cualquier empleo en la comunidad.

ARTÍCULO 235.- Si el número de comuneros es superior a cinco, se elegirá el directorio de la comunidad. En caso contrario, se designará uno o más administradores con las mismas facultades que el directorio.

El directorio se compondrá por no menos de tres miembros, ni más de once y celebrará sesión con un quórum que represente la mayoría absoluta de éstos.

Las sesiones ordinarias tendrán lugar los días y horas que el directorio acuerde y las extraordinarias cuando lo ordene el presidente o lo pida la tercera parte de los directores.

El directorio celebrará por lo menos una sesión ordinaria en cada semestre.

ARTÍCULO 236.- Una copia de la parte pertinente del acta que consigne la elección de directores se enviará a la Dirección General de Aguas y otra al Gobernador de la provincia en que se encuentre ubicada la obra de entrega o la bocatoma del canal principal, según sea el caso.

Se enviará, asimismo, a esas autoridades, copia del acta de la sesión del directorio en que se haya nombrado reemplazante, en conformidad al inciso primero del artículo 233.

ARTÍCULO 237.- La asistencia de los directores a las sesiones podrá ser remunerada. Esta remuneración se pagará por sesión asistida, y su cuantía se fijará en junta general de comuneros.

ARTÍCULO 238.- Las resoluciones del directorio se tomarán por la mayoría absoluta de directores asistentes, salvo que la ley o los estatutos dispongan otra mayoría para determinadas materias.

Si se produjere empate, prevalecerá la opinión del que preside.

En caso de dispersión de votos, la votación deberá limitarse en definitiva a las opiniones que cuenten con las dos más altas mayorías y si, como consecuencia de ello, se produjere empate, resolverá la persona que presida.

ARTÍCULO 239.- El directorio, en su primera sesión, elegirá de su seno un presidente y fijará el orden en que los demás directores lo reemplazarán en caso de ausencia o imposibilidad.

Asimismo, determinará, por sorteo, el orden de precedencia de sus miembros, a fin de establecer entre ellos un director de turno mensual.

ARTÍCULO 240.- El presidente del directorio o quien haga sus veces, velará por el cumplimiento de los acuerdos de éste y tendrá la representación de la comunidad.

En el orden judicial, la representará en la forma que dispone el artículo 8º del Código de Procedimiento Civil.

ARTÍCULO 241.- El directorio tendrá los siguientes deberes y atribuciones:

1. Administrar los bienes de la comunidad;

2. Atender a la captación de las aguas por medio de obras permanentes o transitorias; a la conservación y limpia de los canales y drenajes sometidos a la comunidad; a la construcción y reparación de los dispositivos y acueductos y a todo lo que tienda al goce completo y correcta distribución de los derechos de aguas de los comuneros.

El directorio podrá, por sí solo, acordar los trabajos ordinarios en las materias indicadas y, en casos urgentes, los extraordinarios; pero deberá dar cuenta de estos últimos en la próxima junta ordinaria que se celebre;

3. Velar por que se respeten los derechos de agua en el prorrateo del caudal matriz, impidiendo que se extraigan aguas sin títulos;

4. Requerir la acción de la junta de vigilancia para los efectos del número anterior;

5. Distribuir las aguas, dar a los dispositivos la dimensión que corresponda y fijar turnos cuando proceda;

6. Resolver la forma y condiciones de incorporación de titulares de nuevos derechos de aprovechamiento a la comunidad;

7. Representar a los comuneros en los casos de imposición de servidumbres pasivas, en las obras de captación, conducción, regulación y descarga;

8. Vigilar las instalaciones de fuerza motriz u otras y el correcto ejercicio de las servidumbres;

9. Someter a la aprobación de la junta general los reglamentos necesarios para el funcionamiento del mismo directorio, de la junta general, de la secretaría y de las oficinas de contabilidad y administración;

10. Someter a la aprobación de la junta general ordinaria el presupuesto de entradas y gastos ordinarios y extraordinarios, fijando separadamente el monto de unos y otros con su correspondiente reajustabilidad. En esa junta dará cuenta de la inversión de los fondos y de la marcha de la comunidad en una memoria que comprenda todo el período de funciones.

La junta podrá acordar el presupuesto en la forma que estime conveniente o modificar el que se presente;

11. Aumentar hasta en un treinta por ciento en el año, las cuotas ordinarias o extraordinarias, cuando aparezca de manifiesto que las fijadas en junta general ordinaria fueren insuficientes para el buen funcionamiento de la comunidad; establecer cuotas especiales para hacer frente a gastos imprevistos que no puedan ser cubiertos con las reservas acumuladas. En todo caso dará cuenta en junta extraordinaria que deberá citar en el más breve plazo;

12. Fijar las multas que corresponda aplicar a los comuneros, la que no podrá exceder de diez unidades tributarias mensuales;

13. Contratar cuentas corrientes en los bancos y tomar dinero en mutuo por cantidades que no excedan del monto del presupuesto anual de entradas.

En caso que sea necesario efectuar obras para reparar las instalaciones afectadas por catástrofes o daños graves, se podrá contratar créditos hasta la concurrencia del valor de las obras;

14. Cumplir los acuerdos de las juntas generales;

15. Citar a la junta general ordinaria en la fecha que fija la ley o los estatutos;

16. Citar a la junta general extraordinaria cuando sea necesario o lo solicite, por lo menos la cuarta parte de los comuneros con derecho a voto, con indicación del objeto;

17. Velar por el cumplimiento de las obligaciones que la ley, los reglamentos y los estatutos imponen a los comuneros y a la comunidad;

18. Nombrar o remover al secretario y trabajadores de la comunidad y fijar sus remuneraciones, sin perjuicio de las facultades de la junta general;

19. Delegar sus atribuciones en uno o más directores;

20. Llevar una estadística de los caudales que se conducen por los canales de la comunidad;

21. Realizar programas de extensión para difundir entre los comuneros las técnicas y sistemas que tiendan a un mejor empleo de agua, pudiendo celebrar convenios para este objeto;

22. Comunicar a la junta de vigilancia de que forma parte, el nombre del ingeniero asesor y el de su reemplazante, en caso que los tuviera;

23. Representar a los comuneros en el procedimiento de perfeccionamiento de los títulos en que consten sus derechos de aprovechamiento de aguas, cuando no existiere Junta de Vigilancia, en dicho río, álveo o acuífero, y previo acuerdo adoptado por los dos tercios de los votos emitidos en junta extraordinaria convocada al efecto, y

24. Los demás que las leyes y los estatutos señalen.

ARTÍCULO 242.- El directorio podrá solicitar de la autoridad correspondiente, por intermedio del Juez, el auxilio de la fuerza pública para hacer cumplir y respetar las medidas de distribución de aguas que acordase.

Ordenado el auxilio de la fuerza pública ésta deberá ser concedida y de ella se hará uso con allanamiento y descerrajamiento, si fuere necesario.

Los dueños de inmuebles en que se haga la distribución de las aguas no podrán impedir que los directores, repartidores y delegados entren en sus predios cuando sea menester para el desempeño de sus funciones.

Si el dueño de un predio se opusiere, se solicitará por el directorio, en la misma forma, el auxilio de la fuerza pública, sin perjuicio de la multa que puede imponerle el Juez. Si el dueño de la heredad fuere comunero en las aguas, la multa la aplicará el directorio.

ARTÍCULO 243.- Cualquiera de los interesados podrá reclamar al directorio de los procedimientos de los repartidores de aguas o delegados. El directorio resolverá previa audiencia de los interesados a quienes afecte directamente la resolución, y será aplicable lo dispuesto en los artículos 244 al 247.

ARTÍCULO 244.- El directorio resolverá como árbitro arbitrador, en cuanto al procedimiento y al fallo, todas las cuestiones que se susciten entre los comuneros sobre repartición de aguas o ejercicio de los derechos que tengan como miembros de la comunidad y las que surjan sobre la misma materia entre los comuneros y la comunidad.

Las resoluciones del directorio, en las cuestiones a que se refiere el inciso anterior, sólo podrán adoptarse con el acuerdo de la mayoría absoluta de los miembros asistentes, y los fallos llevarán por lo menos la firma de los que hayan concurrido al acuerdo de mayoría.

No habrá lugar a implicancias ni recusaciones y las resoluciones sólo serán reclamables en la forma establecida en el artículo 247.

Servirá de actuario y tendrá la calidad de Ministro de Fe, el secretario de la comunidad o, en su defecto, el que designe el directorio.

ARTÍCULO 245.- Presentada la reclamación, el secretario citará al directorio dentro de los cinco días hábiles siguientes para que tome conocimiento de ella.

El directorio deberá oír a las partes y resolver la cuestión dentro de los treinta días siguientes a la presentación del reclamo.

Si el directorio no fallare dentro de ese plazo, el interesado podrá recurrir directamente ante la Justicia Ordinaria, en la forma señalada en el artículo 247.

En este caso, cada director sufrirá una multa que será fijada por el Juez de la causa, dentro de los límites a que se refiere el artículo 173.

ARTÍCULO 246.- Las resoluciones que se dicten en estos juicios se notificarán por carta certificada y se dejará testimonio en autos de su envío. La fecha de notificación será el segundo día siguiente a su remisión.

Notificada la resolución, el directorio procederá a darle cumplimiento, para lo cual podrá requerir el auxilio de la fuerza pública, si fuere menester, en los términos señalados en el artículo 242.

ARTÍCULO 247.- El que se sienta perjudicado por algún fallo arbitral, podrá reclamar de él ante los Tribunales Ordinarios de Justicia dentro del plazo de seis meses contados desde la fecha de su notificación.

Esta reclamación, que se tramitará como juicio sumario, no obstará a que dicho fallo se cumpla y surta efecto durante el juicio, a menos que el Juez, a petición de parte y como medida precautoria, decrete su suspensión mediante resolución ejecutoriada. Las apelaciones que se interpongan con motivo de estas medidas precautorias, se agregarán extraordinariamente, sin necesidad de que las partes comparezcan y sin que se pueda suspender de manera alguna la vista del recurso ni inhabilitar a los miembros del Tribunal.

ARTÍCULO 248.- Habrá un secretario de la comunidad que, con el carácter de Ministro de Fe, estará encargado de autorizar las resoluciones de las juntas, del directorio y del presidente y de redactar y autorizar todas las actas.

Además de las atribuciones que le confieran los estatutos, corresponderá al secretario llevar los registros de la comunidad; autorizar las inscripciones; mantener bajo su vigilancia y cuidado el archivo; dar copia autorizada de las piezas que se soliciten; percibir las cuotas que deban pagar los comuneros y las demás entradas de la comunidad; llevar la contabilidad, siempre que el directorio no haya confiado a otros empleados estas funciones, y ejecutar los acuerdos del directorio cuyo cumplimiento se le hubiere encargado.

A petición de cualquiera de los comuneros, el secretario deberá dar, dentro del término de cinco días hábiles, copia autorizada de los acuerdos que se hubiesen adoptado y que afecten a algunos de aquéllos.

Si no se cumple con esta obligación, el secretario será sancionado con una multa, que no podrá exceder de una unidad tributaria mensual por cada día de retardo, que aplicará el Juez a petición de parte.

ARTÍCULO 249.- La reforma de los estatutos sólo podrá acordarse en junta extraordinaria, por la mayoría del total de votos en la comunidad y el acuerdo deberá reducirse a escritura pública.

ARTÍCULO 250.- La comunidad termina por la reunión de todos los derechos de agua en manos de un mismo titular.

ARTÍCULO 251.- Las comunidades de agua podrán establecer en sus estatutos disposiciones diferentes a las contenidas en los artículos 208; 220; 222, inciso 3°; 225; 228, inciso 2°; 233; 235, inciso 4°; 238, y 239, inciso 2°. Igual norma regirá en los casos en que expresamente se faculte para ello.

2. De la Comunidades de Obras de Drenaje

ARTÍCULO 252.- Por el hecho de que dos o más personas aprovechen obras de drenaje o desagüe en beneficio común, existe una comunidad que, salvo convención expresa de las partes, se regirá por las reglas contenidas en los artículos siguientes.

ARTÍCULO 253.- Estas comunidades se organizarán en la forma prescrita por los artículos 187 y siguientes. Será Juez competente para conocer de las materias indicadas en el artículo 188, el de la comuna en que se encuentre ubicado cualquiera de los predios de desagüe.

ARTÍCULO 254.- El domicilio de la comunidad será el que acuerden los interesados por mayoría de votos.

ARTÍCULO 255.- Son aplicables a estas comunidades las disposiciones de los párrafos 1° y 3° del presente Título, en cuanto no se contrapongan con su naturaleza ni con el artículo siguiente.

ARTÍCULO 256.- Los comuneros tendrán derecho a un voto por cada hectárea de dominio afecta al sistema, salvo convención en contrario.

Las fracciones de votos se sumarán hasta formar votos enteros, despreciándose las que no alcanzaren a completarlos, salvo en el caso de empate, en que se computarán para decidirlo.

Si no hubiere fracciones, el empate lo decidirá el presidente.

3. De las Asociaciones de Canalistas y otras Organizaciones de Usuarios

ARTÍCULO 257.- Las asociaciones de canalistas constituidas en conformidad a la ley gozarán de personalidad jurídica.

La constitución de la asociación y sus estatutos se hará por escritura pública suscrita por todos los titulares de derechos a que se refiere el artículo 186 y necesitarán de la aprobación del Presidente de la República, previo informe de la Dirección General de Aguas.

ARTÍCULO 258.- Son aplicables igualmente a las asociaciones de canalistas y a las otras organizaciones de usuarios, las disposiciones del párrafo 1° de este Título, en cuanto sean compatibles con su naturaleza y no contradigan lo dispuesto en sus estatutos.

A las primeras también les son aplicables las disposiciones del Título XXXIII, del Libro I, del Código Civil, con excepción de los artículos 562, 563 y 564.

ARTÍCULO 259.- Quienes no hayan sido incluidos en la asociación u organización de usuarios podrán hacer valer sus derechos en cualquier tiempo en la forma prevista en el artículo 194.

ARTÍCULO 260.- Formarán el patrimonio de estas entidades, los recursos pecuniarios y de otra naturaleza con que contribuyan los titulares de los derechos de aprovechamiento, el producto de las multas y los bienes que adquieran a cualquier título para los fines de la organización.

ARTÍCULO 261.- También podrán organizarse en la forma establecida en este párrafo, los que estén obligados a mantener las obras de drenaje y los que tengan interés en ellas.

ARTÍCULO 262.- La organización termina por la reunión de todos los derechos de agua en manos de un mismo titular y por las causales que indiquen los estatutos.

4. De las Juntas de Vigilancia

ARTÍCULO 263.- Las personas naturales o jurídicas y las organizaciones de usuarios que en cualquier forma aprovechen aguas superficiales o subterráneas de una misma cuenca u hoya hidrográfica, podrán organizarse como junta de vigilancia que se constituirá y regirá por las disposiciones de este párrafo.

La constitución de la Junta de Vigilancia y sus estatutos, constarán en escritura pública, la que deberá ingresarse a la Dirección General de Aguas, conjuntamente con una publicación en un diario o periódico de la provincia respectiva y, si no hubiera, en uno de la capital regional correspondiente, en el cual se notifique la constitución de la organización de usuarios de que se trata, con indicación de fecha y notaría del documento público constitutivo.

A contar de la fecha de ingreso a la Dirección General de Aguas de la escritura pública en que consten la constitución y estatutos de la Junta de Vigilancia, dicho Servicio tendrá un plazo de sesenta días hábiles para efectuar las observaciones legales y técnicas que sean del caso, las que deberán ser resueltas por los interesados en el plazo no fatal de sesenta días.

Transcurrido el plazo indicado en el inciso precedente, sin que la Dirección General de Aguas haya efectuado observaciones, o bien, habiéndolas realizado, ellas fueran resueltas satisfactoriamente, la escritura pública en que consten la constitución y estatutos de la Junta de Vigilancia deberá publicarse en extracto, previamente ingresado en la oficina de partes de dicho Servicio, por una vez, en el Diario Oficial, y en forma destacada en un diario o periódico de la provincia respectiva, y si no hubiera, en uno de la capital de la Región correspondiente. Esta publicación se efectuará dentro de los treinta días siguientes a la fecha de ingreso a la Dirección General de Aguas. Efectuada la referida publicación, la Junta de Vigilancia gozará de personalidad jurídica.

El extracto indicado en el inciso anterior, deberá contener las siguientes menciones:

1.- El nombre, domicilio y objeto de la Junta de Vigilancia.

2.- Hoya hidrográfica a que pertenece.

3.- El o los cauces o la sección del cauce, acuíferos o fuente natural sobre la que tiene jurisdicción.

4.- Enumeración de canales sometidos a su jurisdicción, con indicación de sus derechos de aprovechamiento en el cauce o fuente natural, expresados conjuntamente en acciones y en volumen por unidad de tiempo y las coordenadas de sus bocatomas expresados en coordenadas UTM, con indicación del datum y huso y, complementariamente, en los casos que fuere posible, una relación de los puntos de referencia permanentes y conocidos.

5.- Enumeración de usuarios individuales que capten directamente del cauce natural, a través de una bocatoma, con indicación de sus derechos de aprovechamiento, expresados conjuntamente en acciones y en volumen por unidad de tiempo y las coordenadas de sus bocatomas o puntos de captación de aguas subterráneas expresados en coordenadas UTM, con indicación del datum y huso y, complementariamente, en los casos que fuere posible, una relación de los puntos de referencia permanentes y conocidos.

6.- El número de miembros que formará el directorio, o el número de administradores, según el caso.

7.- La individualización de los miembros del primer directorio o de el o los administradores, según el caso.

En el caso de Juntas de Vigilancia constituidas por escritura pública, no habiendo acuerdo entre la Dirección General de Aguas y los interesados para resolver las observaciones hechas por la primera, será necesario recurrir al procedimiento judicial de constitución contemplado en el artículo 269 de este Código.

Los interesados deberán acompañar a la Dirección General de Aguas copia de la publicación indicada en el inciso cuarto para su registro en el referido Servicio.

ARTÍCULO 264.- Sin embargo, en cada sección de una corriente natural que hasta la fecha de promulgación de este Código y en conformidad a las leyes anteriores, se considere como corriente distinta para los efectos de su distribución, podrá organizarse una junta de vigilancia.

También podrá organizarse una junta de vigilancia para cada sección de una corriente natural en que se distribuyan sus aguas en forma independiente de las secciones vecinas de la misma corriente.

ARTÍCULO 265.- Cuando se planifiquen o construyan obras de embalse, trasvase o que constituyan campos de captación de aguas subterráneas, destinadas a regular el régimen de una corriente, el Presidente de la República podrá establecer, modificar o suprimir el seccionamiento de ella, con el objeto de obtener un mejor aprovechamiento de las aguas, sin perjuicio de los derechos adquiridos.

ARTÍCULO 266.- Las juntas de vigilancia tienen por objeto administrar y distribuir las aguas a que tienen derecho sus miembros en las fuentes naturales, explotar y conservar las obras de aprovechamiento común y realizar los demás fines que les encomiende la ley.

Podrán construir, también, nuevas obras relacionadas con su objeto o mejorar las existentes, con autorización de la Dirección General de Aguas.

ARTÍCULO 267.- En lo no modificado por el presente párrafo, serán aplicables a las juntas de vigilancia las disposiciones de los párrafos 1° y 3° de este Título, en lo que sean compatibles con su naturaleza.

ARTÍCULO 268.- El total de los derechos de aprovechamiento constituidos en junta de vigilancia, se entenderá dividido en acciones que se distribuirán entre los interesados, en proporción a sus derechos.

ARTÍCULO 269.- Para constituir la junta de vigilancia se citará a comparendo ante la Justicia Ordinaria, a solicitud de cualquiera de los interesados o de la Dirección General de Aguas.

Será juez competente el de la capital de la provincia si el cauce atraviesa sólo una y, si separa o atraviesa dos o más, lo será el juez de la capital de la provincia donde nace el cauce.

Asimismo, podrán constituirse por escritura pública siempre que concurra a suscribirla la mayoría absoluta de las personas u organizaciones señaladas en el artículo 263.

ARTÍCULO 270.- Si en el comparendo de estilo no se produjere acuerdo sobre los canales que deban quedar sometidos a la junta de vigilancia, sus dotaciones y la forma en que participarán en la distribución, el Juez resolverá con los títulos o antecedentes que hagan valer los interesados. Si lo estima necesario, podrá abrir un término de prueba como en los incidentes y designar un perito para que informe sobre la capacidad de los canales, su gasto medio normal, los derechos totales de la cuenca o sección y los correspondientes a cada uno de los canales y la mejor manera de aprovechar el agua en épocas de escasez.

El Juez, antes de resolver, existiendo o no controversia sobre los canales que deban quedar sometidos a la Junta de Vigilancia, sus dotaciones y la forma en que participarán en la distribución, pedirá informe a la Dirección General de Aguas, la que tendrá un plazo de sesenta días hábiles para evacuarlo, vencido el cual deberá resolver, prescindiendo de él.

La resolución que determine los canales y embalses, sus dotaciones y la forma en que deban participar en la distribución, será apelable en lo devolutivo.

ARTÍCULO 271.- Determinados los canales y las obras sometidas a la junta de vigilancia, sus dotaciones y la forma en que han de participar en la distribución, se procederá en el mismo comparendo o en uno nuevo citado al efecto, a resolver las modificaciones que, de conformidad al artículo 251, desearen los interesados introducir a las disposiciones del párrafo 1° de este Título, que sean aplicables.

En seguida se elegirá el directorio. En las juntas formadas por sólo dos canales, se designará uno o más administradores, quienes tendrán las mismas facultades que el directorio.

En lo demás, la formación de la junta de vigilancia se regirá por lo dispuesto en los incisos 2° y siguientes del artículo 197.

ARTÍCULO 272.- Si por otorgamiento de derechos, construcción de nuevas obras de riego o de regulación de la cuenca se constituye un nuevo derecho de agua, el que lo goce quedará incorporado a la junta de vigilancia respectiva.

El acto de otorgamiento del nuevo derecho o el que apruebe las nuevas obras deberá contener la declaración respectiva, según proceda.

ARTÍCULO 273.- El domicilio de la junta de vigilancia será la capital de la provincia donde se constituyó judicialmente en conformidad al artículo 271, salvo que los interesados, por mayoría de derechos de agua, acuerden otro distinto.

ARTÍCULO 274.- Son atribuciones y deberes del directorio los siguientes:

1. Vigilar que la captación de las aguas se haga por medio de obras adecuadas y, en general, tomar las medidas que tiendan al goce completo y a la correcta distribución de los derechos de aprovechamiento de aguas sometidos a su control;

2. Distribuir las aguas de los cauces naturales que administre, declarar su escasez y, en este caso, fijar las medidas de distribución extraordinarias con arreglo a los derechos establecidos y suspenderlas. La declaración de escasez de las aguas, como también la suspensión de las medidas de distribución extraordinarias, deberá hacerse por el directorio en sesión convocada especialmente para ese efecto;

3. Privar del uso de las aguas en los casos que determinen las leyes o los estatutos;

4. Conocer las cuestiones que se susciten sobre construcción o ubicación, dentro del cauce de uso público, de obras provisionales destinadas a dirigir las aguas hacia la bocatoma de los canales.

Las obras definitivas requerirán el permiso de la Dirección General de Aguas;

5. Mantener al día la matrícula de los canales;

6. Solicitar al Director General de Aguas la declaración de agotamiento de los caudales de agua sometidos a su jurisdicción;

7. Ejercitar las atribuciones señaladas en los números 1, 9, 10, 11, 12, 13, 14, 15, 16, 17, 18 y 19 del artículo 241, y las demás que se le confieren en los estatutos;

8. Exigir el cumplimiento de la obligación impuesta por el número 20 del artículo 241;

9. Representar a los titulares de derechos de aguas sometidos a su control en el procedimiento de perfeccionamiento de los títulos en que consten sus derechos de aprovechamiento de aguas, previo acuerdo adoptado por los dos tercios de los votos emitidos en junta extraordinaria convocada al efecto, y

10. Los demás que señalen las leyes.

ARTÍCULO 275.- Los miembros de la junta de vigilancia que se sientan perjudicados por un acuerdo adoptado por el directorio en uso de las atribuciones que le confieren los números 2, 3 y 4, del artículo anterior, podrán reclamar de él ante los Tribunales Ordinarios de Justicia.

Esta reclamación deberá deducirse en contra del directorio de la junta de vigilancia, representada por su presidente que se cursará sin más trámite que un comparendo al cual concurrirán las partes con todos sus medios de prueba. La reclamación deberá resolverse dentro de los ocho días siguientes a la celebración del comparendo.

La notificación inicial al presidente del directorio se hará por cédula. La resolución que el Juez dicte será apelable en lo devolutivo y el recurso se verá en la forma señalada por el artículo 247.

ARTÍCULO 276.- En las sesiones de la asamblea de la junta de vigilancia, las asociaciones de canalistas y las comunidades de aguas serán representadas por el presidente del directorio o el administrador designado al efecto, según el caso, o la persona especialmente designada para este efecto por el directorio o el administrador; las demás personas, en la forma que dispone el artículo 223.

La asamblea conocerá de aquellas materias que el párrafo 1° de este título encomienda a las juntas generales. Para los efectos de las votaciones, los derechos de aprovechamiento de ejercicio permanente y eventual tendrán un mismo valor. Sin embargo, el número de votos correspondientes a estos últimos, no podrá ser superior a la tercera parte de los votos de los derechos permanentes, debiendo hacerse la reducción proporcional cuando exceda de dicha parte.

Las cuotas que los titulares de derechos de ejercicio eventual deberán erogar con el objeto indicado en el número 2°, del artículo 226, serán fijadas por la asamblea y no podrán ser superiores a la tercera parte de la cantidad que correspondería pagar si se tratare de derechos de ejercicio permanente.

ARTÍCULO 277.- El directorio nombrará un repartidor de aguas o juez de río, el cual deberá contar con un título profesional de una carrera cuya duración sea de al menos ocho semestres, quien no podrá ser integrante del directorio ni titular de derechos de aprovechamiento de aguas dentro de la misma jurisdicción que administra, ya sea toda la corriente natural, o una sección de ella, en el caso de que dicha corriente se encuentre seccionada. El directorio dará cuenta a la Dirección General de Aguas de esta designación.

Para el ejercicio de sus funciones, el repartidor de aguas contará con los celadores que designe, con acuerdo del directorio.

ARTÍCULO 278.- Los repartidores de agua o jueces de río tendrán las siguientes atribuciones y deberes:

1. Cumplir los acuerdos del directorio sobre distribución de aguas, turnos y rateos, conforme a los derechos establecidos, y restablecerlos

inmediatamente que sean alterados por actos de cualquiera persona o por accidente casual, denunciando estos hechos al directorio;

2. Velar porque el agua no sea sustraída o usada por quienes carezcan de derechos y, para que vuelva al cauce aquella empleada en usos no consuntivos;

3. Denunciar a la Justicia Ordinaria y a la Dirección General de Aguas las sustracciones de agua de los cauces matrices y las destrucciones o alteraciones de las obras existentes en los álveos de dichos cauces. En los juicios a que den lugar estas denuncias, el repartidor de agua o juez de río tendrán la representación de la junta, sin perjuicio de la comparecencia y actuación de ésta;

4. Cumplir las órdenes del directorio sobre privación, de agua a los canales o titulares de derechos de aprovechamiento que no hayan pagado sus cuotas;

5. Vigilar la conservación de los cauces de la hoya y la construcción y conservación de las compuertas, bocatomas y demás obras que estén sometidas a la junta. Para tales efectos, la Junta de Vigilancia podrá solicitar al Servicio respectivo del Medio Ambiente, o a la Dirección de Obras Hidráulicas, o a la Dirección General de Aguas, o a la Superintendencia de Servicios Sanitarios o a la municipalidad correspondiente y, en general, a cualquier otra autoridad, que le entregue información sobre todos los proyectos y permisos aprobados en su respectiva repartición y que han de ser ejecutados en el cauce donde dicha Junta de Vigilancia ejerce su jurisdicción;

6. Denunciar ante la Dirección General de Aguas las labores de extracción de áridos que no cuenten con la autorización competente, la que podrá actuar con auxilio de la fuerza pública de conformidad a lo dispuesto en el artículo 138 en caso de ordenar su paralización. Podrá, a su vez, denunciar estos hechos ante la Contraloría General de la República cuando dichas extracciones, autorizadas por la municipalidad respectiva, no cuenten con el informe técnico de la Dirección de Obras Hidráulicas, establecido en el literal l) del artículo 14 del decreto con fuerza de ley N° 850, de 1997, del Ministerio de Obras Públicas. En los procesos a que den lugar estas

denuncias, el repartidor de agua o el juez de río tendrán la representación de la junta, sin perjuicio de la comparecencia y actuación de ésta;

7. Solicitar con arreglo a lo dispuesto en el artículo 242 el auxilio de la fuerza pública para hacer cumplir las obligaciones que le incumban, y

8. Ejercitar los demás derechos y atribuciones que señalen los estatutos.

ARTÍCULO 279.- Los celadores tendrán las atribuciones y deberes que fije el directorio o el repartidor de agua, en conformidad a los estatutos u ordenanzas y, en especial, ejercerán la policía y vigilancia para la justa y correcta distribución de las aguas, con arreglo a los derechos establecidos y a los acuerdos adoptados, debiendo dar cuenta inmediata de toda alteración o incorrección que notaren.

ARTÍCULO 280.- Si el repartidor de agua o los celadores maliciosamente alteraren en forma indebida el reparto o permitieren cualquier sustracción de aguas por bocatomas establecidas o por otros puntos de los cauces, incurrirán en la pena que señala el artículo 459 del Código Penal.

ARTÍCULO 281.- El que sacare agua fuera de su turno o alterare de cualquier manera la demarcación prescrita por el directorio o por el repartidor, será privado del agua por tiempo o cantidad doble al abuso cometido.

La privación será impuesta por el directorio, pero en todo caso se dejará el agua necesaria para la bebida.

Sin perjuicio de lo expuesto, el directorio podrá aplicarle multa en conformidad a las reglas generales, pudiendo duplicarlas en caso de reincidencia.

ARTÍCULO 282.- El Director General de Aguas podrá declarar en caso justificado, a petición fundada de la junta de vigilancia respectiva o de cualquier interesado y para los efectos de la concesión de nuevos derechos consuntivos permanentes, el agotamiento de las fuentes naturales de aguas, sean éstas cauces naturales, lagos, lagunas u otros.

Declarado el agotamiento no podrá concederse derechos consuntivos permanentes.

El Director podrá también, revocar la declaración de agotamiento a petición justificada de organizaciones de usuarios o terceros interesados.

Estas solicitudes se tramitarán ante la Dirección General de Aguas, de acuerdo al procedimiento del párrafo 1°, del Título I, del Libro II, de este código. La de revocación deberá estar fundada en antecedentes que demuestren que no se ocasionará perjuicio a los derechos permanentes y eventuales constituidos. Se considerará como tales la existencia de obras de regulación que modifiquen el régimen existente en la corriente, estadística que contenga los caudales captados en períodos normales y de sequía, en la corriente natural y en los canales derivados.

5. Normas comunes para las organizaciones

ARTÍCULO 283.- Si en una organización de usuarios se hubiesen cometido faltas graves o abusos por el directorio o administradores en la distribución de las aguas, cualquiera de los afectados podrá solicitar la fiscalización de la Dirección General de Aguas.

ARTÍCULO 284.- El interesado presentará a dicha Dirección la solicitud correspondiente, indicando el nombre, domicilio del organismo denunciado, de su presidente y los hechos en que la sustenta.

ARTÍCULO 285.- La Dirección dará traslado de la solicitud al presidente del organismo afectado por carta certificada, fijándole, en cada caso, plazo prudencial para contestar, el que se computará en la forma establecida en el artículo 246.

Transcurrido el plazo la Dirección resolverá, aunque no se haya evacuado el traslado.

ARTÍCULO 286.- Si la Dirección considera admisible la solicitud, dictará una resolución que así lo declare y designará un delegado para que practique una investigación de los hechos denunciados.

ARTÍCULO 287.- La Dirección fijará, en cada caso, la cantidad de dinero que deberá depositar el solicitante para responder a los gastos que se originen, dentro del plazo que fije al efecto. Sin este requisito no se hará gestión alguna y pasado el plazo se archivarán los antecedentes.

Terminada la gestión, la Dirección hará una liquidación de los gastos y, si hay excedente, lo devolverá al solicitante.

ARTÍCULO 288.- Según sea la naturaleza de la investigación, el delegado podrá fiscalizar la distribución de las aguas, visitar en cualquier tiempo las obras y lugares que estime conveniente, examinar la contabilidad, registros y demás libros y documentos del organismo denunciado.

ARTÍCULO 289.- Terminada la investigación, el delegado emitirá un informe fundado. Con el mérito de este informe y de los demás antecedentes acumulados, la Dirección General de Aguas dictará una resolución declarando comprobada o no la denuncia.

ARTÍCULO 290.- Si se verifican las faltas o abusos denunciados, la Dirección General de Aguas deberá requerir al directorio o administradores para que se corrijan las anomalías en el plazo que al efecto indique.

ARTÍCULO 291.- A petición de parte interesada, la Dirección General de Aguas podrá investigar la gestión económica de la respectiva organización de usuarios y en caso de comprobar graves faltas o abusos, podrá citar a asamblea o junta general extraordinaria, según el caso para que se pronuncien sobre las irregularidades verificadas.

Podrá, asimismo, denunciar los hechos a la Justicia Ordinaria, sin necesidad de rendir fianza, si estos hechos fueren constitutivos de delito.

ARTÍCULO 292.- Comprobada la denuncia, el reclamante tendrá derecho a ser reembolsado de los gastos de la investigación con fondos del organismo denunciado.

ARTÍCULO 293.- Si continuaren los errores, faltas o abusos denunciados, la Dirección General de Aguas podrá solicitar a la Justicia Ordinaria que decrete la intervención por dicho organismo en la distribución de las aguas, por períodos que no excedan de noventa días, con todas las facultades de los respectivos directorios o administradores. Esas facultades serán ejercidas por la o las personas que designe la Dirección General de Aguas

6. Planes Estratégicos de Recursos Hídricos en Cuencas

ARTÍCULO 293 bis.- Cada cuenca del país deberá contar con un Plan Estratégico de Recursos Hídricos tendiente a propiciar la seguridad hídrica en el contexto de las restricciones asociadas al cambio climático, el cual será público. Dicho plan será actualizado cada diez años o menos, y deberá considerar a lo menos los siguientes aspectos:

1. La modelación hidrológica e hidrogeológica de la cuenca.

2. Un balance hídrico que considere los derechos constituidos y usos susceptibles de regularización; la disponibilidad de recursos hídricos para la constitución de nuevos derechos, y el caudal susceptible de ser destinado a fines no extractivos.

3. Un plan de recuperación de los acuíferos cuya sustentabilidad, en cuanto a cantidad y calidad físico química, se encuentre afectada.

4. Un plan para hacer frente a las necesidades futuras de recursos hídricos con preferencia en el consumo humano. Una evaluación por cuenca de la disponibilidad de implementar e innovar en nuevas fuentes para el aprovechamiento y la reutilización de aguas, con énfasis en soluciones basadas en la naturaleza, tales como, la desalinización de agua de mar, la reutilización de aguas grises y servidas, la recarga artificial de acuíferos, la cosecha de aguas lluvias y otras. Dicha evaluación incluirá un análisis de costos de las distintas alternativas, la identificación de los potenciales impactos ambientales y sociales para una posterior evaluación, y las proyecciones de demanda para consumo humano a diez años.

5. Un programa quinquenal para la ampliación, instalación, modernización y/o reparación de las redes de estaciones fluviométricas, meteorológicas, sedimentométricas, y la mantención e implementación de la red de monitoreo de calidad de las aguas, de niveles de pozos, embalses, lagos, glaciares y rutas de nieve.

6. Adicionalmente, en el evento de que se hayan establecido en la cuenca los planes de manejo a los que hace referencia el artículo 42 de

la ley Nº 19.300, deberán incorporarse al respectivo Plan Estratégico de Recursos Hídricos.

El referido Plan deberá ser consistente con las políticas para el manejo, uso y aprovechamiento sustentables de los recursos naturales renovables a los que hace referencia la letra a) del artículo 71 de la ley Nº 19.300.

Un reglamento dictado por el Ministerio de Obras Públicas establecerá el procedimiento y los requisitos específicos para confeccionar los Planes Estratégicos de Recursos Hídricos en cuencas.

ARTÍCULO 293 ter.- Créase un Fondo para la Investigación, Innovación y Educación en Recursos Hídricos, dependiente del Ministerio de Obras Públicas, que se ejecutará a través de la Dirección General de Aguas. El fondo estará destinado a financiar las investigaciones necesarias para la adopción de medidas para la gestión de recursos hídricos y, en particular, para la elaboración, implementación y seguimiento de los planes estratégicos de recursos hídricos en cuencas, establecidos en el artículo 293 bis y se distribuirá entre las regiones del país, para la elaboración de dichos planes.

Este fondo estará constituido por los aportes que se consulten cada año en la Ley de Presupuestos del Sector Público.

Anualmente se desarrollará un concurso público por medio del cual se efectuará la selección de las investigaciones y estudios que se postulen para ser financiados con cargo al fondo. El reglamento establecerá la composición del jurado, las bases generales, el procedimiento y la forma de postulación al concurso en base a criterios de distribución preferentemente regional. En todo caso, las postulaciones deberán expresar a lo menos los fines, componentes, acciones, presupuestos de gastos, estados de avance y los indicadores de verificación de éstos.

Para efectos de la selección, la Dirección General de Aguas llevará a cabo una evaluación técnica y económica de los proyectos que postulen. Esta evaluación, cuyos resultados serán públicos, se efectuará sobre la base de los criterios de elegibilidad que anualmente aprueba la Dirección General de Aguas, que deberá considerar, al menos, los efectos de la investigación o estudios a nivel nacional, regional o comunal, la población que beneficia o impacta, la situación social o económica del respectivo territorio y el grado de accesibilidad para la comunidad.

LIBRO TERCERO

TÍTULO I
DE LA CONSTRUCCIÓN DE CIERTAS OBRAS HIDRÁULICAS

ARTÍCULO 294.- Requerirán la aprobación del Director General de Aguas, de acuerdo al procedimiento indicado en el Título I del Libro Segundo, la construcción de las siguientes Obras:

a) Los embalses de capacidad superior a cincuenta mil metros cúbicos o cuyo muro tenga más de 5m. de altura;

b) Los acueductos que conduzcan más de dos metros cúbicos por segundo;

c) Los acueductos que conduzcan más de medio metro cúbico por segundo, que se proyecten próximos a zonas urbanas, y cuya distancia al extremo más cercano del límite urbano sea inferior a un kilómetro y la cota de fondo sea superior a 10 metros sobre la cota de dicho límite, y

d) Los sifones y canoas que cumplan con las características señaladas en las letras b) o c) precedentes que crucen cauces naturales.

Quedan exceptuados de cumplir los trámites y requisitos a que se refiere este artículo, los Servicios dependientes del Ministerio de Obras Públicas. Estos Servicios deberán informar a la Dirección General de Aguas las características generales de las obras y ubicación del proyecto antes de iniciar su construcción y remitir los proyectos definitivos para su conocimiento e inclusión en el Catastro Público de Aguas, dentro del plazo de seis meses, contado desde la recepción final de la obra.

ARTÍCULO 295.- La Dirección General de Aguas otorgará la autorización una vez aprobado el proyecto definitivo y siempre que haya comprobado que la obra no afectará la seguridad de terceros ni producirá la contaminación de las aguas.

Un reglamento especial fijará las condiciones técnicas que deberán cumplirse en el proyecto, construcción y operación de dichas obras.

ARTÍCULO 296.- La Dirección General de Aguas supervisará la construcción de dichas obras, pudiendo en cualquier momento, adoptar las medidas tendientes a garantizar su fiel adaptación al proyecto autorizado.

Las resoluciones que se dicten en conformidad a estas normas deberán ser fundadas y en contra de ellas procederán los recursos a que se refieren los artículos 136° y 137°, de este código, que en estos casos no suspenderán su cumplimiento.

ARTÍCULO 297.- Los que construyan las obras de que trata este título deberán constituir las garantías suficientes para financiar el costo de su eventual modificación o demolición, para que no constituyan peligro, si fueren abandonadas durante su construcción.

La garantía se constituirá a favor del Fisco y será devuelta una vez recibida la obra por la Dirección General de Aguas. En el caso de que sea abandonada durante su construcción, se restituirá el saldo de la garantía no aplicada a la ejecución de las obras de modificación o demolición. Para reiniciar las obras, deberá constituirse la garantía a que se refiere el inciso primero.

El Director General de Aguas podrá eximir de la obligación de constituir las garantías a que se refiere este artículo, tratándose de obras que ejecuten los Servicios Públicos o las Empresas del Estado, siempre que en el proyecto respectivo se contemplen las medidas tendientes a asegurar que en el caso de una eventual paralización de las obras éstas no constituirán peligro.

TÍTULO II
DE LAS DIRECCIÓN GENERAL DE AGUAS

ARTÍCULO 298.- La Dirección General de Aguas es un servicio dependiente del Ministerio de Obras Públicas. El Jefe Superior de este servicio se denominará Director General de Aguas y será de la exclusiva confianza del Presidente de la República.

ARTÍCULO 299.- La Dirección General de Aguas tendrá las atribuciones y funciones que este código le confiere, y, en especial, las siguientes:

a) Planificar el desarrollo del recurso en las fuentes naturales, con el fin de formular recomendaciones para su aprovechamiento y arbitrar las medidas necesarias para prevenir y evitar el agotamiento de los acuíferos en concordancia con los planes estratégicos de cuencas señalados en el artículo 293 bis;

b) Investigar, medir el recurso y monitorear tanto su calidad como su cantidad, en atención a la conservación y protección de las aguas. Para ello deberá:

1. Mantener y operar el servicio hidrométrico nacional, el que incluye tanto mediciones de cantidad como calidad de aguas, y proporcionar y publicar la información correspondiente. Asimismo, mantener y operar la red de monitoreo e inventario de glaciares y nieves, el que incluye tanto mediciones de volumen y acumulación, como sus características y ubicación, debiendo proporcionar y publicar la información correspondiente, conforme al reglamento dictado al efecto.

2. Encomendar a empresas u organismos especializados los estudios e informes técnicos que estime conveniente y la construcción, implementación y operación de las obras de medición e investigación que se requiera.

3. Coordinar los programas de investigación e inversión que corresponda a las entidades del sector público y a las privadas que realicen esos trabajos con financiamiento parcial del Estado. Un reglamento establecerá el procedimiento, modalidad y plazos en que las respectivas entidades informarán a la Dirección General de Aguas sobre las inversiones, los llamados a concurso, las investigaciones y los informes finales de éstas.

La negativa o el incumplimiento de la entrega de la información solicitada se estimará como una grave vulneración del principio de probidad administrativa, sin perjuicio de las demás sanciones y responsabilidades que procedan.

Para la realización de estas funciones la Dirección General de Aguas deberá constituir las servidumbres a que se refiere el artículo 107;

4. Corresponderá a la Dirección General de Aguas declarar la alerta de amenaza asociada al recurso hídrico, informando el nivel y cobertura del mismo, y comunicarla de manera oportuna y suficiente al Servicio Nacional

de Prevención y Respuesta ante Desastres, en la forma que determinen los protocolos generados para estos efectos.

5. Reevaluar las circunstancias que dan origen a una declaración de agotamiento, a un área de restricción o a una zona de prohibición, así como aquellas que justifiquen una reducción temporal del ejercicio de los derechos.

c) Ejercer la policía y vigilancia de las aguas en los cauces naturales de uso público y acuíferos; impedir, denunciar o sancionar la afectación a la cantidad y la calidad de estas aguas, de conformidad al inciso primero del artículo 129 bis 2 y los artículos 171 y siguientes; e impedir que en éstos se construyan, modifiquen o destruyan obras sin la autorización previa del servicio o autoridad a quien corresponda aprobar su construcción o autorizar su demolición o modificación;

d) Impedir que se extraigan aguas de los mismos cauces y en los acuíferos sin título o en mayor cantidad de lo que corresponda.

e) Supervigilar el funcionamiento de las organizaciones de usuarios y brindarles la asesoría técnica y legal para su constitución y operación, de acuerdo con lo dispuesto en este Código.

f) Requerir directamente el auxilio de la fuerza pública, con facultades de allanamiento y descerrajamiento, para efectos del ejercicio de las atribuciones señaladas en los literales b), número 1; c) y d) de este artículo. El requerimiento deberá ser presentado por el director regional correspondiente.

ARTÍCULO 299 bis.- Los funcionarios de la Dirección General de Aguas que ejecuten labores de fiscalización tendrán la calidad de ministros de fe y sus declaraciones sobre los hechos que se constaten en las respectivas actas de inspección tendrán el carácter de presunción legal.

ARTÍCULO 299 ter.- La Dirección General de Aguas, mediante resolución fundada, podrá ordenar la paralización de obras en caso de acreditarse fehacientemente la extracción de aguas en un punto no reconocido o constituido de conformidad a la ley. Asimismo, podrá ordenar el cegamiento de un pozo una vez que la resolución se encuentre ejecutoriada. Para cumplir con estas finalidades, el Director General de Aguas, o los Directores Regionales, podrán ejercer las facultades contenidas en el artículo 138 de este Código.

ARTÍCULO 299 quáter.- La Dirección General de Aguas deberá publicar periódicamente la información que recabe en el ejercicio de sus funciones, de manera de facilitar el acceso a ésta y su comprensión.

ARTÍCULO 300.- El Director General de Aguas tendrá los siguientes deberes y atribuciones:

a) Dictar las normas e instrucciones, mediante circulares, que sean necesarias para la correcta aplicación de este Código, leyes y reglamentos que sean de la competencia de la Dirección a su cargo.

La normativa que emane del Director será obligatoria y deberá ser sistematizada de manera tal de facilitar el acceso y conocimiento de ésta por el público en general.

b) Dirigir, coordinar y fiscalizar la labor de la Dirección General de Aguas y adoptar las medidas que sean conducentes al adecuado funcionamiento técnico y administrativo del servicio;

c) Dictar las resoluciones que corresponda sobre las materias que las leyes encomienden específicamente a los jefes superiores de servicios;

d) Presentar al Ministerio de Obras Públicas el proyecto de presupuesto de entradas y gastos para cada año;

e) Preparar los proyectos de contratos que deba celebrar el Fisco en virtud de sus resoluciones, o en cumplimiento de decretos supremos, en los casos establecidos por la ley y sus respectivos reglamentos;

f) Proponer al Ministro de Obras Públicas las modificaciones legales o reglamentarias que sean procedentes para el mejor cumplimiento de las funciones y objetivos del servicio;

g) Delegar parcial o totalmente en funcionarios del servicio una o más de sus facultades y conferirles poderes especiales por un período determinado, y

h) Ingresar a predios de propiedad pública o privada, en cumplimiento de sus labores de fiscalización.

Para el cumplimiento de lo dispuesto en el párrafo anterior, el Director General de Aguas podrá solicitar, en los términos del artículo 138, el auxilio de la fuerza pública cuando exista oposición, la que podrá actuar con descerrajamiento, si fuere necesario, para ingresar a lugares cerrados.

ARTÍCULO 301.- El Director General de Aguas, en representación del Fisco, podrá celebrar actos y contratos en cumplimiento de las funciones que le corresponden a la Dirección General de Aguas y, en especial, comprar y vender materiales y bienes muebles; aceptar donaciones y recibir erogaciones para la realización de sus fines; contratar pólizas de seguro contra toda clase de riesgos, endosarlas y cancelarlas; percibir y en general, ejecutar todos los actos y contratos necesarios para el cumplimiento de los objetivos que el presente código encomienda a la Dirección General de Aguas.

ARTÍCULO 302.- El Director General de Aguas será el representante legal de la Dirección General de Aguas.

En las causas civiles en que sea parte o tenga relación o interés la Dirección General de Aguas o alguno de sus empleados con motivo de actuaciones funcionarias y que se sigan ante Tribunales Ordinarios o Especiales, el Director General de Aguas tendrá las atribuciones del artículo 7° del Código de Procedimiento Civil y especialmente las facultades de desistirse en primera instancia de la acción deducida, aceptar la demanda contraria, absolver posiciones, renunciar los recursos o los términos legales, avenir y transigir. Además, le será aplicable lo dispuesto en el artículo 361 de dicho Código.

ARTÍCULO 303.- Si con motivo de la construcción y operación de obras hidráulicas se alterasen los caudales en cauces naturales, la Dirección General de Aguas podrá aforar sus corrientes, solicitar antecedentes y dirimir las dificultades que se presenten con motivo de su distribución entre los titulares de derechos de aprovechamiento de dichos cauces, pudiendo establecer las medidas que deben adoptar los usuarios para su adecuado ejercicio. El incumplimiento de estas medidas será sancionado por la Dirección General de Aguas con una multa cuya cuantía podrá variar entre el segundo y el cuarto grado.

ARTÍCULO 304.- La Dirección General de Aguas tendrá la vigilancia de las obras de toma en cauces naturales con el objeto de evitar perjuicios en las obras de defensa, inundaciones o el aumento del riesgo de futuras crecidas y podrá ordenar que se modifiquen o destruyan aquellas obras provisionales que no den seguridad ante las creces. Asimismo, podrá ordenar que las bocatomas de los canales permanezcan cerradas ante el peligro de grandes avenidas.

Podrá igualmente adoptar dichas medidas cuando por el manejo de las obras indicadas se ponga en peligro la vida o bienes de terceros.

Con tal objeto podrá ordenar también la construcción de las compuertas de cierre y descarga a que se refiere el artículo 38°, si ellas no existieren.

ARTÍCULO 305.- La Dirección General de Aguas podrá exigir a los propietarios de los canales la construcción de las obras necesarias para proteger caminos, poblaciones u otros terrenos de interés general, de los desbordamientos que sean imputables a defectos de construcción o por una mala operación o conservación del mismo. Con todo, si los desbordamientos se debieran a hechos, u obras ajenas al canal y posteriores a su construcción, las protecciones que sea necesario efectuar no serán de cargo de los propietarios del cauce.

ARTÍCULO 306.- El incumplimiento de las medidas que se adopten de acuerdo con los dos artículos precedentes, dentro de los plazos fijados, será sancionado con multas del segundo al tercer grado.

Estas multas serán determinadas por el Juez de Policía Local correspondiente a solicitud de los perjudicados, de las Municipalidades, Gobernaciones, Intendencias o de cualquier particular.

Para resolver, el Tribunal podrá requerir informe de la Dirección General de Aguas, el que será evacuado en el plazo máximo de 10 días.

En caso de no haberse adoptado las medidas de protección ordenadas por la Dirección General de Aguas y repetirse los desbordamientos, las multas podrán reiterarse.

ARTÍCULO 307.- La Dirección General de Aguas inspeccionará las obras mayores, cuyo deterioro o eventual destrucción pueda afectar a terceros.

Comprobado el deterioro, la Dirección General de Aguas ordenará su reparación y podrá establecer, mediante resoluciones fundadas, normas transitorias de operación de las obras, las que se mantendrán vigentes mientras no se efectúe su reparación.

Si ello no se efectuare en los plazos que determine, dictará una resolución fundada, ratificando como permanente la norma de operación transitoria y además podrá aplicar a las organizaciones que administren las obras una multa del cuarto al quinto grado, de conformidad con lo indicado en el artículo 173.

ARTÍCULO 307 bis.- La Dirección General de Aguas podrá exigir la instalación de sistemas de medición de caudales extraídos, del caudal ecológico contemplado en el artículo 129 bis 1 y un sistema de transmisión de la información que se obtenga, de conformidad con las normas que establezca el Servicio, a los titulares de derechos de aprovechamiento de aguas superficiales u organizaciones de usuarios que extraigan aguas directamente desde cauces naturales de uso público. Además, en el caso de los derechos no consuntivos, esta exigencia se aplicará también en la obra de restitución.

Dicho sistema deberá permitir que se obtenga y transmita a la Dirección General de Aguas la información indispensable para el control y medición del caudal instantáneo, efectivamente extraído y, en los usos no consuntivos, restituido, desde la fuente natural.

Ante el incumplimiento de las medidas a que se refieren los incisos anteriores, así como lo dispuesto en los artículos 38, 67 y 68, la Dirección General de Aguas, mediante resolución fundada, impondrá una multa a beneficio fiscal de segundo a tercer grado, en conformidad con lo dispuesto en el artículo 173 ter. Lo anterior, sin perjuicio de las sanciones penales que correspondan.

ARTÍCULO 307 ter.- Es deber de la Dirección General de Aguas evaluar los proyectos de obras hidráulicas que se sometan a su consideración, y emitir su informe técnico en base a los antecedentes que aporte el solicitante y demás información que se requiera para mejor resolver.

Los titulares de proyectos de obras que presenten las solicitudes a que se refieren los artículos 151, 171 y 294 y siguientes, podrán requerir que la Dirección General de Aguas designe de manera aleatoria un perito del Registro de Peritos Externos a cargo de dicha Dirección, para que elabore un informe de pre revisión del correspondiente proyecto.

La Dirección General de Aguas, mediante resolución, determinará los contenidos mínimos que deberán contener los informes de los peritos externos, en la que diferenciará los casos de los proyectos referidos a bocatomas, los proyectos de modificaciones que señala el artículo 171 y los proyectos de obras mayores, y determinará para cada categoría los costos del peritaje. Asimismo, en dicha resolución se fijarán los requisitos, inhabilidades e incompatibilidades a que deberán ceñirse dichos peritos externos para inscribirse y permanecer en el registro. Deberá evitarse el conflicto de interés.

No podrán inscribirse en el señalado registro:

a) Las personas condenadas por delitos ambientales.

b) Los infractores de la legislación sobre libre competencia.

c) Las personas jurídicas condenadas por los delitos señalados en la ley N° 20.393, sobre responsabilidad penal de las personas jurídicas.

d) Los condenados por delitos de soborno, cohecho, e infractores de la ley N° 19.913, sobre lavado y blanqueo de activos.

e) Los condenados por los delitos contemplados en la ley N° 20.066, que establece la Ley de Violencia Intrafamiliar.

Sin perjuicio de lo anterior, no podrán actuar como peritos externos en una solicitud determinada:

1. Los relacionados con el solicitante, en virtud de lo dispuesto en el artículo 100 de la ley N° 18.045, sobre Mercado de Valores.

2. Los que hubieren participado en la preparación de la solicitud sobre la cual deberá pronunciarse la Dirección General de Aguas.

3. Los que hayan mantenido una relación laboral con el solicitante durante los últimos cinco años o la mantengan al momento de la designación.

Los gastos que irroguen las actuaciones efectuadas por peritos externos serán siempre de cargo del solicitante, quien deberá consignar los fondos necesarios a la Dirección General de Aguas, en forma previa a la designación, dentro del plazo que ésta fije al efecto. Una vez ejecutado el encargo, lo que se acreditará con los informes respectivos, el Servicio pagará los servicios realizados.

Los informes técnicos y sus conclusiones elaboradas por un perito externo no serán vinculantes para la autoridad, de modo que la Dirección General de Aguas resolverá en definitiva la cuestión sometida a su consideración conforme a la evaluación y ponderación que ella efectúe de la información y antecedentes que constituyan el caso respectivo. Asimismo, la decisión y los fundamentos en que un caso haya sido resuelto por la Dirección General de Aguas no constituirá necesariamente precedente para la resolución de un caso similar o equivalente que esté conociendo o conozca en el futuro.

Los peritos externos serán solidariamente responsables con el titular del proyecto de obras hidráulicas por los daños y perjuicios que se ocasionen o provengan de fallas, errores, defectos u omisiones de sus informes en la medida que éstos hayan sido aprobados por la Dirección General de Aguas y las obras construidas no tengan diferencias con el proyecto aprobado respecto de lo señalado en dicho informe.

TÍTULO FINAL
DISPOSICIONES GENERALES

ARTÍCULO 308.- Deróganse todas las disposiciones legales y reglamentarias que tratan sobre las materias contenidas en el presente Código, y en especial las siguientes:

Ley Nº 9.909; D.F.L. Nº 11, de 1968, del Ministerio de Agricultura; D.F.L. Nº 1-2.603, de 1979, del Ministerio de Agricultura; artículos 94 al 122, 124, 126, 127, 128, 130, 263 al 276, y artículos transitorios 5º, 6º, 12, 14 y 17 de la Ley Nº 16.640; artículo 9º de la Ley 11.402; artículo 15, letras c) y d) de la Ley 15.840; Decreto Supremo Nº 1.370, de 1951, del Ministerio de Obras Públicas y Vías de Comunicación, que fijó el reglamento sobre atribuciones de la Dirección General de Aguas en Juntas de Vigilancia, Asociaciones de Canalistas y Comunidades de Aguas; Decreto Nº 1.021, de 1951, del Ministerio de Obras Públicas y Vías de Comunicación, que reglamenta la constitución y estatutos de la Asociación de Canalistas y Juntas de Vigilancia; y Decreto Supremo Nº 745, de 1967, del Ministerio de Obras y Transportes, que establece el reglamento sobre notificaciones de las resoluciones de la Dirección General de Aguas, y D.F.L. N 162, de 1969, del Ministerio de Justicia, que fijó el texto sistematizado del Código de Aguas.

ARTÍCULO 309.- Los derechos de aprovechamiento otorgados con anterioridad a este Código, y que no estén expresados en volumen por unidad de tiempo, se entenderán equivalentes al caudal máximo legítimamente aprovechado en los cinco años anteriores a la fecha que se produzca controversia sobre su cuantía.

ARTÍCULO 310.- Subsistirán los derechos de aprovechamiento reconocidos por sentencia ejecutoriada a la fecha de promulgación de este Código, y los que emanen:

1. De mercedes concedidas por autoridad competente, sin perjuicio de lo dispuesto en los artículos 2º y 5º transitorios.

2. De los artículos 834º, 835º y 836º del Código Civil, con relación a los propietarios riberanos y del artículo 944º del mismo Código, adquiridos durante la vigencia de estas disposiciones, siempre que estén en actual uso y ejercicio, y

3. De prescripción.

ARTÍCULO 311.- El ejercicio de los derechos de aprovechamiento reconocidos o constituidos bajo la vigencia de leyes anteriores, se regirá por las normas del presente código, excepto lo dispuesto en el inciso final del artículo 18°.

ARTÍCULO 312.- Para los efectos indicados en el artículo 16, se reputan derechos de ejercicio permanente, a la fecha de promulgación de este código:

1. Los que emanen de merced concedida con dicha calidad con anterioridad a su promulgación, siempre que sus titulares los hayan ejercido con las mismas facultades que el artículo 17° otorga a los titulares de derechos de ejercicio permanente, concedidos en conformidad al presente código;
2. Los reconocidos con esta calidad por sentencia ejecutoriada;
3. Los que emanen de los artículos 834°, 835° y 836° del Código Civil, en relación a los propietarios riberanos; del artículo 944° del mismo Código, adquiridos durante la vigencia de estas disposiciones, y de prescripción, ejercitados en aguas no sometidas a turno o rateo;
4. Los mismos derechos del número anterior, siempre que hayan sido reconocidos como de ejercicio permanente en aguas sometidas a turno o rateo, y
5. Los derechos ejercidos con la calidad de permanentes, durante cinco años, sin contradicciones de terceros.

ARTÍCULO 313.- Para los efectos del artículo 13° se reputan derechos de aprovechamiento consuntivo:

1. Los que emanen de mercedes concedidas por autoridad competente sin obligación de restituir las aguas;
2. Los reconocidos con esta calidad por sentencia ejecutoriada, y
3. Los derechos ejercidos con la calidad de consuntivos durante cinco años, sin contradicción de terceros.

ARTÍCULO 314.- El Presidente de la República, a petición y con informe de la Dirección General de Aguas, podrá declarar zonas de escasez hídrica ante una situación de severa sequía por un período máximo de un año, prorrogable sucesivamente, previo informe de la citada Dirección, para cada período de prórroga.

La Dirección General de Aguas calificará previamente, mediante resolución, los criterios que determinan el carácter de severa sequía.

Declarada la zona de escasez hídrica, con el objeto de reducir al mínimo los daños generales derivados de la sequía, especialmente para garantizar el consumo humano, saneamiento o el uso doméstico de subsistencia, de conformidad con lo dispuesto en el inciso segundo del artículo 5 bis, la Dirección General de Aguas podrá exigir, para estos efectos, a la o las juntas de vigilancia respectivas la presentación de un acuerdo de redistribución, dentro del plazo de quince días corridos contado desde la declaratoria de escasez. Este acuerdo deberá contener las condiciones técnicas mínimas y las obligaciones y limitaciones que aseguren que en la redistribución de las aguas, entre todos los usuarios de la cuenca, prevalezcan los usos para el consumo humano, saneamiento o el uso doméstico de subsistencia, precaviendo la comisión de faltas graves o abusos.

De aprobarse el acuerdo por la Dirección General de Aguas, las juntas de vigilancia deberán darle cumplimiento dentro del plazo de cinco días corridos contado desde su aprobación, y su ejecución será oponible a todos los usuarios de la respectiva cuenca. En caso de que exista un acuerdo previo de las juntas de vigilancia que cumpla con todos estos requisitos y que haya sido aprobado por el Servicio con anterioridad a la declaratoria de escasez, se procederá conforme a éste, debiendo ser puesto en marcha dentro del plazo de cinco días corridos contado desde la declaratoria.

Con todo, aquellas asociaciones de canalistas o comunidades de aguas que al interior de sus redes de distribución abastezcan a prestadores de servicios sanitarios deberán adoptar las medidas necesarias para que, con la dotación que les corresponda por la aplicación del acuerdo de distribución, dichos prestadores reciban el caudal o los volúmenes requeridos para garantizar el consumo humano, saneamiento o el uso doméstico de subsistencia.

En caso de que las juntas de vigilancia no presentaren el acuerdo de redistribución dentro del plazo contemplado en el inciso tercero o no diesen cumplimiento a lo indicado precedentemente, el Servicio podrá ordenar el cumplimiento de esas medidas o podrá disponer la suspensión de sus atribuciones, como también de los seccionamientos de las corrientes naturales que estén comprendidas dentro de la zona de escasez, para realizar directamente la redistribución de las aguas superficiales y/o subterráneas disponibles en la fuente, con cargo a las juntas de vigilancia respectivas. La Dirección General de Aguas podrá liquidar y cobrar mensualmente los costos asociados a ésta. Lo anterior, sin perjuicio de que las juntas de vigilancia podrán presentar a consideración de la Dirección General de Aguas el acuerdo a que se refieren los incisos tercero y cuarto.

Sin perjuicio de lo anterior, la Dirección General de Aguas podrá autorizar extracciones de aguas superficiales o subterráneas destinadas con preferencia a los usos de consumo humano, saneamiento o al uso doméstico de subsistencia y la ejecución de las obras en los cauces necesarias para ello desde cualquier punto sin necesidad de constituir derechos de aprovechamiento de aguas, sin sujeción a las normas establecidas en el Título I del Libro Segundo y sin la limitación del caudal ecológico mínimo establecido en el artículo 129 bis 1. Las autorizaciones que se otorguen en virtud de este inciso estarán vigentes mientras esté en vigor el decreto de escasez respectivo.

Todo aquel titular de derechos que reciba menor proporción de aguas que la que le correspondería de conformidad a las disponibilidades existentes, tendrá derecho a ser indemnizado por quien corresponda. Sólo tendrán derecho a ser indemnizados por el Fisco aquellos titulares de derechos de aprovechamiento que reciban una menor proporción de aguas que aquella que les correspondería de aplicarse por la Dirección General de Aguas las atribuciones que se le confieren en el inciso sexto. En ningún caso procederá indemnización si dicha menor proporción fuere a consecuencia de la priorización del consumo humano, el saneamiento y el uso doméstico de subsistencia, en los términos que señala este artículo.

Esta declaración de zona de escasez no será aplicable a las aguas acumuladas en embalses particulares.

ARTÍCULO 315.- En las corrientes naturales o en los cauces artificiales en que aún no se hayan constituido legalmente organizaciones de usuarios, por no encontrarse éstas debidamente registradas, de acuerdo con las disposiciones de este Código, la Dirección General de Aguas podrá, de oficio o a petición de parte, alternativamente, instruir a los usuarios la redistribución de las aguas o hacerse cargo de la distribución en zonas declaradas de escasez.

En tal caso, las personas designadas con dicho objeto por la Dirección, actuarán con todas las atribuciones que la ley confiere a los directores o administradores de dichos organismos, según corresponda, siendo aplicable lo dispuesto en el artículo 275, con cargo a dichos usuarios.

ARTÍCULO 316.- Las prohibiciones y sanciones impuestas en el Código de Minería, sobre labores de investigación y cateo de minas, son aplicables a los terrenos que ocupen los embalses, canales y demás obras de riego.

ARTÍCULO 317.- En los actos y contratos que importen la transferencia del dominio de un bien raíz o de un establecimiento para cuya explotación se requiera utilizar derechos de aprovechamiento de aguas, deberá señalarse expresamente si incluyen o no tales derechos. Si así no se hiciere, se presumirá que el acto o contrato no los comprende.

DISPOSICIONES TRANSITORIAS

ARTÍCULO 1 TRANSITORIO.- Los derechos de aprovechamiento inscritos en el Registro de Aguas del Conservador de Bienes Raíces competente, cuyas posteriores transferencias o transmisiones no lo hubieran sido, podrán regularizarse mediante la inscripción de los títulos correspondientes desde su actual propietario hasta llegar a la inscripción de la cual proceden.

Si el Conservador de Bienes Raíces donde exista la inscripción se rehusara a practicar las nuevas inscripciones solicitadas, el interesado podrá ocurrir ante el juez de letras competente para que, si lo estima procedente, ordene al Conservador practicar tales inscripciones.

Para resolver sobre la solicitud, el juez solicitará informe al Conservador de Bienes Raíces que se haya pronunciado negativamente y a la Dirección General de Aguas y tendrá, además, a la vista, copia autorizada de la inscripción de dominio a nombre del interesado del inmueble en el cual se aprovechen las aguas; certificado de vigencia del mismo y certificado de la respectiva organización de usuarios en que conste la calidad del solicitante como miembro activo de ella, cuando corresponda.

ARTÍCULO 2 TRANSITORIO.- Los usos actuales de las aguas que estén siendo aprovechados a la fecha de entrar en vigencia este código, podrán regularizarse cuando dichos usuarios y sus antecesores en posesión del derecho hayan cumplido cinco años de uso ininterrumpido, contados desde la fecha en que hubieren comenzado a hacerlo, en conformidad con las reglas siguientes:

a) La utilización deberá haberse efectuado libre de clandestinidad o violencia, y sin reconocer dominio ajeno;

b) La solicitud se elevará a la Dirección General de Aguas ajustándose en la forma, plazos y trámites a lo prescrito en el párrafo 1° del Título I del Libro II de este código;

c) Los terceros afectados podrán deducir oposición mediante presentación que se sujetará a las reglas señaladas en la letra anterior.

d) Reunidos todos los antecedentes, la Dirección General de Aguas, previo a resolver, deberá consultar a la organización de usuarios respectiva, en caso que ésta exista, su opinión fundada sobre características del uso y su antigüedad, la que podrá responder dentro de los treinta días hábiles siguientes a su notificación. La respuesta de la organización no será vinculante para el Servicio.

e) La Dirección General de Aguas emitirá un informe técnico y dictará una resolución fundada que reconocerá los derechos de aprovechamiento que cumplan con los requisitos descritos en este artículo, y señalará las características esenciales del derecho de aprovechamiento. En caso contrario, denegará la solicitud. A la resolución que reconozca el derecho de aprovechamiento le será aplicable lo dispuesto en el artículo 150.

Las organizaciones de usuarios legalmente constituidas podrán presentar solicitudes de regularización en representación de sus usuarios que cumplan individualmente los requisitos para ello, cuando cuenten con autorización expresa de los usuarios de aguas interesados en someterse al procedimiento.

ARTÍCULO 3 TRANSITORIO.- Las hipotecas constituidas sobre inmuebles con anterioridad a la vigencia de este código, comprenderán los derechos de aprovechamiento de las aguas destinadas a su uso, cultivo o beneficio, salvo que se hubiese estipulado lo contrario.

ARTÍCULO 4 TRANSITORIO.- La persona a cuyo nombre estuviesen inscritos derechos de aprovechamiento que, de acuerdo con el título del predio, estuvieren destinados al uso, cultivo o beneficio de un inmueble que hubiese sido expropiado totalmente por la ex Corporación de la Reforma Agraria, no podrá enajenarlos.

Si la expropiación hubiere sido parcial, o si habiendo sido total se le hubiere reconocido una reserva, o se hubiere excluido de la expropiación una parte del predio, podrá enajenar los derechos correspondientes a la reserva o a la parte excluida de la expropiación, siempre que se inscriban en conformidad al artículo siguiente.

ARTÍCULO 5 TRANSITORIO.- Sin perjuicio de lo señalado en el artículo 2 transitorio, la determinación e inscripción de los derechos de aprovechamiento provenientes de predios expropiados total o parcialmente o adquiridos a cualquier título por aplicación de las leyes N°s 15.020 y 16.640, podrá efectuarse de acuerdo con las reglas siguientes:

1. La solicitud se presentará ante la Dirección General de Aguas; declarada admisible, se remitirán los antecedentes al Servicio Agrícola y Ganadero.

Deberá acreditarse la existencia y extensión de los derechos de aprovechamiento de aguas expropiados, la relación entre tales derechos y la superficie regada, y la circunstancia de que no existan otros derechos de aprovechamiento asignados al mismo predio. Para lo anterior, la Dirección General de Aguas podrá requerir al Servicio Agrícola y Ganadero para que informe acerca de dichas circunstancias en referencia a cada predio asignado, a la reserva, a la parte que se hubiere excluido de la expropiación y a la que se hubiere segregado por cualquier causa cuando ello fuere procedente. Lo anterior, en forma proporcional a la extensión efectivamente regada a la fecha de la expropiación. Este informe no tendrá carácter vinculante.

Previo a resolver, la Dirección General de Aguas podrá solicitar las aclaraciones, decretar las inspecciones oculares y pedir los informes correspondientes para mejor resolver, de conformidad con el inciso segundo del artículo 135.

2. La regularización de los derechos a que se refiere este artículo se hará mediante resolución de la Dirección General de Aguas, la que deberá cumplir con los requisitos establecidos en el artículo 149. Esta resolución deberá publicarse en extracto en el Diario Oficial para efectos de su notificación, y en su contra procederán los recursos establecidos en los artículos 136 y 137.

3. A la resolución que determine el derecho de aprovechamiento de conformidad con estas reglas le será aplicable lo dispuesto en el artículo 150.

4. En el evento en que el Servicio Agrícola y Ganadero hubiere determinado los derechos que proporcionalmente correspondieren a los predios a los que se refiere el presente artículo, mediante resolución exenta publicada en el Diario Oficial e inscrita en el Conservador de Bienes Raíces competente, los propietarios de dichos predios podrán inscribir a su nombre los derechos de aprovechamiento establecidos para tales predios con la sola presentación de la inscripción de dominio del inmueble, dentro de los dos años siguientes a la publicación de esta ley. Vencido el plazo, tendrá que realizar el trámite a que se refiere este artículo. En este caso, la inscripción de la aludida resolución será suficiente para determinar la cantidad de derechos que corresponde a cada predio y no regirá lo establecido en el artículo 1 transitorio de este Código.

Esta regularización no será aplicable a aquellos predios expropiados por las leyes N° 15.020 y 16.640 que a la fecha de la expropiación no contaban con derechos de aprovechamiento.

ARTÍCULO 6 TRANSITORIO.- Los derechos de aprovechamiento otorgados provisionalmente de acuerdo a las normas del código que se deroga, continuarán tramitándose hasta obtener la concesión definitiva conforme a dichas normas.

ARTÍCULO 7 TRANSITORIO.- En el Registro de Aguas del Conservador de Bienes Raíces se inscribirán las escrituras públicas que contengan la resolución de concesión definitiva a la que se refiere el artículo 266º del Código de Aguas aprobado por decreto con fuerza de ley Nº 162, de 1969, otorgadas con posterioridad a la vigencia de dicho Código.

ARTÍCULO 8 TRANSITORIO.- Hasta que no se dicten las disposiciones legales referentes a la conservación y protección de las aguas, corresponderá a la Dirección General de Aguas aplicar la política sobre la materia y coordinar las funciones que, de acuerdo a la legislación vigente, correspondan a los distintos organismos y servicios públicos.

ARTÍCULO 9 TRANSITORIO.- La Dirección General de Aguas, a petición de la Comisión Nacional de Riego y previo informe de la Dirección de Obras Hidráulicas, otorgará derechos de aprovechamiento en las obras de riego construidas por el Estado, total o parcialmente terminadas, en la medida que exista disponibilidad, respetando el artículo 5 bis.

ARTÍCULO 10 TRANSITORIO.- El actual Registro de Aguas que llevan los Conservadores de Bienes Raíces constituirá el Registro de Aguas establecido por el artículo 112 del presente código.

No será necesario reinscribir los derechos de aguas que estuvieren vigentes.

ARTÍCULO 11 TRANSITORIO.- Los solicitantes de perfeccionamiento del título de derechos de aprovechamiento de aguas que hayan presentado su requerimiento previo a la vigencia del artículo 170 bis podrán voluntariamente someterse al nuevo procedimiento dispuesto en ese artículo, y harán constar el desistimiento o renuncia en sede judicial.

ARTÍCULO 12 TRANSITORIO.- Aquellos titulares de derechos de aprovechamiento de aguas superficiales que, como consecuencia de los temporales acaecidos entre las regiones comprendidas entre la región del Libertador Bernardo O´Higgins hasta la región de Los Lagos, entre los meses de junio y octubre del año 2023, se han encontrado imposibilitados de ejercer sus derechos debido a daños sufridos en las obras o al cambio de trazado de los cauces, su forma o dimensiones, podrán extraer agua en un punto alternativo.

Para efectos de lo dispuesto en el inciso anterior, los titulares, dentro de un plazo de treinta días contado desde la fecha de publicación de esta ley[2], deberán comunicar a la Dirección General de Aguas el punto alternativo de extracción, señalando las coordenadas UTM con indicación de Huso y Datum y las características principales de las obras. El punto alternativo de extracción deberá ser colindante al cauce y no afectar derechos de terceros.

El titular, dentro del plazo de un año contado desde la comunicación del inciso precedente, deberá solicitar y obtener la aprobación del ajuste o traslado del ejercicio del derecho conforme a los artículos 156, inciso tercero, y 163 del Código de Aguas, o bien, acreditar que ha vuelto a utilizar el punto original autorizado para el ejercicio del derecho. Vencido dicho plazo, el titular no podrá seguir ejerciendo su derecho en el punto alternativo de extracción, quedando sujeto a las sanciones establecidas en los artículos 173 y siguientes del Código de Aguas.

Tómese razón, comuníquese, publíquese e insértese en la Recopilación Oficial de la Contraloría General de la República.- AUGUSTO PINOCHET UGARTE, General de Ejército, Presidente de la República.- Mónica Madariaga Gutiérrez, Ministro de Justicia.- Rolando Ramos Muñoz, Brigadier General, Ministro de Economía, Fomento y Reconstrucción.- Patricio Torres Rojas, Brigadier General, Ministro de Obras Públicas.- Luis Simón Figueroa del Río, Ministro de Agricultura subrogante.

Lo que transcribo para su conocimiento.- Le saluda atentamente.- Francisco José Folch Verdugo, Subsecretario de Justicia.

---

2 Cabe hacer presente que la ley Nº 21.652, que introdujo esta disposición transitoria al Código de Aguas, se publicó en el Diario Oficial el 16 de enero de 2024.

OTRAS LEYES RELEVANTES

I. ASOCIADAS A REFORMAS AL CÓDIGO DE AGUAS[3]

3 Desde su entrada en vigencia, el Código de Aguas ha experimentado varias modificaciones; las más sustanciales son las realizadas por las Leyes N° 20.017 de 2005, 21.064 de 2018 y 21.435 de 2022. En este texto se incluyen sólo aquellas disposiciones que no se encuentran incorporadas expresamente en el articulado del Código vigente o de otras leyes consideradas en esta recopilación.
En la aplicación del Código de Aguas tienen particular importancia las disposiciones transitorias de la ley N° 21.435, de 2022.

LEY Nº 20.017, MODIFICA EL CÓDIGO DE AGUAS, DE 2005 (Selección de artículos)

ARTÍCULOS TRANSITORIOS

Artículo 1º.- Las solicitudes de derecho de aprovechamiento que se encuentran pendientes, deberán ajustarse a las disposiciones de esta ley, para lo cual el Director General de Aguas requerirá de los peticionarios los antecedentes e informaciones que fueren necesarios para dicho fin.

Asimismo, todas las solicitudes de derecho de aprovechamiento que a la fecha de publicación de la presente ley se encuentren pendientes de resolver y que sean incompatibles entre sí según lo dispone el inciso primero del artículo 142 de este Código, serán objeto de uno o varios remates públicos que al efecto realizará la Dirección General de Aguas, de acuerdo al procedimiento señalado en los artículos 142, 143, 144, 145, 146 y 147 del Código de Aguas.

Los derechos de aprovechamiento solicitados que se encuentren pendientes de resolver a la fecha de publicación de la presente ley que, de conformidad con lo dispuesto en los artículos 65 y 66 del Código de Aguas puedan ser constituidos en carácter de provisional y que sean incompatibles entre sí según lo dispone el inciso primero del artículo 142 de este Código, serán objeto de uno o varios remates públicos que al efecto realizará la Dirección General de Aguas, de acuerdo al procedimiento señalado en los artículos 142, 143, 144, 145, 146 y 147 del Código de Aguas.

Artículo 2º.- Para los efectos de la contabilización de los plazos de no utilización de las aguas señalados en el número 1 del artículo 129 bis 4, éstos comenzarán a regir a contar del 1 de enero del año siguiente al de la fecha de publicación de esta ley. En el caso de derechos de aprovechamiento que se constituyan o reconozcan con posterioridad a tal fecha, los plazos se computarán desde la fecha de su constitución o reconocimiento.

La patente establecida en el número 2 del artículo señalado en el inciso anterior, sólo entrará en vigencia a contar del día primero de enero del séptimo año siguiente al año en que se publique esta ley, contabilizándose desde tal día los plazos de no utilización de las aguas.

Para los efectos de la contabilización de los plazos de no utilización de las aguas relativa a la patente establecida en el artículo 129 bis 6, aquéllos comenzarán a regir a contar del 1 de enero del año siguiente al de la fecha de publicación de esta ley. En el caso de derechos de aprovechamiento que se constituyan o reconozcan con posterioridad a tal fecha, los plazos se computarán desde la fecha de su constitución o reconocimiento.

Artículo 3°.- La Dirección General de Aguas constituirá derechos de aprovechamiento, según corresponda, con el carácter de consuntivos, definitivos, permanentes y de ejercicio continuo, hasta por un caudal de dos litros por segundo, respecto de solicitudes que hayan sido presentadas hasta el 1 de enero de 2000, y que se encuentren pendientes de resolución, o con recursos sin resolver a la fecha de publicación de la presente ley.

Para constituir el derecho de aprovechamiento en virtud de lo dispuesto en este artículo, se requerirá que se cumpla sólo con los siguientes requisitos:

1. La solicitud deberá contener las menciones a que se refiere el artículo 140 del Código de Aguas.

2. Se deberá acreditar que se han realizado las publicaciones de conformidad con lo dispuesto en el artículo 131 del Código de Aguas.

3. En caso de aguas subterráneas, se deberá acreditar el dominio del predio donde se ubica el pozo o la autorización del dueño del terreno que conste en un documento firmado ante notario. Si la obra de captación se encuentra en un bien nacional de uso público, deberá adjuntarse la autorización del organismo bajo cuya administración éste se encuentre. Tratándose de un bien fiscal, deberá acompañarse autorización del Ministerio de Bienes Nacionales.

4. Se deberá demostrar el alumbramiento de las aguas en la obra de captación.

5. Se deberá demostrar que las obras de captación no se encuentren ubicadas en las zonas señaladas en el inciso tercero del artículo 63.

Cumplidos los requisitos señalados en el inciso anterior, la Dirección General de Aguas constituirá el derecho de aprovechamiento de conformidad con lo dispuesto en el inciso primero del presente artículo.

Artículo 4°.- La Dirección General de Aguas constituirá derechos de aprovechamiento permanentes sobre aguas subterráneas por un caudal de hasta 2 litros por segundo, para las Regiones Primera a Metropolitana, ambas inclusive y hasta 4 litros por segundo en el resto de las Regiones, sobre captaciones que hayan sido construidas antes del 30 de junio de 2004. Las solicitudes deberán ser presentadas hasta seis meses después de la entrada en vigencia de la presente ley.

No será requisito para el aprovechamiento de aguas subterráneas indicadas en el inciso primero del artículo 56 del Código de Aguas, realizar la regulación señalada en el presente artículo.

La constitución de derechos de aprovechamiento que se realice de conformidad con lo dispuesto en el presente artículo, respecto de captaciones construidas en inmuebles regidos por el decreto con fuerza de ley N° 5, de 1968, del Ministerio de Agricultura, sólo se podrá efectuar a nombre de la respectiva comunidad agrícola. Esta norma se aplicará a todas las solicitudes que ya hayan sido ingresadas a trámite como así también respecto de aquellas que en el futuro se presenten.

Artículo 5°.- Para constituir el derecho de aprovechamiento en virtud de lo dispuesto en el artículo anterior, se requerirá cumplir sólo con los siguientes requisitos:

1. La solicitud se hará mediante un formulario que la Dirección General de Aguas pondrá a disposición de los peticionarios para estos efectos, y se presentará ante la oficina de este Servicio del lugar, o ante el Gobernador respectivo.

2. El peticionario, al momento de presentar la solicitud, deberá adjuntar al formulario que alude el número anterior, un documento que acredite el dominio del inmueble en que se ubique la captación, o la autorización de su dueño que conste en un documento firmado ante notario. Si la obra de captación se encuentra en un bien nacional de uso público, deberá

adjuntarse la autorización del organismo bajo cuya administración éste se encuentre. Tratándose de un bien fiscal, deberá acompañarse autorización del Ministerio de Bienes Nacionales. Asimismo, junto con su solicitud, el peticionario deberá acompañar todos los documentos que acrediten la antigüedad de la obra y el caudal susceptible de ser constituido. En caso que no disponga de documentos que avalen su solicitud, deberá acompañar una declaración jurada acerca de la fecha de construcción de la captación.

3. Una vez ingresada la solicitud, la Dirección General de Aguas deberá realizar una visita a terreno, a fin de verificar la existencia de la obra de captación, el caudal posible de extraer y si ella cumple con la antigüedad requerida por el artículo anterior. La Dirección General de Aguas podrá solicitar a los interesados los fondos necesarios para cubrir los gastos a que dé lugar la visita a terreno.

4. Las obras de captación deberán estar situadas fuera de las zonas señaladas en el inciso tercero del artículo 63.

5. Cumplidos los requisitos señalados en el presente artículo, la Dirección General de Aguas constituirá el derecho de aprovechamiento de aguas subterráneas, para lo cual podrá dictar una o varias resoluciones que incluyan un conjunto de solicitudes involucradas.

Si las solicitudes no cumplen con los requisitos exigidos, deberán ser denegadas, y en contra de ellas podrán interponerse los recursos a que se refieren los artículos 136 y 137 del Código de Aguas.

6. La Dirección General de Aguas publicará, en su oportunidad, el hecho de haberse dictado la resolución que constituyó los derechos en conformidad con lo dispuesto por el presente artículo. La publicación se efectuará por una sola vez en el Diario Oficial los días 1 o 15 del mes que corresponda, en un plazo máximo de dos meses contados desde la fecha de toma de razón de la respectiva resolución.

En contra de la resolución podrán deducirse los recursos a que se refieren los artículos 136 y 137 del Código de Aguas, dentro del plazo de treinta días contados desde la fecha de la publicación de la resolución respectiva.

Artículo 6°.- Para otorgar el derecho de aprovechamiento de conformidad con lo dispuesto en el artículo anterior, solicitado por cualquier persona o institución pública para abastecer a la población ubicada en sectores rurales a través del sistema de agua potable rural, será necesario que, previamente, el comité de agua potable rural se constituya en una cooperativa o cualquier persona jurídica que represente a dicho comité, respecto de pozos construidos hasta antes del 31 de diciembre de 2004, en cuyo favor se constituirá el respectivo derecho de aprovechamiento de conformidad a lo dispuesto en el artículo anterior y sin los límites de caudal establecidos en el inciso primero del artículo 4° transitorio.

Para la presentación de las solicitudes que se efectúen de conformidad con lo dispuesto en el presente artículo, no se requerirá cumplir con el requisito señalado en el N° 2 del artículo anterior. No obstante, para los efectos de la constitución del respectivo derecho de aprovechamiento a nombre del Comité de Agua Potable Rural, se deberán acompañar los antecedentes indicados en dicha disposición. Los antecedentes que acrediten la propiedad del inmueble a nombre del respectivo Comité, o la autorización de su dueño, o de los organismos señalados en el N° 2 del artículo anterior, deberán acompañarse a más tardar dentro del plazo de dos años, contado desde el ingreso de la respectiva solicitud. Si no se acompañan dentro del plazo señalado, dicha solicitud será denegada.

Sin perjuicio de lo dispuesto en el inciso anterior, si el inmueble donde se encuentra la obra de captación de aguas subterráneas pertenece a una comunidad de propietarios, a una municipalidad o es de propiedad indígena, para constituir el derecho de aprovechamiento a nombre del Comité de Agua Potable Rural, no se requerirá cumplir con el requisito señalado en el N° 2 del artículo anterior.

LEY Nº 20.099, AUMENTA A UN AÑO EL PLAZO PARA REGULARIZAR DERECHOS DE APROVECHAMIENTO DE AGUAS SUBTERRÁNEAS E INTRODUCE OTRAS MODIFICACIONES A LA LEY Nº 20.017, QUE MODIFICA EL CÓDIGO DE AGUAS, DE 2006 (Selección de artículos)

Artículo 2º.- Otórgase un nuevo plazo de seis meses para la presentación de solicitudes de constitución de derechos de aprovechamiento permanente sobre aguas subterráneas a que se refiere el artículo 4º transitorio de la ley Nº 20.017.

Este plazo comenzará a regir el 17 de diciembre de 2005 y expirará el 16 de junio de 2006.

Tratándose de las solicitudes a que se refiere el artículo 6º transitorio de la ley Nº 20.017, otórgase un nuevo plazo de doce meses para la presentación de solicitudes de constitución de derechos de aprovechamiento permanente sobre aguas subterráneas. Este plazo comenzará a regir el 17 de diciembre de 2005 y expirará el 16 de diciembre de 2006.

LEY Nº 20.411, IMPIDE LA CONSTITUCIÓN DE DERECHOS DE APROVECHAMIENTO DE AGUAS EN VIRTUD DEL ARTÍCULO 4º TRANSITORIO DE LA LEY 20.017 DE 2005, EN DETERMINADAS ZONAS O ÁREAS, DE 2009

Teniendo presente que el H. Congreso Nacional ha dado su aprobación al siguiente

Proyecto de ley:

Artículo único.- Prohíbese a la Dirección General de Aguas la constitución de derechos de aprovechamiento de aguas solicitados en conformidad al artículo 4º transitorio de la ley Nº 20.017, en las siguientes áreas:

ACUÍFERO	SECTOR	SUBSECTOR	REGIÓN
Azapa			Arica y Parinacota
Salar de Coposa			Tarapacá
Salar Sur Viejo			Tarapacá
Aguas Blancas	Aguas Blancas		Antofagasta
Aguas Blancas	Pampa Buenos Aires		Antofagasta
Aguas Blancas	Rosario		Antofagasta
Sierra Gorda			Antofagasta
Copiapó	Sector 1 (Aguas arriba Embalse Lautaro)		Atacama
Copiapó	Sector 2 (Embalse Lautaro - La Puerta)		Atacama
Copiapó	Sector 3 (La Puerta - Mal Paso)		Atacama
Copiapó	Sector 4 (Mal Paso - Copiapó)		Atacama
Copiapó	Sector 5 (Copiapó - Piedra Colgada)		Atacama

ACUÍFERO	SECTOR	SUBSECTOR	REGIÓN
Copiapó	Sector 6 (Piedra Colgada - Desembocadura)		Atacama
Culebrón Lagunillas	Culebrón		Coquimbo
Culebrón Lagunillas	Lagunillas		Coquimbo
Culebrón Lagunillas	Peñuelas		Coquimbo
El Elqui	Elqui Bajo		Coquimbo
El Elqui	Santa Gracia		Coquimbo
El Elqui	Serena Norte		Coquimbo
Los Choros	Punta Colorada		Coquimbo
Los Choros	Quebrada Los Choros Altos		Coquimbo
Los Choros	Tres Cruces		Coquimbo
Catapilco	La Laguna		Valparaíso
Casablanca	La Vinilla-Casablanca		Valparaíso
Casablanca	Lo Orozco		Valparaíso
Casablanca	Lo Ovalle		Valparaíso
Casablanca	Los Perales		Valparaíso
Estero Cachagua			Valparaíso
Estero El Membrillo			Valparaíso
Estero Las Salinas Sur			Valparaíso
Estero Papudo			Valparaíso
Estero Puchuncaví			Valparaíso
Estero San Jerónimo			Valparaíso
Horcón			Valparaíso
La Ligua			Valparaíso
Maipo Desembocadura			Valparaíso
Petorca			Valparaíso
Quintero	Dunas de Quintero		Valparaíso
Rocas de Santo Domingo			Valparaíso
Maipo	Tiltil		Metropolitana
Maipo	Chacabuco Polpaico		Metropolitana

ACUÍFERO	SECTOR	SUBSECTOR	REGIÓN
Maipo	Colina Sur		Metropolitana
Maipo	Lampa		Metropolitana
Maipo	Santiago Central		Metropolitana
Maipo	Santiago Norte		Metropolitana
Maipo	Chicureo		Metropolitana
Maipo	Colina Inferior		Metropolitana
Maipo	Mapocho Alto	Las Gualtatas	Metropolitana
Maipo	Mapocho Alto	Lo Barnechea	Metropolitana
Maipo	Mapocho Alto	Vitacura	Metropolitana
Maipo	Puangue Alto		Metropolitana
Maipo	Puangue Medio		Metropolitana
Maipo	La Higuera		Metropolitana
Maipo	Melipilla		Metropolitana
Maipo	Cholqui		Metropolitana
Maipo	Popeta		Metropolitana
Yali	Yali Alto		Metropolitana
Yali Bajo El Prado			Metropolitana
Alhué	Alhué		Del Libertador Bernardo O'Higgins
Cachapoal	Graneros-Rancagua		Del Libertador Bernardo O'Higgins
Cachapoal	Olivar		Del Libertador Bernardo O'Higgins
Cachapoal	Codegua		Del Libertador Bernardo O'Higgins
Tinguiririca	Las Cadenas-Marchigüe		Del Libertador Bernardo O'Higgins

Esta prohibición no afectará aquellas solicitudes presentadas de conformidad al artículo 4° transitorio de la ley N° 20.017, por las Comunidades Agrícolas, organizadas en conformidad a lo dispuesto en el decreto con fuerza de ley N° 5, de 1968, del Ministerio de Agricultura, por pequeños productores agrícolas y campesinos, entendiendo por éstos a los definidos en el artículo 13 de la ley Nº 18.910, y de las ingresadas por indígenas y comunidades indígenas, entendiendo por aquellos los considerados en los artículos 2º y 9º de la ley Nº 19.253, respectivamente, siempre que cumplan con los requisitos prescritos en el artículo 5º transitorio de la ley Nº 20.017.

Para efectos de lo señalado en el inciso precedente, se requerirá informe al Ministerio de Agricultura, si la solicitud corresponde a las Comunidades Agrícolas o a pequeños productores agrícolas o campesinos, y a la Corporación Nacional de Desarrollo Indígena, si la petición pertenece a indígenas o comunidades indígenas.

Sin perjuicio de las áreas individualizadas anteriormente, el Ministro de Obras Públicas, podrá, mediante decreto fundado y previo informe del Ministerio de Agricultura y de la Dirección General de Aguas, incorporar nuevas áreas a las ya contempladas, si de los antecedentes técnicos existentes se demuestra una afectación total o parcial del acuífero en el mediano y largo plazo. El decreto respectivo deberá comunicarse a la Cámara de Diputados y al Senado.

Y por cuanto he tenido a bien aprobarlo y sancionarlo; por tanto promúlguese y llévese a efecto como Ley de la República.

Santiago, 18 de diciembre de 2009.- MICHELLE BACHELET JERIA, Presidenta de la República.- Sergio Bitar Chacra, Ministro de Obras Públicas.

Lo que transcribo a Ud. para su conocimiento.- Saluda atte. a Ud., Juan Eduardo Saldivia Medina, Subsecretario de Obras Públicas.

LEY Nº 20.491, MODIFICA EL ARTÍCULO ÚNICO DE LA LEY Nº 20.411, DE 2009, DE 2011 (Selección de artículos)

Artículo transitorio.- Serán válidos los derechos de aprovechamiento de aguas constituidos en virtud del artículo cuarto transitorio de la ley Nº 20.017, a favor de comunidades agrícolas regidas por el decreto con fuerza de ley Nº 5, de 1968, del Ministerio de Agricultura entre el día 29 de diciembre de 2009 y la fecha de entrada en vigencia de la presente ley.

LEY Nº 21.064, INTRODUCE MODIFICACIONES AL MARCO NORMATIVO QUE RIGE LAS AGUAS EN MATERIA DE FISCALIZACIÓN Y SANCIONES, DE 2018 (Selección de artículos)

Artículo transitorio.- Quienes actualmente utilizan un sistema de drenaje para desaguar sus predios y se benefician de dichas aguas, de conformidad con el artículo 48 del Código de Aguas, deberán informar a la Dirección General de Aguas las características del sistema de drenaje, la ubicación de la captación y el caudal drenado, en el plazo de seis meses contado desde la entrada en vigencia de la presente ley. En caso contrario, podrán ser sancionados de conformidad al Código de Aguas.

LEY Nº 21.435, REFORMA EL CÓDIGO DE AGUAS, DE 2022[4] (Selección de artículos)

DISPOSICIONES TRANSITORIAS

Artículo primero.- Los derechos de aprovechamiento reconocidos o constituidos antes de la publicación de esta ley, así como aquellos usos que fuesen regularizados por la autoridad competente en conformidad con los procedimientos a que se refieren los artículos 2 y 5 transitorios del decreto con fuerza de ley Nº 1.122, de 1981, del Ministerio de Justicia, que fija el texto del Código de Aguas, continuarán estando vigentes. Estos derechos solo se extinguen conforme a lo dispuesto en los artículos 129 bis 4 y 129 bis 5, sin perjuicio de que a su vez caducan por su no inscripción en el Registro de Propiedad de Aguas del Conservador de Bienes Raíces, según se establece en el artículo segundo transitorio de esta ley. En cuanto a su ejercicio, goces y cargas, tales derechos quedarán sujetos a todas las demás disposiciones del referido Código.

Los procedimientos descritos en los artículos 2 y 5 transitorios mencionados en el inciso primero, sólo podrán iniciarse dentro del plazo de cinco años, contado desde la fecha de publicación de esta ley. Vencido este plazo, no será admitida la solicitud de regularización, a excepción de las formuladas por los indígenas y comunidades indígenas, entendiendo por tales aquellos considerados en los artículos 2 y 9 de la ley Nº 19.253. Los titulares de solicitudes de regularización que hayan presentado su requerimiento de conformidad con las normas vigentes con anterioridad podrán voluntariamente someterse a este nuevo procedimiento, haciendo constar el desistimiento o renuncia, en sede judicial o ante el Servicio Agrícola y Ganadero, según corresponda. El Instituto de Desarrollo Agropecuario o la correspondiente organización de usuarios velarán por la difusión, informa-

4 Cabe hacer presente que esta norma fue modificada por la Ley Nº 21.586, de 2023, cambios que se han incorporado en los artículos que se reproducen en este apartado.

ción y facilitación de la regularización de los derechos de aprovechamiento de sus beneficiarios o comuneros, respectivamente.

Artículo segundo.- Los derechos de aprovechamientos de aguas constituidos por acto de autoridad competente, y que a la fecha de publicación de esta ley no estuvieren inscritos en el Registro de Propiedad de Aguas del Conservador de Bienes Raíces correspondiente, deberán ser inscritos, a petición de sus titulares, en el referido registro, antes del 6 de abril de 2025. Transcurrido este plazo, los Conservadores de Bienes Raíces no admitirán a trámite la inscripción de los derechos de aprovechamiento de que trata este inciso, los cuales caducarán por el solo ministerio de la ley. La caducidad a que se refiere este inciso no será aplicable a los usos actuales de las aguas respecto de los cuales se inicie el procedimiento de regularización, conforme lo dispuesto en el inciso segundo del artículo anterior.

La negativa del Conservador de Bienes Raíces a inscribir un derecho de aprovechamiento de aguas, cuya inscripción se ha sometido a trámite dentro del plazo señalado en el inciso anterior, se sujetará al procedimiento judicial contemplado en los incisos segundo y tercero del artículo 1 transitorio del Código de Aguas. El interesado que solicita la inscripción tendrá el plazo máximo de treinta días hábiles para recurrir, contado desde el día en que el Conservador de Bienes Raíces deje constancia de su negativa a inscribirlo. Si el juez de letras competente resolviere por sentencia firme o ejecutoriada que procede la inscripción del derecho de aprovechamiento de aguas en el registro respectivo, el Conservador de Bienes Raíces competente procederá a practicar la inscripción, entendiéndose, para todos los efectos legales, que tal derecho siempre estuvo vigente. En todo caso, el interesado, al momento de presentar la acción para impugnar la decisión del Conservador de Bienes Raíces, deberá solicitar que se remita copia de ella y de la resolución que la acoge a tramitación a la Dirección General de Aguas, para que este Servicio se abstenga de conceder nuevos derechos de aprovechamiento de aguas que puedan afectar su derecho, mientras dure el procedimiento judicial.

Los Conservadores de Bienes Raíces deberán informar a la Dirección General de Aguas las inscripciones que se hubieren verificado en cumplimiento de lo dispuesto en los incisos anteriores, conforme se dispone en el inciso cuarto del artículo 122 del Código de Aguas, y acompañará, para cada caso, copia del certificado de dominio vigente y de la inscripción en el registro respectivo.

Aquellos titulares de derechos de aprovechamiento de aguas constituidos por acto de autoridad competente, con anterioridad a la publicación de esta ley, que estén inscritos en el respectivo registro del Conservador de Bienes Raíces, pero que no estén incluidos en el Catastro Público de Aguas establecido en el artículo 122 del Código de Aguas, deberán acreditar dicha inscripción a la Dirección General de Aguas, dentro del mismo plazo establecido en el inciso primero, y acompañarán copia de la inscripción y del certificado de dominio vigente. El incumplimiento de esta obligación se sancionará con una multa de segundo grado, en conformidad a lo establecido en el literal b) del artículo 173 ter del Código de Aguas, sin perjuicio de la procedencia de lo señalado en el inciso final del artículo 173 bis de ese Código.

El plazo que se contempla en el inciso primero será de cinco años para aquellos derechos de aprovechamiento no inscritos cuyos titulares sean pequeños productores agrícolas de conformidad con lo dispuesto en la ley N° 18.910.

El Registro Público de Derechos de Aprovechamiento de Aguas establecido en el inciso tercero del artículo 122 del Código de Aguas, incluirá un registro de todos los derechos de aguas que informen los Conservadores de Bienes Raíces en virtud del presente artículo y también de aquellos que informen directamente sus titulares, adjuntando al efecto copia del certificado de dominio vigente y de la inscripción en el registro conservatorio respectivo.

No se aplicará la causal de caducidad establecida en el inciso primero a los derechos de aprovechamiento otorgados a los servicios sanitarios rurales; a las comunidades agrícolas definidas en el artículo 1 del decreto con fuerza de ley N° 5, de 1967, del Ministerio de Agricultura; a los propietarios de áreas protegidas que no utilicen los derechos de aprovechamiento de aguas con el objeto de mantener la función de preservación ecosistémica en dichas áreas protegidas; y a los indígenas o comunidades indígenas, entendiendo por tales los regulados en el artículo 5 del Código de Aguas y aquellos considerados en los artículos 2 y 9 de la ley N° 19.253, respectivamente. No obstante, sí les será aplicable a los casos anteriores lo dispuesto en el inciso cuarto de este artículo, excepto en el caso de los indígenas y comunidades indígenas.

El Instituto de Desarrollo Agropecuario, la Dirección General de Aguas, la Corporación Nacional de Desarrollo Indígena y la correspondiente organización de usuarios velarán por la difusión e información de las disposiciones de este artículo.

Artículo tercero.- Las referencias al Ministerio del Medio Ambiente efectuadas en los artículos 58, 63, 129 bis 1 A y 129 bis 2 del Código de Aguas, se mantendrán mientras no se apruebe la ley que crea el Servicio de Biodiversidad y Áreas Protegidas, en cuyo caso se entenderán hechas a este Servicio.

A su vez, mientras no se definan conforme a la referida ley los sitios prioritarios de primera prioridad, para la aplicación del artículo 129 bis 1, se entenderá que son aquellos los sesenta y ocho sitios definidos en la Estrategia para la Conservación y Uso Sustentable de la Biodiversidad, de 2003, y que tienen efectos para el Sistema de Evaluación de Impacto Ambiental.

Artículo cuarto.- Los titulares de derechos de aprovechamiento constituidos con anterioridad a la entrada en vigencia de esta ley que deseen destinarlos al desarrollo de un proyecto recreacional, turístico u otro que implique no utilizar ni extraer las aguas de su fuente, y aquellos titulares de derechos de aprovechamiento cuyo punto de captación se encuentre dentro de los límites de las áreas protegidas y que los destinen a mantener la función ecológica de las aguas, podrán acogerse a la exención del pago de patente por no uso, de que da cuenta el inciso final del artículo 129 bis 9 del Código de Aguas, para lo cual deberán cumplir con las exigencias del reglamento dictado al efecto, y asimismo con lo dispuesto en el artículo 129 bis 1 A del Código de Aguas.

Artículo quinto.- Previa resolución de la Dirección General de Aguas, se suspenderá el ejercicio de los derechos de aprovechamiento de aguas consuntivos, permanentes y continuos, otorgados con posterioridad a la declaración de cuenca agotada, conforme lo indica el artículo 282 del Código de Aguas. Estarán exentos de esta medida los derechos de aprovechamiento otorgados a las cooperativas y servicios sanitarios rurales y a los pequeños productores agrícolas pertenecientes a las Comunidades Agrícolas definidas en el artículo 1 del decreto con fuerza de ley N° 5, de 1967, del Ministerio de Agricultura, y los pertenecientes a indígenas y comunidades indígenas, entendiendo por aquellas las consideradas en los artículos 2 y 9 de la ley N° 19.253, respectivamente. De igual forma, quedarán exentos los pequeños productores agrícolas de conformidad a lo dispuesto en la ley N° 18.910.

Artículo sexto.- Los derechos de aprovechamiento no consuntivos que a la entrada en vigencia de esta ley estén incorporados en el listado que fija los derechos de aprovechamiento afectos al pago de patente por no uso de las aguas continuarán sometidos a las normas de la ley N° 20.017; sin embargo, a partir del año décimo sexto se les aplicará el literal c) del numeral 1 del artículo 129 bis 4 del Código de Aguas.

Del mismo modo, los derechos de aprovechamiento consuntivos que a la entrada en vigencia de esta ley estén incorporados en el listado previamente referido continuarán sometidos a las normas de la ley antes citada; sin embargo, a partir del año undécimo se les aplicará el literal c) del artículo 129 bis 5 del Código de Aguas.

Artículo séptimo.- Lo dispuesto en las letras d) del artículo 129 bis 4 y d) del artículo 129 bis 5 del Código de Aguas se aplicará a los derechos de aprovechamiento constituidos con anterioridad a la publicación de esta ley, a partir de su inclusión en el listado publicado al año siguiente de su entrada en vigencia.

Artículo octavo.- Los titulares de pertenencias mineras y de concesiones mineras de exploración que estuvieren utilizando las aguas halladas en virtud de sus labores mineras, deberán, antes de cumplirse quince meses contados desde la entrada en vigencia de esta ley, informar a la Dirección General de Aguas los volúmenes extraídos, con la forma y los requisitos prescritos en el artículo 56 bis. Estos usos no podrán afectar la sustentabilidad de los acuíferos, y en caso que se verificare una grave afectación del acuífero a consecuencia de estos aprovechamientos, la Dirección General de Aguas podrá limitar fundadamente su uso, teniendo en consideración la resolución de calificación ambiental, de haberla.

Artículo noveno.- El mayor gasto fiscal que represente la aplicación de esta ley durante su primer año presupuestario de vigencia se financiará con cargo al presupuesto vigente del Ministerio de Obras Públicas y, en lo que faltare, con cargo a los recursos de la partida presupuestaria Tesoro Público, de la Ley de Presupuestos del Sector Público. Para los años posteriores, se financiará con cargo a los recursos que se contemplen en las respectivas leyes de Presupuestos para el Sector Público.

Artículo décimo.- Lo dispuesto en el inciso primero del artículo 132 comenzará a regir desde el 6 de abril de 2025.

Artículo décimo primero.- Los titulares de derechos de aprovechamiento de aguas que hayan iniciado ante la Dirección General de Aguas los trámites establecidos en los artículos 2 y 5 transitorios del Código de Aguas, conforme a lo modificado por esta ley, necesarios para su inscripción en el Registro de Propiedad de Aguas del Conservador de Bienes Raíces correspondiente, podrán presentar oposiciones a solicitudes de terceros de conformidad con lo dispuesto en el artículo 132 del Código de Aguas.

Artículo décimo segundo.- En todas las áreas de restricción o zonas de prohibición declaradas antes de la publicación de esta ley deberán iniciarse los trámites para conformar las Comunidades de Aguas Subterráneas, dentro del plazo de tres años contado desde su publicación. Vencido el plazo la Dirección General de Aguas sólo podrá autorizar cambios de punto de captación en dicha zona, respecto de aquellas personas que se hayan hecho parte en el proceso de conformación de la comunidad, conforme a lo dispuesto en el artículo 63 del Código de Aguas o se incorporen a la comunidad con posterioridad.

Artículo décimo tercero.- Las inscripciones que se hubieren practicado a la fecha de entrada en vigencia de la presente ley, por aplicación de las causales previstas en los números 1, 2, 3 y 8 del artículo 114, numerales que la presente ley deroga, continuarán vigentes para todos los efectos legales, y les serán aplicables lo dispuesto en el numeral 5 del artículo 173, y lo señalado en el artículo 460 bis del Código Penal, debiendo, asimismo, incorporarse en el catastro público que lleva la Dirección General de Aguas, según se contempla en el artículo 122.

Sin perjuicio de lo señalado en el inciso precedente, para los efectos de lo dispuesto en el artículo 117 del Código de Aguas, todo titular de derecho de aprovechamiento de aguas que haya sido reconocido dentro de los títulos constitutivos de una organización de usuarios de aguas deberá contar con el título individualmente inscrito a su nombre.

A petición de parte, y previo informe favorable de la Dirección General de Aguas, los Conservadores de Bienes Raíces podrán efectuar inscripciones individuales de derechos de aprovechamiento de aguas en favor de aquellos titulares que no las posean, a partir de las inscripciones constitutivas de aquellas organizaciones de usuarios de aguas, constituidas judicial o extrajudicialmente. En conformidad con lo dispuesto en el literal a) del artículo 300 del Código de Aguas, una circular contendrá los requisitos y condiciones necesarias para solicitar este informe.

En la petición a que se refiere el inciso anterior, el solicitante deberá acompañar un certificado emitido por la respectiva organización de usuarios de aguas, con una antigüedad no superior a treinta días corridos, en el cual se reconozca que es integrante de esa organización. Si ella no emite el certificado solicitado dentro de treinta días, el titular acompañará copia de esa solicitud junto con los demás antecedentes a la Dirección General de Aguas.

La petición a que alude el inciso tercero se publicará en la forma establecida en el artículo 131 del Código de Aguas. Los titulares de derechos de aprovechamiento de aguas afectados podrán deducir oposición dentro del plazo de noventa días hábiles contado desde dicha publicación, mediante presentación que se sujetará en la forma, plazos y trámites a lo prescrito en el Párrafo 1 del Título I del Libro Segundo del Código de Aguas.

Artículo décimo cuarto.- Dentro del plazo de un año contado desde la publicación de la presente ley, deberán dictarse los reglamentos a los que se hace referencia en este cuerpo legal, mediante los decretos respectivos expedidos a través del Ministerio de Obras Públicas.

Artículo décimo quinto.- Dentro del plazo máximo de cinco años contado desde la publicación de esta ley, todo titular de derechos de aprovechamiento de aguas tendrá la obligación de anotar al margen de la correspondiente inscripción de su derecho en el Registro de Propiedad de Aguas del Conservador de Bienes Raíces respectivo el comprobante de su inscripción en el Registro Público de Derechos de Aprovechamiento de Aguas al que se refiere el artículo 122. A partir de la referida fecha, el Conservador de Bienes Raíces no podrá realizar la inscripción de una transferencia de propiedad del derecho, sin contar con el mencionado comprobante de inscripción.

Artículo décimo sexto.- Las modificaciones que derogan el número 4 del artículo 129 bis 4, el inciso final del artículo 129 bis 5 y los incisos segundo y tercero del artículo 129 bis 6 del Código de Aguas comenzarán a regir al segundo año de la entrada en vigencia de la presente ley. Para los efectos de la contabilización de los plazos de no uso de las aguas asociadas a dichos derechos, ésta comenzará a regir desde el 1 de enero del segundo año siguiente a la fecha de publicación de la presente ley, de manera que deberán pagar su primera patente por no uso, en caso que corresponda, durante el mes de marzo del tercer año contado desde su entrada en vigencia.

Respecto a los derechos consuntivos con volúmenes inferiores a 10 litros por segundo, la derogación del inciso final del artículo 129 bis 5 y del inciso tercero del 129 bis 6 del Código de Aguas comenzarán a regir al quinto año de la entrada en vigencia de la presente ley. Los plazos de no aprovechamiento del recurso comenzarán a contabilizarse a partir del 1 de enero del quinto año siguiente a la fecha de publicación de esta ley, por lo que la primera patente por no uso a pagar será exigible a partir del mes de enero del sexto año de su entrada en vigencia.

La derogación del número 2 del artículo 129 bis 4 y la modificación del literal a) del inciso segundo del artículo 129 bis 5 del Código de Aguas comenzarán a regir el segundo año de la entrada en vigencia de la presente ley. A partir del tercer año, todas las patentes por no uso a nivel nacional se calcularán en base a la misma fórmula sin distinguir su ubicación geográfica, en función de las características propias de cada derecho.

Artículo décimo séptimo.- Todas las menciones que este Código efectúa a la intendencia, gobernador o gobernación, deben entenderse referidas a la delegación presidencial regional, delegado presidencial provincial y delegación presidencial provincial, respectivamente, según lo estatuyen los artículos 115 bis y 116 de la Constitución Política de la República.

Artículo décimo octavo.- Los Planes Estratégicos de Recursos Hídricos en Cuencas, que se dicten en el tiempo intermedio que transcurra entre la entrada en vigencia de la presente ley y la entrada en vigor de la Ley Marco de Cambio Climático, deberán ajustarse a las disposiciones de la ley posterior y, supletoriamente, a lo indicado en el Código de Aguas.

II. CAMBIO CLIMÁTICO

LEY Nº 21.455, LEY MARCO DE CAMBIO CLIMÁTICO, DE 2022 (Selección de artículos)

Artículo 1º.- Objeto. La presente ley tiene por objeto hacer frente a los desafíos que presenta el cambio climático, transitar hacia un desarrollo bajo en emisiones de gases de efecto invernadero y otros forzantes climáticos, hasta alcanzar y mantener la neutralidad de emisiones de gases de efecto invernadero al año 2050, adaptarse al cambio climático, reduciendo la vulnerabilidad y aumentando la resiliencia a los efectos adversos del cambio climático, y dar cumplimiento a los compromisos internacionales asumidos por el Estado de Chile en la materia.

Artículo 2º.- Principios. Las políticas, planes, programas, normas, acciones y demás instrumentos que se dicten o ejecuten en el marco de la presente ley se inspirarán por los siguientes principios:

a) Científico: los instrumentos y las medidas de mitigación o adaptación para enfrentar los efectos adversos del cambio climático se adoptarán e implementarán sobre la base de la mejor información científica disponible. Es deber del Estado fortalecer la interfaz entre la ciencia y las políticas para ayudar de manera óptima a la toma de decisiones y la implementación de estrategias relevantes a largo plazo, incluida la predicción de riesgos. Asimismo, deberá promover la independencia de la ciencia y la difusión de sus hallazgos al mayor número de personas posible.

b) Costo-efectividad: la gestión del cambio climático priorizará aquellas medidas que, siendo eficaces para la mitigación y adaptación, sean las que representen menores costos económicos, ambientales y sociales, considerando los costos indirectos de la inacción para la adaptación.

c) Enfoque ecosistémico: aquel que considera la conservación de la estructura y función del sistema ecológico, la naturaleza jerárquica de la diversidad biológica y los ciclos de materia y flujos de energía entre los componentes vivos y no vivos interdependientes de los sistemas ecológicos.

d) Equidad y Justicia Climática: es deber del Estado procurar una justa asignación de cargas, costos y beneficios, resguardando la capacidad de las generaciones futuras de satisfacer sus propias necesidades, con enfoque de género y especial énfasis en sectores, territorios, comunidades y ecosistemas vulnerables al cambio climático.

La justicia climática busca el trato justo de todas las personas, así como evitar las discriminaciones que pueden conllevar determinadas políticas y decisiones que pretenden abordar el cambio climático.

e) No regresión: la gestión del cambio climático no podrá ser modificada cuando se comprometan los objetivos de mitigación o adaptación establecidos o cuando ello implicare retroceder en los niveles de protección ambiental alcanzados o establecidos previamente.

f) Participación ciudadana: es deber del Estado contar con los mecanismos que permitan asegurar la participación de toda persona o agrupación de personas en la gestión del cambio climático, tanto a nivel nacional, como regional y local.

g) Precautorio: cuando haya un riesgo o peligro de daño grave o irreversible, la falta de certeza científica no deberá utilizarse como razón para postergar la adopción de medidas para evitar dichos riesgos o peligros o impedir los efectos adversos del cambio climático, considerando el principio de costo-efectividad.

h) Preventivo: las medidas destinadas al cumplimiento del objeto de esta ley deben propender a prever y evitar los efectos adversos del cambio climático, reduciendo sus causas y mitigándolas en caso de producirse.

i) Progresividad: los instrumentos y las medidas para la gestión del cambio climático deberán avanzar gradualmente con el fin de cumplir con el objeto de esta ley, de acuerdo con el principio de no regresión. Asimismo, comprenderá aquellas medidas o actos administrativos que puedan tener un efecto adverso en el cambio climático.

j) Territorialidad: las políticas, planes y programas del nivel nacional deberán tener presente la diversidad propia de cada territorio a nivel comunal, regional y macrorregional, mientras que los instrumentos de carácter local o regional deberán ajustarse y ser coherentes con los instrumentos de carácter nacional.

k) Urgencia climática: la actuación del Estado debe considerar el grave riesgo que el cambio climático conlleva para las personas y los ecosistemas. Por ello, la implementación de las medidas destinadas al cumplimiento del objeto de esta ley debe considerar el escaso margen de tiempo existente para revertir los efectos más graves del cambio climático.

l) Transparencia: es deber del Estado facilitar el acceso oportuno y adecuado a la información sobre cambio climático, fomentando la difusión y sensibilización en la materia y reduciendo las asimetrías de información.

m) Transversalidad: la actuación del Estado para la gestión del cambio climático debe promover la participación coordinada del Gobierno a nivel central, regional y local, así como la participación del sector privado, la academia y la sociedad civil.

n) Coherencia: los instrumentos de gestión del cambio climático deben ser complementarios y congruentes para potenciar sinergias y evitar contradicciones, con el fin de generar una mayor efectividad en el desarrollo de medidas de mitigación y adaptación.

o) Flexibilidad: los instrumentos de gestión del cambio climático deben tener la capacidad de incorporar nuevas medidas en función de sus evaluaciones y lecciones aprendidas, como también de incorporar nuevos conocimientos científicos y necesidades.

Artículo 3°.- Definiciones. Para los efectos de esta ley, se entenderá por:

a) Adaptación al cambio climático: acción, medida o proceso de ajuste al clima actual o proyectado o a sus efectos en sistemas humanos o naturales, con el fin de moderar o evitar los daños, reducir la vulnerabilidad, aumentar la resiliencia o aprovechar las oportunidades beneficiosas.

b) Cambio climático: cambio de clima atribuido directa o indirectamente a la actividad humana que altera la composición de la atmósfera mundial y que se suma a la variabilidad natural del clima observada durante períodos de tiempo comparables.

c) Captura y almacenamiento de dióxido de carbono: proceso en el que un flujo relativamente puro de dióxido de carbono, procedente de fuentes industriales y de fuentes relacionadas con la energía, se separa o captura, condiciona, comprime y transporta hasta un lugar de almacenamiento para su aislamiento en la atmósfera durante un largo período.

d) Carbono azul: es el carbono que se almacena naturalmente en los ecosistemas marinos y costeros que juegan un importante papel en el secuestro de carbono y que a través de su protección, regeneración o recuperación puede constituir aportes a la mitigación del cambio climático, en tanto que su degradación puede convertirse en fuente de emisiones.

e) Convención: Convención Marco de las Naciones Unidas sobre el Cambio Climático, adoptada en Nueva York el 9 de mayo de 1992.

f) Efectos adversos del cambio climático: los cambios en el medio ambiente, provocados por el cambio climático, que tienen consecuencias nocivas en la composición, la capacidad de recuperación o la productividad de los ecosistemas, en la salud y el bienestar humano, o en los sistemas socioeconómicos.

g) Forzantes climáticos de vida corta: conjunto de compuestos con efecto climático, siendo gases, aerosoles o partículas, incluyendo carbono negro, cuya vida media en la atmósfera, después de ser emitidos o formados, se estima en horas o hasta décadas, en un rango siempre inferior a la vida media del dióxido de carbono.

h) Gas de Efecto Invernadero: componente gaseoso de la atmósfera, natural o antropógeno, que absorbe y emite radiación en determinadas longitudes de onda del espectro de radiación terrestre, emitida por la superficie de la Tierra, por la propia atmósfera o por las nubes, considerados por la Convención y por la Enmienda de Kigali o las que las reemplacen.

i) Gestión del cambio climático: conjunto de políticas, planes, programas, regulaciones, normas, actos administrativos, instrumentos, medidas o actividades relacionadas con la mitigación o adaptación al cambio climático, a nivel nacional, regional y local.

La gestión del cambio climático comprenderá, entre otras, las medidas que tengan por finalidad evitar o disminuir los efectos adversos del cambio climático, prevenir los riesgos asociados a éste, así como aprovechar las oportunidades beneficiosas y aumentar la resiliencia climática.

j) Medios de implementación: acción, medida o proceso del ámbito institucional o normativo para el desarrollo y transferencia de tecnología, creación y fortalecimiento de capacidades y financiamiento, entre otros, que se requieran para la implementación de acciones de mitigación y adaptación al cambio climático.

k) Mitigación: acción, medida o proceso orientado a reducir las emisiones de gases de efecto invernadero y otros forzantes climáticos, o restringir el uso de dichos gases como refrigerantes, aislantes o en procesos industriales, entre otros, o a incrementar, evitar el deterioro o mejorar el estado de los sumideros de dichos gases, con el fin de limitar los efectos adversos del cambio climático.

l) Pérdidas y daños: los impactos causados por el cambio climático a los que se encuentra expuesto un territorio y sus habitantes, pueden ser de carácter económico, social o ambiental. En el caso en que estos sean irreversibles se llaman pérdidas y aquellos que son reversibles a priori se designan como daños. Se identifican tres tipos de pérdidas y daños:

- evitadas: impactos que pueden ser mitigados o adaptados.
- no evitadas: las que pudiendo ser evitadas, pero debido a la no implementación de medidas de adaptación o mitigación, causan impacto.
- inevitables: ningún esfuerzo puede impedir el impacto.

m) Neutralidad de emisiones de gases de efecto invernadero: estado de equilibrio entre las emisiones y absorciones de gases de efecto invernadero antropógenas, en un periodo específico, considerando que las emisiones son iguales o menores a las absorciones.

n) Presupuesto nacional de emisiones de gases de efecto invernadero: cantidad máxima de emisiones de gases de efecto invernadero acumulada a nivel nacional en un periodo determinado y que representa la suma de las emisiones totales de dichos gases en cada año comprendido en el periodo respectivo definida para cumplir la meta del Acuerdo de París.

o) Presupuestos sectoriales de emisiones de gases de efecto invernadero: cantidad máxima de emisiones de gases de efecto invernadero acumulada a nivel sectorial en un periodo determinado y que representa la suma de las emisiones totales de dichos gases en cada año comprendido en el periodo respectivo, según lo determine la Estrategia Climática de Largo Plazo.

p) Refugios Climáticos: aquellas áreas geográficas que, por sus particulares características geoclimáticas, hidrológicas, oceanográficas y/o una condición poco alterada de sus ecosistemas podrían tener capacidad de amortiguar los efectos negativos del cambio climático, permitiendo la viabilidad de sus ecosistemas y especies, o de mantener o recuperar el rol de sumidero de carbono y regulador del clima. En ningún caso las actividades de monocultivo de especies serán consideradas refugio climático.

q) Resiliencia climática: capacidad de un sistema o sus componentes para anticipar, absorber, adaptarse o recuperarse de los efectos adversos del cambio climático, manteniendo su función esencial, conservando al mismo tiempo la capacidad de adaptación, aprendizaje y transformación.

r) Riesgos vinculados al cambio climático: aquellas consecuencias potencialmente adversas para sistemas humanos o ecológicos, reconociendo la diversidad de valores y objetivos asociados con tales sistemas. En el contexto del cambio climático, pueden surgir riesgos de los impactos potenciales del cambio climático, así como de las respuestas humanas al mismo.

s) Seguridad hídrica: posibilidad de acceso al agua en cantidad y calidad adecuadas, considerando las particularidades naturales de cada cuenca, para su sustento y aprovechamiento en el tiempo para consumo humano, la salud, subsistencia, desarrollo socioeconómico, conservación y preservación de los ecosistemas, promoviendo la resiliencia frente a amenazas asociadas a sequías y crecidas y la prevención de la contaminación.

t) Soluciones basadas en la naturaleza: acciones para proteger, gestionar de manera sostenible y restaurar ecosistemas naturales o modificados que abordan desafíos de la sociedad como el cambio climático, la seguridad alimentaria e hídrica o el riesgo de desastres, de manera eficaz y adaptativa, al mismo tiempo que proporcionan beneficios para el desarrollo sustentable y la biodiversidad.

u) Sumidero: reservorio de origen natural o producto de la actividad humana, en suelos, océanos o plantas, que absorbe una mayor cantidad de gas de efecto invernadero, un aerosol o un precursor de un gas de efecto invernadero que la cantidad que emite, lo que debe ser contabilizado considerando todos los insumos del proceso.

v) Vulnerabilidad al cambio climático: propensión o predisposición a ser afectado negativamente por los efectos adversos del cambio climático. La vulnerabilidad comprende una variedad de conceptos que incluyen la sensibilidad o susceptibilidad al daño y la falta de capacidad de respuesta y adaptación de los ecosistemas, comunidades, territorios o sectores.

w) Grupos vulnerables: Segmento de la población que presenta alto riesgo vinculado a los efectos adversos del cambio climático, por tratarse de grupos ya marginados o en condiciones previas de vulnerabilidad.

x) Zona costera: espacio o interfase dinámica de anchura variable dependiendo de las características geográficas donde interactúan los ecosistemas terrestres con los acuáticos, ya sean marinos o continentales.

Artículo 5°.- Estrategia Climática de Largo Plazo. La Estrategia Climática de Largo Plazo es un instrumento reconocido en el Acuerdo de París, en el que se definen los lineamientos generales de largo plazo que seguirá el país de manera transversal e integrada, considerando un horizonte a 30 años para el cumplimiento del objeto de esta ley.

La Estrategia Climática de Largo Plazo contendrá, al menos, los siguientes aspectos fundamentales:

a) Presupuesto nacional de emisiones de gases de efecto invernadero al año 2030 y 2050, según la meta del artículo 4° y conforme a la Contribución Determinada a Nivel Nacional, de acuerdo a criterios de costo efectividad y equidad de las cargas. Además, contendrá lineamientos respecto del manejo contable de las absorciones, de las emisiones del transporte internacional y de los resultados de mitigación producto de la cooperación internacional. El presupuesto nacional de emisiones para el año 2040 será asignado en la actualización de la Estrategia Climática de Largo Plazo;

b) Presupuestos sectoriales de emisiones de gases de efecto invernadero al año 2030 asignados a los sectores señalados en el artículo 8°, de acuerdo a criterios de costo efectividad y equidad. Los presupuestos sectoriales de emisiones para los siguientes periodos serán asignados en el proceso de actualización de la Estrategia Climática de Largo Plazo. Las reducciones de emisiones necesarias para no sobrepasar el presupuesto sectorial respectivo, se alcanzarán mediante las medidas contempladas en los Planes Sectoriales de Mitigación;

c) Niveles de absorción y almacenamiento de gases de efecto invernadero para alcanzar y mantener la meta del artículo 4°, estableciendo lineamientos relativos a conservación de ecosistemas, restauración ecológica, forestación y reforestación con especies nativas, tecnologías y prácticas para la captura y almacenamiento de carbono, incluyendo consideraciones sobre las opciones de reducción de riesgos basadas en los océanos y sus efectos de mitigación. Los lineamientos no incentivarán la plantación de monocultivos forestales;

d) Objetivos, metas e indicadores de mitigación y adaptación a mediano plazo, conforme a lo establecido en la Contribución Determinada a Nivel Nacional;

e) Lineamientos para las acciones transversales de adaptación que se implementarán en el país, estableciendo objetivos, metas e indicadores de vulnerabilidad y adaptación a nivel nacional, que contendrá obras y acciones mínimas para la adaptación al cambio climático de manera de proteger a la población, sus derechos fundamentales y a los ecosistemas a mediano y largo plazo, conforme a lo establecido en la letra i) de este artículo, que permitan hacer seguimiento de los avances en la materia y establecer prioridades que orienten las medidas sectoriales y regionales. Dichos lineamientos deberán resguardar el uso del agua para consumo humano de subsistencia y saneamiento y para la conservación de la biodiversidad. Estas directrices corresponderán al Plan Nacional de Adaptación;

f) Lineamientos para que las medidas de mitigación y adaptación consideren soluciones basadas en la naturaleza, con especial énfasis en la sostenibilidad ambiental en el uso del agua frente a amenazas y riesgos asociados a sequías, crecidas y contaminación, y la consideración de refugios climáticos;

g) Directrices en materia de evaluación de riesgos y pérdidas y daños asociados al cambio climático, considerando la vulnerabilidad de cada sector específico a los efectos adversos, tanto evitados, no evitados e inevitables, del cambio climático;

h) Mecanismos de integración entre las políticas nacionales, sectoriales y regionales, considerando las sinergias entre adaptación y mitigación, e

i) Criterios de monitoreo, reporte y verificación del cumplimiento de las metas y medidas de los instrumentos de gestión del cambio climático, los planes sectoriales de mitigación y adaptación, definidos de acuerdo con los requerimientos de los compromisos internacionales de Chile y velando por la transparencia en el seguimiento, calidad y coherencia de los datos reportados.

El procedimiento para la elaboración de la Estrategia Climática de Largo Plazo estará a cargo del Ministerio del Medio Ambiente, en coordinación con las autoridades sectoriales señaladas en el artículo 17 y los ministerios competentes. Deberá contemplar, al menos, una etapa de participación ciudadana, que tendrá una duración de sesenta días hábiles, el informe previo del Comité Científico Asesor para el Cambio Climático y el pronunciamiento del Consejo de Ministros para la Sustentabilidad y el Cambio Climático, previa consulta al Consejo establecido en el artículo 20.

La Estrategia Climática de Largo Plazo se elaborará por el Ministerio del Medio Ambiente con la colaboración de los ministerios sectoriales. Se establecerá mediante decreto supremo del Ministerio del Medio Ambiente, en un plazo de no más de treinta días, contado desde el pronunciamiento del Consejo de Ministros para la Sustentabilidad, y su actualización se realizará al menos cada diez años, bajo el mismo procedimiento establecido para su aprobación.

Los presupuestos nacionales de emisión para cada periodo, los presupuestos sectoriales señalados en el literal b) anterior y los objetivos y metas señalados en el literal d) precedente serán actualizados según los compromisos internacionales asumidos en la Contribución Determinada a Nivel Nacional. Para lo anterior, en el plazo de treinta días contado desde su presentación a la Secretaría de la Convención, se iniciará un procedimiento abreviado para modificar la Estrategia Climática de Largo Plazo, incorporando los presupuestos, objetivos y metas actualizados, según corresponda. Este procedimiento será determinado por el reglamento señalado en el artículo 7º.

Los presupuestos sectoriales de emisión y los objetivos y metas de mediano plazo que sean modificados conforme al procedimiento abreviado señalado en el inciso anterior deberán ser incorporados en el proceso de revisión de los planes sectoriales de mitigación y adaptación, según corresponda, actualizando sus medidas e indicadores para el cumplimiento de los mismos.

El Consejo de Ministros para la Sustentabilidad y el Cambio Climático se pronunciará favorablemente con el informe previo del Comité Científico Asesor para el Cambio Climático sólo cuando se asegure que el cambio a realizar se ajusta al presupuesto nacional de emisiones del periodo respectivo establecido en la Estrategia Climática de Largo Plazo. Con dicho pronunciamiento se dará inicio al proceso de revisión de los planes, según lo establecido en el artículo 8°, inciso final.

Los ministerios que tengan la obligación de elaborar Planes Sectoriales de Mitigación podrán acreditar, mediante un informe fundado remitido al Consejo de Ministros para la Sustentabilidad y el Cambio Climático, que las emisiones de gases de efecto invernadero del sector que representan dejaron de constituir un aporte significativo al inventario nacional de emisiones. En caso de que dicho consejo apruebe el informe, para lo cual deberá contar con el pronunciamiento previo del Comité Científico Asesor, el ministerio requirente se eximirá de la obligación de actualizar su Plan Sectorial de Mitigación en la forma señalada por el artículo 8°.

Artículo 9°.- Planes Sectoriales de Adaptación al Cambio Climático. Los Planes Sectoriales de Adaptación establecerán el conjunto de acciones y medidas para lograr adaptar al cambio climático aquellos sectores con mayor vulnerabilidad y aumentar su resiliencia climática, de conformidad con los objetivos y las metas de adaptación definidas en la Estrategia Climática de Largo Plazo:

1) Se elaborarán al menos los siguientes planes sectoriales de adaptación:

a) Biodiversidad, incluyendo ecosistemas terrestres y marinos, cuya elaboración corresponderá al Ministerio del Medio Ambiente;

b) Recursos hídricos, cuya elaboración corresponderá al Ministerio de Obras Públicas. Su objetivo principal será establecer instrumentos e incentivos para promover la resiliencia ante los efectos adversos del cambio climático sobre los recursos hídricos, tales como la sequía, inundación y pérdida de calidad de las aguas, velando por la prioridad del consumo humano, de subsistencia y saneamiento, la preservación ecosistémica, la disponibilidad de las aguas y la sustentabilidad acuífera;

c) Infraestructura, cuya elaboración corresponderá al Ministerio de Obras Públicas;

d) Salud, cuya elaboración corresponderá al Ministerio de Salud;

e) Minería, cuya elaboración corresponderá al Ministerio de Minería;

f) Energía, cuya elaboración corresponderá al Ministerio de Energía;

g) Silvoagropecuario, cuya elaboración corresponderá al Ministerio de Agricultura;

h) Pesca y acuicultura, cuya elaboración corresponderá al Ministerio de Economía, Fomento y Turismo;

i) Ciudades, cuya elaboración corresponderá al Ministerio de Vivienda y Urbanismo;

j) Turismo, cuya elaboración corresponderá al Ministerio de Economía, Fomento y Turismo;

k) Zona costera, cuya elaboración corresponderá al Ministerio de Defensa Nacional, y

l) De transportes.

2) Los planes sectoriales de adaptación deberán contener, al menos, lo siguiente:

a) Caracterización del sector y su vulnerabilidad;

b) Evaluación de efectos adversos del cambio climático y riesgos actuales y proyectados para el sector, incluyendo aquellos asociados a las zonas latentes que se encuentren declaradas al momento de su elaboración;

c) Descripción detallada de las medidas de adaptación, con indicación de plazos de implementación y asignación de responsabilidades. Los planes deberán priorizar las medidas de adaptación en base a criterios de costo efectividad, considerando los lineamientos señalados en la Estrategia Climática de Largo Plazo. En el caso de que se disponga la dictación o revisión de regulaciones sectoriales, éstas serán priorizadas por la autoridad respectiva;

d) Descripción detallada de las medidas relativas a los medios de implementación, considerando los lineamientos identificados en la Estrategia Climática de Largo Plazo, con indicación de plazos y asignación de responsabilidades;

e) Descripción detallada de las medidas tendientes a reducir y gestionar el riesgo creado por el cambio climático al sector que regula el plan, y aplicando un enfoque territorial, cuando corresponda. Respecto de los riesgos de desastres, las medidas deberán ser aquellas contenidas en los planes sectoriales de gestión del riesgo de desastres, si los hubiere, o, en caso contrario, la Oficina Nacional de Emergencia del Ministerio del Interior y Seguridad Pública ejercerá el rol de contraparte técnica para el diseño de dichas medidas;

f) Indicadores de monitoreo, reporte y verificación de cumplimiento de las medidas del plan, conforme lo establecido en la Estrategia Climática de Largo Plazo, y

g) Identificación de barreras institucionales, normativas y económicas para el cumplimiento de las medidas indicadas en las letras c), d) y e) del número 2) de este artículo.

Un reglamento expedido por decreto supremo del Ministerio del Medio Ambiente establecerá el procedimiento para la elaboración, revisión y actualización de los Planes Sectoriales de Adaptación.

La elaboración e implementación de los planes sectoriales será de responsabilidad de las autoridades sectoriales señaladas, las que deberán colaborar recíprocamente y con los organismos con competencia en la materia, comprometiendo las medidas de adaptación que sean necesarias, los que deberán suscribir el decreto que apruebe el respectivo plan. Dicho procedimiento será coordinado por el Ministerio del Medio Ambiente y contemplará, al menos, una etapa de participación ciudadana, que tendrá una duración de sesenta días hábiles, que incluya la participación informada de los municipios y gobiernos regionales, y el pronunciamiento del Consejo de Ministros para la Sustentabilidad y el Cambio Climático.

Los Planes Sectoriales de Adaptación se establecerán mediante decreto supremo del ministerio competente, suscrito además por los Ministros del Medio Ambiente y de Hacienda, en un plazo de no más de treinta días contado desde el pronunciamiento del Consejo de Ministros para la Sustentabilidad y el Cambio Climático. Dichos planes serán revisados y actualizados, cada cinco años, bajo el mismo procedimiento establecido para su elaboración.

Artículo 11.- Planes de Acción Regional de Cambio Climático. La elaboración de los Planes de Acción Regional de Cambio Climático corresponderá a los Comités Regionales para el Cambio Climático, y tendrán por finalidad definir los objetivos e instrumentos de la gestión del cambio climático a nivel regional y comunal, los que deberán ajustarse y ser coherentes con las directrices de la Estrategia Climática de Largo Plazo, los Planes Sectoriales de Mitigación y Adaptación, los planes comunales de mitigación y adaptación, así como los Planes Estratégicos de Recursos Hídricos de Cuencas, cuando existan.

Los Planes de Acción Regional de cambio climático contendrán, al menos:

a) Contexto del cambio climático, sus proyecciones y sus potenciales impactos en la región;

b) Caracterización de la vulnerabilidad al cambio climático en la región;

c) Inventario de emisiones de gases de efecto invernadero y forzantes climáticos de vida corta, tales como carbono negro, dióxido de azufre y compuestos orgánicos volátiles, a nivel regional, que permita enfocar las medidas de mitigación;

d) Medidas de mitigación y adaptación propuestas en los planes sectoriales respectivos, considerando sus efectos en las reducciones de emisiones de gases de efecto invernadero y vulnerabilidad a los efectos adversos del cambio climático a nivel regional;

e) Medidas relativas a los medios de implementación, incluyendo identificación de fuentes de financiamiento a nivel regional;

f) Identificación y priorización de medidas de mitigación y adaptación para la región, las que deberán contar con financiamiento regional y apoyar el cumplimiento de los objetivos de la Estrategia Climática de Largo Plazo y los Planes Sectoriales de Mitigación y Adaptación;

g) Las medidas que incluya el plan deberán describirse detalladamente, con indicación de plazos de implementación y asignación de responsabilidades, y

h) Indicadores de monitoreo, reporte y verificación de cumplimiento de las medidas del plan a que se hace referencia en el literal f), en relación con el cumplimiento de las metas sectoriales establecidas en la Estrategia Climática de Largo Plazo, con una frecuencia anual.

Los Planes de Acción Regional de Cambio Climático serán aprobados por resolución del Delegado Presidencial Regional respectivo, previo acuerdo favorable del Gobierno Regional, en un plazo máximo de cuarenta y cinco días contado desde la comunicación de este último. Un reglamento del Ministerio del Medio Ambiente establecerá el procedimiento para la elaboración, revisión y actualización de los Planes de Acción Regional de Cambio Climático, debiendo considerar, a lo menos, una etapa de participación ciudadana de treinta días hábiles y la opinión del Consejo Consultivo Regional del Ministerio del Medio Ambiente.

Artículo 12.- Planes de Acción Comunal de Cambio Climático. Las municipalidades deberán elaborar planes de acción comunal de cambio climático, los que serán consistentes con las directrices generales establecidas en la Estrategia Climática de Largo Plazo y en los planes de acción regional de cambio climático.

Los planes de acción comunal de cambio climático contendrán, al menos:

a) Caracterización de la vulnerabilidad al cambio climático y potenciales impactos en la comuna;

b) Medidas de mitigación, adaptación a nivel comunal y relativas a los medios de implementación, incluyendo la identificación de sus fuentes de financiamiento a nivel comunal;

c) Descripción detallada de las medidas que consideran, con indicación de plazos de implementación y asignación de responsabilidades, y

d) Indicadores de monitoreo, reporte y verificación de cumplimiento de las medidas del plan, conforme a la Estrategia Climática de Largo Plazo.

El no cumplimiento de lo dispuesto en este artículo por parte de los respectivos alcaldes, en el plazo de tres años contados desde la publicación de esta ley, se sancionará con multa correspondiente a una remuneración mensual del respectivo alcalde.

Artículo 13.- Planes Estratégicos de Recursos Hídricos en Cuencas. El Ministerio de Obras Públicas estará encargado de la elaboración de los Planes Estratégicos de Recursos Hídricos en Cuencas, en conjunto con el Ministerio del Medio Ambiente; de Agricultura; de Ciencia, Tecnología, Conocimiento e Innovación, de Relaciones Exteriores cuando comprenda cuencas transfronterizas, y de los CORECC respectivos. Estos instrumentos tienen por objeto contribuir con la gestión hídrica, identificar las brechas hídricas de agua superficial y subterránea, establecer el balance hídrico y sus proyecciones, diagnosticar el estado de información sobre cantidad, calidad, infraestructura e instituciones que intervienen en el proceso de toma de decisiones respecto al recurso hídrico y proponer un conjunto de acciones para enfrentar los efectos adversos del cambio climático sobre el recurso hídrico, con el fin de resguardar la seguridad hídrica.

Cada cuenca del país deberá contar con un Plan Estratégico de Recursos Hídricos, el cual será público, deberá revisarse cada cinco años, actualizarse cada diez y considerar, a lo menos, los siguientes aspectos:

a) La caracterización de la cuenca;

b) La modelación hidrológica e hidrogeológica de la cuenca y la modelación de la calidad del agua superficial y subterránea, de manera coordinada con los órganos competentes;

c) Un balance hídrico que considere los derechos constituidos y usos susceptibles de regularización, la disponibilidad de recursos hídricos para la constitución de nuevos derechos y el caudal susceptible de ser destinado a fines no extractivos;

d) Un plan de recuperación de acuíferos cuya sustentabilidad, en cuanto cantidad y/o calidad, incluyendo parámetros biológicos, físicos y químicos, se encuentre afectada o haya riesgo de afectación;

e) Un plan para hacer frente a las necesidades presentes y futuras de recursos hídricos con preferencia en el consumo humano y la conservación y preservación de la naturaleza. Se incluirá una evaluación por cuenca de la disponibilidad de implementar e innovar en nuevas fuentes para el aprovechamiento y la reutilización de aguas, con énfasis en soluciones basadas en la naturaleza, tales como la restauración o conservación de humedales, riberas, bosque nativo, prácticas sustentables agrícolas, así como las mejores técnicas disponibles para la desalinización de agua de mar, la reutilización de aguas grises y servidas, la recarga artificial de acuíferos, la cosecha de aguas lluvias y otras que sean aplicables. Dicha evaluación incluirá un análisis de costos y beneficios de las distintas alternativas; la identificación de los potenciales impactos ambientales y sociales para una posterior evaluación, y las proyecciones de demanda a diez años, para consumo humano y la conservación y preservación de la naturaleza;

f) Medidas concretas para hacer frente a los efectos adversos derivados del cambio climático, tales como sequías, inundaciones y pérdida de calidad de las aguas;

g) Los planes de manejo a los que hace referencia el artículo 42 de la ley N° 19.300, en el caso que se hayan dictado;

h) Un programa quinquenal para la ampliación, instalación, modernización y/o reparación de las redes de estaciones fluviométricas, meteorológicas, sedimentométricas, y la mantención e implementación de la red de monitoreo de calidad de las aguas superficiales y subterráneas, de niveles de pozos, embalses, lagos, glaciares y rutas de nieve, e

i) Indicadores anuales de cumplimiento de la planificación y avance de cada plan, identificando el organismo del Estado responsable de su implementación. Dicha información y la de los modelos conceptuales con sus códigos y escenarios de cambio climático que se generen en cada plan será de público acceso en una plataforma electrónica dispuesta al efecto.

Las medidas que deban ser implementadas por los órganos señalados en el inciso anterior podrán ser priorizadas en su respectivo ámbito de gestión, de acuerdo con su disponibilidad presupuestaria, e informadas al Ministerio de Obras Púbicas.

Dichos planes deberán ser consistentes con las políticas para el manejo, uso y aprovechamiento sustentables de los recursos naturales renovables a que hace referencia el artículo 70, letra i), de la ley N° 19.300, la Estrategia Climática de Largo Plazo y el Plan de Adaptación de Recursos Hídricos.

Los Planes de Acción Regional de Cambio Climático deberán considerar los planes estratégicos de recursos hídricos en cuencas cuando corresponda. Asimismo, dichos planes estratégicos deberán ser considerados en la elaboración y actualización de los instrumentos de planificación territorial y los planes regionales de ordenamiento territorial que sean aplicables.

Cuando los Planes Estratégicos de Recursos Hídricos en Cuencas recaigan sobre cuencas transfronterizas, la Dirección General de Aguas remitirá a la Dirección Nacional de Fronteras y Límites del Estado el respectivo Plan, para el ejercicio de sus competencias.

Un reglamento expedido por decreto supremo del Ministerio de Obras Públicas establecerá el procedimiento para la elaboración, revisión y actualización, así como el monitoreo y reporte de los Planes Estratégicos de Recursos Hídricos en Cuencas, debiendo considerar al menos, una etapa de participación ciudadana de sesenta días hábiles.

Artículo 30.- Sistema de Certificación Voluntaria de Gases de Efecto Invernadero y Uso del Agua. Corresponderá al Ministerio del Medio Ambiente otorgar certificados, rótulos o etiquetas a personas naturales o jurídicas, públicas o privadas, respecto de la cuantificación, gestión y reporte de las emisiones de gases de efecto invernadero y forzantes climáticos de vida corta, así como la reducción o absorción de dichos gases y forzantes, que sean voluntariamente solicitados y cumplan con los criterios, metodologías y requisitos que establezca un reglamento.

Asimismo, podrán otorgarse certificados, rótulos o etiquetas relativas a la cuantificación, gestión y reporte del uso eficiente del agua, así como la reducción de su consumo, que sean voluntariamente solicitados y cumplan con los criterios, metodologías y requisitos que establezca un reglamento. Para ello podrán desarrollarse estándares e indicadores, o utilizar los reconocidos internacionalmente.

Dicho reglamento deberá determinar, asimismo, el procedimiento al cual se sujetará el otorgamiento, condiciones y revocación de los referidos certificados, rótulos y etiquetas.

La verificación del cumplimiento de los requisitos que señale el reglamento deberá ser efectuada por entidades técnicas, cuya acreditación, autorización y control corresponderá a la Superintendencia del Medio Ambiente.

Las infracciones a este artículo se sancionarán de conformidad con lo dispuesto en el Título III de la ley orgánica de la Superintendencia del Medio Ambiente, encontrándose ésta facultada, además, para revocar el certificado, rótulo o etiqueta como sanción.

La Corporación de Fomento para la Producción, directamente o a través de sus comités, colaborará con el Ministerio del Medio Ambiente, promoviendo el involucramiento del sector privado y la certificación de reducción de gases de efecto invernadero, así como de uso eficiente del agua en sus instrumentos.

III. EVENTOS EXTREMOS

LEY Nº 20.304, SOBRE OPERACIÓN DE EMBALSES FRENTE A ALERTAS Y EMERGENCIAS DE CRECIDAS Y OTRAS MEDIDAS QUE INDICA, DE 2008 (Selección de artículos)

TÍTULO I
DISPOSICIONES GENERALES

Artículo 1°.- La presente ley norma la operación de los embalses de control que, por su capacidad de regulación o por su cercanía a lugares habitados, permita, en casos de crecidas inminentes de caudales de agua, evitar o mitigar los riesgos para la vida, la salud o los bienes públicos y privados, junto con otros derechos y obligaciones que indica.

Artículo 2°.- Para todos los efectos de esta ley, se entenderá por:

a) Crecida: aumento significativo de los caudales de los cauces que puede provocar su desborde.

b) Embalse: es toda obra que tenga un muro por sobre el nivel del terreno y que acopie aguas.

c) Embalse de control: es todo embalse que contribuya a la regulación de las crecidas, declarado como tal por la Dirección General de Aguas, en adelante DGA. Para calificarlo como de control, la DGA deberá considerar, entre otras características, el volumen de regulación del respectivo embalse y la localización de éste respecto de la cuenca hidrográfica, y que aquél permita regular las crecidas de los caudales de agua, con el objetivo de evitar o mitigar las situaciones de peligro para la vida, la salud o los bienes de la población.

d) Emergencia: grave alteración de las condiciones de vida de un colectivo social determinado, que pueda dañar los bienes físicos o ambiente, provocada por un fenómeno natural o acción humana, voluntaria o involuntaria, susceptible de ser controlada con los medios previstos en el territorio, espacio o colectivo social afectado.

e) Estado de alerta de crecidas: conjunto de disposiciones, medidas y acciones destinadas a establecer un estado de vigilancia sobre las condiciones y situaciones de riesgo, que se activan por la autoridad correspondiente para prevenir, mitigar o mejor controlar y reducir los impactos de emergencias, producto del aumento significativo, actual o futuro, de los caudales de los cauces que puede provocar su desborde.

f) Manual de operación: conjunto de normas técnicas que regulan la operación de cada embalse de control, elaboradas por el operador y autorizadas por la DGA, las que deberán velar, entre otras, por la seguridad de las presas y buenas prácticas, tanto en la ingeniería de las obras civiles como en su operación, conforme al procedimiento que establezca el reglamento. El mencionado Manual de Operación deberá contener un Plan de Contingencia de Crecidas.

En los casos en que se trate de un embalse de control de generación hidroeléctrica, se requerirá la opinión previa de la Comisión Nacional de Energía, la que deberá ser emitida por ésta dentro del plazo de treinta días contado desde la fecha en que reciba la solicitud. Dicha opinión no será vinculante para los efectos de la aprobación del Manual de Operación.

g) Operador: toda persona natural o jurídica, de derecho público o privado, que bajo cualquier título administre un embalse.

h) Plan de contingencia: procedimientos operativos específicos de coordinación, movilización y respuesta, que el operador de un embalse de control deberá implementar ante la declaración del estado de alerta de crecidas.

i) Reglamento: el dictado para la ejecución de esta ley, conforme a su artículo 19.

Artículo 3º.- Todo embalse y su respectivo operador, deberán registrarse en el Inventario Público de Obras Hidráulicas perteneciente al Catastro Público de Aguas, establecido en el artículo 122 del Código de Aguas. El registro deberá solicitarse a la DGA, dentro del plazo de 30 días, contado desde la notificación de la resolución que aprueba las obras a que se refiere el artículo 294 del Código de Aguas y, respecto de las demás obras, desde que comience el acopio de aguas.

Una vez registrado un embalse y su operador en el Inventario Público de Obras Hidráulicas, la Dirección General de Aguas calificará en el plazo de 30 días, mediante resolución, si corresponde a un embalse de control, de conformidad con lo establecido en el artículo 2°, letra c).

TÍTULO II
OBLIGACIONES DE LOS OPERADORES DE EMBALSES DE CONTROL

Artículo 4°.- Los operadores de embalses de control deberán instalar y mantener sistemas de monitoreo de sus caudales de afluentes y efluentes, según los estándares establecidos por la DGA para la construcción y operación de estaciones de redes hidrométricas. Asimismo deberán, a lo menos, medir caudales y niveles de cotas y generar sistemas de información que permitan a la autoridad respectiva adoptar las medidas contempladas en los artículos 9° y siguientes, sin perjuicio de los requerimientos específicos que para cada caso la DGA determine, en la resolución en que se califique al respectivo embalse como de control, conforme al inciso segundo del artículo 3°.

En caso de incumplimiento de la obligación señalada en el inciso anterior, la DGA denunciará la infracción ante el juez de letras respectivo, quien deberá requerir el cumplimiento dentro del plazo de 15 días hábiles, contado desde la fecha de la notificación, bajo apercibimiento de imponer multa a beneficio fiscal por un monto de 50 hasta 500 unidades tributarias anuales. En caso de reincidencia, el juez reiterará el apremio, tantas veces como sea necesario, hasta que se dé pleno cumplimiento a la resolución referida en el inciso precedente.

Para los efectos de lo señalado en el inciso primero de este artículo, el operador deberá instalar los referidos sistemas dentro del plazo de 60 días contado desde la notificación de la resolución que califica el embalse de control.

Artículo 5°.- Los operadores de los embalses de control deberán informar, diariamente, a la DGA los registros de los sistemas de monitoreo. Dicha información será de libre acceso público.

Artículo 6°.- Desde la fecha en que la DGA dicte la resolución señalada en el inciso segundo del artículo 3°, los operadores de los embalses de control tendrán un plazo de 90 días para presentar su respectivo manual de operación. La DGA lo aprobará u observará, indicando las enmiendas pertinentes para su aprobación, las que deberán efectuarse dentro del plazo de 20 días, contados desde la fecha de su notificación.

En caso de no presentar el manual de operación o de no efectuar las enmiendas indicadas por la DGA de conformidad con el inciso anterior, el operador será sancionado conforme al procedimiento del Título V de la presente ley, con una multa a beneficio fiscal, desde 30 hasta 300 unidades tributarias anuales.

El reglamento establecerá el contenido del Manual de Operación, el cual, considerando la seguridad del embalse y las restricciones constructivas propias de éste, deberá tomar en cuenta los impactos de generación, riesgo y control de crecidas.

Sin perjuicio de lo señalado en el inciso anterior, dicho manual y su plan de contingencia de crecidas, considerará en su contenido:

a) Un hidrograma de crecida pluvial afluente al embalse;

b) La programación de evacuación anticipada desde el embalse para disponer del volumen de regulación que permita atenuar la crecida del o de los afluentes. Dicho programa deberá considerar las diferentes condiciones de volumen inicial del embalse, como las distintas alternativas para el inicio del proceso de evacuación de caudales, es decir, la antelación respecto del ingreso de la crecida al embalse;

c) El tránsito de hidrograma de crecida y estado final del embalse, considerando proporcionar la información de caudal afluente, el nivel del embalse, el caudal descargado y vertido desde el embalse a nivel horario, y

d) Un análisis para situaciones de retorno de 100, 150, 200, 250 y 300 años y el tiempo de antelación, que deberá considerar desfases de 6, 12, 24 y 48 horas.

Artículo 7°.- Las resoluciones que se dicten de conformidad con los artículos 3° y 6°, podrán ser objeto de los recursos de reconsideración y reclamación consagrados en los artículos 136 y 137 del Código de Aguas, respectivamente. La sola interposición del recurso de reconsideración suspenderá los efectos de la resolución administrativa impugnada.

TÍTULO III
DE LA DECLARACIÓN DE ESTADO DE ALERTA DE CRECIDAS

Artículo 8°.- La Dirección Meteorológica de Chile (DMC), deberá informar diariamente a la DGA y el Servicio Nacional de Prevención y Respuesta ante Desastres, los pronósticos meteorológicos que dicha Dirección confeccione, así como también toda información relevante e inherente a eventos meteorológicos significativos.

Artículo 9°.- La DGA, considerando todos los antecedentes del caso, tales como precipitaciones, deshielos, caudales, período del año y características de los embalses de control, declarará, mediante resolución fundada, el estado de alerta de crecidas, de conformidad a sus facultades y competencias, en el nivel correspondiente al riesgo evaluado, para una determinada zona geográfica del país o área administrativa respectiva. Dicha resolución no admitirá recurso administrativo alguno. La declaración de alerta deberá ser comunicada por la DGA al Servicio Nacional de Prevención y Respuesta ante Desastres en forma oportuna y suficiente.

Artículo 10.- La declaración del estado de alerta de crecidas para una determinada zona del país, deberá ser notificada por el Servicio Nacional de Prevención y Respuesta ante Desastres al Intendente respectivo, a la o las municipalidades respectivas, a la Comisión Nacional de Energía, al Centro de Despacho Económico de Carga del Sistema Interconectado Central (CDEC-SIC), a la Dirección de Obras Hidráulicas y a los operadores involucrados, en la forma y oportunidad que establezca el reglamento, sin perjuicio de las acciones de comunicación establecidas en el Plan de Emergencia respectivo.

Artículo 11.- Decretado el estado de alerta de crecidas la DGA podrá ordenar, de manera fundada, nuevas medidas además de las ya autorizadas en el plan de contingencia del operador, las que formarán parte integrante de dicho plan.

Las resoluciones que se dicten, en conformidad con el inciso precedente, por el Director General de Aguas, por funcionarios de su dependencia, o por quienes obren en virtud de una delegación que el primero les haga en uso de las atribuciones conferidas por la ley, serán precisa e inmediatamente cumplidas. Estas resoluciones sólo podrán ser objeto de los recursos de reconsideración y de reclamación a que se refieren los artículos 136 y 137 del Código de Aguas, y su interposición en ningún caso dará lugar a la suspensión de su cumplimiento.

Una vez finalizado el evento de crecida, la autoridad se encontrará obligada a efectuar una cuenta pública sobre su decisión de dar inicio a los mecanismos contemplados en la presente ley, así como sobre las decisiones y medidas adoptadas durante el desarrollo del evento en cuestión y la información considerada en cada caso para su aplicación.

Artículo 12.- Si la crecida efectivamente producida fuere menor a la pronosticada, y producto del cumplimiento de las nuevas medidas dispuestas por la DGA, de conformidad con lo establecido en el inciso primero del artículo 11, el embalse no recuperare el nivel de aguas que tenía antes de la aplicación de tales medidas, por haber evacuado aguas, en circunstancias que estaba en condiciones de conservarlas, el Fisco deberá indemnizar al operador, siempre que éste probare un daño o perjuicio efectivo y avaluable en dinero.

La procedencia y el monto de dicha indemnización serán establecidos de común acuerdo por las partes, y a falta de éste, por un árbitro de derecho con facultades de arbitrador en cuanto al procedimiento, designado por las partes de común acuerdo o, en caso de no producirse tal acuerdo, por la justicia ordinaria de conformidad a lo dispuesto en el Título IX del Código Orgánico de Tribunales.

Si el propósito principal del embalse es la generación de energía eléctrica, la avaluación del daño se determinará calculando la diferencia entre el resultado económico que se produce por la operación del embalse, como consecuencia de la aplicación de las nuevas medidas, y el resultado económico que se hubiera producido por la operación del embalse si hubiere estado en condiciones de conservar las aguas que se ordenó evacuar.

En el caso contemplado en el inciso precedente, el monto de la indemnización será establecido de común acuerdo por las partes, y a falta de éste, por el Panel de Expertos de la Ley General de Servicios Eléctricos, de existir acuerdo en ello. De lo contrario, el monto de la indemnización será establecido por un árbitro de derecho con facultades de arbitrador en cuanto al procedimiento, designado por las partes de común acuerdo o, en caso de no producirse, por la justicia ordinaria de conformidad a lo dispuesto en el Título IX del Código Orgánico de Tribunales. Dentro de los 60 días siguientes a la aplicación de las medidas adicionales indicadas en el inciso anterior, que hubieren producido el resultado también señalado en dicho inciso y siempre en carácter previo al acuerdo de las partes o al sometimiento de la determinación del monto de indemnización a una de las instancias antes referidas, deberá existir sobre la materia un informe de la Dirección de Operaciones del CDEC respectivo.

En el caso del Panel de Expertos, su dictamen deberá optar por la alternativa del operador o de la DGA, sin que pueda adoptar valores intermedios. Será vinculante para todos los que participen en el procedimiento respectivo y no procederá ninguna clase de recursos jurisdiccionales o administrativos, de naturaleza ordinaria o extraordinaria.

Artículo 13.- Corresponderá a la DGA requerir del Juez a que se refiere el artículo 16 de esta ley, la aplicación de sanciones a los operadores que incumplan con las medidas de operación aprobadas u ordenadas, una vez declarado el estado de alerta de crecidas. Para este efecto, se aplicará el procedimiento contemplado en el artículo 17 de esta ley, y a los operadores responsables se les sancionará con multa a beneficio fiscal, desde 200 a 6.000 unidades tributarias anuales.

Artículo 14.- El juez, al momento de imponer las multas señaladas en el artículo precedente y con el objeto de determinar su cuantía, deberá considerar:

a) La gravedad de la infracción, para cuyo efecto se atenderá, principalmente, a las pérdidas de vidas humanas, lesiones a la salud o integridad física de las personas y daños a los bienes públicos y de los particulares.

b) La reincidencia.

TÍTULO IV
DE LA RESPONSABILIDAD DE LOS OPERADORES

Artículo 15.- El operador de un embalse de control deberá indemnizar los perjuicios ocasionados a terceros, si éstos provinieren del incumplimiento de las normas contenidas en la presente ley, en su reglamento, en el manual de operación o en las instrucciones impartidas por la autoridad respectiva.

Se presumirá el incumplimiento de las normas e instrucciones a que se refiere el inciso anterior, con el solo informe fundado emitido por la Dirección General de Aguas que así lo declare, a requerimiento del tribunal respectivo.

TÍTULO V
DEL PROCEDIMIENTO

Artículo 16.- Será competente para conocer de las causas que se promuevan por infracción a la presente ley, con excepción de lo dispuesto en el Título III, el juez de letras en lo civil del lugar en que se encuentre el embalse de control respectivo.

Artículo 17.- Las causas a que se refiere el artículo anterior se tramitarán en conformidad al procedimiento sumario, establecido en los artículos 680 y siguientes del Código de Procedimiento Civil.

En este procedimiento, será admisible cualquier medio de prueba, además de los establecidos en el Código de Procedimiento Civil.

El juez apreciará la prueba y fundamentará su sentencia conforme a las reglas de la sana crítica.

El recurso de apelación sólo se concederá en contra de la sentencia definitiva, en el solo efecto devolutivo.

Estas causas tendrán preferencia para su vista y fallo, y en ellas no procederá su suspensión. Si la Corte estima que falta algún trámite, antecedente o diligencia, decretará su práctica como medida para mejor resolver.

TÍTULO VI
DE LA FISCALIZACIÓN

Artículo 18.- Sin perjuicio de lo dispuesto en el artículo 307 del Código de Aguas, corresponderá a la DGA fiscalizar el permanente cumplimiento de las normas de operación contempladas en el manual de operación del respectivo embalse de control. En caso de incumplimiento, dicha autoridad lo denunciará ante el juez de letras competente, quien impondrá una multa a beneficio fiscal, desde 200 a 2.000 unidades tributarias anuales, tomando en consideración lo dispuesto en el artículo 14 y el período de tiempo durante el cual se hubieren infringido la o las normas respectivas.

TÍTULO VII
NORMAS GENERALES

Artículo 19.- El Ministerio de Obras Públicas, mediante decreto supremo, dictado en el plazo de tres meses, contado desde la fecha de publicación de esta ley, previo informe de la Comisión Nacional de Energía, dictará el reglamento de esta ley.

Artículo 20.- El mayor gasto que represente la aplicación de esta ley se financiará con cargo al presupuesto de la DGA. No obstante lo anterior, el Ministerio de Hacienda, con cargo a la partida presupuestaria del Tesoro Público, podrá suplementar dicho presupuesto en la parte del gasto que no se pudiere financiar con esos recursos.

[...]

Artículo transitorio.- En el plazo de 30 días, a contar de la publicación del reglamento de esta ley, los embalses y sus operadores deberán registrarse en el Inventario Público de Obras Hidráulicas, perteneciente al Catastro Público de Aguas establecido en el artículo 122 del Código de

Aguas, presentando al efecto toda la documentación que se exija de conformidad al Reglamento del Catastro Público de Aguas.

IV. FUENTES HÍDRICAS COMPLEMENTARIAS

LEY Nº 21.075, REGULA LA RECOLECCIÓN, REUTILIZACIÓN Y DISPOSICIÓN DE AGUAS GRISES, DE 2018

Teniendo presente que el H. Congreso Nacional ha dado su aprobación al proyecto de ley iniciado en moción de los Honorables senadores señoras Adriana Muñoz D'Albora e Isabel Allende Bussi y señores Alejandro Guillier Álvarez, Antonio Horvath Kiss y Baldo Prokurica Prokurica,

Proyecto de ley:

Artículo 1.- La presente ley establece y regula los sistemas de reutilización de las aguas grises, aplicable a áreas urbanas y rurales.

Artículo 2.- Para los efectos de lo previsto en esta ley se entenderá por:

a) "Aguas grises": aguas servidas domésticas residuales provenientes de las tinas de baño, duchas, lavaderos, lavatorios y otros, excluyendo las aguas negras.

b) "Aguas grises tratadas": aquellas que se han sometido a los procesos de tratamiento requeridos para el uso previsto.

c) "Aguas negras": aguas residuales que contienen excretas.

d) "Aguas residuales": aquellas que se descargan después de haber sido utilizadas en un proceso o producidas por éste, y que no tienen ningún valor inmediato para dicho proceso.

e) "Aguas servidas domésticas": aguas residuales que contienen los desechos de una edificación, compuestas por aguas grises y aguas negras.

f) "Aportante": inmueble edificado del cual provienen las aguas grises para su tratamiento y posterior uso.

g) "Instalación domiciliaria de alcantarillado de aguas grises": obras necesarias para evacuar las aguas grises de un inmueble, desde las tinas de baño, duchas, lavaderos y lavatorios y otros, hasta la planta domiciliaria de tratamiento de aguas grises o hasta la última cámara del sistema de recolección domiciliario de aguas grises, según corresponda. En caso que estas instalaciones cuenten con una conexión a la red pública de alcantarillado, se entenderá que también forman parte de las instalaciones domiciliarias de alcantarillado de aguas servidas, sin afectar el descuento establecido en el artículo 13.

h) "Planta de tratamiento de aguas grises": instalaciones y equipamiento destinados al proceso de depuración de éstas, con el objeto de alcanzar los estándares exigidos para su reutilización.

i) "Red pública de recolección de aguas grises": aquellas instalaciones operadas y administradas por el responsable del servicio público de recolección de aguas grises, a las que se empalman las instalaciones domiciliarias de aguas grises.

j) "Redes privadas de recolección de aguas grises": aquella parte de la instalación domiciliaria de alcantarillado de aguas grises ubicada aguas arriba de la planta de tratamiento de aguas grises o de la última cámara de la red domiciliaria de alcantarillado de aguas grises, según corresponda, y que sirve a más de un inmueble edificado.

k) "Reutilización de aguas grises": la aplicación de aquellas, una vez que se han sometido al tratamiento exigido para el uso autorizado.

l) "Sistemas de interés público": aquellos que satisfacen un interés de esta especie por servir al riego de áreas verdes, parques o centros deportivos públicos, admitidos por el instrumento de planificación territorial aplicable y, en su caso, por el proyecto de urbanización. Asimismo, deben ser de propiedad o administración municipal, del Servicio de Vivienda y Urbanización o de cualquier otro órgano de la Administración del Estado.

También tendrán el carácter de sistemas de interés público aquellos cuya finalidad sea la recolección, tratamiento y reutilización de aguas grises generadas por establecimientos educacionales públicos o en que las aguas grises tratadas se destinen al riego o a cualquier otro destino autorizado que beneficie a un establecimiento educacional público.

Tendrán asimismo el carácter de sistemas de interés público aquellos que, siendo calificados como tales por el órgano administrativo competente, se destinen a la protección, preservación y/o conservación de Áreas Protegidas, con el objeto de asegurar la diversidad biológica, salvaguardar la preservación de la naturaleza o conservar el patrimonio ambiental. De todas formas podrán tener la calificación de interés público los sistemas de recolección, tratamiento y reutilización de aguas grises que, sin estar destinados a un Área Protegida específica, igualmente contribuyan a la conservación y sustentabilidad ambiental, de acuerdo a lo establecido en el numeral 5 del artículo 8.

Para efectos de materializar la conexión a que se refiere el numeral 6 del artículo 3, los concesionarios de servicios sanitarios de recolección de aguas servidas estarán obligados a prestar estos servicios dentro de su territorio operacional cuando sea solicitado para un sistema de interés público. La solicitud de conexión y los servicios de recolección se realizarán en los términos de la Ley General de Servicios Sanitarios, contenida en el decreto con fuerza de ley N° 382, del Ministerio de Obras Públicas, de 1988, la ley N° 18.902 y demás normas relacionadas con los servicios sanitarios.

Los inmuebles que servirán como afluentes de un sistema de tratamiento de aguas grises de interés público estarán definidos en el proyecto de urbanización que servirá de base a la licitación pública que contempla el artículo 5.

m) "Sistema de reutilización de aguas grises": conjunto de instalaciones destinadas a la recolección, tratamiento, almacenamiento y conducción de las aguas grises para su uso en la alternativa de reutilización que se proyecte. Incluye, además, instalaciones para el uso del efluente tratado, el cual debe cumplir con la calidad para el uso previsto definida en la reglamentación. Las plantas de tratamiento de aguas grises se entenderán admitidas como uso de suelo para efectos de su emplazamiento, debiendo respetar las condiciones que al efecto establezca la Ordenanza General de Urbanismo y Construcciones.

n) "Sistemas de reutilización de aguas grises domiciliarios": aquellos en que se aprovechan estas aguas al interior del inmueble en que se producen y tratan, para los fines que se autorizan.

ñ) "Sistemas de reutilización de aguas grises domiciliarios colectivos": aquellos en que se aprovechan estas aguas que se producen y tratan al interior de un edificio o conjunto de edificaciones que conforman un condominio o comunidad.

o) "Superintendencia": Superintendencia de Servicios Sanitarios.

p) "Titular de la autorización": persona natural o jurídica que obtiene de la autoridad sanitaria la autorización necesaria para la instalación de un sistema de reutilización de aguas grises y se hace responsable ante ella de su funcionamiento, según los fines autorizados.

q) "Usuario del agua gris tratada": persona natural o jurídica que utiliza el agua gris tratada para el uso previsto.

Artículo 3.- Los sistemas de reutilización de aguas grises deberán contar con aprobación de proyecto y autorización de funcionamiento de la autoridad sanitaria regional respectiva.

La solicitud de aprobación de proyecto deberá contener, a lo menos, los siguientes antecedentes:

1.- La identificación del peticionario.

2.- La individualización precisa del lugar, área o áreas donde tendrá lugar la reutilización.

3.- El nombre o identificación del operador si fuera un sistema de tratamiento domiciliario.

4.- La indicación clara y precisa de los fines que se dará a las aguas grises tratadas.

5.- El sistema de tratamiento a emplear.

6.- La acreditación del hecho de contar con conexión a la red pública de alcantarillado, cuando éste exista, o con un sistema particular de aguas servidas, sea este individual o colectivo.

El Ministerio de Salud dictará un reglamento que contendrá las condiciones sanitarias que deberán cumplir los sistemas de reutilización de aguas grises, el que establecerá los requisitos o antecedentes adicionales que se deberán acompañar a las solicitudes de aprobación del proyecto y autorización de funcionamiento, según corresponda, tomando en especial consideración su aplicación tanto para área urbana como rural.

Respecto de las solicitudes, la autoridad requerida se pronunciará de conformidad a lo establecido en el artículo 7º del Código Sanitario.

Artículo 4.- La resolución que autorice el sistema de reutilización de aguas grises considerará, entre otros, los siguientes aspectos:

1.- La identificación del titular a cargo del sistema.

2.- La individualización precisa del lugar, área o áreas donde tendrá lugar la reutilización.

3.- El sistema de tratamiento a emplear.

4.- El plazo por el cual se otorga la autorización, de conformidad a lo dispuesto en el artículo 7° del Código Sanitario.

5.- La identificación de los fines a los que se podrán destinar las aguas grises tratadas y los estándares que se deberán cumplir, según esos mismos fines.

6.- La identificación de la concesionaria de servicios sanitarios o el sistema particular de aguas servidas con el que se mantendrá la conexión a la red de alcantarillado, cuando éste exista, o con un sistema particular de aguas servidas, sea éste individual o colectivo.

7.- Su aplicación en área urbana o rural.

La resolución de la autoridad sanitaria que otorgue la autorización de funcionamiento deberá ser publicada por el titular en extracto en un diario de circulación regional o comunal, correspondiente al lugar donde se encuentre el inmueble o área verde, parque, centro deportivo o recreativo en que opera, dentro de los 15 días siguientes a su notificación. Además, dentro de 30 días contados desde la fecha de dicha publicación, el titular deberá inscribir la resolución en un registro que, para tal efecto, llevará la Superintendencia.

Con todo, la autoridad sanitaria, en el caso de pequeños volúmenes de agua tratada, podrá eximir al titular del requisito de publicación mencionado en el inciso precedente.

La autorización de funcionamiento para los sistemas domiciliarios tendrá la duración a que se refiere el artículo 7° del Código Sanitario, sin perjuicio de que se disponga la clausura del respectivo sistema por la autoridad sanitaria en caso de incumplimiento de la autorización y sus fines.

Artículo 5.- Los sistemas de recolección, tratamiento y reutilización de aguas grises para fines de interés público que excedan el ámbito domiciliario podrán ser de iniciativa municipal, del Servicio de Vivienda y Urbanización o de otro órgano de la Administración del Estado con competencia sobre el territorio, los establecimientos o respecto de las materias en que incida la declaración. Dichas entidades podrán licitar directamente o solicitar a la Superintendencia que realice la licitación pública para la recolección, tratamiento y reutilización de estas aguas. La gestión de estos servicios se otorgará por un plazo determinado, de acuerdo al interés público comprometido y la magnitud de las inversiones según se defina en las bases de licitación.

Adjudicada la licitación, el adjudicatario deberá obtener la aprobación del proyecto y la autorización de funcionamiento de dicho sistema de la respectiva autoridad sanitaria.

La autorización de funcionamiento de los sistemas de interés público quedará sometida a los artículos 7º bis, 9º, 9º bis, 40, 42, 43, 44, 45 y 46 de la Ley General de Servicios Sanitarios, contenida en el decreto con fuerza de ley Nº 382, del Ministerio de Obras Públicas, promulgado el año 1988 y publicado el año 1989, para lo cual la Superintendencia tendrá las atribuciones fiscalizadoras, interpretativas y demás que le confiere el decreto con fuerza de ley Nº 382, ya referido, la ley Nº 18.902 y demás normas relacionadas con los servicios sanitarios, velando por que se cumpla con los parámetros exigidos y autorizados por la autoridad sanitaria, según sus fines.

Podrá ser considerado como un criterio de adjudicación el precio a cobrar a los usuarios del agua gris tratada que define esta ley.

El adjudicatario de la recolección, tratamiento y reutilización de las aguas grises deberá convenir con los usuarios los términos y condiciones bajo los cuales se proveerá el servicio según sus fines autorizados, lo que será informado a la Superintendencia, al igual que toda modificación que se realice al mencionado convenio. Los términos de este convenio deberán, en todo caso, ceñirse a las condiciones consideradas para el cálculo del precio.

Si alguno de los órganos del Estado mencionados en el inciso primero decide realizar directamente la licitación del sistema, podrá ser asesorado o coadyuvado por la Superintendencia en dicho procedimiento.

Artículo 6.- Sin perjuicio de lo dispuesto en el artículo anterior, las autoridades propenderán, en el ámbito de sus competencias, al desarrollo de estudios de factibilidad de implementación de sistemas de recolección y disposición de aguas grises en los instrumentos de planificación territorial.

En especial, se promoverá la implementación de sistemas de recolección, tratamiento y reutilización de aguas grises en la habilitación de servicios públicos, construcción de establecimientos educacionales, proyectos de conjuntos de viviendas, terminales de buses urbanos, rurales y suburbanos.

Artículo 7.- Las aguas grises deberán conducirse independientemente de las aguas negras, para su posterior tratamiento y reutilización.

Las aguas grises podrán ser tratadas y reutilizadas dentro de la vivienda, establecimiento o inmueble del aportante o, alternativamente, ser descargadas a la red de recolección de un sistema domiciliario colectivo o de un sistema de interés público.

El sistema de reutilización de aguas grises debe mantener operativa una conexión a un servicio público de recolección de aguas servidas o un sistema particular de aguas servidas para permitir su evacuación en caso de falla, emergencia u otra situación en que no se requiera para su reutilización.

Artículo 8.- El reglamento establecerá el destino que podrá darse a las aguas grises tratadas, los que podrán ser:

1.- Urbanos. En esta categoría se incluyen el riego de jardines o descarga de aparatos sanitarios.

2.- Recreativos. Esta categoría incluye el riego de áreas verdes públicas, campos deportivos u otros con libre acceso al público.

3.- Ornamentales. En esta categoría se incluyen las áreas verdes y jardines ornamentales sin acceso al público.

4.- Industriales. Incluye el uso en todo tipo de procesos industriales no destinados a productos alimenticios y fines de refrigeración no evaporativos.

5.- Ambientales. Incluye el riego de especies reforestadas, la mantención de humedales y todo otro uso que contribuya a la conservación y sustentabilidad ambiental.

6. Silvoagropecuarios. Incluye el riego de cultivos agrícolas, salvo los prohibidos en el artículo 9. Considera, entre otros, el riego de especies arbóreas o arbustivas frutales, cereales, cultivos industriales, viveros, cultivos de plantas leñosas, cultivos ornamentales, cultivos de flores, praderas o empastadas y producción de semillas.

Artículo 9.- Se prohíbe la reutilización de aguas grises tratadas para los siguientes usos:

1.- Consumo humano y en general servicios de provisión de agua potable, así como riego de frutas y hortalizas que crecen a ras de suelo y suelen ser consumidas crudas por las personas, o que sirvan de alimento a animales que pueden transmitir afecciones a la salud humana.

2.- Procesos productivos de la industria alimenticia.

3.- Uso en establecimientos de salud en general.

4.- Cultivo acuícola de moluscos filtradores.

5.- Uso en piletas, piscinas y balnearios.

6.- Uso en torres de refrigeración y condensadores evaporativos.

7.- Uso en fuentes o piletas ornamentales en que exista riesgo de contacto del agua con las personas.

8.- Cualquier otro uso que la autoridad sanitaria considere riesgoso para la salud.

Artículo 10.- El reglamento establecerá los requisitos que deberá cumplir el sistema de reutilización de aguas grises para cada uso autorizado, así como las calidades específicas del efluente tratado y las exigencias de control de su funcionamiento.

El agua gris tratada que se destine a varios usos autorizados deberá cumplir los requisitos para el uso más exigente de éstos.

Asimismo, el reglamento podrá establecer las protecciones y señalética a utilizar, tanto en los espacios destinados al tratamiento de las aguas como en los sitios o artefactos donde éstas se utilicen, advirtiendo su condición.

Artículo 11.- Las autoridades competentes podrán elaborar programas educativos y de capacitación sobre el sistema de reutilización de aguas grises, así como diseñar e implementar estrategias de comunicación y sensibilización en la materia.

Artículo 12.- El titular de la autorización de funcionamiento del sistema de reutilización de aguas grises será responsable de la calidad del agua tratada y de su control desde la separación y hasta su reutilización para los usos autorizados, así como también de la operación y mantención del sistema de tratamiento y de reutilización de las aguas grises tratadas.

En caso de incumplimiento de esta ley o de la Ley General de Servicios Sanitarios, contenida en el decreto con fuerza de ley N° 382, del Ministerio de Obras Públicas, promulgado el año 1988 y publicado el año 1989, según corresponda, se aplicarán las sanciones administrativas que este cuerpo legal o el Libro X del Código Sanitario contemplen, sin perjuicio de la responsabilidad civil y penal a que haya lugar por los daños de cualquier naturaleza provocados por el sistema de reutilización de aguas grises.

Corresponderá a la autoridad sanitaria y a la Superintendencia de Servicios Sanitarios, dentro de sus respectivas competencias, la fiscalización de las disposiciones que comprende la presente ley.

La autoridad sanitaria podrá cancelar la autorización de funcionamiento de los sistemas de interés público cuando los titulares no se ajusten a sus términos, conforme a lo dispuesto en el artículo 174 del Código Sanitario.

El que descargue sustancias químicas o cualquier otra que ponga en peligro la salud de las personas o afecte gravemente el funcionamiento de sistemas de recolección y tratamiento de las aguas grises, sea éste domiciliario o público, o que afecte su destino autorizado, será penado en conformidad con el inciso primero del artículo 315 del Código Penal.

En el caso de viviendas nuevas que cuenten con un sistema de reutilización de aguas grises, será aplicable lo dispuesto en el artículo 18 de la Ley General de Urbanismo y Construcciones, contenida en el decreto con fuerza de ley N° 458, del Ministerio de Vivienda y Urbanismo, promulgado el año 1975 y publicado el año 1976.

Artículo 13.- Incorpórase en el inciso segundo del artículo 6° del decreto con fuerza de ley N° 70, del Ministerio de Obras Públicas, promulgado y publicado el año 1988, que contiene la Ley de Tarifas de los Servicios Sanitarios, la siguiente oración final: "Deberá considerarse el menor costo que exista en cada etapa producto de la recolección, tratamiento y disposición separada de las aguas grises, para lo cual los procesos de fijación de tarifas deberán determinar un factor de descuento que dé cuenta del menor uso de las redes y sistemas de recolección, tratamiento y disposición de aguas servidas.".

Artículo 14.- La Ordenanza General de Urbanismo y Construcciones establecerá las edificaciones en que será obligatorio contar con sistemas de reutilización de aguas grises. Dicha determinación tendrá por finalidad asegurar la utilización eficiente de los recursos hídricos en estos proyectos y se hará en consideración a la ubicación geográfica, déficit de recursos hídricos, carga de ocupación o uso potencial de agua.

Artículo transitorio.- Las modificaciones a la Ordenanza General de Urbanismo y Construcciones a que se refiere esta ley deberán hacerse en el plazo de un año contado desde su publicación en el Diario Oficial y no podrá exceptuarse a las unidades no habitacionales de cinco mil metros cuadrados o más.

Y por cuanto he tenido a bien aprobarlo y sancionarlo; por tanto promúlguese y llévese a efecto como Ley de la República.

Santiago, 1 de febrero de 2018.- MICHELLE BACHELET JERIA, Presidenta de la República.- Alberto Undurraga Vicuña, Ministro de Obras Públicas.- Mario Fernández Baeza, Ministro del Interior y Seguridad Pública.- Carmen Castillo Taucher, Ministra de Salud.- Paulina Saball Astaburuaga, Ministra de Vivienda y Urbanismo.

Lo que transcribo a Ud. para su conocimiento.- Saluda Atte. a Ud., Ximena Pérez Muñoz, Subsecretaria de Obras Públicas Subrogante.

LEY Nº 21.639, MODIFICA NORMAS PARA EL DESARROLLO DE PROYECTOS DE INFRAESTRUCTURA HÍDRICA Y DESALINIZACIÓN, CON EL FIN DE DESTINAR AGUA AL CUMPLIMIENTO DE LA FUNCIÓN DE SUBSISTENCIA Y DE RIEGO, DE 2023

Teniendo presente que el H. Congreso Nacional ha dado su aprobación al siguiente

Proyecto de ley:

Artículo único.- Modifícase el artículo único del decreto con fuerza de ley Nº 850, de 1997, del Ministerio de Obras Públicas, que fija el texto refundido, coordinado y sistematizado de la ley Nº 15.840, orgánica del Ministerio de Obras Públicas, y del decreto con fuerza de ley Nº 206, de 1960, del mismo Ministerio, sobre construcción y conservación de caminos, en el siguiente sentido:

1. Agrégase en el artículo 1 el siguiente inciso segundo:

"Asimismo, corresponde al Ministerio velar por el adecuado cumplimiento de las funciones referidas en el inciso anterior en lo que respecta a la infraestructura hídrica, de conformidad a las funciones y atribuciones establecidas en los artículos 17 y 23, así como las demás que señale esta ley. La infraestructura hídrica comprende, entre otras, las obras, instalaciones y plantas de desalinización de aguas y embalses; otros tipos de infraestructura que tengan por finalidad la ampliación y sustentabilidad de la disponibilidad de agua para ser destinada al consumo humano, al saneamiento o al riego, lo que incluye el tratamiento, conducción y disposición final de las aguas e infraestructura para mejorar su eficiencia; y los proyectos de gestión hídrica que incorporen soluciones basadas en la naturaleza. Lo anterior, en función del interés público sobre las aguas para el resguardo del consumo humano y el saneamiento, la preservación ecosistémica, la sustentabilidad acuífera y, en general, de todas aquellas acciones destinadas a promover un equilibrio entre eficiencia y seguridad en sus usos productivos.".

2. En el artículo 17:

a) Sustitúyese en el inciso primero la expresión "Riego" por "Obras Hidráulicas".

b) Reemplázase en el literal c) la expresión ", y" por un punto y aparte.

c) Incorpórase el siguiente literal e:

"e) El estudio, diseño, construcción, ejecución, reparación, modificación, ampliación, conservación y operación de obras, instalaciones y plantas de desalinización de aguas y embalses; otro tipo de infraestructura hídrica que tenga por finalidad la ampliación y sustentabilidad de la disponibilidad de agua; y proyectos de gestión hídrica que incorporen soluciones basadas en la naturaleza, cuyo propósito sea la producción u obtención de recursos hídricos que se destinen en forma prioritaria para el cumplimiento de la función de subsistencia, que incluye el uso para el consumo humano, el saneamiento y el riego. Lo anterior, teniendo en consideración la función de preservación ecosistémica de las aguas.

Para dar cumplimiento al derecho humano de acceso al agua potable y al saneamiento, la Dirección de Obras Hidráulicas podrá ofrecer las aguas resultantes y su producción a prestadores de servicios sanitarios.

Complementariamente a la provisión de agua para el consumo humano, el saneamiento y el riego, las obras, instalaciones y plantas para la desalinización de agua, así como cualquier otro tipo de infraestructura que tenga por finalidad la producción u obtención de recursos hídricos, podrán, en forma residual, destinarse a otros fines de carácter multipropósito."

Y por cuanto he tenido a bien aprobarlo y sancionarlo; por tanto, promúlguese y llévese a efecto como Ley de la República.

Santiago, 19 de diciembre de 2023.- GABRIEL BORIC FONT, Presidente de la República.- Jessica López Saffie, Ministra de Obras Públicas.

Lo que transcribo a Ud. para su conocimiento.- Saluda Atte. a Ud., José Andrés Herrera Chavarría, Subsecretario de Obras Públicas.

V. ILÍCITOS PENALES

CÓDIGO PENAL, DE 1874 (Selección de artículos)

LIBRO SEGUNDO
CRÍMENES Y SIMPLES DELITOS Y SUS PENAS

TÍTULO SEXTO
DE LOS CRÍMENES Y SIMPLES DELITOS CONTRA EL ORDEN Y LA SEGURIDAD PÚBLICOS COMETIDOS POR PARTICULARES

§ 13. Atentados contra el medio ambiente

Artículo 305.- Será sancionado con presidio o reclusión menor en sus grados mínimo a medio el que sin haber sometido su actividad a una evaluación de impacto ambiental a sabiendas de estar obligado a ello:

1. Vierta sustancias contaminantes en aguas marítimas o continentales.
2. Extraiga aguas continentales, sean superficiales o subterráneas, o aguas marítimas.
3. Vierta o deposite sustancias contaminantes en el suelo o subsuelo, continental o marítimo.
4. Vierta tierras u otros sólidos en humedales.
5. Extraiga componentes del suelo o subsuelo.
6. Libere sustancias contaminantes al aire.

La pena será de presidio o reclusión menor en sus grados medio a máximo si el infractor perpetra el hecho estando obligado a someter su actividad a un estudio de impacto ambiental.

Artículo 306.- Las penas señaladas en el inciso primero del artículo anterior serán aplicables al que, contando con autorización para verter, liberar o extraer cualquiera de las sustancias o elementos mencionados en los números 1 a 6 del artículo 305, incurra en cualquiera de los hechos allí previstos, contraviniendo una norma de emisión o de calidad ambiental, incumpliendo las medidas establecidas en un plan de prevención, de descontaminación o de manejo ambiental, incumpliendo una resolución de calificación ambiental, o cualquier condición asociada al otorgamiento de la autorización, y siempre que el infractor hubiere sido sancionado administrativamente en, al menos, dos procedimientos sancionatorios distintos, por infracciones graves o gravísimas, dentro de los diez años anteriores al hecho punible y cometidas en relación con una misma unidad sometida a control de la autoridad.

Artículo 307.- Las penas señaladas en el inciso primero del artículo 305 serán también aplicables al que, contando con autorización para extraer aguas continentales, superficiales o subterráneas, las extraiga infringiendo las reglas de su distribución y aprovechamiento en cualquiera de las siguientes circunstancias:

1. Habiéndose establecido por la autoridad la reducción temporal del ejercicio de esos derechos de aprovechamiento.

2. En una zona que haya sido declarada zona de prohibición para nuevas explotaciones acuíferas, haya sido decretada área de restricción del sector hidrogeológico, que se haya declarado a su respecto el agotamiento de las fuentes naturales de aguas o se la haya declarado zona de escasez hídrica.

Artículo 308.- El que, vertiendo, depositando o liberando sustancias contaminantes, o extrayendo aguas o componentes del suelo o subsuelo, afectare gravemente las aguas marítimas o continentales, superficiales o subterráneas, el suelo o el subsuelo, fuere continental o marítimo, o el aire, o bien la salud animal o vegetal, la existencia de recursos hídricos o el abastecimiento de agua potable, o que afectare gravemente humedales vertiendo en ellos tierras u otros sólidos, será sancionado:

1. Con la pena de presidio o reclusión mayor en su grado mínimo, si la afectación grave fuere perpetrada concurriendo las circunstancias previstas en los artículos 305, 306 o 307.

2. Con la pena de presidio o reclusión menor en su grado máximo a presidio mayor en su grado mínimo en los casos no comprendidos en el número precedente, y siempre que no estuviere autorizado para ello.

Artículo 309.- El que por imprudencia temeraria o por mera imprudencia o negligencia con infracción de los reglamentos incurriere en los hechos señalados en el artículo anterior, será sancionado:

1. Con la pena de presidio o reclusión menor en su grado máximo, si la afectación grave fuere perpetrada concurriendo las circunstancias previstas en los artículos 305, 306 o 307.

2. Con la pena de presidio o reclusión menor en cualquiera de sus grados en los casos no comprendidos en el número precedente.

Artículo 310.- El que afectare gravemente uno o más de los componentes ambientales de una reserva de región virgen, un parque nacional, un monumento natural, una reserva nacional o un humedal de importancia internacional, será sancionado con presidio o reclusión mayor en su grado mínimo.

La misma pena se impondrá al que, infringiendo una resolución de calificación ambiental o sin haber sometido su actividad a una evaluación de impacto ambiental estando obligado a ello, afectare gravemente un glaciar.

La pena será de presidio o reclusión menor en su grado máximo si cualquiera de los hechos señalados en los incisos anteriores fuere perpetrado por imprudencia temeraria o por mera imprudencia o negligencia con infracción de los reglamentos.

Artículo 310 bis.- Para los efectos de los tres artículos precedentes se entenderá por afectación grave de uno o más componentes ambientales el cambio adverso producido en alguno de ellos, siempre que concurra alguna de las siguientes circunstancias:

1. Tener una extensión espacial de relevancia, según las características ecológicas o geográficas de la zona afectada.

2. Tener efectos prolongados en el tiempo.

3. Ser irreparable o difícilmente reparable.

4. Alcanzar a un conjunto significativo de especies, según las características de la zona afectada.

5. Incidir en especies categorizadas como extintas, extintas en grado silvestre, en peligro crítico o en peligro o vulnerables.

6. Poner en serio riesgo de grave daño la salud de una o más personas.

7. Afectar significativamente los servicios o funciones ecosistémicas del elemento o componente ambiental.

Tratándose de los hechos previstos en el número 1 del artículo 308 y en los incisos primero y segundo del artículo 310, si la afectación grave causa un daño irreversible a un ecosistema, se impondrá el máximum de las penas a ellos señaladas.

Artículo 310 ter.- Además de las penas señaladas en las disposiciones de este Párrafo, el tribunal impondrá la pena de multa:

1. De ciento veinte a sesenta mil unidades tributarias mensuales, si la pena máxima señalada fuere inferior a la de presidio o reclusión menor en su grado máximo.

2. De doce mil a noventa mil unidades tributarias mensuales, si la pena mínima señalada fuere inferior a la de presidio o reclusión menor en su grado máximo.

3. De veinticuatro mil a ciento veinte mil unidades tributarias mensuales, si la pena mínima señalada fuere igual o superior a la de presidio o reclusión menor en su grado máximo.

El monto de la pena de multa pagada será abonado a la sanción de multa no constitutiva de pena que le fuere impuesta por el mismo hecho. Si el condenado hubiere pagado una multa no constitutiva de pena por el mismo hecho, el monto pagado será abonado a la pena de multa impuesta.

Artículo 311.- Tratándose de los hechos previstos en los artículos 305, 306 o 307, la pena sólo será la multa de ciento veinte a doce mil unidades tributarias mensuales cuando:

1. La cantidad vertida, liberada o extraída en exceso no supere en forma significativa el límite permitido o autorizado, atendidas las características de la sustancia y la condición del medio ambiente que pudieren verse afectadas por el exceso y, además,

2. El infractor hubiere obrado con diligencia para restablecer las emisiones o extracciones al valor permitido o autorizado y para evitar las consecuencias dañinas del hecho.

El tribunal podrá imponer una multa inferior a la señalada, desde una unidad tributaria mensual, cuando el hecho fuere perpetrado extrayendo aguas continentales, superficiales o subterráneas, se cumpliere la condición señalada en el número 1 y la extracción hubiere estado destinada a las bebidas y usos domésticos de subsistencia.

Artículo 311 bis.- Tratándose de los hechos previstos en el artículo 310, el tribunal impondrá al condenado como pena accesoria la prohibición perpetua de ingresar al área afectada, y podrá extenderla mediante resolución fundada a otras áreas de las señaladas en dicho artículo que exhiban características ecosistémicas similares.

El tribunal podrá autorizar el ingreso al área con el único objeto de recorrer un trayecto entre dos lugares ubicados fuera de ella, cuando no hubiere vías alternativas disponibles.

Artículo 311 ter.- Fuera de los casos señalados en el artículo 310, el tribunal podrá apreciar la concurrencia de una atenuante muy calificada conforme al artículo 68 bis cuando el hechor repare el daño ambiental causado por el hecho.

Artículo 311 quáter.- Las penas previstas en las disposiciones de este Párrafo para los atentados contra el medio ambiente perpetrados extrayendo aguas continentales, superficiales o subterráneas, serán impuestas sin perjuicio de la aplicación de las penas que correspondan por el delito de usurpación.

Artículo 311 quinquies.- Cuando la persona obligada por las normas ambientales o el infractor a que se refieren las disposiciones de este Párrafo fuere una persona jurídica, se entenderá que esa calidad concurre respecto de quienes hubieren intervenido por ella en el hecho punible.

Artículo 311 sexies.- Para efectos de lo dispuesto en este Párrafo, cuenta con la autorización correspondiente quien la tiene en el momento del hecho, aun cuando ella sea posteriormente declarada inválida.

No vale como autorización la que hubiere sido obtenida mediante engaño, coacción o cohecho, ni aquella que la persona autorizada sabe que es o ha devenido manifiestamente improcedente.

La declaración administrativa de no estar obligado a someter la actividad a una evaluación de impacto ambiental exime de responsabilidad conforme al artículo 305, a menos que concurran las circunstancias señaladas en el inciso precedente.

Artículo 312.- Si con ocasión de la investigación o el juicio por los hechos previstos en las disposiciones del presente Párrafo, el tribunal estimare procedente la imposición al imputado o condenado de condiciones destinadas a evitar o reparar el daño ambiental, consultará a los organismos técnicos competentes. Si las impusiere, oficiará a la autoridad reguladora pertinente para la fiscalización de su cumplimiento, y ésta última quedará obligada a informar al tribunal. La autoridad requerida podrá ejercer todas las competencias fiscalizadoras establecidas por la ley para tal efecto, y quedará obligada a informar al tribunal.

§ XIV. Crímenes y Simples Delitos contra la Salud Pública

Artículo 315.- El que envenenare o infectare comestibles, aguas u otras bebidas destinadas al consumo público, en términos de poder provocar la muerte o grave daño para la salud, y el que a sabiendas los vendiere o distribuyere, serán penados con presidio mayor en su grado mínimo y multa de veintiuna a cincuenta unidades tributarias mensuales.

El que efectuare otras adulteraciones en dichas sustancias destinadas al consumo público, de modo que sean peligrosas para la salud por su nocividad o por el menoscabo apreciable de sus propiedades alimenticias, y el que a sabiendas las vendiere o distribuyere, serán penados con presidio menor en su grado máximo y multa de seis a cincuenta unidades tributarias mensuales.

Para los efectos de este artículo, se presumirá que la situación de vender o distribuir establecida en los incisos precedentes se configura por el hecho de tener a la venta en un lugar público los artículos alimenticios a que éstos se refieren. La clandestinidad en la venta o distribución y la publicidad de alguno de estos productos constituirán circunstancias agravantes.

Se presume que son destinados al consumo público los comestibles, aguas u otras bebidas elaborados para ser ingeridos por un grupo de personas indeterminadas.

Los delitos previstos en los incisos anteriores y los correspondientes cuasidelitos a que se refiere el inciso 2° del artículo 317°, sólo podrán perseguirse criminalmente previa denuncia o querella del Ministerio Público o del Director General del Servicio Nacional de Salud o de su delegado, siempre que aquellos no hayan causado la muerte o grave daño para la salud de alguna persona. En los demás, los correspondientes procesos criminales quedarán sometidos a las normas de las causas que se siguen de oficio.

No será aplicable al Ministerio Público ni a los funcionarios del Servicio Nacional de Salud respecto de estos delitos, lo dispuesto en los N.os 1 y 3 del artículo 84, respectivamente, del Código de Procedimiento Penal.

Artículo 317.- Si a consecuencia de cualquiera de los delitos señalados en los cuatro artículos precedentes, se produjere la muerte o enfermedad grave de alguna persona, las penas corporales se elevarán en uno o dos grados, según la naturaleza y número de tales consecuencias, y la multa podrá elevarse hasta el doble del máximo señalado en cada caso.

Si alguno de tales hechos punibles se cometiere por imprudencia temeraria o por mera negligencia con infracción de los reglamentos respectivos, las penas serán de presidio menor en su grado mínimo o multa de seis a veinte unidades tributarias mensuales.

TÍTULO NOVENO
CRÍMENES Y SIMPLES DELITOS CONTRA LA PROPIEDAD

§ III. Del robo con fuerza en las cosas

Artículo 443.- Con la misma pena señalada en el artículo anterior se castigará el robo de cosas que se encuentren en bienes nacionales de uso público, en sitio no destinado a la habitación o en el interior de vehículos motorizados, si el autor hace uso de llaves falsas o verdaderas que se hayan substraído, de ganzúas u otros instrumentos semejantes o si se procede, mediante fractura de puertas, vidrios, cierros, candados u otros dispositivos de protección o si se utilizan medios de tracción.

Si el delito a que se refiere el inciso precedente recayere sobre un vehículo motorizado, se impondrá la pena de presidio menor en su grado máximo.

Se considerará robo y se castigará con la pena del inciso precedente la apropiación de un vehículo motorizado mediante la generación de cualquier maniobra distractora cuyo objeto sea que la víctima abandone el vehículo, fuera de los casos a los que se refiere el artículo 436.

Si con ocasión de alguna de las conductas señaladas en el inciso primero, se produce la interrupción o interferencia del suministro de un servicio público o domiciliario, tales como electricidad, gas, agua, alcantarillado, colectores de aguas lluvia o telefonía, la pena se aplicará en su grado máximo.

§ IV. Del hurto

Artículo 447 bis.- El hurto de cosas que forman parte de redes de suministro de servicios públicos o domiciliarios, tales como electricidad, gas, agua, alcantarillado, colectores de aguas lluvia o telefonía, será castigado con presidio menor en sus grados medio a máximo.

Si con ocasión de alguna de las conductas señaladas en este artículo se produce la interrupción o interferencia del servicio, la pena se aplicará en su grado máximo.

§ 5 bis. De la receptación

Artículo 456 bis A. El que conociendo su origen o no pudiendo menos que conocerlo, tenga en su poder, a cualquier título, especies hurtadas, robadas u objeto de abigeato o sustracción de madera, de receptación o de apropiación indebida del artículo 470, número 1°, las transporte, compre, venda, transforme o comercialice en cualquier forma, aun cuando ya hubiese dispuesto de ellas, sufrirá la pena de presidio menor en cualquiera de sus grados y multa de cinco a cien unidades tributarias mensuales.

Para la determinación de la pena aplicable el tribunal tendrá especialmente en cuenta el valor de las especies, así como la gravedad del delito en que se obtuvieron, si éste era conocido por el autor.

Cuando el objeto de la receptación sean vehículos motorizados o cosas que forman parte de redes de suministro de servicios públicos o domiciliarios, tales como electricidad, gas, agua, alcantarillado, colectores de aguas lluvia o telefonía, se impondrá la pena de presidio menor en su grado máximo y multa equivalente al valor de la tasación fiscal del vehículo o la pena de presidio menor en su grado máximo, y multa de cinco a veinte unidades tributarias mensuales, respectivamente. La sentencia condenatoria por delitos de este inciso dispondrá el comiso de los instrumentos, herramientas o medios empleados para cometerlos o para transformar o transportar los elementos sustraídos. Si dichos elementos son almacenados, ocultados o transformados en algún establecimiento de comercio con conocimiento del dueño o administrador, se podrá decretar, además, la clausura definitiva de dicho establecimiento, oficiándose a la autoridad competente.

Sin perjuicio de lo dispuesto en el inciso anterior, se aplicará el máximum de la pena privativa de libertad allí señalada y multa equivalente al doble de la tasación fiscal, al autor de receptación de vehículos motorizados que conociere o no pudiere menos que conocer que en la apropiación de éste se ejerció sobre su legítimo tenedor alguna de las conductas descritas en el artículo 439. Lo dispuesto en este inciso no será aplicable a quien, por el mismo hecho, le correspondiere participación responsable por cualquiera de las hipótesis del delito de robo previstas en el artículo 433 y en el inciso primero del artículo 436.

Se impondrá el grado máximo de la pena establecida en el inciso primero, cuando el autor haya incurrido en reiteración de esos hechos o sea reincidente en ellos. En los casos de reiteración o reincidencia en la receptación de los objetos señalados en el inciso tercero, se aplicará la pena privativa de libertad allí establecida, aumentada en un grado.

Tratándose del delito de abigeato o sustracción de madera y la multa establecida en el inciso primero será de setenta y cinco a cien unidades tributarias mensuales y el juez podrá disponer la clausura definitiva del establecimiento.

Si el valor de lo receptado excediere de cuatrocientas unidades tributarias mensuales, se impondrá el grado máximo de la pena o el máximun de la pena que corresponda en cada caso.

§ VI. De la usurpación

Artículo 458 bis. Se impondrá el máximum o el grado máximo, según corresponda, de las penas previstas en los tres artículos anteriores si la ocupación se realiza:

1.º En un lugar habitado o destinado a la habitación.

2.º Obstaculizando una acción destinada a impedir o dificultar la propagación de incendios.

3.º Obstaculizando el suministro de servicios públicos o domiciliarios, tales como electricidad, gas, agua, alcantarillado, colectores de aguas lluvia o telefonía.

Artículo 459. Sufrirán las penas de presidio menor en sus grados medio a máximo y multa de veinte a cinco mil unidades tributarias mensuales, los que sin título legítimo e invadiendo derechos ajenos:

1.º Sacaren aguas de represas, estanques u otros depósitos; de ríos, arroyos o fuentes, sean superficiales o subterráneas; de canales o acueductos, redes de agua potable e instalaciones domiciliarias de éstas, y se las apropiaren para hacer de ellas un uso cualquiera.

2.º Rompieren o alteraren con igual fin diques, esclusas, compuertas, marcos u otras obras semejantes existentes en los ríos, arroyos, fuentes, depósitos, canales o acueductos.

3.° Pusieren embarazo al ejercicio de los derechos que un tercero tuviere sobre dichas aguas.

4.° Usurparen un derecho cualquiera referente al curso de ellas o turbaren a alguno en su legítima posesión.

Las sanciones establecidas en este artículo no se aplicarán a quienes hagan uso del agua para consumo personal o familiar en los términos señalados en el artículo 56 del Código de Aguas.

Artículo 460. Cuando los simples delitos a que se refiere el artículo anterior se ejecutaren con violencia o intimidación en las personas, si el culpable no mereciere mayor pena por la violencia o intimidación que causare, sufrirá la de presidio menor en cualquiera de sus grados y multa de cincuenta a cinco mil unidades tributarias mensuales.

Artículo 460 bis.- El que a sabiendas duplique la inscripción de su derecho en el Registro de Propiedad de Aguas del Conservador de Bienes Raíces sufrirá las penas de presidio menor en su grado mínimo, multa de once a veinte unidades tributarias mensuales, la revocación del título duplicado y la cancelación de la inscripción duplicada.

Artículo 461. Serán castigados con las penas del artículo 459, los que teniendo derecho para sacar aguas o usarlas se hubieren servido fraudulentamente, con tal fin, de orificios, conductos, marcos, compuertas o esclusas de una forma diversa a la establecida o de una capacidad superior a la medida a que tienen derecho.

LIBRO TERCERO

TÍTULO PRIMERO
DE LAS FALTAS

Artículo 495. Serán castigados con multa de una unidad tributaria mensual:

[...]

22.º El que aprovechando aguas de otro o distrayéndolas de su curso, causare daño que no exceda de una unidad tributaria mensual.

Con todo, la multa para las faltas señaladas en los números 15, 21 y 22 será a lo menos equivalente al valor de lo defraudado o del daño causado y podrá llegar hasta el doble de ese valor, aunque exceda una unidad tributaria mensual.

Artículo 496. Sufrirán la pena de multa de una a cuatro unidades tributarias mensuales:

[...]

23.º El que echare en las acequias de las poblaciones objetos que, impidiendo el libre y fácil curso de las aguas, puedan ocasionar anegación.

[...]

25.º El que arrojare a la calle por balcones, ventanas o por cualquiera otra parte agua u objetos que puedan causar daño.

[...]

LEY Nº 19.696, ESTABLECE CÓDIGO PROCESAL PENAL, DE 2000 (Selección de artículos)

Artículo 166.- Ejercicio de la acción penal. Los delitos de acción pública serán investigados con arreglo a las disposiciones de este Título.

Cuando el ministerio público tomare conocimiento de la existencia de un hecho que revistiere caracteres de delito, con el auxilio de la policía, promoverá la persecución penal, sin que pueda suspender, interrumpir o hacer cesar su curso, salvo en los casos previstos en la ley.

Tratándose de delitos de acción pública previa instancia particular, no podrá procederse sin que, a lo menos, se hubiere denunciado el hecho con arreglo al artículo 54, salvo para realizar los actos urgentes de investigación o los absolutamente necesarios para impedir o interrumpir la comisión del delito.

En los delitos previstos en los artículos 459 y 460 del Código Penal, recibida la denuncia el fiscal comunicará los hechos a la Dirección General de Aguas del Ministerio de Obras Públicas.

LEY Nº 21.595, LEY DE DELITOS ECONÓMICOS, DE 2023[5] (Selección de artículos)

Artículo 2.- Segunda categoría. Serán, asimismo, considerados como delitos económicos los hechos previstos en las disposiciones legales que a continuación se indican, siempre que el hecho fuere perpetrado en ejercicio de un cargo, función o posición en una empresa, o cuando lo fuere en beneficio económico o de otra naturaleza para una empresa:

[...]

15. El artículo 280 del Código de Aguas.

27. Los artículos 194, 196, 197, 198; el número 6 del artículo 240; el inciso segundo del artículo 247 bis, los artículos 250, 250 bis, 273, 274, 276, 277, 280, 281, 282, 283, 284, 284 bis, 284 ter, 287, 289, 290, 291, 291 bis y 291 ter, los números 1 y 2 del artículo 296, los artículos 297, 297 bis, 305, 306, 307, 308, 309, 310, 311, 313 d, 314, 315, 316, 317, 318, 318 ter, 438, 459, 460, 460 bis, 461, 463, 463 bis, 463 quáter, 464 ter, 467, 468, 469, 470; el número 2 del artículo 471; los artículos 472, 472 bis, 473; los números 2, 3, 5, 6 y 7 del artículo 485, y el artículo 486 en tanto se refiera a las circunstancias expresadas en los números antes señalados del artículo 485, todos del Código Penal.

[...]

---

[5] Cabe tener presente que esta norma introdujo importantes modificaciones al Código Penal en materia de atentados contra el medio ambiente y otros, incluyendo diversas disposiciones relativas a los recursos hídricos.

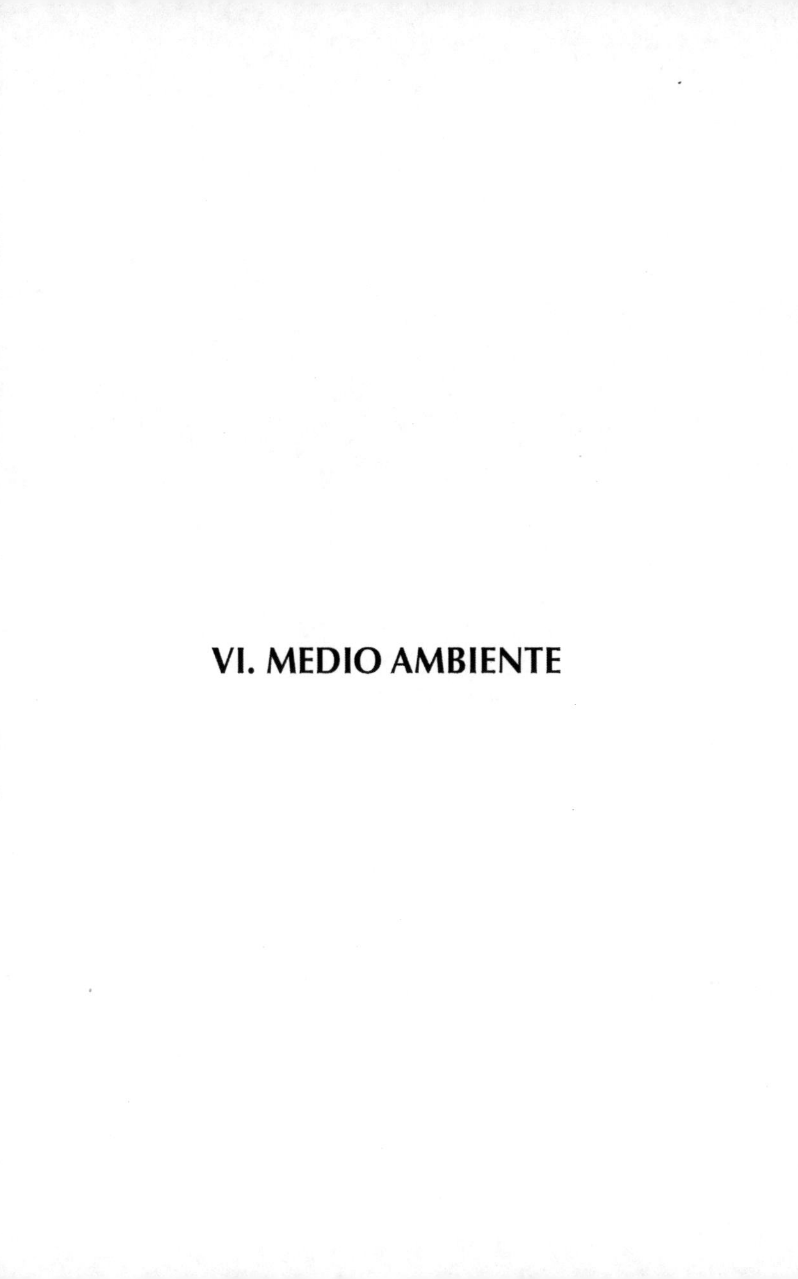

VI. MEDIO AMBIENTE

LEY N° 19.300, APRUEBA LEY SOBRE BASES GENERALES DEL MEDIO AMBIENTE, DE 1994 (Selección de artículos)

Artículo 1°.- El derecho a vivir en un medio ambiente libre de contaminación, la protección del medio ambiente, la preservación de la naturaleza y la conservación del patrimonio ambiental se regularán por las disposiciones de esta ley, sin perjuicio de lo que otras normas legales establezcan sobre la materia.

Artículo 2°.- Para todos los efectos legales, se entenderá por:

a) Biodiversidad o Diversidad Biológica: la variabilidad de los organismos vivos, que forman parte de todos los ecosistemas terrestres y acuáticos. Incluye la diversidad dentro de una misma especie, entre especies y entre ecosistemas;

a bis) Biotecnología: se entiende toda aplicación tecnológica que utilice sistemas biológicos y organismos vivos o sus derivados para la creación o modificación de productos o procesos para usos específicos;

a ter) Cambio Climático: se entiende un cambio de clima atribuido directa o indirectamente a la actividad humana que altera la composición de la atmósfera mundial y que se suma a la variabilidad natural del clima observada durante períodos de tiempo comparables;

b) Conservación del Patrimonio Ambiental: el uso y aprovechamiento racionales o la reparación, en su caso, de los componentes del medio ambiente, especialmente aquellos propios del país que sean únicos, escasos o representativos, con el objeto de asegurar su permanencia y su capacidad de regeneración;

c) Contaminación: la presencia en el ambiente de sustancias, elementos, energía o combinación de ellos, en concentraciones o concentraciones y permanencia superiores o inferiores, según corresponda, a las establecidas en la legislación vigente;

d) Contaminante: todo elemento, compuesto, sustancia, derivado químico o biológico, energía, radiación, vibración, ruido, luminosidad artificial o una combinación de ellos, cuya presencia en el ambiente, en ciertos niveles, concentraciones o períodos de tiempo, pueda constituir un riesgo a la salud de las personas, a la calidad de vida de la población, a la preservación de la naturaleza o a la conservación del patrimonio ambiental;

e) Daño Ambiental: toda pérdida, disminución, detrimento o menoscabo significativo inferido al medio ambiente o a uno o más de sus componentes;

f) Declaración de Impacto Ambiental: el documento descriptivo de una actividad o proyecto que se pretende realizar, o de las modificaciones que se le introducirán, otorgado bajo juramento por el respectivo titular, cuyo contenido permite al organismo competente evaluar si su impacto ambiental se ajusta a las normas ambientales vigentes;

g) Desarrollo sustentable: el proceso de mejoramiento sostenido y equitativo de la calidad de vida de las personas, fundado en medidas apropiadas de conservación y protección del medio ambiente, considerando el cambio climático de manera de no comprometer las expectativas de las generaciones futuras;

h) Educación Ambiental: proceso permanente de carácter interdisciplinario, destinado a la formación de una ciudadanía que reconozca valores, aclare conceptos y desarrolle las habilidades y las actitudes necesarias para una convivencia armónica entre seres humanos, su cultura y su medio bio-físico circundante;

h bis) Efecto Sinérgico: aquel que se produce cuando el efecto conjunto de la presencia simultánea de varios agentes supone una incidencia ambiental mayor que el efecto suma de las incidencias individuales contempladas aisladamente;

i) Estudio de Impacto Ambiental: el documento que describe pormenorizadamente las características de un proyecto o actividad que se pretenda llevar a cabo o su modificación. Debe proporcionar antecedentes fundados para la predicción, identificación e interpretación de su impacto ambiental y describir la o las acciones que ejecutará para impedir o minimizar sus efectos significativamente adversos;

i bis). Evaluación Ambiental Estratégica: el procedimiento realizado por el Ministerio sectorial respectivo, para que se incorporen las consideraciones ambientales del desarrollo sustentable, al proceso de formulación de las políticas y planes de carácter normativo general, que tengan impacto sobre el medio ambiente o la sustentabilidad, de manera que ellas sean integradas en la dictación de la respectiva política y plan, y sus modificaciones sustanciales;

j) Evaluación de Impacto Ambiental: el procedimiento, a cargo del Servicio de Evaluación Ambiental, que, en base a un Estudio o Declaración de Impacto Ambiental, determina si el impacto ambiental de una actividad o proyecto se ajusta a las normas vigentes;

k) Impacto Ambiental: la alteración del medio ambiente, provocada directa o indirectamente por un proyecto o actividad en un área determinada;

k bis) Impacto crítico: alteración del medio ambiente, en especial de la salud y/o de los componentes ambientales, provocada directa o indirectamente por un proyecto o actividad, que no puede ser mitigada, reparada o compensada adecuadamente en conformidad con el decreto que declare la zona como latente o saturada.

El reglamento establecerá los criterios específicos que permitan establecer la existencia de un impacto crítico para cada componente, tales como exposición y riesgo, o permanencia, capacidad de regeneración o renovación del recurso, y las condiciones que hacen posible la presencia de desarrollo de las especies y ecosistemas, en cuanto corresponda.

l) Línea de Base: la descripción detallada del área de influencia de un proyecto o actividad, en forma previa a su ejecución;

ll) Medio Ambiente: el sistema global constituido por elementos naturales y artificiales de naturaleza física, química o biológica, socioculturales y sus interacciones, en permanente modificación por la acción humana o natural y que rige y condiciona la existencia y desarrollo de la vida en sus múltiples manifestaciones;

m) Medio Ambiente Libre de Contaminación: aquél en el que los contaminantes se encuentran en concentraciones y períodos inferiores a aquéllos susceptibles de constituir un riesgo a la salud de las personas, a la calidad de vida de la población, a la preservación de la naturaleza o a la conservación del patrimonio ambiental;

m bis) Mejores técnicas disponibles: la fase más eficaz y avanzada de desarrollo de las actividades y de sus modalidades de explotación, que demuestre la capacidad práctica de determinadas técnicas para evitar o reducir en general las emisiones y el impacto en el medio ambiente y la salud de las personas. Con tal objeto se deberán considerar una evaluación de impacto económico y social de su implementación, los costos y los beneficios, la utilización o producción de ellas en el país, y el acceso, en condiciones razonables, que el regulado pueda tener a las mismas;

n) Norma Primaria de Calidad Ambiental: aquélla que establece los valores de las concentraciones y períodos, máximos o mínimos permisibles de elementos, compuestos, sustancias, derivados químicos o biológicos, energías, radiaciones, vibraciones, ruidos o combinación de ellos, cuya presencia o carencia en el ambiente pueda constituir un riesgo para la vida o la salud de la población;

ñ) Norma Secundaria de Calidad Ambiental: aquélla que establece los valores de las concentraciones y períodos, máximos o mínimos permisibles de sustancias, elementos, energía o combinación de ellos, cuya presencia o carencia en el ambiente pueda constituir un riesgo para la protección o la conservación del medio ambiente, o la preservación de la naturaleza;

o) Normas de Emisión: las que establecen la cantidad máxima permitida para un contaminante medida en el efluente de la fuente emisora;

p) Preservación de la Naturaleza: el conjunto de políticas, planes, programas, normas y acciones, destinadas a asegurar la mantención de las condiciones que hacen posible la evolución y el desarrollo de las especies y de los ecosistemas del país;

q) Protección del Medio Ambiente: el conjunto de políticas, planes, programas, normas y acciones destinados a mejorar el medio ambiente y a prevenir y controlar su deterioro;

r) Recursos Naturales: los componentes del medio ambiente susceptibles de ser utilizados por el ser humano para la satisfacción de sus necesidades o intereses espirituales, culturales, sociales y económicos;

s) Reparación: la acción de reponer el medio ambiente o uno o más de sus componentes a una calidad similar a la que tenían con anterioridad al daño causado o, en caso de no ser ello posible, restablecer sus propiedades básicas;

t) Zona Latente: aquélla en que la medición de la concentración de contaminantes en el aire, agua o suelo se sitúa entre el 80% y el 100% del valor de la respectiva norma de calidad ambiental.

u) Zona Saturada: aquélla en que una o más normas de calidad ambiental se encuentran sobrepasadas.

v) Plan de Prevención: instrumento de gestión ambiental que tiene por finalidad evitar que los niveles establecidos en las normas primarias y/o secundarias de calidad ambiental se encuentren en saturación, a través de la definición e implementación de medidas y acciones específicas, que logren la reducción de los niveles de concentración señalados en dichas normas por debajo de la latencia.

w) Plan de Descontaminación: instrumento de gestión ambiental que, a través de la definición e implementación de medidas y acciones específicas, tiene por finalidad recuperar los niveles establecidos en las normas primarias y/o secundarias de calidad ambiental de una zona calificada como saturada por uno o más contaminantes.

Artículo 3°.- Sin perjuicio de las sanciones que señale la ley, todo el que culposa o dolosamente cause daño al medio ambiente, estará obligado a repararlo materialmente, a su costo, si ello fuere posible, e indemnizarlo en conformidad a la ley.

Artículo 4°.- Es deber del Estado facilitar la participación ciudadana, permitir el acceso a la información ambiental y promover campañas educativas destinadas a la protección del medio ambiente.

Los órganos del Estado, en el ejercicio de sus competencias ambientales y en la aplicación de los instrumentos de gestión ambiental, deberán propender por la adecuada conservación, desarrollo y fortalecimiento de la identidad, idiomas, instituciones y tradiciones sociales y culturales de los pueblos, comunidades y personas indígenas, de conformidad a lo señalado en la ley y en los convenios internacionales ratificados por Chile y que se encuentren vigentes.

Artículo 5º.- Las medidas de protección ambiental que, conforme a sus facultades, dispongan ejecutar las autoridades no podrán imponer diferencias arbitrarias en materia de plazos o exigencias.

Artículo 10.- Los proyectos o actividades susceptibles de causar impacto ambiental, en cualesquiera de sus fases, que deberán someterse al sistema de evaluación de impacto ambiental, son los siguientes:

a) Acueductos, embalses o tranques y sifones que deban someterse a la autorización establecida en el artículo 294 del Código de Aguas, presas, drenaje, desecación, dragado, defensa o alteración, significativos, de cuerpos o cursos naturales de aguas;

[...]

o) Proyectos de saneamiento ambiental, tales como sistemas de alcantarillado y agua potable, plantas de tratamiento de aguas o de residuos sólidos de origen domiciliario, rellenos sanitarios, emisarios submarinos, sistemas de tratamiento y disposición de residuos industriales líquidos o sólidos;

p) Ejecución de obras, programas o actividades en áreas que formen parte del Sistema Nacional de Áreas Protegidas, humedales urbanos y en otras áreas colocadas bajo protección oficial, en los casos en que la legislación respectiva lo permita;

q) Aplicación masiva de productos químicos en áreas urbanas o zonas rurales próximas a centros poblados, humedales, o a cursos o masas de agua que puedan ser afectadas;

[...]

s) Ejecución de obras o actividades que puedan significar una alteración física o química a los componentes bióticos, a sus interacciones o a los flujos ecosistémicos de humedales que se encuentran total o parcialmente dentro del límite urbano, y que impliquen su relleno, drenaje, secado, extracción de caudales o de áridos, la alteración de la barra terminal, de la vegetación azonal hídrica y ripariana, la extracción de la cubierta vegetal de turberas o el deterioro, menoscabo, transformación o invasión de la flora y la fauna contenida dentro del humedal, indistintamente de su superficie.

Artículo 11.- Los proyectos o actividades enumerados en el artículo precedente requerirán la elaboración de un Estudio de Impacto Ambiental, si generan o presentan a lo menos uno de los siguientes efectos, características o circunstancias:

a) Riesgo para la salud de la población, debido a la cantidad y calidad de efluentes, emisiones o residuos;

b) Efectos adversos significativos sobre la cantidad y calidad de los recursos naturales renovables, incluidos el suelo, agua y aire;

c) Reasentamiento de comunidades humanas, o alteración significativa de los sistemas de vida y costumbres de grupos humanos;

d) Localización en o próxima a poblaciones, recursos y áreas protegidas, sitios prioritarios para la conservación, humedales protegidos, glaciares y áreas con valor para la observación astronómica con fines de investigación científica, susceptibles de ser afectados, así como el valor ambiental del territorio en que se pretende emplazar;

e) Alteración significativa, en términos de magnitud o duración, del valor paisajístico o turístico de una zona, y

f) Alteración de monumentos, sitios con valor antropológico, arqueológico, histórico y, en general, los pertenecientes al patrimonio cultural.

Para los efectos de evaluar el riesgo indicado en la letra a) y los efectos adversos señalados en la letra b), se considerará lo establecido en las normas de calidad ambiental y de emisión vigentes. A falta de tales normas, se utilizarán como referencia las vigentes en los Estados que señale el reglamento.

Artículo 31 bis.- Toda persona tiene derecho a acceder a la información de carácter ambiental que se encuentre en poder de la Administración, de conformidad a lo señalado en la Constitución Política de la República y en la ley N° 20.285 sobre Acceso a la Información Pública.

Se entenderá por información ambiental toda aquella de carácter escrita, visual, sonora, electrónica o registrada de cualquier otra forma que se encuentre en poder de la Administración y que verse sobre las siguientes cuestiones:

a) El estado de los elementos del medio ambiente, como el aire y la atmósfera, el agua, el suelo, los paisajes, las áreas protegidas, la diversidad biológica y sus componentes, incluidos los organismos genéticamente modificados; y la interacción entre estos elementos.

b) Los factores, tales como sustancias, energía, ruido, radiaciones o residuos, incluidos los residuos radiactivos, emisiones, vertidos y otras liberaciones en el medio ambiente, que afecten o puedan afectar a los elementos del medio ambiente señalados en el número anterior.

c) Los actos administrativos relativos a materias ambientales, o que afecten o puedan afectar a los elementos y factores citados en las letras a) y b), y las medidas, políticas, normas, planes, programas, que les sirvan de fundamento.

d) Los informes de cumplimiento de la legislación ambiental.

e) Los análisis económicos, sociales, así como otros estudios utilizados en la toma de decisiones relativas a los actos administrativos y sus fundamentos, señalados en la letra c).

f) El estado de salud y seguridad de las personas, condiciones de vida humana, bienes del patrimonio cultural, cuando sean o puedan verse afectados por el estado de los elementos del medio ambiente citados en la letra a) o por cualquiera de los factores y medidas señaladas en las letras b) y c).

g) Toda aquella otra información que verse sobre medio ambiente o sobre los elementos, componentes o conceptos definidos en el artículo 2º de la ley.

Artículo 33.- El Ministerio del Medio Ambiente administrará la información de los programas de medición y control de la calidad ambiental del aire, agua y suelo para los efectos de velar por el derecho a vivir en un medio ambiente libre de contaminación.

Estos programas serán regionalizados. Respecto de la Zona Económica Exclusiva y del Mar Presencial de Chile se compilarán los antecedentes sobre estas materias.

Artículo 36.- Formarán parte de las áreas protegidas mencionadas en los artículos anteriores, las porciones de mar, terrenos de playa, playas de mar, lagos, lagunas, glaciares, embalses, cursos de agua, pantanos y otros humedales, situados dentro de su perímetro.

Sobre estas áreas protegidas mantendrán sus facultades los demás organismos públicos, en lo que les corresponda.

Artículo 42.- El Servicio de Biodiversidad y Áreas Protegidas conjuntamente con el organismo público encargado por la ley de regular el uso o aprovechamiento de los recursos naturales en un área determinada, exigirá, cuando corresponda, el cumplimiento de planes de manejo de los mismos, a fin de asegurar su conservación.

Estos incluirán, entre otras, las siguientes consideraciones ambientales:

a) Mantención de caudales de aguas y conservación de suelos;

b) Mantención del valor paisajístico, y

c) Protección de especies clasificadas según lo dispuesto en el artículo 37.

Lo dispuesto en este artículo es sin perjuicio de lo establecido en otros cuerpos legales, sobre planes de manejo de recursos naturales renovables, y no se aplicará a los planes de manejo de áreas protegidas ni a aquellos proyectos o actividades respecto de los cuales se hubiere aprobado un Estudio o una Declaración de Impacto Ambiental.

Artículo 69.- Créase el Ministerio del Medio Ambiente, como una Secretaría de Estado encargada de colaborar con el Presidente de la República en el diseño y aplicación de políticas, planes y programas en materia ambiental, así como en la protección y conservación de la diversidad biológica y de los recursos naturales renovables e hídricos, promoviendo el desarrollo sustentable, la integridad de la política ambiental y su regulación normativa.

Artículo 70.- Corresponderá especialmente al Ministerio:

a) Proponer las políticas ambientales e informar periódicamente sobre sus avances y cumplimientos.

b) Proponer políticas, planes, programas, normas y supervigilar el Sistema Nacional de Áreas Protegidas.

c) Derogada.

d) Velar por el cumplimiento de las convenciones internacionales, en que Chile sea parte en materia ambiental, y ejercer la calidad de contraparte administrativa, científica o técnica de tales convenciones, sin perjuicio de las facultades del Ministerio de Relaciones Exteriores.

Cuando las convenciones señaladas contengan además de las materias ambientales, otras de competencia sectorial, el Ministerio del Medio Ambiente deberá integrar a dichos sectores dentro de la contraparte administrativa, científica o técnica de las mismas.

e) Colaborar con los Ministerios sectoriales en la formulación de los criterios ambientales que deben ser incorporados en la elaboración de sus planes y políticas, evaluaciones ambientales estratégicas y procesos de planificación, así como en la de sus servicios dependientes y relacionados.

f) Colaborar con los organismos competentes, en la formulación de las políticas ambientales para el manejo, uso y aprovechamiento sustentable de los recursos naturales renovables e hídricos.

g) Proponer políticas y formular normas, planes y programas en materia de residuos y suelos contaminados, así como la evaluación del riesgo de productos químicos, organismos genéticamente modificados y otras sustancias que puedan afectar el medio ambiente, sin perjuicio de las atribuciones de otros organismos públicos en materia sanitaria.

h) Proponer políticas y formular los planes, programas y planes de acción en materia de cambio climático. En ejercicio de esta competencia deberá colaborar con los diferentes órganos de la Administración del Estado a nivel nacional, regional y local con el objeto de poder determinar sus efectos, así como el establecimiento de las medidas necesarias de adaptación y mitigación.

i) Proponer políticas y formular planes, programas y acciones que establezcan los criterios básicos y las medidas preventivas para favorecer la recuperación y conservación de los recursos hídricos, genéticos, las plantas, algas, hongos y animales silvestres, los hábitats, los paisajes, ecosistemas y espacios naturales, en especial los frágiles y degradados, contribuyendo al cumplimiento de los convenios internacionales de conservación de la biodiversidad.

j) Elaborar y ejecutar estudios y programas de investigación de su competencia.

k) Elaborar los estudios necesarios y recopilar toda la información disponible para determinar la línea de base ambiental del país, elaborar las cuentas ambientales, incluidos los activos y pasivos ambientales, y la capacidad de carga de las distintas cuencas ambientales del país.

l) Participar en la elaboración de los presupuestos ambientales sectoriales, promoviendo su coherencia con la política ambiental nacional. En ejercicio de esta facultad, se podrá fijar de común acuerdo con el ministerio sectorial, indicadores de gestión asociados a presupuestos. Con tal finalidad se deberá contar con la aprobación de la Dirección de Presupuestos.

m) Colaborar con las autoridades competentes a nivel nacional, regional y local en la preparación, aprobación y desarrollo de programas de educación, promoción y difusión ambiental, orientados a la creación de una conciencia nacional sobre la protección del medio ambiente, desarrollo sustentable, la preservación de la naturaleza y la conservación del patrimonio ambiental, y a promover la participación ciudadana responsable en estas materias.

n) Coordinar el proceso de generación de las normas de calidad ambiental, de emisión y de planes de prevención y,o descontaminación, determinando los programas para su cumplimiento.

ñ) Elaborar cada cuatro años informes sobre el estado del medio ambiente a nivel nacional, regional y local. Sin embargo, una vez al año deberá emitir un reporte consolidado sobre la situación del medio ambiente a nivel nacional y regional.

Estos informes incluirán datos sobre la calidad del medio ambiente, así como un resumen ejecutivo que sea comprensible para el público en general.

o) Interpretar administrativamente las normas de calidad ambiental y de emisión, los planes de prevención y,o de descontaminación, previo informe del o los organismos con competencia en la materia específica y la Superintendencia del Medio Ambiente.

El Ministerio del Medio Ambiente podrá requerir a los jefes de los servicios y organismos con competencias en materia ambiental, informes sobre los criterios utilizados por el respectivo organismo sectorial en la aplicación de las normas y planes señalados en el inciso anterior, así como de las dudas o dificultades de interpretación que se hubieren suscitado y de las desviaciones o distorsiones que se hubieren detectado.

El Ministerio podrá, además, uniformar los criterios de aplicación y aclarará el sentido y alcance de las normas de calidad ambiental y de emisión, cuando observe discrepancias o errores de interpretación.

p) Administrar un Registro de Emisiones y Transferencias de Contaminantes en el cual se registrará y sistematizará, por fuente o agrupación de fuentes de un mismo establecimiento, la naturaleza, caudal y concentración de emisiones de contaminantes que sean objeto de una norma de emisión, y la naturaleza, volumen y destino de los residuos sólidos generados que señale el reglamento.

Igualmente, en los casos y forma que establezca el reglamento, el registro sistematizará y estimará el tipo, caudal y concentración total y por tipo de fuente, de las emisiones que no sean materia de una norma de emisión vigente. Para tal efecto, el Ministerio requerirá de los servicios y organismos estatales que corresponda, información general sobre actividades productivas, materias primas, procesos productivos, tecnología, volúmenes de producción y cualquiera otra disponible y útil a los fines de la estimación. Las emisiones estimadas a que se refiere el presente inciso serán innominadas e indicarán la metodología de modelación utilizada.

q) Establecer un sistema de información pública sobre el cumplimiento y aplicación de la normativa ambiental de carácter general vigente, incluyendo un catastro completo y actualizado de dicha normativa, el que deberá ser de libre acceso y disponible por medios electrónicos.

r) Establecer convenios de colaboración con gobiernos regionales y municipalidades destinados a adoptar las medidas necesarias para asegurar la integridad, conservación y reparación del medio ambiente regional y local, así como la educación ambiental y la participación ciudadana. Cuando dichos convenios contemplen transferencia de recursos, deberán contar con la autorización del Ministerio de Hacienda.

s) Participar en el procedimiento de evaluación ambiental estratégica de las políticas y planes que promuevan los diversos órganos de la Administración de conformidad a lo señalado en la presente ley.

t) Generar y recopilar la información técnica y científica precisa para la prevención de la contaminación y la calidad ambiental, en particular lo referente a las tecnologías, la producción, gestión y transferencias de residuos, la contaminación atmosférica y el impacto ambiental.

t bis) Otorgar certificados, rótulos o etiquetas a personas naturales o jurídicas públicas o privadas, respecto de tecnologías, procesos, productos, bienes, servicios o actividades, que cumplan con los criterios de sustentabilidad y contribución a la protección del patrimonio ambiental del país, en conformidad a la ley.

u) Administrar la información de los programas de monitoreo de calidad del aire, agua y suelo, proporcionada por los organismos competentes, cuando corresponda.

v) Financiar proyectos y actividades orientados a la protección del medio ambiente, el desarrollo sustentable, la preservación de la naturaleza, la conservación del patrimonio ambiental, la educación ambiental y la participación ciudadana.

w) Realizar y fomentar capacitación y actualización técnica a los funcionarios públicos en materias relacionadas con las funciones encomendadas al Ministerio, la que también podrá otorgarse a los particulares.

x) Crear y presidir comités y subcomités operativos formados por representantes de los ministerios, servicios y demás organismos competentes para el estudio, consulta, análisis, comunicación y coordinación en determinadas materias relativas al medio ambiente.

y) Fomentar y facilitar la participación ciudadana en la formulación de políticas y planes, normas de calidad y de emisión, en el proceso de evaluación ambiental estratégica de las políticas y planes de los ministerios sectoriales.

z) Asumir todas las demás funciones y atribuciones que la ley le encomiende.

LEY Nº 21.202, MODIFICA DIVERSOS CUERPOS LEGALES CON EL OBJETIVO DE PROTEGER LOS HUMEDALES URBANOS, DE 2020 (Selección de artículos)

Artículo 1º.- Objeto. La presente ley tiene por objeto proteger los humedales urbanos declarados por el Ministerio del Medio Ambiente, de oficio o a petición del municipio respectivo, entendiendo por tales todas aquellas extensiones de marismas, pantanos y turberas, o superficies cubiertas de aguas, sean éstas de régimen natural o artificial, permanentes o temporales, estancadas o corrientes, dulces, salobres o saladas, incluidas las extensiones de agua marina, cuya profundidad en marea baja no exceda los seis metros y que se encuentren total o parcialmente dentro del límite urbano.

En el caso de que la solicitud sea efectuada por el municipio, el Ministerio del Medio Ambiente deberá pronunciarse dentro del plazo de seis meses.

Artículo 2º.- Un reglamento expedido por el Ministerio del Medio Ambiente, suscrito también por el Ministro de Obras Públicas, definirá los criterios mínimos para la sustentabilidad de los humedales urbanos, a fin de resguardar sus características ecológicas y su funcionamiento, y de mantener el régimen hidrológico, tanto superficial como subterráneo.

Las municipalidades deberán establecer, en una ordenanza general, los criterios para la protección, conservación y preservación de los humedales urbanos ubicados dentro de los límites de su comuna, para lo que utilizarán los lineamientos establecidos en el reglamento indicado en el inciso anterior.

Artículo 3º.- Desde la presentación de la petición de reconocimiento de la calidad de humedal urbano y hasta el pronunciamiento del Ministerio del Medio Ambiente, la municipalidad respectiva podrá postergar la entrega de permisos de subdivisión, loteo o urbanización predial y de construcciones en los terrenos en que se encuentren emplazados, dicha postergación se realizará utilizando, en lo que corresponda, el procedimiento establecido en el artículo 117 de la Ley General de Urbanismo y Construcciones.

El reglamento previsto en el artículo anterior establecerá el procedimiento mediante el cual el municipio podrá solicitar el reconocimiento de la calidad de humedal urbano.

En contra del pronunciamiento del Ministerio del Medio Ambiente que resuelva la solicitud de reconocimiento de la calidad de humedal urbano podrá reclamarse, dentro del plazo de treinta días, ante el Tribunal Ambiental competente, que es aquel que ejerce jurisdicción en el territorio en donde se encuentra el humedal. En caso que un humedal esté situado en más de un territorio jurisdiccional, conocerá del asunto el tribunal que en primer lugar se avoque a su consideración.

Artículo 4°.- Modifícase el artículo 10 de la ley N° 19.300, sobre Bases Generales del Medio Ambiente, en los siguientes términos:

[...][6]

Artículo 5°.- Incorpóranse las siguientes modificaciones en el decreto con fuerza de ley N° 458, del Ministerio de Vivienda y Urbanismo, promulgado el año 1975 y publicado el año 1976, que aprueba la Ley General de Urbanismo y Construcciones:

1) Agrégase, en el artículo 60, el siguiente inciso tercero, nuevo:

"Todo instrumento de planificación territorial deberá incluir los humedales urbanos existentes en cada escala territorial en calidad de área de protección de valor natural, para efectos de establecer las condiciones bajo las que deberán otorgarse los permisos de urbanizaciones o construcciones que se desarrollen en ellos."

2) Intercálase, en el artículo 64, a continuación de la expresión "riberas de mar", la que sigue: ", de humedales".

---

6 Estas modificaciones constan en la selección de artículos de la Ley N° 19.300, de 1994.

Artículo transitorio.- El plazo para dictar el reglamento señalado en el artículo 2° será de seis meses, contado desde la publicación de esta ley en el Diario Oficial.

LEY Nº 21.600, CREA EL SERVICIO DE BIODIVERSIDAD Y ÁREAS PROTEGIDAS Y EL SISTEMA NACIONAL DE ÁREAS PROTEGIDAS, DE 2023 (Selección de artículos)

Artículo 1°.- Objeto. La presente ley tiene por objeto la conservación de la diversidad biológica y la protección del patrimonio natural del país, a través de la preservación, restauración y uso sustentable de genes, especies y ecosistemas.

No se incluyen dentro del objeto la sanidad vegetal y animal ni la prevención y combate de incendios forestales, materias que se rigen por las respectivas normas legales.

La presente ley contempla, entre otras medidas que se detallan, la conservación in situ y ex situ, la preservación y uso sustentable de genes, especies y ecosistemas y la restauración.

Sin perjuicio de lo establecido en los incisos anteriores, las acciones que tengan por objeto la sanidad vegetal y animal y la prevención y combate de incendios forestales deberán tener en consideración y priorizar el debido resguardo de la diversidad biológica.

Artículo 2°.- Principios. Las políticas, planes, programas, normas, acciones y actos administrativos que se dicten o ejecuten, en el marco de la presente ley, para la protección y conservación de la biodiversidad, se regirán por los siguientes principios:

a) Principio de coordinación: la implementación de instrumentos de conservación de la biodiversidad y de los servicios ecosistémicos deberá realizarse de manera coordinada entre los distintos órganos competentes.

b) Principio de jerarquía: los impactos significativos sobre la biodiversidad deberán ser evitados, mitigados, reparados y, en último término, compensados.

c) Principio de no regresión: los actos administrativos no admitirán modificaciones que signifiquen una disminución en los niveles de protección de la biodiversidad alcanzados previamente.

d) Principio participativo: es deber del Estado contar con los mecanismos que permitan la participación de toda persona y las comunidades en la conservación de la biodiversidad, tanto a nivel nacional, como regional y local. El Servicio promoverá la participación ciudadana en materias como la generación de información, la educación y la gestión de las áreas protegidas, entre otras.

e) Principio de precaución: cuando haya un riesgo o peligro de daño grave o irreversible de diversidad biológica, la falta de certeza científica no deberá utilizarse como razón para postergar la adopción de medidas para evitar dichos riesgos o peligros o impedir los efectos adversos.

f) Principio de prevención: todas las medidas destinadas al cumplimiento del objeto de esta ley deberán propender a evitar efectos perjudiciales para la biodiversidad del país.

g) Principio de responsabilidad: quien cause daño a la biodiversidad o a uno o más de sus componentes será responsable del mismo en conformidad a la ley.

h) Principio de sustentabilidad: el cumplimiento del objeto de esta ley exige un uso sostenible y equitativo de genes, especies y ecosistemas, para el bienestar de las generaciones presentes y futuras.

i) Principio de información: es deber del Estado facilitar y promover el acceso a la información sobre biodiversidad del país y, especialmente, el conocimiento sobre los servicios ecosistémicos y su valoración.

j) Principio de valoración de los servicios ecosistémicos: el proceso de toma de decisiones para la conservación de la biodiversidad deberá considerar la identificación y valoración de los servicios ecosistémicos y, cuando sea posible, su cuantificación.

Artículo 3°.- Definiciones. Para los efectos de esta ley, se entenderá por:

1) Área degradada: ecosistema o parte de él cuyos elementos físicos, químicos o biológicos han sido alterados de manera significativa con

pérdida de biodiversidad, o presenta alteración de su funcionamiento, estructura o composición, causados por actividades o perturbaciones antropogénicas que son frecuentes o severas, de acuerdo al procedimiento de declaración que establezca el reglamento a que se refiere el artículo 32.

2) Área protegida: espacio geográfico específico y delimitado, reconocido mediante decreto supremo del Ministerio del Medio Ambiente, con la finalidad de asegurar, en el presente y a largo plazo, la preservación y conservación de la biodiversidad del país, así como la protección del patrimonio natural, cultural y del valor paisajístico contenidos en dicho espacio.

3) Área protegida del Estado: área protegida creada en espacios de propiedad fiscal o en bienes nacionales de uso público, incluyendo la zona económica exclusiva.

4) Área protegida privada: área protegida creada en espacios de propiedad privada y reconocida por el Estado conforme a las disposiciones de la presente ley.

5) Biodiversidad o diversidad biológica: la variedad de los organismos vivos que forman parte de todos los ecosistemas terrestres y acuáticos. Incluye la diversidad dentro de una misma especie, entre especies y entre ecosistemas y sus interacciones.

6) Conservación de la biodiversidad: conjunto de políticas, estrategias, planes, programas y acciones destinadas a la mantención de la estructura, composición y función de los ecosistemas mediante la protección, preservación, restauración, o uso sustentable de uno o más componentes de la diversidad biológica.

7) Conservación in situ: la conservación de los componentes de la biodiversidad biológica en sus hábitats naturales.

8) Conservación ex situ: la conservación de los componentes de la biodiversidad biológica fuera de sus hábitats naturales.

9) Corredor biológico: un espacio que conecta paisajes, ecosistemas y hábitats, facilitando el desplazamiento de las poblaciones y el flujo genético de las mismas, que permite asegurar el mantenimiento de la biodiversidad y procesos ecológicos y evolutivos y evitar la fragmentación de hábitats.

10) Diversidad genética: variación en la composición genética de los individuos dentro de una población, entre poblaciones de una misma especie o entre especies diferentes.

11) Ecosistema: complejo dinámico de comunidades vegetales, animales y de microorganismos y su medio no viviente que interactúan como una unidad funcional.

12) Ecosistema amenazado: ecosistema que presenta riesgos que pueden producir disminución en su extensión o cambios en su composición, estructura o función, conforme al procedimiento de clasificación según el estado de conservación a que se refiere el artículo 30.

13) Especie endémica: especie nativa que se distribuye únicamente en un territorio o un área geográfica determinada y que no habita naturalmente en otro lugar.

14) Especie exótica: una especie, subespecie o taxón inferior, que se encuentra fuera de su distribución natural, incluyendo cualquier parte de ella, tales como gametos, semillas, huevos o propágulos de tales especies, que pueden sobrevivir y reproducirse.

15) Especie exótica invasora: especie exótica cuyo establecimiento o expansión amenaza ecosistemas, hábitats o especies, por ser capaz de producir daño a uno o más componentes del ecosistema.

16) Especie nativa: especie que se encuentra dentro de su rango de distribución natural, histórica o actual, de acuerdo con su potencial de dispersión natural.

17) Hábitat: lugar o tipo de ambiente en el que vive naturalmente un organismo o una población. Comprende las condiciones presentes en una zona determinada que permiten presencia, supervivencia y reproducción de un organismo o población.

18) Humedal: extensiones de marismas, pantanos y turberas, o superficies cubiertas de aguas, sean éstas de régimen natural o artificial, permanentes o temporales, estancadas o corrientes, dulces, salobres o saladas, incluidas las extensiones de agua marina cuya profundidad en marea baja no exceda los seis metros.

19) Paisaje de conservación: área que posee un patrimonio natural y valores culturales y paisajísticos asociados de especial interés regional o

local para su conservación y que, en el marco de un acuerdo promovido por uno o más municipios, es gestionado a través de un acuerdo de adhesión voluntaria entre los miembros de la comunidad local.

20) Plan de manejo: instrumento de gestión ambiental basado en la mejor evidencia posible, que establece metas, principios, objetivos, criterios, medidas, plazos y responsabilidades para la gestión adaptativa de la biodiversidad.

21) Plan de manejo para la conservación: plan de manejo destinado a preservar, evitar la degradación, restaurar o favorecer el uso sustentable de un ecosistema amenazado al que se refiere el artículo 31.

22) Plan de manejo de áreas protegidas: plan de manejo destinado a resguardar el patrimonio natural de las áreas protegidas.

23) Plan de recuperación, conservación y gestión de especies: plan de manejo destinado a mejorar el estado de conservación de una o más especies clasificadas de conformidad a lo establecido en el artículo 37 de la ley Nº 19.300.

24) Plan de restauración ecológica: plan de manejo destinado a reponer o reparar un área degradada a una calidad similar a la que tenía con anterioridad a su pérdida, disminución o menoscabo.

25) Plan de prevención, control y erradicación de especies exóticas invasoras: instrumento de gestión destinado a evitar, prevenir el ingreso, detener la propagación o erradicar especies exóticas invasoras.

26) Preservación: cuidado y mantención de las condiciones de no intervención de la diversidad biológica, de manera que sea posible su evolución y desarrollo natural.

27) Recurso genético: es el material genético de valor real o potencial.

28) Reserva de la biósfera: área de ecosistemas terrestres, costeros o marinos, o una combinación de los mismos, reconocida internacionalmente en el marco del Programa del Hombre y la Biósfera de la Organización de las Naciones Unidas para la Educación, la Ciencia y la Cultura, UNESCO, como parte de la Red Mundial de Reservas de la Biósfera.

29) Servicio: el Servicio de Biodiversidad y Áreas Protegidas.

30) Servicios ecosistémicos: contribución directa o indirecta de los ecosistemas al bienestar humano.

31) Sitio prioritario: área de valor ecológico, terrestre o acuática, marina o continental identificado por su aporte a la representatividad ecosistémica, su singularidad ecológica o por constituir hábitats de especies amenazadas, priorizada para la conservación de su biodiversidad por el Servicio.

32) Uso sustentable: utilización de componentes de la biodiversidad de un modo y a un ritmo que no ocasione la disminución a largo plazo de la diversidad biológica, con lo cual se mantienen las posibilidades de ésta de satisfacer las necesidades y las aspiraciones de las generaciones actuales y futuras.

33) Zona de amortiguación: espacio ubicado en torno a un área protegida, debidamente delimitada de acuerdo a criterios científico-técnicos, cuyo uso podría ser parcialmente restringido en virtud de lo que establezcan los instrumentos de ordenamiento territorial pertinentes, destinado a absorber potenciales impactos negativos y fomentar efectos positivos de actividades para la conservación de tal área.

34) Turismo ambientalmente responsable: aquel que se desarrolla en una modalidad de bajo impacto sobre el entorno natural y sociocultural, con respeto de los objetivos de la categoría del área protegida respectiva, su plan de manejo, el respectivo programa de uso público y las comunidades locales y comunidades indígenas que integran su territorio.

Artículo 4°.- Servicio de Biodiversidad y Áreas Protegidas. Créase el Servicio de Biodiversidad y Áreas Protegidas, cuyo objeto será la conservación de la biodiversidad del país, a través de la gestión para la preservación, restauración y uso sustentable de genes, especies y ecosistemas.

El Servicio será funcionalmente descentralizado, contará con personalidad jurídica y patrimonio propio, y estará sujeto a la supervigilancia del Presidente de la República a través del Ministerio del Medio Ambiente.

Se desconcentrará territorialmente a través de direcciones regionales y, en caso de ser necesario, de oficinas provinciales o locales. El Servicio estará afecto al Sistema de Alta Dirección Pública establecido en el Título VI de la ley N° 19.882, que regula nueva política de personal a los funcionarios públicos que indica.

Artículo 5°.- Funciones y atribuciones. Serán funciones y atribuciones del Servicio:

a) Ejecutar las políticas, planes y programas dictados en conformidad a la letra i) del artículo 70 de la ley N° 19.300.

b) Gestionar el Sistema Nacional de Áreas Protegidas, administrar las áreas protegidas del Estado y supervisar la administración de las áreas protegidas privadas, en conformidad al Título IV, así como fiscalizar las actividades que se realicen en ellas, en conformidad al Título V.

c) Promover, coordinar, implementar, elaborar y realizar estudios y programas de investigación conducentes, entre otros, a conocer la biodiversidad y su estado, los servicios ecosistémicos que provee, las amenazas que la afectan, su vulnerabilidad al cambio climático y las acciones prioritarias para su conservación.

d) Promover, diseñar e implementar redes de monitoreo de la biodiversidad y administrar un sistema de información de la biodiversidad, en conformidad al Párrafo 2° del Título III.

e) Elaborar, ejecutar y coordinar la implementación, así como velar y fiscalizar el cumplimiento de los planes de recuperación, conservación y gestión de especies; los planes de prevención, control y erradicación de especies exóticas invasoras; los planes de manejo para la conservación; y los planes de restauración ecológica, en conformidad a los Párrafos 4° y 6° del Título III. Todo lo anterior es sin perjuicio de la normativa especial vigente en materia de sanidad vegetal y animal. Además, deberán suscribirse los convenios de encomendamientos de funciones cuando corresponda.

Proteger y promover la conservación de los polinizadores nativos.

f) Apoyar técnicamente, y coordinar la conservación de especies fuera de sus hábitats y genes con bancos de germoplasma, jardines botánicos, conservatorios botánicos y centros de reproducción de fauna nativa, entre otros, a fin de contribuir con la gestión para la conservación de la biodiversidad.

g) Proponer al Servicio Agrícola y Ganadero criterios para el uso e internación de plaguicidas, fertilizantes y sustancias químicas, a fin de resguardar la biodiversidad.

h) Promover, apoyar y ejecutar acciones de educación, sensibilización, información, capacitación y comunicación sobre el valor de la biodiversidad, sus amenazas y su relación con el cambio climático.

i) Pronunciarse sobre los impactos de los proyectos o actividades sobre la biodiversidad, incluyendo las condiciones o medidas para mitigar, restaurar o compensar esos impactos, en el marco del sistema de evaluación de impacto ambiental.

j) Administrar el Fondo Nacional de la Biodiversidad.

k) Otorgar o reconocer certificados a actividades, prácticas o sitios, por su contribución a la conservación de la biodiversidad y la provisión de servicios ecosistémicos, en conformidad al artículo 51.

l) Aplicar y fiscalizar normas sobre protección, rescate, rehabilitación, reinserción, observación y monitoreo de fauna nativa terrestre y acuática de especies nativas de mamíferos, anfibios, reptiles y aves, sin perjuicio de las normas sobre descarte y captura incidental contenidas en la ley N° 18.892, General de Pesca y Acuicultura, cuyo texto refundido, coordinado y sistematizado fue establecido por el decreto supremo N° 430, del Ministerio de Economía, Fomento y Reconstrucción, promulgado el año 1991 y publicado el año 1992, sus reglamentos y las medidas de administración adoptadas conforme a dichas normas, y sin perjuicio de las normas establecidas en el Título IV de la Ley sobre Caza.

m) Fiscalizar la aplicación de la ley N° 18.892, General de Pesca y Acuicultura, cuyo texto refundido, coordinado y sistematizado fue establecido por el decreto supremo N° 430, del Ministerio de Economía, Fomento y Reconstrucción, promulgado el año 1991 y publicado el año 1992, sus reglamentos y las medidas de administración pesquera en las áreas protegidas.

n) Participar en la definición de criterios para el otorgamiento de autorizaciones de repoblación o siembra de especies hidrobiológicas; pronunciarse respecto de la identificación de las áreas susceptibles de ser declaradas preferenciales; fiscalizar la aplicación de la Ley sobre Pesca Recreativa, todas ellas en las áreas protegidas.

ñ) Autorizar la caza o captura en áreas que forman parte del Sistema Nacional de Áreas Protegidas y fiscalizar el cumplimiento de la Ley sobre Caza en tales áreas.

o) Fiscalizar el cumplimiento de la Ley sobre Recuperación del Bosque Nativo y Fomento Forestal en las áreas que forman parte del Sistema Nacional de Áreas Protegidas.

p) Realizar publicaciones científicas o de divulgación, pudiendo percibir el producto que se obtenga de su venta.

q) Celebrar convenios con organismos e instituciones públicas y privadas, para colaborar en materias de su competencia.

r) Integrar y participar en la formación y constitución de personas jurídicas de derecho privado, sin fines de lucro, a que se refiere el Título XXXIII del Libro Primero del Código Civil, cuya finalidad fundamental sea la conservación de la biodiversidad. Del mismo modo, el Servicio está facultado para participar en la disolución y liquidación de las entidades de que forme parte, con arreglo a sus estatutos. El Servicio, mediante resolución, nombrará a uno o más representantes, los que estarán facultados para participar en los órganos de dirección y de administración que contemplen los estatutos de las personas jurídicas que se constituyan en virtud de lo dispuesto en esta disposición.

s) Las demás que establezcan las leyes.

Artículo 24.- Sistema de Información de la Biodiversidad. El Servicio elaborará y administrará un sistema de información de la biodiversidad, el que almacenará y manejará datos de observación sobre ecosistemas y especies; información georreferenciada sobre su entorno abiótico, acuático y terrestre; imágenes espaciales; servicios ecosistémicos; áreas protegidas, ecosistemas amenazados, áreas degradadas, sitios prioritarios; y toda otra información relevante para la gestión de la conservación de la biodiversidad.

Este sistema contendrá los inventarios de ecosistemas terrestres, marinos, acuáticos continentales, incluidos los humedales y glaciares; de especies y su variabilidad genética. Dichos inventarios serán elaborados por el Servicio, el que deberá considerar la información que le proporcionen los servicios públicos con competencia en manejo de recursos naturales.

La información contenida en este sistema será de acceso público, y deberá asegurar la interoperabilidad y evitar la duplicidad con aquélla contenida en el Sistema Nacional de Información Ambiental, establecido en el artículo 31 ter de la ley N° 19.300.

El Servicio podrá, fundadamente, mantener en reserva información relativa a la distribución de especies, cuya publicidad, comunicación o conocimiento sea susceptible de poner en riesgo su conservación o de sus poblaciones.

Artículo 25.- Monitoreo de la biodiversidad. El Servicio definirá e implementará uno o más programas de monitoreo de los ecosistemas terrestres y acuáticos, marinos y continentales, así como de las especies y su variabilidad genética.

El monitoreo tendrá por objeto generar información sistemática sobre la biodiversidad en sus distintos niveles, su estado, servicios ecosistémicos, entre otros, a escalas nacional, regional y local. Para tal efecto, el Servicio procurará que, a través del monitoreo, se genere información para el Sistema de Información de la Biodiversidad a que se refiere el artículo 24.

El monitoreo se hará en consistencia con el conocimiento científico, lo que deberá considerar el conocimiento tradicional de comunidades indígenas y locales, y en base a los protocolos que elaborará el Servicio.

El monitoreo podrá ser realizado directamente por el Servicio, o bien encomendarse por éste a otros órganos de la Administración del Estado. El Servicio podrá, asimismo, celebrar convenios con instituciones académicas o científicas calificadas para la realización de monitoreos, así como incluir datos que aporten terceros, los que serán validados de acuerdo a protocolos que dicte el mismo Servicio.

Artículo 26.- Requerimiento de información. El Servicio podrá requerir a otros órganos de la Administración del Estado la información necesaria para elaborar y mantener el Sistema de Información de la Biodiversidad.

El Servicio podrá requerir información a privados cuando ésta hubiere sido generada a partir de fondos públicos.

Artículo 28.- Planificación ecológica. Con el objetivo de definir prioridades de conservación de la biodiversidad, el Ministerio del Medio Ambiente elaborará, periódicamente, una planificación ecológica del país, que incluirá:

a) La identificación de los sitios prioritarios en el país, sobre la base de los inventarios de ecosistemas terrestres y acuáticos, marinos y continentales, la clasificación de ecosistemas y las cuencas hidrográficas del país. Para efectuar dicha identificación, el Servicio podrá utilizar como referencia el Anexo I del Convenio sobre la Diversidad Biológica.

b) La identificación de los usos del territorio, en base a la normativa vigente.

c) La identificación de los procesos y categorías de actividades que tengan, o sea probable que tengan, efectos perjudiciales en la conservación de la biodiversidad en relación a determinadas áreas.

d) Buenas prácticas para la conservación de la biodiversidad, que puedan ser implementadas en atención a los distintos tipos de uso del territorio.

e) Otros antecedentes que proponga el Comité Científico Asesor.

La planificación ecológica deberá ser considerada para la elaboración y/o actualización de instrumentos de ordenamiento territorial a que se refiere el inciso segundo del artículo 7° bis de la ley N° 19.300.

Artículo 29.- Sitios prioritarios. Los sitios prioritarios que el Ministerio identifique en el marco de la planificación ecológica serán categorizados como tales bajo criterios técnico-científicos.

El Servicio mantendrá un registro espacial actualizado de los sitios prioritarios del país, en el marco del sistema de información referido en el artículo 24.

Los sitios prioritarios podrán ser objeto de uno o más instrumentos para la conservación de la biodiversidad establecidos en la presente ley.

El Ministerio del Medio Ambiente determinará mediante decreto supremo los sitios prioritarios. Un reglamento dictado por el Ministerio establecerá el procedimiento y los criterios para la declaración de un sitio prioritario, los que deberán contemplar la participación de las comunidades científicas, locales e indígenas y de autoridades locales, regionales y nacionales.

El reglamento, además, definirá qué se entiende por cambios significativos en las características ecológicas del sitio, que darán lugar a la infracción establecida en el literal a) del artículo 116. En todo caso, se entenderá que las conductas referidas en el artículo señalado producen cambios significativos en las características ecológicas del sitio cuando se alteren las condiciones que hacen posible la presencia y desarrollo de las especies y ecosistemas.

Artículo 30.- Clasificación de ecosistemas según estado de conservación. El Servicio evaluará y propondrá al Ministerio del Medio Ambiente una clasificación de los ecosistemas del país según su estado de conservación, sobre la base de antecedentes científico-técnicos.

Un reglamento dictado por el Ministerio del Medio Ambiente establecerá las categorías y el procedimiento para clasificar los ecosistemas según estado de conservación, debiendo incluir una o más categorías de amenaza. Para tal efecto se utilizarán como referentes el pronunciamiento del Comité Científico Asesor y recomendaciones de organismos internacionales que dicten pautas en la materia, tal como la Unión Internacional para la Conservación de la Naturaleza.

El procedimiento de clasificación contemplará el pronunciamiento del Consejo de Ministros para la Sustentabilidad y el Cambio Climático.

Artículo 31.- Planes de manejo para la conservación de ecosistemas amenazados. El Servicio elaborará planes de manejo para ecosistemas amenazados o parte de ellos.

Dichos planes serán de cumplimiento obligatorio para los servicios públicos competentes y deberán establecer requisitos para la elaboración de planes de manejo de recursos naturales o para el otorgamiento de permisos sectoriales; establecer condiciones o exigencias al uso del suelo, a la aplicación de sustancias químicas, a la alteración de sistemas fluviales, lagos y humedales, al uso de aguas subterráneas o a la explotación de especies; así como realizar acciones de restauración o implementar otros instrumentos de conservación de la biodiversidad, a fin de asegurar la conservación del ecosistema amenazado. La aplicación de estos planes podrá afectar proyectos o actividades que cuenten con Resolución de Calificación Ambiental, en cuyo caso deberán someterse al procedimiento contemplado en el artículo 25 quinquies de la ley N° 19.300, si resultara aplicable.

En caso que el plan de manejo para la conservación contemple acciones recaídas en recursos naturales renovables regulados por la Ley sobre Recuperación del Bosque Nativo y Fomento Forestal o la Ley General de Pesca y Acuicultura, el Servicio deberá trabajar conjuntamente con el servicio público sectorial competente, a fin de asegurar una adecuada coordinación tanto en la elaboración como en la implementación y fiscalización del plan.

Un reglamento dictado por el Ministerio del Medio Ambiente regulará el contenido y el procedimiento para la dictación de los planes. Dicho procedimiento deberá contemplar el trabajo conjunto con los órganos públicos con competencia en la materia objeto del plan, y la publicación de dichos planes en la página web del Servicio y en un medio de difusión regional del territorio en que se aplique.

Artículo 32.- Áreas Degradadas. Sin perjuicio de la clasificación a que se refiere el artículo 30, el Servicio, mediante resolución, podrá declarar áreas determinadas como áreas degradadas, a fin de recuperar su estructura, composición y funciones.

Un reglamento dictado por el Ministerio del Medio Ambiente y suscrito también por el Ministro de Agricultura y el Ministro de Economía, Fomento y Turismo establecerá los criterios científico- técnicos y el procedimiento para la identificación de tales áreas.

Artículo 33.- Planes de restauración ecológica. El Servicio elaborará planes para la restauración ecológica de las áreas determinadas que hayan sido declaradas como áreas degradadas.

Los planes de restauración ecológica contendrán las medidas o acciones que se llevarán a cabo para restaurar, las que podrán ser activas o pasivas; las metas y objetivos de restauración; la ubicación de los ecosistemas que serán objeto de la restauración; sus componentes degradados; las amenazas causantes de la degradación y las exigencias para eliminarlas o limitarlas; el plazo estimado para su implementación, y el diseño del monitoreo y medidas de seguimiento, incluyendo indicadores de efectividad de las medidas o acciones, y una estimación de los costos asociados, en un marco de manejo adaptativo.

En caso que el plan de restauración ecológica recaiga sobre recursos naturales renovables regulados por la Ley sobre Recuperación del Bosque Nativo y Fomento Forestal o la Ley General de Pesca y Acuicultura, el Servicio deberá trabajar conjuntamente con el servicio público sectorial competente, a fin de asegurar una adecuada coordinación tanto en la elaboración como en la implementación y fiscalización del plan.

El procedimiento para la dictación de los planes de restauración ecológica que recaigan fuera de las áreas protegidas del Estado deberá contemplar la participación de la comunidad local, de las municipalidades y de gobiernos regionales, así como de los órganos públicos competentes y la publicación de dichos planes en la página web del Servicio y en un medio de difusión nacional y regional del territorio en que se aplique.

Corresponderá al Servicio ejecutar los planes de restauración ecológica. Cuando los planes contemplen medidas o acciones de otros órganos públicos, el Servicio coordinará con éstos su implementación.

En caso que el plan de restauración recaiga en predios de propiedad privada, se requerirá el consentimiento y participación de los respectivos propietarios.

Artículo 37.- Humedales de importancia internacional o sitios Ramsar. Los sitios declarados en el marco de la Convención relativa a los Humedales de Importancia Internacional especialmente como Hábitat de Aves Acuáticas o sitios Ramsar, serán acogidos a una de las categorías de protección establecidas en el artículo 56, mediante un decreto supremo dictado por el Ministerio del Medio Ambiente, y bastará para ello un informe técnico del Servicio que indique la categoría correspondiente. En caso que el sitio Ramsar sea de propiedad privada, se requerirá el consentimiento del propietario para proceder a su afectación como área protegida privada.

El Servicio promoverá la conservación y el uso sustentable de los humedales de importancia internacional o sitios Ramsar, y considerará la dimensión ecológica, económica y social, de manera de contribuir a la protección del patrimonio ambiental nacional, regional y local, y al bienestar de las comunidades locales.

Artículo 39.- Inventario de humedales. El Servicio llevará un inventario nacional de los humedales del país, en el marco del sistema de información referido en el artículo 24. Dicho inventario contendrá, al menos, localización georreferenciada, límites del cuerpo de agua y de su cuenca hidrográfica expresados en coordenadas, superficie y tipo de humedal. Este inventario deberá sujetarse a lo dispuesto en el inciso segundo del citado artículo 24.

Artículo 40.- Criterios para el uso sustentable de humedales. El Servicio establecerá criterios indicativos para el uso sustentable de humedales, a fin de resguardar sus características ecológicas, su composición, estructura y funcionamiento y mantener el régimen hidrológico, tanto superficial como subterráneo.

Los humedales deberán asimismo ser reconocidos en los instrumentos de ordenamiento territorial señalados en el inciso segundo del artículo 7° bis de la ley N° 19.300.

Artículo 41.- Permiso para la alteración física de humedales. Se prohíbe la alteración física de los humedales que constituyan sitios prioritarios.

Toda alteración física de otros humedales inventariados requerirá un permiso previo del Servicio. Se entenderá por alteración física la extracción de caudales, extracción de áridos, alteración de la barra terminal, alteración de la vegetación azonal hídrica y ripariana, extracción de cubierta vegetal de turberas, modificación de la superficie de humedales urbanos, entre otros similares.

Dicho permiso tendrá por objeto asegurar que la alteración física no modifique de manera permanente la estructura y funciones del humedal.

Artículo 53.- Sistema Nacional de Áreas Protegidas. Créase el Sistema Nacional de Áreas Protegidas, en adelante "el Sistema", constituido por el conjunto de áreas protegidas, del Estado y privadas, terrestres y acuáticas, marinas, continentales e insulares.

El Servicio gestionará el Sistema de manera eficaz, integral y equitativa, bajo diversas categorías de protección, considerando mecanismos de participación ciudadana, así como estrategias e instrumentos de gestión y de financiamiento, para contribuir al cumplimiento de los objetivos de conservación de la biodiversidad y del patrimonio natural y cultural del país vinculado a ésta.

Artículo 54.- Objetivos del Sistema. El Sistema tendrá los siguientes objetivos:

a) Asegurar de manera efectiva la conservación permanente de la biodiversidad y del patrimonio natural, paisajístico y cultural asociado a las áreas que lo conformen, incluyendo aquellos elementos relevantes para la identidad regional o local.

b) Asegurar la conservación de una muestra representativa de los ecosistemas terrestres, acuáticos continentales, insulares y marinos, las especies y su diversidad genética.

c) Mantener o recuperar los servicios ecosistémicos de las áreas protegidas.

d) Integrar en planes, políticas e instrumentos de desarrollo nacional, regional y local, los servicios ecosistémicos de las áreas protegidas, así como vincular éstas con los instrumentos de ordenamiento territorial, asegurando la gestión sustentable de la biodiversidad y recursos naturales.

e) Reconocer y facilitar las actividades educacionales, recreacionales, turísticas y culturales; facilitar el desarrollo de la investigación científica; y reconocer los valores de las áreas protegidas, de manera consistente con sus respectivos objetos de protección.

f) Integrar y conectar los procesos ecológicos que se producen en el país a través de corredores biológicos, zonas de amortiguación y otros instrumentos de conservación.

g) Promover la participación de las personas, comunidades locales y comunidades indígenas en la conservación y gestión de las áreas protegidas, especialmente aquellas que se encuentran aledañas o al interior de las mismas.

h) Respetar, preservar y mantener los conocimientos, las innovaciones y las prácticas de las comunidades indígenas y locales que entrañen estilos tradicionales de vida pertinentes para la conservación y la utilización sostenible de los componentes de la diversidad biológica.

i) Promover la generación de conocimiento, monitoreo y pronóstico de las relaciones entre biodiversidad y cambio climático, a fin de implementar oportunamente medidas de conservación y permitir la adaptación y mitigación de los efectos del cambio climático, dentro y fuera de las áreas protegidas.

Artículo 56.- Categorías de áreas protegidas. El Sistema Nacional de Áreas Protegidas comprenderá las siguientes categorías de protección:

a) Reserva de Región Virgen;

b) Parque Nacional;

c) Monumento Natural;

d) Reserva Nacional;

e) Área de Conservación de Múltiples Usos;

f) Área de Conservación de Pueblos Indígenas.

Artículo 57.- Reserva de Región Virgen. Denomínase Reserva de Región Virgen un área terrestre, acuática, marina, insular o continental, cualquiera sea su tamaño, en la que existen condiciones primitivas naturales, no perturbada significativamente por actividades humanas, reservada para preservar la biodiversidad, así como los rasgos geológicos o geomorfológicos y la integridad ecológica.

El objetivo de esta categoría es la preservación estricta de la integridad ecológica, los rasgos naturales, la continuidad de los procesos evolutivos y la mantención de los servicios ecosistémicos que proveen.

Se prohíbe en esta área la explotación de recursos naturales con fines comerciales, y no podrá efectuarse ningún tipo de actividad, salvo aquellas que se autoricen con propósitos de investigación científica, conforme al artículo 79 y siguientes.

Artículo 58.- Parque Nacional. Denomínase Parque Nacional un área terrestre, acuática, marina, insular o continental, generalmente amplia, en la que existen diversos ambientes únicos o representativos del patrimonio natural del país, no alterados significativamente por la acción humana, y en que la biodiversidad o las formaciones geológicas son de especial interés educativo, científico o recreativo.

El objetivo de esta categoría es la preservación del patrimonio natural junto a su valor escénico o cultural asociado, la continuidad de los procesos evolutivos y de las funciones ecológicas, junto con las poblaciones de especies y ecosistemas característicos del área.

Se prohíbe en esta área la explotación de recursos naturales con fines comerciales. En los parques nacionales conformados exclusivamente por ecosistemas marinos, no podrá efectuarse ningún tipo de actividad, salvo aquellas que se autoricen con propósitos de investigación científica, educación o turismo de baja escala, conforme al artículo 79 y siguientes.

Artículo 59.- Monumento Natural. Denomínase Monumento Natural un área terrestre, acuática, marina, insular o continental, generalmente reducida en extensión, caracterizada por la presencia de componentes naturales específicos, relevantes para la biodiversidad, o formaciones naturales de valor excepcional.

El objetivo de esta categoría es la preservación de un componente específico de la biodiversidad o de elementos o sitios de especial interés geológico, paisajístico, educativo o científico, y los hábitats asociados a dichos elementos.

Se prohíbe en esta área la explotación de recursos naturales con fines comerciales.

Artículo 60.- Reserva Nacional. Denomínase Reserva Nacional un área terrestre, acuática, marina, insular o continental, cualquiera sea su tamaño, en la que existen comunidades biológicas, especies nativas, hábitats y sitios de reproducción relevantes para la protección de determinadas especies y ecosistemas en condiciones predominantemente naturales que son relevantes para la educación, ciencia y turismo.

El objetivo de esta categoría es la conservación de las comunidades biológicas, especies y hábitats, a través de una gestión activa para la recuperación, mantención y provisión de servicios ecosistémicos.

En esta área podrán desarrollarse actividades de uso sustentable, siempre que no pongan en riesgo los servicios ecosistémicos que esta área provee.

Artículo 61.- Área de Conservación de Múltiples Usos. Denomínese Área de Conservación de Múltiples Usos un área terrestre, acuática, marina, insular o continental, cualquiera sea su tamaño, caracterizada por una interacción tradicional entre los seres humanos y la naturaleza, relevante para la conservación de la biodiversidad.

El objetivo de esta categoría es asegurar el uso sustentable de recursos naturales y los servicios ecosistémicos, a través de un manejo integrado del área.

En esta área podrán desarrollarse distintas actividades de uso sustentable, siempre que no pongan en riesgo los servicios ecosistémicos que esta área provee.

Artículo 62.- Área de Conservación de Pueblos Indígenas. Denomínase Área de Conservación de Pueblos Indígenas un área ubicada en tierras indígenas o en espacios costeros marinos de pueblos originarios, en los que existen especies nativas, hábitats y ecosistemas naturales terrestres o acuáticos, relevantes para la conservación de la biodiversidad local, regional o nacional y que son voluntariamente destinadas y administradas para lograr la conservación de la biodiversidad a largo plazo, así como la protección del patrimonio natural.

El objetivo de esta categoría es la conservación de hábitats, especies, servicios ecosistémicos, y valores culturales asociados, así como los conocimientos locales y prácticas tradicionales relacionadas directamente con el uso de los recursos naturales en el área, siempre que sean compatibles con los objetivos de conservación de la misma.

En esta área podrán desarrollarse distintas actividades de usos ancestrales o consuetudinarios, así como actividades de uso sustentable, siempre que no pongan en riesgo los servicios ecosistémicos que esta área provee.

Artículo 63.- Proyectos o actividades al interior de las áreas protegidas. Todo proyecto o actividad que, conforme a la legislación respectiva, se pretenda desarrollar dentro de los límites de un área protegida, deberá respetar la categoría y el objeto de protección del área y ser compatible con su plan de manejo.

Para los efectos de esta ley, se entenderá por explotación de recursos naturales con fines comerciales las actividades de extracción de recursos naturales, como asimismo actividades o infraestructura industrial.

Artículo 108.- Prohibiciones en áreas protegidas. Se prohíbe a toda persona ajena a la administración del área protegida:

a) Remover o extraer tierra de hoja, turba, leña, rocas, arena o ripio.

b) Intimidar, alimentar, cazar, pescar, capturar, extraer, maltratar, herir o dar muerte a ejemplares de la fauna nativa.

c) Destruir nidos, lugares de aposentamiento, reproducción o crianza, o ejecutar acciones que interfieran o impidan el cumplimiento del ciclo de reproducción de las especies nativas.

d) Cortar o descepar ejemplares de plantas, algas, hongos o líquenes.

e) Recolectar huevos, semillas, flores o frutos.

f) Introducir ejemplares de especies nativas o exóticas y especies transgénicas, polen, semillas o propágulos transgénicos.

g) Introducir ganado u otros animales domésticos.

h) Provocar contaminación acústica, lumínica o atmosférica.

i) Liberar, vaciar o depositar residuos en lugares no habilitados para el efecto.

j) Liberar, vaciar o depositar sustancias peligrosas en los sistemas hídricos o en el suelo.

k) Alterar las condiciones de un área protegida o de los componentes propios de ésta mediante ocupación, aradura, corta, arranque u otras acciones semejantes.

l) Alterar, remover, rayar, destruir o extraer piezas u otros elementos con significación para las comunidades indígenas que habitan en las áreas protegidas.

m) Alterar, remover, rayar, destruir o extraer piezas u otros elementos con significación histórica o arqueológica.

n) Interrumpir, bloquear, alterar o drenar cuerpos o cursos de agua, incluyendo humedales.

ñ) Rayar, destruir o remover señalética e infografía, e instalar carteles de publicidad.

o) Causar deterioro en las instalaciones o patrimonio natural existente en el área.

p) Usar o portar armas.

q) Pernoctar, comer, encender fuego, instalar campamentos, estacionar, fondear o transitar en lugares o sitios que no se encuentren habilitados o autorizados para ello.

r) Ingresar a las áreas protegidas sin haber pagado el derecho a ingreso, si corresponde.

s) Movilizarse en vehículos motorizados o no motorizados en lugares que no estén establecidos para estos fines.

t) Volar drones.

Estas prohibiciones no se aplicarán a quienes cuenten con el permiso establecido en el artículo 94, ni a quienes ejecuten proyectos o actividades al interior del área, en conformidad a la legislación aplicable.

VII. RIEGO Y AGRICULTURA

DECRETO CON FUERZA DE LEY Nº 1.123, ESTABLECE NORMAS SOBRE EJECUCIÓN DE OBRAS DE RIEGO POR EL ESTADO, DE 1981

Santiago, 13 de Agosto de 1981.- Hoy se decretó lo que sigue:

D.F.L. Nº 1.123.- Visto: la facultad que me otorga el artículo 2º, del decreto ley 2.603, de 1979, prorrogada por el decreto ley 3.337, de 1980 y renovada por el decreto ley 3.549, de 1981, dicto el siguiente

Decreto con fuerza de ley:

Artículo 1º- Todas las obras de riego que se ejecuten con fondos fiscales se someterán a las disposiciones del presente decreto con fuerza de ley.

Las obras que se construyan deberán haber sido previamente evaluadas y aprobadas por la Comisión Nacional de Riego.

El Ministerio de Obras Públicas se encargará de coordinar la acción de los interesados en participar de los beneficios de estas obras.

Artículo 2º- La Dirección de Riego procederá a efectuar los anteproyectos de las obras que se desee ejecutar, determinando el costo aproximado de ella, incluyendo el de los canales derivados.

Terminados estos anteproyectos, se citará por medio de avisos a los interesados para que, dentro del plazo que les fije la Dirección de Riego, que no podrá ser inferior a un mes, formulen las observaciones que dichos anteproyectos les merezcan y hagan valer sus derechos.

Artículo 3º- La Dirección de Riego podrá ordenar la confección del proyecto definitivo si los interesados que representen a lo menos el 33% de los nuevos terrenos por regar o el 33% de los derechos de aprovechamiento cuando se trate de obras de uso múltiple manifiesten por escrito que aceptan el anteproyecto a que se refiere el artículo anterior.

Cuando se trate de obras de mejoramiento se considerará, para realizarlas, la suscripción del 33% del aumento de las disponibilidades de agua.

Artículo 4º- Sólo se podrá ejecutar el proyecto cuando el precio de los terrenos, más el costo de las obras por construir no sea superior al valor comercial de terrenos regados similares de la misma región.

Artículo 5º- El Presidente de la República, por decreto fundado, podrá ordenar la confección del proyecto definitivo y la ejecución de obras aún cuando no se reúnan los requisitos establecidos en los artículos 3º y 4º respectivamente, si razones de interés público así lo aconsejan. El exceso sobre el valor comercial, en su caso, será de cargo del Fisco.

Artículo 6º- La Dirección de Riego deberá solicitar el otorgamiento de los correspondientes derechos de aprovechamiento de agua, permanentes o eventuales, que requieran las obras aceptadas de acuerdo a las disposiciones del artículo 3º del presente decreto con fuerza de ley.

Los dueños de derechos de aprovechamiento de agua en uso, permanentes o eventuales, que tengan obras construidas, no serán afectados y quedarán eximidos de todo gravamen que provenga de la construcción de las obras que se ejecuten, sin perjuicio de pagar el que les corresponda por los nuevos derechos que suscriban.

Artículo 7º- Una vez terminado el estudio definitivo del proyecto, la Dirección de Riego lo someterá a la consideración de los interesados.

El Ministerio de Obras Públicas podrá incluir el proyecto en sus programas de construcción cuando hubiere interesados que representen a lo menos el 50% de las nuevas disponibilidades de agua, que acepten la ejecución de las obras y se comprometan a reembolsar su costo en la forma y condiciones que se establezcan en el reglamento.

El Estado se reservará los derechos que no hayan sido comprometidos con el fin de licitarlos una vez terminadas las obras.

Artículo 8º- Los usuarios beneficiados deberán organizarse en Junta de Vigilancia, de acuerdo a las normas contenidas en el Código de Aguas, cuando las obras que construya el Estado tengan por objeto regularizar el régimen de una corriente natural de uso público o de parte de ella.

Artículo 9º- Terminadas las obras, la Dirección de Riego lo hará saber a los usuarios, quienes podrán hacer las observaciones que ellas les merezcan durante los dos primeros años de explotación, por intermedio de sus respectivas organizaciones.

Si las observaciones fueren acogidas, la Dirección de Riego ejecutará las reparaciones u obras complementarias a que haya lugar. Si no lo fueren total o parcialmente, las discrepancias serán resueltas por el Ministerio de Obras Públicas.

La ejecución de obras complementarias no consultadas en el proyecto aceptado por los beneficiados, aumentará proporcionalmente el precio que debe pagar cada uno de ellos para cubrir el costo efectivo total de los nuevos trabajos.

Artículo 10º- Una vez vencido el plazo de explotación provisional a que se refiere el artículo 11º, se fijará por decreto supremo del Ministerio de Obras Públicas, la zona beneficiada, la capacidad efectiva de la obra y los derechos que les correspondan a los usuarios.

El mismo decreto fijará el costo efectivo de las obras, el valor de los derechos y el monto de la deuda que cada usuario deberá reembolsar al Fisco.

Artículo 11º- Las obras de riego construidas con arreglo al presente decreto con fuerza de ley, podrán ser administradas por el Estado durante el plazo no mayor de cuatro años contado desde la terminación de ellas, que se denominará de explotación provisional y que será fijado por la Dirección de Riego.

El costo de la explotación por el Estado será de cargo de los usuarios en la forma que establezca el Reglamento.

Artículo 12º- Durante el período de explotación provisional, la administración y explotación de las obras se hará de común acuerdo con la respectiva organización de usuarios, la cual designará un delegado que la represente.

A falta de acuerdo, resolverá el Ministro de Obras Públicas.

Artículo 13°- El decreto a que se refiere el artículo 10° dispondrá que el dominio de las obras y los terrenos que ellas ocupen sea transferido a las Juntas de Vigilancia, Asociaciones de Canalistas, o a falta de ellas a los usuarios y autorizará a la Dirección de Riego para otorgar las escrituras correspondientes que contendrán los compromisos de pago respectivos.

Artículo 14°- No obstante lo establecido en el artículo anterior, el Presidente de la República podrá disponer que el Estado, por razones de interés público, conserve en su patrimonio las obras a que se refiere este decreto con fuerza de ley y continúe con su administración o explotación.

Artículo 15°- Los beneficiados con las obras que de acuerdo con el artículo anterior se conserven en el Patrimonio estatal, estarán obligados a pagar una cuota anual, por concepto de uso de ellas y de gastos de explotación, que fijará el Ministro de Obras Públicas.

Artículo 16°- Se declara de utilidad pública los terrenos necesarios para la construcción de las obras que se consulten en el proyecto definitivo a que se refiere el artículo 7° de esta ley, y demás que se requieran para la ejecución de los trabajos una vez autorizada su iniciación, y se autoriza su expropiación con arreglo a lo dispuesto en el DL. Nº 2.186, de 1978.

Artículo 17°- Los créditos derivados de lo dispuesto en los artículos 7°, 10°, 11° y 15° se cobrarán y percibirán por la Tesorería General de la República, conjuntamente con la contribución de bienes raíces, y ellos tendrán la misma naturaleza, modalidades y privilegios de dicha contribución.

Artículo 18°- A las obras de riego construidas con arreglo a las disposiciones de este decreto con fuerza de ley, les será aplicable el Código de Aguas, en lo que sea pertinente.

Artículo 19°- Durante la construcción de las obras, el Presidente de la República podrá autorizar modificaciones al proyecto con el propósito de aumentar su rentabilidad o sus beneficios sociales. Estas modificaciones no podrán implicar aumentos en los reembolsos pactados ni menoscabo de los derechos de los usuarios.

Artículo 20°- Con motivo de la construcción de las obras a que se refiere el presente decreto con fuerza de ley, el Presidente de la República, previo informe de la Dirección General de Aguas, podrá cambiar la fuente de abastecimiento, el cauce o el lugar de entrega de las aguas objeto de cualquier derecho, con la sola limitación de no disminuir su dotación, menoscabar derechos de los usuarios ni causar perjuicios a terceros.

Artículo 21°- Deróganse todas las disposiciones legales y reglamentarias que tratan sobre las materias contenidas en el presente decreto con fuerza de ley, y en especial las siguientes: Ley N° 14.536; artículos 277° al 311° y artículos transitorios 18° al 22° de la ley 16.640; artículos 3°, letra g) y h) artículos 9° al 13°, 15° y 16° del decreto ley N° 1.172, de 1975; y artículo 9° letra d), artículos 13° al 18° y 20° del decreto supremo N° 795, de 1975 del Ministerio de Economía, Fomento y Reconstrucción, que establece el Reglamento de la Comisión Nacional de Riego.

ARTÍCULOS TRANSITORIOS

Artículo 1°- Las reservas de agua destinadas al abastecimiento de obras de riego fiscales, que se encontraren vigentes a la fecha de la promulgación del presente decreto con fuerza de ley, conservarán su misma calidad hasta que la Dirección General de Aguas otorgue con cargo a ella, los derechos de aprovechamiento a los usuarios debidamente individualizados y organizados.

Artículo 2°- La Dirección General de Aguas queda facultada para regularizar la situación de las obras de riego fiscales que no tengan reservas de agua vigentes a la fecha de promulgación del presente decreto con fuerza de ley, asimilándolas a las obras a que se refiere el artículo anterior.

Artículo 3°- Las obras de riego fiscales actualmente existentes se podrán ofrecer en venta a los beneficiarios inscritos en los roles provisionales de usuarios aprobados por la Dirección General de Aguas, en la forma prevista en el artículo 14° del decreto ley N° 1.172, de 1975.

Artículo 4°- Respecto a las actuales obras de riego que continúen en el patrimonio fiscal, se procederá en la forma indicada en el artículo anterior, pero la oferta consistirá en el derecho a usar las obras de riego mediante el pago de una cuota anual por el uso y gastos de explotación.

Artículo 5°- Será aplicable lo dispuesto en el artículo 17° a las cuotas de pago que se refieren los dos artículos precedentes.

Artículo 6°- Los propietarios de los derechos de aprovechamiento de agua que no hayan construido las obras correspondientes a la fecha de publicación de este decreto con fuerza de ley, pero que tengan plazos pendientes para ejecutarlas, quedarán sujetos a lo dispuesto en el artículo 6°, si lo hacen oportunamente.

Artículo 7°- La Comisión Nacional de Riego, podrá acordar que el Ministerio de Obras Públicas venda o traspase a título gratuito las obras de riego construidas por el Fisco a sus beneficiarios, aún cuando ellas no se encuentren concluidas.

Asimismo, se podrá acordar que el referido Ministerio traspase a sus usuarios la administración de las obras ya construidas por el Estado, cuyo dominio éste conserve.

Tómese razón, comuníquese publíquese e insértese en la Recopilación Oficial de la Contraloría General de la República.- AUGUSTO PINOCHET UGARTE, General de Ejército, Presidente de la República.- Mónica Madariaga Gutiérrez, Ministro de Justicia.- Rolando Ramos Muñoz, Brigadier General, Ministro de Economía, Fomento y Reconstrucción.- Patricio Torres Rojas, Brigadier General, Ministro de Obras Públicas.- Luis Simón Figueroa del Río, Ministro de Agricultura subrogante.

Lo que transcribo a Ud. para su conocimiento.- Le saluda atentamente.- Francisco José Folch Verdugo, Subsecretario de Justicia.

LEY Nº 18.450, APRUEBA NORMAS PARA EL FOMENTO DE LA INVERSIÓN PRIVADA EN OBRAS DE RIEGO Y DRENAJE, DE 1985

La Junta de Gobierno de la República de Chile ha dado su aprobación al siguiente

Proyecto de ley

Artículo 1.- El Estado, por intermedio de la Comisión Nacional de Riego, en adelante e indistintamente "la Comisión", bonificará el costo de estudios, construcción y rehabilitación de obras de riego o drenaje, equipos y elementos de riego mecánico, equipos de generación, proyectos con nuevas fuentes de agua y tecnologías; y, en general, toda obra de puesta en riego u otros usos asociados directamente a las obras bonificadas, habilitación y conexión a proyectos que sean seleccionados y aprobados en la forma que se establece en esta ley. Las bonificaciones tienen como objetivo contribuir a la seguridad hídrica, a la eficiencia en el uso del agua, a la incorporación de nuevas zonas de riego, a la seguridad y soberanía alimentaria, al mejoramiento continuo de los sistemas de riego, a la adaptación al cambio climático, al desarrollo rural y territorial sostenible y equitativo y a la conservación ecosistémica.

La presente ley y los reglamentos que se definan a partir de ella considerarán como marco los instrumentos de ordenamiento territorial y gestión de cuencas vigentes. Además, se incentivará, con un enfoque transversal de género, el acceso a los beneficios de esta ley de mujeres agricultoras, pequeños agricultores y los pueblos indígenas de Chile.

La bonificación del Estado a que se refiere esta ley se aplicará de la siguiente manera:

a) Pequeños productores agrícolas y campesinos en concordancia con la definición de la ley Nº 18.910, que sustituye ley orgánica del Instituto de Desarrollo Agropecuario, podrán acceder a una bonificación máxima de un 95% del costo del proyecto.

b) Postulantes que demuestren ingresos anuales por ventas, servicios y otras actividades del giro y de sus entidades relacionadas que en el promedio de los últimos tres ejercicios tributarios sean menores o iguales a 2.400 unidades de fomento y posean una superficie menor o igual a 12 hectáreas de riego básico, podrán acceder a una bonificación máxima del 90% del costo del proyecto.

c) Postulantes que demuestren ingresos anuales por ventas, servicios y otras actividades del giro y de sus entidades relacionadas que en el promedio de los últimos tres ejercicios tributarios sean menores o iguales a 2.400 unidades de fomento y posean una superficie mayor a 12 hectáreas de riego básico, podrán acceder a una bonificación máxima del 80% del costo del proyecto.

d) Postulantes que demuestren ingresos anuales por ventas, servicios y otras actividades del giro y de sus entidades relacionadas que en el promedio de los últimos tres ejercicios tributarios sean mayores a 2.400 unidades de fomento y menores o iguales a 10.000 unidades de fomento, podrán acceder a una bonificación máxima del 70% del costo del proyecto.

e) Postulantes que demuestren ingresos anuales por ventas, servicios y otras actividades del giro y de sus entidades relacionadas que en el promedio de los últimos tres ejercicios tributarios sean mayores a 10.000 unidades de fomento y menores o iguales a 25.000 unidades de fomento, podrán acceder a una bonificación máxima del 60% del costo del proyecto.

f) Postulantes que demuestren ingresos anuales por ventas, servicios y otras actividades del giro y de sus entidades relacionadas que en el promedio de los últimos tres ejercicios tributarios sean mayores a 25.000 unidades de fomento y menores o iguales a 50.000 unidades de fomento, podrán acceder a una bonificación máxima del 50% del costo del proyecto. Sólo se podrá destinar a concursos relativo a este grupo de postulantes hasta un máximo de un 7% de los recursos anuales disponibles para bonificaciones.

g) Comunidades y asociaciones indígenas reconocidas y registradas en el Registro de Comunidades y Asociaciones Indígenas según lo dispuesto en la ley N° 19.253, que establece normas sobre protección, fomento y desarrollo de los indígenas, y crea la Corporación Nacional de Desarrollo Indígena; y comunidades agrícolas definidas en el decreto con fuerza de ley N° 5, que modifica, complementa y fija texto refundido del decreto con fuerza de ley R.R.A. N° 19, comunidades agrícolas, promulgado el año 1967 y publicado el año 1968, del Ministerio de Agricultura, podrán acceder a una bonificación máxima del 95% del costo del proyecto.

h) Organizaciones de usuarios, en conformidad a lo dispuesto en el Título III del Libro II del Código de Aguas, contemplando la siguiente distinción:

1. Las que estén integradas por un 50% o más de productores agrícolas y campesinos pertenecientes a los grupos identificados en las letras a) y b) del presente artículo podrán acceder a una bonificación máxima del 90% del costo del proyecto.

2. Las que estén integradas por menos de un 50% de productores agrícolas y campesinos pertenecientes a los grupos identificados en las letras a) y b) del presente artículo podrán acceder a una bonificación máxima del 80% del costo del proyecto.

No podrán postular a concursos de esta ley, salvo lo dispuesto en las letras g) y h), las personas cuyos ingresos anuales por ventas, servicios y otras actividades del giro y de sus entidades relacionadas que en el promedio de los últimos tres ejercicios tributarios sean mayores a 50.000 unidades de fomento.

Los postulantes deberán acompañar los antecedentes necesarios para acreditar sus ingresos anuales por ventas, servicios y otras actividades y los de sus entidades relacionadas al momento de la postulación. Se entenderá por entidades relacionadas aquellas establecidas en el numeral 17° del artículo 8 del Código Tributario. La Comisión estará facultada para verificar la información presentada mediante los registros del Servicio de Impuestos Internos, incluyendo además información del cónyuge, conviviente civil y los parientes, ascendientes o descendientes, hasta el segundo grado de consanguinidad o afinidad.

Sin perjuicio de lo anterior, la Comisión Nacional de Riego podrá celebrar convenios de colaboración con el Servicio de Impuestos Internos para los fines descritos en el inciso anterior.

Artículo 1 bis.- En casos calificados por la Comisión se bonificarán como proyectos anexos complementarios a los de riego propiamente tales, obras destinadas a solucionar problemas de agua en el sector agropecuario y otros relacionados con el desarrollo rural de los predios o sistemas de riego que se acojan a los beneficios de esta ley.

La Comisión bonificará, además, los proyectos con inversiones anexas que consideren objetivos ambientales, tales como favorecer el ahorro y uso eficiente del agua; el uso de aguas pluviales; la reutilización de aguas residuales; aquellos proyectos cuyos sistemas productivos propendan a la conservación de la biodiversidad, del suelo y del recurso hídrico o impidan su degradación; y aquellos proyectos de soluciones basadas en la naturaleza y otros similares.

Asimismo, se bonificarán las iniciativas que mejoren la gestión del agua para el riego de los potenciales beneficiarios a que se refieren las letras g) y h) del artículo 1.

Artículo 1 ter.- La suma del costo de las obras y el monto de las inversiones postuladas para efectos de la bonificación no podrá exceder de 60.000 unidades de fomento, sin perjuicio de que el costo total de la obra pueda ser mayor.

En todo caso, el aporte en los proyectos intraprediales se calculará sobre un máximo de 60.000 unidades de fomento, siendo la diferencia de cargo del postulante.

En caso de que los postulantes sean organizaciones de usuarios definidas por el Código de Aguas, constituidas o que hayan iniciado su proceso de constitución, podrán presentar proyectos por un valor de hasta 100.000 unidades de fomento, que beneficien en conjunto a sus asociados, comuneros o integrantes.

Los proyectos cuyo costo no supere las 40.000 unidades de fomento podrán postular a la bonificación máxima establecida en los artículos 1 y 3 de esta ley, según corresponda. Igualmente, los proyectos cuyo costo sea superior al monto señalado podrán postular a las bonificaciones máximas antes referidas, en la parte que no exceda de las 40.000 unidades de fomento. Para cada uno de los demás tramos incrementales situados por sobre las 40.000 unidades de fomento, la bonificación máxima a la que se podrá postular irá disminuyendo de acuerdo con lo establecido en el reglamento.

Los proyectos cuyos costos superen las 20.000 unidades de fomento deberán contar previamente con recomendación favorable del Ministerio de Desarrollo Social y Familia. El plazo para pronunciarse respecto de la recomendación será de sesenta días corridos, contado desde la fecha de ingreso de la respectiva solicitud ante el mencionado ministerio. El interesado podrá invocar el silencio administrativo positivo en caso de no existir pronunciamiento de la autoridad dentro del plazo antes señalado.

Los concursos para la bonificación de proyectos cuyo valor sea superior a 20.000 unidades de fomento se regirán por un procedimiento especial contemplado en el reglamento.

Artículo 2.- Podrán acogerse a la bonificación por las obras e inversiones que ejecuten en beneficio directo de los respectivos predios de acuerdo con lo que indique el reglamento, individualmente o en forma colectiva, las personas naturales o jurídicas que demuestren titularidad de tierras. La titularidad se acreditará si la persona es propietaria, usufructuaria, poseedora inscrita o mera tenedora, según lo estipulado en el artículo 714 del Código Civil, y/o está en proceso de regularización de títulos de predios agrícolas. La titularidad de las tierras indígenas se acreditará según lo establecido en la ley N° 19.253.

Podrán postular también a los beneficios de esta ley los arrendatarios y comodatarios de predios agrícolas cuyos contratos de arrendamiento consten por escritura pública inscrita en el Conservador de Bienes Raíces correspondiente, siempre que cuenten con la autorización previa y por escrito del propietario, y cuya vigencia del contrato sea a lo menos de tres años, contados desde la fecha de apertura del concurso al que postulen. Del mismo modo y bajo las mismas condiciones, podrán postular quienes hayan celebrado un contrato que incorpore la opción de compra o leasing, cursado por instituciones bancarias, compañías de seguros u otras, sujetas a la fiscalización de la Comisión para el Mercado Financiero. El propietario del predio bonificado será responsable frente a la Comisión de la obligación que le impone el artículo 14.

Los agricultores que sean proveedores de agroindustrias y que tengan una relación comercial acreditada con éstas por un plazo no inferior a tres años consecutivos, contado hacia atrás desde la fecha de apertura del concurso al que postulen, quedarán exceptuados de las exigencias establecidas en el inciso precedente, de acuerdo con lo prescrito en el reglamento. Igualmente, quedarán exceptuados de la obligación del inciso anterior los proyectos que utilicen equipos móviles que puedan ser usados en predios distintos del original del proyecto postulado.

Asimismo, podrán postular a los beneficios de esta ley las organizaciones de usuarios previstas en el Código de Aguas, incluidas las que han iniciado el proceso de constitución y registro en el catastro público de aguas de la Dirección General de Aguas, cuyas condiciones para postular serán definidas en el reglamento de esta ley, por las obras e inversiones que ejecuten en los sistemas de riego o de drenaje sometidos a su jurisdicción.

No podrán postular a los beneficios de esta ley las entidades en que el Estado tenga aportes o participación, salvo que formen parte de una organización de usuarios o de una comunidad no organizada, o se trate de establecimientos o iniciativas de educación y capacitación vinculadas al riego.

Con todo, no podrán postular a los beneficios de esta ley, las siguientes personas:

1. El Presidente de la República.
2. Los senadores y diputados.
3. Los ministros de Estado.
4. Los subsecretarios.
5. Los embajadores.
6. Los consejeros del Consejo de Defensa del Estado.
7. Los jefes superiores de servicio.
8. Los oficiales generales y oficiales superiores de las Fuerzas Armadas.
9. Los oficiales generales y oficiales superiores de Carabineros de Chile y de la Policía de Investigaciones de Chile.
10. El Director General de la Policía de Investigaciones de Chile.

11. El Contralor General de la República.

12. Los consejeros del Banco Central.

13. Los gobernadores regionales, los delegados presidenciales regionales, los delegados presidenciales provinciales y los alcaldes.

14. Los secretarios regionales ministeriales.

15. Las demás autoridades y funcionarios directivos, profesionales, técnicos y fiscalizadores de la Administración del Estado que se desempeñen hasta el nivel de jefe de departamento o su equivalente.

16. Las personas naturales o jurídicas que hayan sido sancionadas administrativamente por las infracciones establecidas en el artículo 173 del Código de Aguas con multas de tercer a quinto grado, por el incumplimiento a la normativa ambiental, o que hayan sido condenadas por una sentencia firme y ejecutoriada por los delitos tipificados en los artículos 457 y 459 del Código Penal. En tales casos, la duración de la inhabilidad para postular a los beneficios de esta ley será de cinco años, contados desde la fecha en que quede firme el acto administrativo o la sentencia que aplica la sanción administrativa o la pena, respectivamente.

17. Las personas que no hayan cumplido con las medidas de mitigación o compromisos adquiridos en proyectos bonificados en postulaciones anteriores a los concursos de la presente ley.

18. Las personas naturales o jurídicas que se encuentren inhabilitadas para suscribir contratos administrativos con el Estado de conformidad con lo dispuesto en la ley N° 19.886, de bases sobre contratos administrativos de suministro y prestación de servicios.

Artículo 3.- La Comisión Nacional de Riego deberá asignar al Instituto de Desarrollo Agropecuario, de acuerdo a las disponibilidades presupuestarias para este objeto, los recursos para prefinanciar el monto de la bonificación aprobada, los costos de estudio de los proyectos y la construcción y rehabilitación de las obras de riego o drenaje presentadas por los pequeños productores agrícolas a que se refiere la letra a) del artículo 1 y las organizaciones de usuarios de aguas o en proceso de constitución y registro en la Dirección General de Aguas, integradas a lo menos por el 50% de dicho tipo de agricultores.

La Comisión podrá definir programas con condiciones especiales para la adecuada asignación de recursos en los siguientes casos:

a) Proyectos de personas naturales consideradas en las letras a), b) y g) del artículo 1, cuyo costo total no sea superior a 1.000 unidades de fomento por proyecto de forma individual y hasta 5.000 unidades de fomento para proyectos asociativos.

b) Proyectos emplazados en zonas de rezago definidas por el Ministerio del Interior y Seguridad Pública.

c) Proyectos que promuevan la innovación en técnicas y tecnologías de riego, las que serán definidas anualmente por acuerdo del Consejo de Ministros de la Comisión Nacional de Riego.

d) Proyectos de soluciones basadas en la naturaleza, que se ajusten a la definición establecida en la letra t) del artículo 3º de la ley Nº 21.455, Ley Marco de Cambio Climático.

e) Proyectos de restitución gestionada de agua a las fuentes superficiales y subterráneas.

Dada la naturaleza de los proyectos de las letras c), d) y e) de este artículo, la bonificación será de hasta el 95%, independiente del tipo de postulante definido en el artículo 1.

En caso de situaciones excepcionales de escasez hídrica o daño a la infraestructura de riego, por las cuales se hubiere decretado estado de excepción constitucional de catástrofe por el Presidente de la República, la Comisión podrá establecer mecanismos y exigencias distintas de las señaladas en la presente ley o en su reglamento, con la finalidad de restablecer de manera oportuna los servicios o adaptar la infraestructura de riego a las nuevas condiciones de la zona. Para su validación, dichos mecanismos y exigencias deberán ser presentados ante el Consejo de Ministros de la Comisión Nacional de Riego en la sesión siguiente a su establecimiento.

Artículo 3 bis.- La Comisión Nacional de Riego podrá gestionar programas especiales en conjunto con el Instituto de Desarrollo Agropecuario, destinados a los potenciales beneficiarios a que se refiere la letra a) del artículo 1.

La Comisión y el Instituto de Desarrollo Agropecuario deberán suscribir los convenios que sean necesarios para coordinar los mencionados programas especiales, incluyendo el aporte financiero de cada institución.

Artículo 3 ter.- Acorde a la clasificación actual del suelo según su capacidad potencial de uso y con el fin de evitar su degradación, la Comisión limitará la bonificación de proyectos emplazados en suelos de laderas categorizados como no arables según pauta de clasificación de suelos del Servicio Agrícola y Ganadero, y distinguirá las distintas realidades geográficas y características de los suelos. No se bonificarán proyectos emplazados en suelos con pendientes superiores al 30%. Quedarán exceptuados de lo dispuesto en el presente inciso los postulantes referidos en las letras a), b) y g) del artículo 1.

Los postulantes deberán acreditar, cuando corresponda, que el proyecto cumple las disposiciones de la ley Nº 20.283, sobre recuperación del bosque nativo y fomento forestal, para lo que acompañarán el correspondiente plan de manejo, o plan de trabajo tratándose de formaciones xerofíticas, debidamente autorizado por la Corporación Nacional Forestal.

Cuando así lo establezcan las respectivas resoluciones de la Dirección General de Aguas, no podrán acceder a beneficio alguno establecido en la presente ley los proyectos que incorporen nuevas superficies de riego en las zonas respecto de las cuales se hubiese dictado alguna de las declaraciones contenidas en los artículos 63 o 282 del Código de Aguas, salvo que se trate de postulantes referidos en las letras a), b) y g) del artículo 1.

No tendrán acceso a bonificación alguna establecida en esta ley los proyectos de revestimiento de obras o entubamiento de canales emplazados en un radio de doscientos metros alrededor de un Servicio Sanitario Rural, o de mil metros en el evento de declararse escasez hídrica de conformidad con el artículo 314 del Código de Aguas, con la excepción de los postulantes que acompañen documentación técnica que acredite la no afectación de la seguridad hídrica del Servicio Sanitario Rural y/o aquellos casos en que la no realización de las obras que se postulan genere posibles riesgos a la seguridad física de la población aledaña.

Tampoco podrán ser bonificados proyectos de drenaje emplazados en humedales y turberas.

No serán susceptibles de la bonificación establecida en esta ley los gastos correspondientes a la adquisición de maquinaria e implementos necesarios para construir, instalar o reparar obras de riego o de drenaje, o de equipos e implementos para fabricar, instalar o reparar elementos de riego mecánico.

Asimismo, no serán objeto de bonificación los gastos habituales de operación y mantención de las obras, equipos y elementos a que se refiere el inciso anterior, existentes o que se construyan o adquieran mediante la aplicación de esta ley.

Artículo 4.- La Comisión llamará a concursos públicos, a los cuales podrán postular con sus proyectos los potenciales beneficiarios a que se refiere el artículo 2, y deberá mantener la condición de concursabilidad conforme a los tramos descritos en el artículo 1, ya sea en concursos conjuntos o separados. Asimismo, podrá llamar a concursos destinados a beneficiar proyectos en regiones o zonas determinadas, u otros que la misma Comisión determine, en atención a circunstancias calificadas.

Créase, en virtud de esta ley, el Registro Público Nacional de Consultores y Constructores de la Comisión Nacional de Riego.

Los proyectos postulados en el marco de esta ley deberán ser suscritos por personas previamente calificadas, inscritas y habilitadas en el registro a que se refiere el inciso anterior. En él, la Comisión podrá definir categorías de especialización, criterios de evaluación y niveles de desempeño, entre otras características, que permitan determinar la calidad de servicio de cada consultor y constructor.

No obstante lo anterior, cualquier potencial beneficiario podrá iniciar la construcción de un proyecto de riego o de drenaje, sin haber postulado previamente a los concursos de esta ley, si las condiciones climáticas, de terreno, agronómicas u otras así lo hicieren necesario. En tales circunstancias podrán postular posteriormente a cualquier concurso, y bastará para ello acreditar ante la Comisión la calidad de obra nueva, mediante aviso previo a su ejecución, dentro del plazo de dos años anteriores al concurso al que postule. Lo anterior, en ningún caso exime al postulante de cumplir con todos los requisitos de la presente ley, sus reglamentos, la normativa ambiental y otros cuerpos legales, según el tipo y características de las obras para ser susceptibles de bonificación.

La selección de los proyectos postulados se hará mediante la asignación para cada uno de ellos de un puntaje que definirá su orden de prioridad. Dicho puntaje tendrá en cuenta la ponderación de los siguientes factores:

a) Porcentaje del costo de ejecución del proyecto que será de cargo del interesado.

b) Superficie de nuevo riego que incorpora el proyecto o su equivalente, cuando el proyecto consulte mejoramiento de la seguridad de riego.

c) Superficie de suelos improductivos por drenaje ineficiente que incorpora el proyecto a un uso agrícola sin restricciones de drenaje o su equivalente, cuando sólo se trate de un mejoramiento de la capacidad de uso de ellos. Lo anterior, no podrá considerar el drenaje de cuerpos de agua, como humedales y turberas.

d) Costo total de ejecución del proyecto por superficie beneficiada.

e) Beneficiarios directos del proyecto. En el caso de las organizaciones de usuarios de aguas se contabilizará a cada agricultor integrante beneficiado directamente por el proyecto.

f) Incremento de la potencialidad de los suelos que se regarán o drenarán, según la zona en que se encuentren ubicados.

g) Superficie de riego que considere cultivos tradicionales de la canasta básica de alimentos, los que serán definidos en el reglamento.

h) Inclusión de inversiones anexas que consideren objetivos ambientales, a las cuales se refiere el inciso segundo del artículo 1 bis.

Artículo 5°.- Los factores señalados en el artículo anterior darán origen a las siguientes variables:

1) Aporte: Se dividirá el monto que será de cargo del interesado, por el costo total del proyecto.

2) Superficie: El total de las superficies de nuevo riego, drenadas y de sus equivalentes cuando se trate de mejoramientos, ponderadas por el

incremento de la potencialidad de los suelos de acuerdo a los factores que establezca el reglamento, se dividirá por el costo total del proyecto.

3) Costo: Será el costo total del proyecto por hectárea beneficiada, por cada beneficiario o beneficiaria directa.

4) Diversificación: El total de superficie de riego que considere cultivos tradicionales de la canasta básica de alimentos respecto del total de la superficie de riego.

5) Ambiental: Se considerará la inclusión de obras anexas con objetivos ambientales, según lo dispuesto en el inciso segundo del artículo 1 bis.

Calculadas las cinco variables para cada proyecto concursante, se realizará con ellos cinco ordenamientos de acuerdo al valor que obtengan en cada variable.

Al proyecto que proponga el mayor valor en la variable "Aporte" se le otorgarán doscientos cincuenta puntos en la calificación de esa variable y al que ofrezca el menor, cero puntos. En caso de que distintos proyectos postulados igualen la variable "Aporte", serán ordenados de forma decreciente de acuerdo con la superficie del proyecto.

El proyecto que obtenga el mayor valor en la variable "Superficie" recibirá por ese concepto doscientos cincuenta puntos y el que obtenga el menor, cero puntos.

Al proyecto de menor valor en la variable "Costo" se le adjudicarán trescientos puntos y al de mayor, cero puntos.

Al proyecto de mayor valor en la variable "Diversificación" se le otorgarán cien puntos y al de menor, cero puntos.

Al proyecto de mayor valor en la variable "Ambiental" se le otorgarán cien puntos y al de menor, cero puntos.

En la evaluación de los proyectos de postulantes señalados en la letra h) del artículo 1, se considerarán las variables "Aporte", "Superficie" y "Costo" de acuerdo con los números 1), 2) y 3) del inciso primero. En dichos casos, al proyecto que proponga el mayor valor en la variable "Aporte" se le otorgarán trescientos puntos en la calificación de esa variable, y al que ofrezca el menor, cero puntos. Al proyecto que proponga el mayor valor en la variable "Superficie" se le otorgarán trescientos puntos en la calificación de esa variable, y al que ofrezca el menor, cero puntos. Al proyecto de menor valor de la variable "Costo" se le adjudicarán cuatrocientos puntos, y al de mayor, cero puntos.

En la evaluación de todos los proyectos cuyo costo supere las 20.000 unidades de fomento se considerarán las variables "Aporte" y "Costo" de acuerdo con los números 1) y 3) del inciso primero. En este caso, al proyecto que proponga el mayor valor en la variable "Aporte" se le otorgarán quinientos puntos en la calificación de esa variable, y al que ofrezca el menor, cero puntos; al proyecto de menor valor de la variable "Costo" se le adjudicarán quinientos puntos, y al de mayor, cero puntos.

A los proyectos que consulten valores intermedios de las variables se les asignarán puntajes en proporción a las posiciones que ocupen entre los dos extremos indicados para cada una de dichas variables.

Finalmente, se sumarán los puntajes obtenidos por cada proyecto y se ordenarán de mayor a menor puntaje.

Resultarán aprobados, en su orden de prelación, los proyectos que obtengan los mejores puntajes y cuyas peticiones de bonificación queden cubiertas totalmente con el fondo disponible para el concurso. Si restare un excedente, éste se acumulará para el fondo de algún concurso del año calendario que corresponda.

Si dos o más proyectos igualaren puntaje y por razones de cupo del fondo no pudieren ser todos aprobados, el orden de prelación entre ellos lo definirá el puntaje obtenido en la variable aporte; si se mantuviere el empate, el puntaje obtenido en la variable costo, luego por el puntaje obtenido en la variable "Superficie", seguido por el puntaje obtenido en la variable "Diversificación" y, finalmente, por el puntaje obtenido en la variable "Ambiental". Si aún se mantuviere el empate, el orden de prelación se definirá por sorteo.

Artículo 6°.- Corresponderá a la Comisión Nacional de Riego la determinación de las bases, el llamado a concurso, la recepción y revisión de los antecedentes, la admisión de los proyectos a concurso y su selección, la adjudicación de las bonificaciones a los proyectos aprobados y la inspección y recepción de las obras bonificadas.

La Comisión podrá, por resolución fundada, declarar total o parcialmente desiertos los concursos a que llame, sin perjuicio de lo establecido en el inciso decimotercero del artículo anterior. La facultad para declarar parcialmente desierto un concurso sólo podrá ejercerse si los proyectos presentados no cumplieren las disposiciones legales y/o reglamentarias.

Finalizado un concurso, la Comisión Nacional de Riego deberá poner en conocimiento público su resultado, con todos los antecedentes correspondientes y, a lo menos, la siguiente información respecto de cada uno de los proyectos postulados: tipo de proyecto, valores de los factores y variables a que se refiere esta ley, puntaje total y orden de prioridad alcanzado.

La Comisión podrá aceptar, rechazar o proponer modificaciones a los proyectos una vez resuelto el concurso, en los términos que señale el reglamento, pero en ningún caso se aumentará el monto de la bonificación aprobada. El reglamento de esta ley deberá fijar las condiciones para la presentación y análisis de las modificaciones.

Si el costo de los proyectos disminuyera como resultado de la modificación efectuada, la Comisión rebajará el porcentaje de la bonificación aprobada en igual proporción.

Artículo 6° bis.- Una vez establecidas las normas técnicas chilenas de calidad de equipos y elementos de riego mecánico por medio del Instituto Nacional de Normalización, la Comisión Nacional de Riego deberá exigir su cumplimiento en los proyectos de riego y drenaje que se presenten a los concursos de esta ley.

Artículo 6 ter.- Para proyectos extraprediales, la Comisión podrá solicitar, en los respectivos concursos, que los postulantes implementen medidas de difusión del proyecto y del alcance de las inversiones previstas en él, dirigidas a las personas que residan en las comunas donde se emplace el proyecto.

Asimismo, la Comisión podrá requerir en los respectivos concursos que los proyectos extraprediales contemplen medidas para mitigar los impactos ambientales que éstos puedan producir, tales como abrevaderos para fauna, sistemas para recarga de acuíferos, u otras de similar naturaleza, así como obras de captación para el control de incendios.

Todas las medidas señaladas en este artículo formarán parte del costo del proyecto y serán susceptibles de bonificación.

Artículo 6 quáter.- La Comisión podrá implementar concursos especiales para proyectos de eficiencia hídrica que consideren obras o procedimientos necesarios para dejar de extraer desde el punto de captación, o en su defecto, restituir a la respectiva fuente, un mínimo de un 25% de la ganancia en caudal y/o agua que se produzca por eficiencia. La bonificación máxima de estos concursos es del 95%, independiente del tipo de postulante definido en el artículo 1.

Artículo 7.- La bonificación se pagará una vez que las obras estén totalmente ejecutadas y recepcionadas, en el plazo de hasta cinco años contado desde la fecha fijada en el acta de recepción técnica, luego del cual la bonificación quedará sin efecto. Para cursar la orden de pago del Certificado de Bonificación al Riego y Drenaje será exigible el cumplimiento de la obligación establecida por el inciso quinto del artículo 122 del Código de Aguas, relativa a la inscripción en el Registro Público de Derechos de Aprovechamiento de Aguas. Lo anterior, no obstante lo señalado en el artículo segundo transitorio de la presente ley.

Tratándose de equipos y elementos de riego mecánico, la bonificación se pagará en las condiciones y oportunidades que establezca el reglamento.

La Comisión deberá pronunciarse sobre la recepción de las obras dentro del plazo de noventa días hábiles, a contar desde la fecha en que el interesado comunique por escrito haber concluido su ejecución. Si dicho organismo no se pronunciare o no formulare reparos dentro de ese lapso, las obras se tendrán por aprobadas.

Artículo 7 bis.- Los proyectos cuyo costo supere las 30.000 unidades de fomento deberán contar con una inspección y recepción técnica de obras de cargo del beneficiario. La Comisión Nacional de Riego sólo podrá emitir la orden de pago del Certificado de Bonificación al Riego y Drenaje cuando las obras cuenten con inspección y recepción técnica favorable en los términos que señale el reglamento. La Comisión podrá denegar la referida orden de pago cuando, a partir de los informes de inspección o recepción técnica de las obras, o de las inspecciones aleatorias que se indican en el inciso tercero, pudiese constatarse que el inspector técnico de obras ha incurrido en incumplimiento de la ley o del reglamento.

La inspección y recepción técnica de obras de proyectos de más de 30.000 unidades de fomento deberá llevarse a cabo por personas inscritas en el Registro Público Nacional de Consultores y Constructores de la Comisión Nacional de Riego y habilitados para la ejecución de obras medianas. El reglamento establecerá los parámetros y condiciones necesarios para la ejecución de las labores de inspección y recepción técnica de éstas.

Sin perjuicio de lo señalado precedentemente, la Comisión Nacional de Riego podrá efectuar inspecciones aleatorias de obras, en terreno, con el fin de verificar que las labores de inspección y recepción técnica se ejecuten de conformidad a los parámetros y condiciones que establezca el reglamento y la información proporcionada por la inspección privada de las obras.

El consultor o constructor, según corresponda, estará obligado a responder por algún desperfecto o falla en los equipos u obras civiles que componen el proyecto de riego bonificado, hasta por el plazo de un año posterior al pago de la bonificación, siempre y cuando éstos sean atribuibles al diseño del proyecto o a su ejecución y no respondan a algún deterioro por mal uso de los equipos o a algún daño ocasionado por caso fortuito o fuerza mayor. Si, previo informe técnico de la Comisión, y posterior a los descargos que pueda tener el consultor o constructor, se concluye que no respondió debidamente a esta obligación legal, se procederá a inhabilitarlo del Registro, según corresponda, por el plazo de doce meses. Contra el acto administrativo que imponga la inhabilitación podrá recurrirse de acuerdo con lo establecido en el artículo 59 de la ley Nº 19.880, que establece bases de los procedimientos administrativos que rigen los actos de los órganos de la Administración del Estado. En el acto de recepción de obras se consignará el consultor o constructor responsable de responder por lo indicado en este inciso.

Artículo 8°.- Las funciones que por esta ley se encomiendan a la Comisión Nacional de Riego, deberán ser ejercidas de conformidad a lo dispuesto en la letra h) del artículo 3° del decreto con fuerza de ley N° 7, de 1983, del Ministerio de Economía, Fomento y Reconstrucción.

La Comisión Nacional de Riego podrá contratar, mediante licitación pública, la realización de estudios necesarios para dimensionar la capacidad y comportamiento de fuentes superficiales y de aguas subterráneas que puedan estar disponibles para riego, a empresas u organismos especializados.

Los estudios contratados según el inciso precedente deberán realizarse en coordinación con la Dirección General de Aguas, de conformidad con lo dispuesto en el número 3 de la letra b) del artículo 299 del Código de Aguas. Una vez concluidos, las empresas u organismos encargados deberán remitir a la referida Dirección toda la información vinculada a dichos estudios, incluyendo todos los datos recopilados, procesados o generados en ellos.

Artículo 9°.- Los adjudicatarios de la bonificación a que se refiere esta ley podrán ceder o constituir garantías sobre el derecho a percibir la misma, mediante el endoso del certificado que emita la Comisión Nacional de Riego, en el cual conste la adjudicación.

Artículo 10.- La bonificación no constituirá renta para los beneficiarios de la misma y sus sucesores en el dominio del predio. Respecto de los cesionarios, se aplicarán las normas generales.

Artículo 11.- La bonificación a que se refiere esta ley será compatible con las establecidas en otros textos legales, pero la suma de las bonificaciones que se apliquen para una obra e inversión determinada no podrá exceder del 95% del costo de las mismas.

Artículo 12.- Los predios agrícolas beneficiados con las obras a que se refiere esta ley, gozarán de la franquicia establecida en la letra A) del artículo 1º de la ley Nº 17.235, sobre impuesto territorial, cuyo texto refundido, coordinado, sistematizado y actualizado fija el decreto con fuerza de ley Nº 1, de 1998, del Ministerio de Hacienda, pero reduciendo el tiempo de exención en el mismo porcentaje en que se subvencione el costo de la obra.

En caso de un cambio de uso de suelo de predios beneficiados por esta ley, que hubiere sido solicitado por el propietario para otros fines, éste deberá restituir la bonificación percibida deduciendo en forma proporcional el tiempo de permanencia efectiva de las obras bonificadas, sobre el plazo total a que se refiere el artículo 14 de este cuerpo legal, restitución que se efectuará en las condiciones que determine el reglamento.

Igual situación se aplicará a los agricultores de predios bonificados que eliminen o cambien de cultivo para el cual se asignó la bonificación, si a consecuencia de ello se deja sin aplicación los equipos de riego bonificados.

Artículo 13.- El que con el propósito de acogerse a la bonificación fijada en esta ley proporcione antecedentes falsos o adulterados, será sancionado con presidio menor en sus grados medio a máximo.

Si el infractor hubiese percibido la bonificación, se le aplicará además de la pena indicada en el inciso anterior, una multa que será equivalente al triple de las unidades de fomento que hubiere percibido indebidamente por tal concepto.

Será competente para aplicar las sanciones a que se refieren los incisos primero y segundo, el Juez de Garantía que corresponda de acuerdo con las normas generales.

Sin perjuicio de lo dispuesto en los incisos anteriores, el consultor y/o constructor responsable del proyecto que se presentare a concurso, que incurriere en las infracciones a que se refieren los incisos primero y segundo, será sancionado por la Comisión Nacional de Riego, administrativamente, con la no admisión en futuros concursos de proyectos preparados por el infractor. De esta sanción podrá apelarse ante la Contraloría General de la República.

La Comisión llevará un registro público de los infractores a los que se refiere este artículo, los que deberán incorporarse a éste una vez que el respectivo acto se encuentre firme. La sanción referida a la no admisión en futuros concursos de proyectos preparados por el infractor afectará, además, a las personas jurídicas en las que éste sea socio, gerente, administrador, representante o director, o en las que posea una participación igual o superior al 10% del capital o tenga la capacidad de elegir a lo menos un miembro del directorio o administración, salvo que la respectiva persona jurídica acredite ante la Comisión que no ha tenido responsabilidad en la infracción. Asimismo, en caso de que el infractor sea una persona jurídica, la sanción se extenderá a los accionistas, socios, gerentes, administradores, representantes o directores, en la medida que éstos hayan participado de la infracción. Un reglamento fijará las demás normas necesarias para la creación y funcionamiento del registro público.

Artículo 14.- La Comisión Nacional de Riego podrá otorgar autorización para retirar o enajenar los bienes adquiridos con la bonificación, antes de que concluya el plazo fijado en el reglamento, el cual no podrá ser superior a diez años, contado desde la fecha de recepción de la obra, siempre que los bienes en cuestión hayan sido correctamente usados en el objetivo del proyecto. El que sin la autorización de la Comisión Nacional de Riego retirare del predio o enajenare bienes adquiridos con la bonificación antes que concluya el plazo que fije el reglamento, será sancionado con una multa, a beneficio fiscal, equivalente al triple de las unidades de fomento que hubiere percibido por concepto de bonificación. Dicho plazo no podrá ser superior a diez años, contado desde la fecha de recepción de la obra.

En el caso de equipos móviles, el beneficiario deberá comunicar a la Comisión su uso en predios distintos del predio original del proyecto, siempre y cuando este predio pertenezca al titular del proyecto o sea explotado por él o sus sucesores legales en virtud de un contrato de arrendamiento, usufructo, fideicomiso, uso u otra forma legítima de explotación, en las condiciones que establezca el reglamento. En este caso, la obligación de mantener el equipo por el plazo antes señalado corresponderá al beneficiario que obtuvo la bonificación.

Será competente para aplicar esta sanción, el Juez de Policía Local que sea abogado con jurisdicción en la comuna en que se hubiere cometido la infracción, en conformidad con el procedimiento establecido en la ley Nº 18.287. Si éste no fuere abogado, lo será el Juez de Garantía en cuyo territorio jurisdiccional se encuentre el predio donde se cometió la infracción, aplicándose, en tal caso, el mismo procedimiento señalado.

Las condiciones dispuestas en este artículo no impiden en caso alguno que la Comisión pueda llamar a concursos específicos para la renovación de equipos y elementos anexos, en el marco del mejoramiento continuo de los sistemas de riego.

En un reglamento se definirá el mecanismo de seguimiento y supervisión de las obras bonificadas por esta ley, además de las condiciones para los concursos de renovación de sistemas de riego.

Artículo 15.- La bonificación que establece esta ley se financiará con los recursos que cada año consulte la Ley de Presupuestos del Sector Público y se pagará a través del Servicio de Tesorerías, en la forma que determine el reglamento.

Dicha Ley de Presupuestos del Sector Público incluirá los recursos necesarios para financiar el gasto anual que demande la aplicación de la presente ley. La correspondiente glosa presupuestaria deberá identificar fondos separados con los montos que anualmente podrán comprometerse en llamados a concurso, con distinción de aquellas obras cuyo costo no supere las 20.000 unidades de fomento y aquéllas que superen dicho monto.

La Comisión deberá actuar coordinadamente y propender a la unidad de acción, y evitará la duplicación o interferencia de funciones con los demás servicios con competencias en la materia. Para lo anterior, la Comisión en conjunto con los gobiernos regionales y otros servicios públicos podrán celebrar convenios, mandatos o de programación, anuales o plurianuales, con el objeto de fomentar la inversión en obras de riego y drenaje, y promover la eficiencia hídrica, en los términos establecidos por la presente ley. Asimismo, la Comisión deberá propender a establecer convenios de colaboración y traspaso de información con otros organismos públicos, tales como Tesorería General de la República, Servicio de Impuestos Internos, Servicio Agrícola y Ganadero, Instituto de Desarrollo Agropecuario, Dirección General de Aguas, entre otros servicios relacionados, atendiendo la reserva y resguardo de la información que establezca la normativa vigente.

Artículo 16.- Esta ley rige desde el 1º de enero de 1986.

Artículo 17.- Los reglamentos de esta ley serán fijados mediante decreto supremo del Ministerio de Agricultura, previa aprobación del Consejo de Ministros de la Comisión Nacional de Riego.

JOSE T. MERINO CASTRO, Almirante, Comandante en Jefe de la Armada, Miembro de la Junta de Gobierno.- FERNANDO MATTHEI AUBEL, General del Aire, Comandante en Jefe de la Fuerza Aérea, Miembro de la Junta de Gobierno.- RODOLFO STANGE OELCKERS, General Director de Carabineros, Miembro de la Junta de Gobierno.- CESAR RAUL BENAVIDES ESCOBAR, Teniente General de Ejército, Miembro de la Junta de Gobierno.

Por cuanto he tenido a bien aprobar la precedente ley, la sanciono y la firmo en señal de promulgación. Llévese a efecto como Ley de la República.

Regístrese en la Contraloría General de la República, publíquese en el Diario Oficial e insértese en la Recopilación Oficial de dicha Contraloría.

Santiago, 22 de octubre de 1985.- AUGUSTO PINOCHET UGARTE, General de Ejército, Presidente de la República.- Hernán Büchi Buc, Ministro de Hacienda.- Juan Carlos Délano Ortúzar, Ministro de Economía, Fomento y Reconstrucción.- Bruno Siebert Held, Brigadier General, Ministro de Obras Públicas.- Jorge Prado Aránguiz, Ministro de Agricultura.

Lo que transcribo a Ud. para su conocimiento.- Saluda atentamente a Ud.- Jaime de la Sotta Benavente, Subsecretario de Agricultura.

VIII. TIERRAS Y AGUAS INDÍGENAS

LEY Nº 19.253, ESTABLECE NORMAS SOBRE PROTECCIÓN, FOMENTO Y DESARROLLO DE LOS INDÍGENAS, Y CREA LA CORPORACIÓN NACIONAL DE DESARROLLO INDÍGENA, DE 1993 (Selección de artículos)

Artículo 1º.- El Estado reconoce que los indígenas de Chile son los descendientes de las agrupaciones humanas que existen en el territorio nacional desde tiempos precolombinos, que conservan manifestaciones étnicas y culturales propias siendo para ellos la tierra el fundamento principal de su existencia y cultura.

El Estado reconoce como principales pueblos o etnias indígenas de Chile a los Mapuche, Aimara, Rapa Nui o Pascuense; Atacameño, Quechua, Colla, Diaguita, Chango del norte del país; Kawashkar o Alacalufe y Yámana o Yagán de los canales australes; y Selk'nam. El Estado valora su existencia por ser parte esencial de las raíces de la nación chilena, así como su integridad y desarrollo, de acuerdo con sus costumbres y valores.

Es deber de la sociedad en general y del Estado en particular, a través de sus instituciones respetar, proteger y promover el desarrollo de los indígenas, sus culturas, familias y comunidades, adoptando las medidas adecuadas para tales fines y proteger las tierras indígenas, velar por su adecuada explotación, por su equilibrio ecológico y propender a su ampliación.

Artículo 20.- Créase un Fondo para Tierras y Aguas Indígenas administrado por la Corporación. A través de este Fondo la Corporación podrá cumplir con los siguientes objetivos:

a) Otorgar subsidios para la adquisición de tierras por personas, Comunidades Indígenas o una parte de éstas cuando la superficie de las tierras de la respectiva comunidad sea insuficiente, con aprobación de la Corporación.

Para obtener este subsidio se distinguirá entre postulaciones individuales y de comunidades.

Para las postulaciones individuales el puntaje estará dado por el ahorro previo, situación socio-económica y grupo familiar.

Para las postulaciones de comunidades el puntaje estará determinado, además de los requisitos de la postulación individual, por su antigüedad y número de asociados.

Un Reglamento establecerá la forma, condiciones y requisitos de su operatoria;

b) Financiar mecanismos que permitan solucionar los problemas de tierras, en especial, con motivo del cumplimiento de resoluciones o transacciones, judiciales o extrajudiciales, relativas a tierras indígenas en que existan soluciones sobre tierras indígenas o transferidas a los indígenas, provenientes de los títulos de merced o reconocidos por títulos de comisario u otras cesiones o asignaciones hechas por el Estado en favor de los indígenas.

c) Financiar la constitución, regularización o compra de derechos de aguas o financiar obras destinadas a obtener este recurso.

El Presidente de la República, en un reglamento, establecerá el modo de operación del Fondo de Tierras y Aguas Indígenas.

Artículo 21.- La Ley de Presupuestos de cada año dispondrá anualmente de una suma destinada exclusivamente al Fondo de Tierras y Aguas Indígenas.

El Fondo de Tierras y Aguas Indígenas se incrementará con los siguientes recursos:

a) Los provenientes de la cooperación internacional donados expresamente al Fondo.

b) Los aportes en dinero de particulares. Las donaciones estarán exentas del trámite de insinuación judicial que establece el artículo 1.401 del Código Civil y de toda contribución o impuesto.

c) Los que reciba de Ministerios y otros organismos públicos o privados destinados al financiamiento de convenios específicos.

d) Las devoluciones contempladas en el artículo siguiente.

e) Las rentas que devenguen los bienes que ingresen al Fondo.

La Corporación podrá recibir del Estado, tierras fiscales, predios, propiedades, derechos de agua, y otros bienes de esta especie para radicar, entregar títulos permanentes, realizar proyectos de colonización, reubicación y actividades semejantes destinados a comunidades indígenas o indígenas individualmente considerados. Igualmente los podrá recibir de particulares para los mismos fines, y en general los aportes que en dinero se hagan por parte de particulares.

Artículo 22.- Las tierras no indígenas y los derechos de aguas para beneficio de tierras indígenas adquiridas con recursos de este Fondo, no podrán ser enajenados durante veinticinco años, contados desde el día de su inscripción. Los Conservadores de Bienes Raíces, conjuntamente con la inscripción de las tierras o derechos de aguas, procederán a inscribir esta prohibición por el solo ministerio de la ley. En todo caso será aplicable el artículo 13.

No obstante la Corporación, por resolución del Director que deberá insertarse en el instrumento respectivo, podrá autorizar la enajenación de estas tierras o derechos de aguas previo reintegro al Fondo del valor del subsidio, crédito o beneficio recibido, actualizado conforme al Índice de Precios al Consumidor. La contravención de esta obligación producirá la nulidad absoluta del acto o contrato.

Artículo 39.- La Corporación Nacional de Desarrollo Indígena es el organismo encargado de promover, coordinar y ejecutar, en su caso, la acción del Estado en favor del desarrollo integral de las personas y comunidades indígenas, especialmente en lo económico, social y cultural y de impulsar su participación en la vida nacional.

Además le corresponderán las siguientes funciones:

a) Promover el reconocimiento y respeto de las etnias indígenas, de sus comunidades y de las personas que las integran, y su participación en la vida nacional;

b) Promover las culturas e idiomas indígenas y sistemas de educación intercultural bilingüe en coordinación con el Ministerio de Educación;

c) Incentivar la participación y el desarrollo integral de la mujer indígena, en coordinación con el Servicio Nacional de la Mujer;

d) Asumir, cuando así se le solicite, la defensa jurídica de los indígenas y sus comunidades en conflictos sobre tierras y aguas y, ejercer las funciones de conciliación y arbitraje de acuerdo a lo establecido en esta ley;

e) Velar por la protección de las tierras indígenas a través de los mecanismos que establece esta ley y posibilitar a los indígenas y sus comunidades el acceso y ampliación de sus tierras y aguas a través del Fondo respectivo;

f) Promover la adecuada explotación de las tierras indígenas, velar por su equilibrio ecológico, por el desarrollo económico y social de sus habitantes a través del Fondo de Desarrollo Indígena y, en casos especiales, solicitar la declaración de Áreas de Desarrollo Indígena de acuerdo a esta ley;

g) Mantener un Registro de Comunidades y Asociaciones Indígenas y un Registro Público de Tierras Indígenas sin perjuicio de la legislación general de Registro de la Propiedad Raíz;

h) Actuar como árbitro frente a controversias que se susciten entre los miembros de alguna asociación indígena, relativas a la operación de la misma, pudiendo establecer amonestaciones, multas a la asociación e incluso llegar a su disolución. En tal caso, actuará como partidor sin instancia de apelación;

i) Velar por la preservación y la difusión del patrimonio arqueológico, histórico y cultural de las etnias y promover estudios e investigaciones al respecto;

j) Sugerir al Presidente de la República los proyectos de reformas legales y administrativas necesarios para proteger los derechos de los indígenas, y

k) Desarrollar todas las demás funciones establecidas en esta ley.

En el cumplimiento de sus objetivos, la Corporación podrá convenir con los Gobiernos Regionales y Municipalidades respectivos, la formulación de políticas y la realización de planes y proyectos destinados al desarrollo de las personas y comunidades indígenas.

Artículo 40.- La Corporación podrá recibir del Fisco, a título gratuito, a través del Ministerio de Bienes Nacionales, de otros organismos públicos o de personas privadas, bienes raíces o derechos de agua para asignarlos a comunidades o personas indígenas en propiedad, uso o administración.

Estas asignaciones se podrán realizar directamente o aplicando los mecanismos señalados en el Párrafo 2° del Título II de esta ley, según sea decidido por el Consejo Nacional de la Corporación, por los dos tercios de sus miembros en ejercicio.

Las donaciones que la Corporación reciba de personas privadas no requerirán del trámite de insinuación y estarán exentas de toda contribución o impuesto.

Artículo 51.- La Corporación se regirá por las normas de la ley de Administración Financiera del Estado y contará, anualmente, además del presupuesto de la planta del personal, administración, inversión, operación y programas, con recursos especiales para los Fondos de Tierras y Aguas Indígenas y de Desarrollo Indígena de que trata esta ley.

Artículo 64.- Se deberá proteger especialmente las aguas de las comunidades Aimaras y Atacameñas. Serán considerados bienes de propiedad y uso de la Comunidad Indígena establecida por esta ley, las aguas que se encuentren en los terrenos de la comunidad, tales como los ríos, canales, acequias y vertientes, sin perjuicio de los derechos que terceros hayan inscrito de conformidad al Código General de Aguas.

No se otorgarán nuevos derechos de agua sobre lagos, charcos, vertientes, ríos y otros acuíferos que surten a las aguas de propiedad de varias Comunidades Indígenas establecidas por esta ley sin garantizar, en forma previa, el normal abastecimiento de agua a las comunidades afectadas.

Artículo 65.- La Corporación, sin perjuicio de lo establecido en las normas del Fondo de Tierras y Aguas Indígenas, incentivará programas especiales para la recuperación y repoblamiento de pueblos y sectores actualmente abandonados de las etnias aimara y atacameña.

DISPOSICIONES TRANSITORIAS

Artículo 3°.- La Corporación realizará, en conjunto con el Ministerio de Bienes Nacionales, durante los tres años posteriores a la publicación de esta ley, un plan de saneamiento de títulos de dominio sobre las tierras aimaras y atacameñas de la I y II regiones, de acuerdo a las disposiciones contenidas en el párrafo 2° del Título VIII.

Igualmente, la Corporación y la Dirección General de Aguas, establecerán un convenio para la protección, constitución y restablecimiento de los derechos de aguas de propiedad ancestral de las comunidades aimaras y atacameñas de conformidad al artículo 64 de esta ley.

REGLAMENTOS

DECRETO SUPREMO Nº 187, REGLAMENTO SOBRE REGISTRO DE ORGANIZACIONES DE USUARIOS, DE 1983

Núm. 187.- Santiago, 2 de Mayo de 1983.-

Vistos:

Lo establecido en los artículos 65, 122, 196, 255, 258 y 267 del Código de Aguas, el oficio Nº 292 de fecha 20 de Abril de 1983 de la Dirección General de Aguas, y Considerando:

Que el registro de las organizaciones de usuarios requerido por el artículo 196 del Código de Aguas para las Comunidades de Agua, y extendido a las Asociaciones de Canalistas y Juntas de Vigilancia por los artículos 258 y 267 de dicho texto legal, es un acto jurídico y administrativo complejo, que comprende desde la revisión técnica y jurídica de los antecedentes presentados, hasta su anotación en un Libro Registro especial,

Decreto:

Artículo Primero.- Establécese el Registro de Organizaciones de Usuarios, a que se refieren los artículos 196, 255, 258 y 267 del Código de Aguas, el que formará parte del Catastro Público de Aguas.

Artículo Segundo.- En el Registro de Organizaciones de Usuarios se registrarán y anotarán todas las Comunidades de Aguas, Comunidades de Obras de Drenaje, Asociaciones de Canalistas y Juntas de Vigilancia, tanto las que se organicen en el futuro como las ya organizadas.

También se anotarán en dicho Registro todas las modificaciones estatutarias que a dichos organismos se efectúen.

El Director General de Aguas ordenará por resolución el Registro de las organizaciones de usuarios.

Artículo Tercero.- Habrá un Libro Registro foliado y numerado para las Comunidades de Aguas y Obras de Drenaje, otro para las Asociaciones de Canalistas, y un tercero para las Juntas de Vigilancias.

Artículo Cuarto.- La inscripción en el caso de las Comunidades de Aguas y de Obras de Drenaje deberán contener las siguientes menciones:

1.- Nombre y domicilio de la comunidad.

2.- Cauce o fuente natural de donde deriva sus derechos.

3.- Canal o canales sometidos a su jurisdicción.

4.- Derechos del canal comunero en el cauce o fuente natural.

5.- Notaría y fecha de escritura de constitución.

6.- División de los derechos entre los comuneros.

Artículo Quinto.- La inscripción de las Asociaciones de Canalistas contendrá las siguientes menciones:

1.- Nombre y domicilio de la Asociación de Canalistas.

2.- Cauce o fuente natural de que deriva sus derechos.

3.- Canal o canales sometidos a su jurisdicción.

4.- Derechos del canal en el cauce o fuente natural.

5.- Notaría y fecha de la escritura de constitución.

6.- División de los derechos entre los accionistas.

7.- Decreto aprobatorio y fecha de su publicación.

Artículo Sexto.- La inscripción de las Juntas de Vigilancia contendrá las siguientes menciones:

1.- Nombre y domicilio de la Junta de Vigilancia.

2.- Hoya a la que pertenece.

3.- El o los cauces o la sección del cauce o fuente natural sobre la que tiene jurisdicción.

4.- Matrícula de canales sometidos a su jurisdicción.

5.- Notaría y fecha de escritura de constitución de la Junta de Vigilancia.

6.- Decreto aprobatorio y fecha de su publicación.

7.- Derechos de cada canal en el cauce o fuente natural.

Artículo Séptimo.- El Registro de Organizaciones de Usuarios será público, y la Dirección General de Aguas otorgará a quienes lo soliciten copias autorizadas de las inscripciones existentes.

Artículo Octavo.- El Registro de Organizaciones de Usuarios será responsabilidad de quienes tengan a su cargo el Catastro Público de Aguas y habrá un funcionario encargado de su custodia y manejo que tendrá el nombre de Archivero de la Dirección General de Aguas, cuya designación efectuará el Director General de Aguas.

Artículo Transitorio.- Las Organizaciones de Usuarios que existen a la fecha de publicación del presente decreto, y que se encuentran con su situación legal regularizada, se anotarán en el Libro Registro que corresponda, sin mayores trámites.

Anótese, tómese razón, publíquese e insertese en el boletín de reglamentos de la Contraloría General de la República.- AUGUSTO PINOCHET UGARTE, General de Ejército, Presidente de la República.- Bruno Siebert Held, Brigadier General, Ministro de Obras Públicas.

Lo que transcribo a Ud. para su conocimiento.- Saluda Atte. a Ud.- Osvaldo Muñoz Ruiz Tagle, Secretario General subrogante.

DECRETO SUPREMO Nº 1.220, APRUEBA REGLAMENTO DEL CATASTRO PÚBLICO DE AGUAS, DE 1998

Núm. 1.120.- Santiago, 30 de diciembre de 1997.- Vistos: Las facultades que me confiere el artículo 32 Nº 8 de la Constitución Política de la República de Chile y el decreto M.O.P. Nº 294, de 1984, que fija el texto actualizado, coordinado y sistematizado de la ley Nº 15.840, Orgánica del Ministerio de Obras Públicas; lo dispuesto en los artículos 122, 150 inciso 2º, 299 letras a) y b) y 300 letra f) del Código de Aguas, y

Considerando:

Que, el artículo 122 del Código de Aguas dispone que corresponde a la Dirección General de Aguas llevar un Catastro Público de Aguas, en el que constará toda la información que tenga relación con ellas, el que debe estar constituido por los archivos, registros e inventarios que un reglamento especial establezca, en el que se consignarán todos los datos, actos y antecedentes que digan relación con el recurso, con las obras de desarrollo del mismo, con los derechos de aprovechamiento, con los derechos reales constituidos sobre éstos y con las obras construidas o que se construyan para ejercerlos.

Que, el Catastro Público de Aguas es imprescindible para que la Dirección General de Aguas pueda llevar adelante de un modo adecuado su misión de órgano encargado de la función pública de administración de las aguas, toda vez que sin un conocimiento cabal y exhaustivo, científica y prácticamente comprobable, del recurso y de los usos del mismo, resulta imposible que dicho Servicio pueda cumplir de una manera eficiente y moderna las funciones que la ley le ha encomendado.

Que, el Catastro Público de Aguas está destinado a proporcionar a la autoridad de aguas toda la información necesaria para que pueda cumplir sus funciones de planificación y administración del recurso.

Que, conforme a lo anterior, la finalidad del Catastro Público de Aguas es lograr un inventario del recurso, sobre lo cual basar la aplicación de políticas públicas. Que, del mismo modo, su consagración legal y la reglamentación de su contenido otorgará una mayor transparencia a la gestión de la Dirección General de Aguas en su calidad de órgano rector de las aguas en el país, así como también permitirá que cualquier interesado en ello pueda acceder en forma rápida, oportuna y eficiente a toda información relacionada con el recurso hídrico.

Que, en virtud de lo precedentemente expuesto, se ha estimado conveniente llevar adelante el mandato del legislador y proceder a dictar el reglamento que establezca la forma y contenido del Catastro Público de Aguas.

Decreto:

Apruébase el siguiente Reglamento para el Catastro Público de Aguas:

Definiciones

Artículo 1º: Definiciones. Para los efectos de este Reglamento se entiende por:

a) Dirección: Dirección General de Aguas.

b) Director: Director General de Aguas.

c) Archivero: Funcionario encargado de la custodia y manejo de los Registros que componen el Catastro Público de Aguas.

d) Catastro Público de Aguas: Aquel al que se refiere el artículo 122 del Código de Aguas y que se reproduce en el artículo 2º de este Reglamento.

e) Organizaciones de Usuarios: Las Comunidades de Aguas; las Comunidades de Obras de Drenaje; las Comunidades de aguas subterráneas que se originan como consecuencia de la declaración de un área de restricción; las Asociaciones de Canalistas; aquellas organizaciones de usuarios a las que se refiere el artículo 261 del Código de Aguas; las Juntas de Vigilancia; y en general cualquier tipo de sociedad que se forme con uno o más de los objetos mencionados en el Art. 186 del mismo Código.

f) Centro de Información: Centro de Información de Recursos Hídricos de la Dirección General de Aguas.

g) Roles provisionales de usuarios: Aquellos roles provisionales de usuarios que la Dirección General de Aguas forme en los casos a que se refiere el artículo 164 del Código de Aguas.

TÍTULO I
DEL CATASTRO PÚBLICO DE AGUAS

SECCIÓN I
DISPOSICIONES GENERALES

Artículo 2°: El Catastro Público de Aguas estará constituido por los Archivos, Registros e Inventarios que el presente Reglamento establece, en los que se consignarán todos los datos, actos y antecedentes que dicen relación con el recurso, con las obras de desarrollo del mismo, con los derechos de aprovechamiento, con los derechos reales constituidos sobre éstos y con las obras construidas o que se construyan para ejercerlos.

La Dirección General de Aguas será responsable de que en el Catastro Público de Aguas conste toda la información que tenga relación con las aguas, y, en especial, aquella que le permita cumplir sus atribuciones y funciones legales, principalmente las de planificar el desarrollo del recurso, investigar y medir el recurso, ejercer la policía y vigilancia en los cauces naturales de uso público y supervigilar el funcionamiento de las juntas de vigilancia.

Artículo 3°: El Catastro Público de Aguas estará a cargo de la Dirección General de Aguas, la que cautelará el cumplimiento de las normas establecidas en el presente Reglamento.

Artículo 4°: El Catastro Público de Aguas es público en lo referente a la individualización de todos los antecedentes que existan consignados en él. La Dirección, a través de su Centro de Información de Recursos Hídricos, estará obligada a entregar, a petición del titular o de cualquier persona, copia de las inscripciones que tenga en los Registros, Archivos e Inventarios, así como de certificados de tales inscripciones. La Dirección, asimismo, podrá cobrar por la prestación de estos servicios un valor equivalente a los costos efectivos que resulten del otorgamiento de las referidas copias o certificados. Estos valores serán fijados anualmente por resolución del Director.

SECCIÓN II
REGISTROS Y ARCHIVOS QUE COMPONEN EL CATASTRO PÚBLICO DE AGUAS

Artículo 5°: El Catastro Público de Aguas estará constituido por los siguientes Registros, Archivos e Inventarios:

1. Registro Público de Organizaciones de Usuarios
2. Registro Público de Derechos de Aprovechamiento de Aguas
3. Inventario Público de Extracciones Autorizadas de Aguas
4. Inventario Público de Obras Hidráulicas
5. Inventario Público de Información Hidrológica y Meteorológica
6. Inventario Público de Obras Estatales de Desarrollo del Recurso y Reservas de Aguas
7. Inventario Público de Extracciones Efectivas de Aguas
8. Inventario Público sobre Información de Calidad de Aguas
9. Inventario Público de Cuencas Hidrográficas y Lagos
10. Archivo Público de Jurisprudencia Administrativa y de Normas sobre Calidad de Aguas
11. Registro Público de Roles Provisionales de Usuarios
12. Registro Público de Solicitudes
13. Registro Público de Vertidos de Residuos Líquidos en Fuentes Naturales de Aguas, y
14. Archivo Público de Estudios y Archivo Público de Informes Técnicos.
15. Inventario Público de Glaciares

§1. Del Registro Público de Organizaciones de Usuarios

Artículo 6°: En el Registro Público de Organizaciones de Usuarios se registrarán y anotarán todas aquellas mencionadas en la letra e) del artículo 1° del presente Reglamento; tanto las que se organicen en el futuro como las ya organizadas.

También se anotarán y registrarán en dicho Registro todas las modificaciones estatutarias que a dichas organizaciones se efectúen.

El Director General de Aguas ordenará, por resolución, el registro de las organizaciones de usuarios. También requerirá de resolución el registro de las modificaciones de los estatutos de las mismas. Se tendrán por registradas todas las organizaciones de usuarios que a la fecha de publicación de este reglamento ya lo estén en la Dirección.

Artículo 7°: El Registro Público de Organizaciones de Usuarios se compone de 6 Libros, los que deberán ser foliados y enumerados. Ellos son los siguientes:

a) Registro Público de Comunidades de Aguas Superficiales

b) Registro Público de Obras de Drenaje

c) Registro Público de Asociaciones de Canalistas

d) Registro Público de Juntas de Vigilancia

e) Registro Público de Comunidades de Aguas Subterráneas

f) Registro Público de otras Sociedades a las que se refiere el artículo 186 del Código de Aguas.

Artículo 8°: La inscripción en el caso de las Comunidades de Aguas, sean superficiales o subterráneas, deberá contener las siguientes menciones:

1. Nombre y domicilio de la comunidad;

2. Nombre del cauce o fuente natural de donde deriva sus derechos de aprovechamiento;

3. Canal o canales sometidos a su jurisdicción;

4. Derechos de aprovechamiento del canal comunero en el cauce o fuente natural, los que deberán expresarse tanto en acciones como en volumen por unidad de tiempo;

5. Las características de los derechos de aprovechamiento de la comunidad;

6. División de los derechos de aprovechamiento entre los comuneros, expresado en acciones y en volumen por unidad de tiempo;

7. Notaría y fecha de la escritura de constitución;

8. Fojas, número y año de la inscripción en el Registro de Propiedad de Aguas del Conservador de Bienes Raíces competente;

9. Juzgado y número de rol de la causa y fecha de la respectiva sentencia en caso de tratarse de organizaciones de usuarios de aguas cuya existencia haya sido declarada judicialmente;

10. La resolución del Director General de Aguas que ordena el registro de la comunidad.

Artículo 9°: La inscripción en el caso de las Comunidades de Obras de Drenaje deberá contener las siguientes menciones:

1. Nombre y domicilio de la comunidad;

2. Nombre de los cauces naturales o artificiales que sean colectores de aguas provenientes de los drenajes;

3. Canal o canales sometidos a su jurisdicción;

4. Nombre de los beneficiarios con el sistema de drenaje;

5. Notaría y fecha de la escritura de constitución;

6. Fojas, número y año de la inscripción en el Registro de Propiedad de Aguas del Conservador de Bienes Raíces competente;

7. Juzgado y número de rol de la causa y fecha de la sentencia, en caso que la existencia de la comunidad haya sido declarada judicialmente;

8. La resolución del Director General de Aguas que ordena el registro de la comunidad.

Artículo 10: La inscripción de las Asociaciones de Canalistas contendrá las siguientes menciones:

1. Nombre y domicilio de la Asociación de Canalistas;

2. Nombre del cauce o fuente natural de donde deriva sus derechos de aprovechamiento;

3. Canal o canales sometidos a su jurisdicción;

4. Derechos de aprovechamiento, y sus características, del canal en el cauce o fuente natural, los que deberán estar expresados en acciones y en volumen por unidad de tiempo;

5. Notaría y fecha de la escritura de constitución;

6. División de los derechos de aprovechamiento entre los accionistas, expresados en acciones y en volumen por unidad de tiempo;

7. Decreto aprobatorio y fecha de su publicación;

8. Resolución del Director General de Aguas que ordena el registro de la asociación de canalistas;

9. Fojas, número y año de la inscripción en el Registro de Propiedad de Aguas del Conservador de Bienes Raíces respectivo;

10. Juzgado, número de rol de la causa y fecha de la sentencia, si la existencia de la Asociación fue declarada judicialmente.

Artículo 11: La inscripción de las Juntas de Vigilancia contendrá las siguientes menciones:

1. Nombre y domicilio de la Junta de Vigilancia;

2. Hoya hidrográfica a que pertenece;

3. El o los cauces o la sección del cauce o fuente natural sobre la que tiene jurisdicción;

4. Matrícula de canales sometidos a su jurisdicción;

5. Notaría y fecha de la escritura de constitución de la Junta de Vigilancia;

6. Decreto aprobatorio y fecha de su publicación;

7. Derechos de aprovechamiento de cada canal en el cauce o fuente natural expresado en acciones y en volumen por unidad de tiempo;

8. Derechos de aprovechamiento de usuarios individuales que capten directamente del cauce natural a través de una bocatoma;

9. Fojas, número y año de la inscripción en el Registro de Propiedad de Aguas del Conservador de Bienes Raíces competente;

10. Juzgado, número de rol de la causa, y fecha de la sentencia, en caso que la existencia de la junta de vigilancia haya sido declarada judicialmente;

11. Resolución del Director General de Aguas que ordena el registro de la junta de vigilancia.

Artículo 12: El Registro Público de Organizaciones de Usuarios será público, y la Dirección General de Aguas otorgará, a quienes lo soliciten, copias autorizadas de las inscripciones existentes, así como certificados de tales inscripciones.

§2. Del Registro Público de Derechos de Aprovechamiento de Aguas

Artículo 13: En el Registro Público de Derechos de Aprovechamiento de Aguas deberán registrarse todos los derechos de aprovechamiento constituidos o reconocidos en conformidad a la ley.

Además, en este registro se anotarán las transferencias de los derechos de aprovechamiento; los derechos reales constituidos sobre éstos y en general toda aquella información relativa al ejercicio de los derechos de aprovechamiento.

Asimismo, se entenderán automáticamente registrados los derechos de aprovechamiento de aguas que hayan sido fijados por sentencia judicial que declare la existencia de una comunidad de aguas cuya organización haya sido promovida por la Dirección.

Artículo 14: Se registrarán separadamente los derechos de aprovechamiento y demás circunstancias que recaigan en aguas superficiales y subterráneas.

Artículo 15: El Registro Público referido a las aguas superficiales estará constituido por los siguientes Registros:

a) Registro Público de Derechos de Aprovechamiento Constituidos Originalmente por la Autoridad.

En este Registro deberán anotarse:

1. Las resoluciones de la Dirección General de Aguas o de otros organismos públicos, por medio de las cuales se constituyan los derechos de aprovechamiento. También se registrarán aquí las resoluciones o decretos de otras autoridades públicas que, en virtud de anteriores legislaciones

referidas a las aguas terrestres, hubieren constituido mercedes definitivas o derechos de aprovechamiento de aguas.

2. Los decretos supremos del Presidente de la República que constituyan derechos de aprovechamiento en el caso establecido en el artículo 148 del Código de Aguas.

b) Registro Público de Derechos de Aprovechamiento reconocidos por la ley.

En este Registro deberán anotarse:

1. Las resoluciones judiciales ejecutoriadas que reconozcan la existencia de un derecho de aprovechamiento.

2. Las inscripciones que resulten de la aplicación del artículo primero transitorio del Código de Aguas.

c) Registro Público de Declaración de Agotamiento de Cauces Naturales.

d) Registro Público de Derechos Reales Constituidos sobre Derechos de Aprovechamiento.

e) Registro Público de Derechos de Aprovechamiento Utilizados y No Utilizados.

f) Registro Público de Traslados del Ejercicio de Derechos de Aprovechamiento en Cauces Naturales.

g) Registro Público de Cambios de Fuente de Abastecimiento.

h) Registro Público de Limitaciones o Condiciones Ambientales relacionadas con los Derechos de Aprovechamiento.

De cada anotación que se efectúe en los Registros contenidos en las letras d), e), f), g) y h) del presente artículo, deberá dejarse constancia al margen del respectivo Registro de Derechos de Aprovechamiento a que se refieren las letras a) y b).

Artículo 16: El Registro Público referido a las aguas subterráneas estará constituido por los siguientes Registros:

a) Registro Público de Derechos de Aprovechamiento Constituidos originalmente por la Autoridad.

b) Registro Público de Derechos de Aprovechamiento Reconocidos por la ley.

En este Registro deberán anotarse:

1. Las resoluciones judiciales ejecutoriadas que reconozcan la existencia de un derecho de aprovechamiento.

2. Las inscripciones que resulten de la aplicación de artículo primero transitorio del Código de Aguas.

c) Registro Público de Autorizaciones de Exploración de Aguas Subterráneas y todo acto o contrato que las afecten.

d) Registro Público de Limitaciones a la Explotación de Aguas Subterráneas.

En este registro deberán anotarse todas las resoluciones de la autoridad por medio de las cuales se decrete alguna de las siguientes medidas:

1. Reducción temporal del ejercicio de los derechos de aprovechamiento.

2. Areas de restricción.

3. Zonas de prohibición para nuevas explotaciones.

e) Registro Público de Zonas de Acuíferos que Alimenten Vegas y Bofedales de las Regiones de Tarapacá y Antofagasta.

f) Registro Público de Cambios de Puntos de Captación de Aguas Subterráneas.

g) Registro Público de Derechos de Aprovechamiento Utilizados y No Utilizados.

h) Registro Público de Limitaciones o Condiciones Ambientales relacionadas con los Derechos de Aprovechamiento.

i) Registro Público de Derechos de Aprovechamiento de Aguas de Carácter Provisional.

j) Registro Público de Obras de Recarga Artificial de Acuíferos.

De cada anotación que se efectúe en los Registros contenidos en las letras f), g) y h) del presente artículo, deberá dejarse constancia al margen del respectivo Registro de derecho de aprovechamiento a que se refieren las letras a) y b).

§3. Inventario Público de Extracciones Autorizadas de Aguas

Artículo 17: En el Inventario Público de Extracciones Autorizadas de Aguas deberá registrarse toda la información referida a las extracciones de aguas superficiales, corrientes o detenidas, y subterráneas realizadas a través de bocatomas u obras de captación de aguas subterráneas, provenientes de derechos de aprovechamiento constituidos o reconocidos en conformidad a la ley.

La información contenida en este Inventario será referencia obligatoria para la Dirección General de Aguas, al momento de efectuar los análisis de disponibilidad del recurso en alguna fuente natural.

Se registrarán separadamente las extracciones autorizadas de aguas superficiales y las extracciones autorizadas de aguas subterráneas.

El Inventario Público de Extracciones Autorizadas de Aguas, sean superficiales o subterráneas, se formará a partir de la información que ya se encuentra registrada en la Dirección con anterioridad a la publicación de este Reglamento, y con aquella que se vaya incorporando con posterioridad.

La Dirección aprobará mediante resoluciones el Inventario de Extracciones Autorizadas de Aguas en cada región del país, las que serán publicadas por una vez en el Diario Oficial y en un diario de la capital de la región correspondiente, a objeto de que aquellos que se sientan afectados puedan deducir en su contra los recursos que les franquea la ley.

§4. Del Inventario Público de Obras Hidráulicas

Artículo 18: El Inventario Público de Obras Hidráulicas estará constituido por los siguientes Inventarios:

a) Inventario Público de las Obras Hidráulicas contempladas en el artículo 294 del Código de Aguas, las cuales para el solo efecto de este reglamento se denominarán Obras Hidráulicas Mayores.

b) Inventario Público de otras Obras Hidráulicas contempladas en el Código de Aguas, las cuales para el solo efecto de este reglamento se denominarán Obras Hidráulicas Menores.

c) Inventario Público de Normas de Operación de Obras Hidráulicas, según lo dispuesto en el artículo 307 del Código de Aguas.

§5. Del Inventario Público de Información Hidrológica y Meteorológica

Artículo 19: El Inventario Público de Información Hidrológica y Meteorológica estará compuesto por los siguientes Inventarios:

a) Inventario Público de Información Fluviométrica;

En este Inventario se anotará toda la información correspondiente a las mediciones efectuadas en los cauces naturales, por la Dirección u otros organismos.

b) Inventario Público de Información Meteorológica;

En este Inventario se anotará la siguiente información:

1. Información correspondiente a las mediciones efectuadas en las estaciones meteorológicas a cargo de la Dirección o de otros Organismos Públicos, así como la información que proporcionen entidades de carácter privados.

2. Información correspondiente a las mediciones efectuadas en las estaciones de medición de rutas de nieve a cargo de la Dirección o de otros Organismos Públicos, así como la información que proporcionen entidades de carácter privados.

3. Información correspondiente a las mediciones efectuadas en las estaciones pluviométricas a cargo de la Dirección o de otros Organismos Públicos, así como la información que proporcionen entidades de carácter privados.

c) Inventario Público de Información Sedimentométrica.

d) Inventario Público de Niveles de Aguas Subterráneas.

En este Inventario se anotará toda la información correspondiente a las mediciones efectuadas en las redes de pozos a cargo de la Dirección.

e) Inventario Público de Datos Limnológicos.

En este Inventario se anotará toda la información correspondiente a las mediciones efectuadas por la Dirección en lagos, y otros álveos de aguas detenidas.

§6. Del Inventario Público de Obras Estatales de Desarrollo del Recurso y Reservas de Agua

Artículo 20: El Inventario Público de Obras Estatales de Desarrollo del Recurso y Reservas de Agua estará constituido por los siguientes inventarios:

a) Inventario de Obras de Riego Construidas por el Estado.
b) Inventario de Reservas de Aguas.

§7. Del Inventario Público de Extracciones Efectivas de Aguas

Artículo 21: En el Inventario Público de Extracciones Efectivas de Aguas deberá registrarse toda la información referida a las extracciones efectivas de aguas superficiales, corrientes o detenidas, y subterráneas, realizadas a través de bocatomas u obras de captación de aguas subterráneas, provenientes de derechos de aprovechamiento constituidos o reconocidos en conformidad a la ley.

Para los efectos señalados en el inciso precedente, la Dirección podrá exigir la instalación de sistemas de medida en las obras de captación de aguas superficiales y requerir la información que sea necesaria a los usuarios individuales de las mismas y a la organización de usuarios bajo cuya administración esté la distribución de aguas en un cauce natural determinado, así como también exigir la instalación de sistemas de medida en las obras de captación de aguas subterráneas y solicitar la información que se obtenga.

§8. Del Inventario Público sobre Información de Calidad de Aguas

Artículo 22: El Inventario Público de Calidad de Aguas estará constituido por los siguientes inventarios:

1. Inventario Público de Calidad Física-Química de las Aguas
2. Inventario Público de Calidad Biológica de las Aguas

En este Inventario constará toda la información correspondiente a los datos obtenidos de la medición de los componentes físicos, químicos y biológicos, de las redes de calidad de aguas a cargo de la Dirección, debiendo especialmente registrarse la información referida a lagos.

§9. Del Inventario Público de Cuencas Hidrográficas, y Lagos

Artículo 23: En el Inventario Público de Cuencas Hidrográficas, y Lagos se anotará toda la información relativa a las diversas cuencas hidrográficas del país y que no se encuentre registrada en los otros Registros, Inventarios o Archivos contemplados en el presente Reglamento.

§10. Del Archivo Público de Jurisprudencia Administrativa y de Normas sobre Calidad de Aguas

Artículo 24: El Archivo Público de Jurisprudencia Administrativa y de Normas sobre Calidad de Aguas estará compuesto por los siguientes Archivos:

a) Archivo Público de Jurisprudencia Administrativa emanada de la propia Dirección.

b) Archivo Público de Dictámenes de la Contraloría General de la República que tengan relación con materias de aguas. Este Archivo se establece sin perjuicio del que lleva el propio organismo contralor, y sólo podrá ser consultado por los interesados en las dependencias de la Dirección, no siéndole aplicable lo dispuesto en el artículo 4° de este Reglamento.

c) Archivo Público de Normas sobre Calidad de Aguas: En este Archivo se deberá llevar un catastro de todas las normas referidas a la calidad de las aguas.

§11. Del Registro Público de Roles Provisionales de Usuarios

Artículo 25: El Registro Público de Roles Provisionales de Usuarios estará constituido por todos aquellos roles formados por la Dirección en los casos a que se refiere el artículo 164 del Código de Aguas.

Artículo 26: En el Registro Público de Roles Provisionales de Usuarios se dejará constancia de todos los trámites y diligencias necesarias para la formación de dichos roles, los que se encuentran establecidos en los artículos 164 y siguientes del Código de Aguas.

§12. Del Registro Público de Solicitudes

Artículo 27: El Registro Público de Solicitudes se crea con el objetivo de velar por el respeto de los derechos de preferencia de los solicitantes de derechos de aprovechamiento de aguas y de permisos de exploración de aguas subterráneas. La respectiva oficina de la Dirección del lugar en donde se presente la solicitud, deberá efectuar el registro de la misma, para los efectos antes señalados.

En el Registro señalado precedentemente, deberá dejarse constancia de la fecha de ingreso de la solicitud; de la región, provincia y comuna a que corresponda; de la oficina en donde se efectúe su presentación, distinguiendo si fue en la Gobernación Provincial respectiva o en la oficina de este Servicio del lugar; el nombre del peticionario; y, la individualización del expediente administrativo que se forma con motivo de su presentación.

En el caso de las solicitudes de derechos de aprovechamiento de aguas, deberá anotarse además la individualización de la fuente natural; la naturaleza del agua solicitada; el tipo de ejercicio del derecho; el caudal requerido; el punto de captación y el punto de restitución si corresponde.

Tratándose de solicitudes de exploración de aguas subterráneas, deberá registrarse la ubicación de los terrenos a explorar; la extensión aproximada de los mismos y su delimitación; los bienes nacionales que se comprendan y el caudal que se pretende alumbrar.

§13. Del Registro Público de Vertidos de Residuos Líquidos en Fuentes Naturales de Aguas

Artículo 28: El Registro Público de Vertidos de Residuos Líquidos en Fuentes Naturales de Aguas contendrá la información referida a las descargas líquidas domésticas e industriales que se efectúen en alguna fuente natural de agua.

La información a que se refiere el inciso precedente deberá ser obtenida por la Dirección a través de la Superintendencia de Servicios Sanitarios, para lo cual podrá celebrar con este Organismo el o los convenios que sean conducentes a dicha finalidad.

§14. De los Archivos de Estudios y de Informes Técnicos

Artículo 29: Existirán, además, los siguientes Archivos y Registros relacionados con el recurso hídrico:

a) Archivo de Estudios;

b) Archivo de Informes Técnicos;

§15. Inventario Público de Glaciares

Artículo 29 bis.- En el Inventario Público de Glaciares se incluirá la información relativa a los glaciares del territorio nacional. La información que deberá contener será la que se determine por resolución del Director General de Aguas.

Artículo 29 bis 1.- Los interesados en incorporar nuevos glaciares al inventario podrán presentar, hasta el último día del mes de junio de cada año, la correspondiente solicitud a la Dirección General de Aguas, que deberá contener, a lo menos, lo siguiente:

a) Individualización del solicitante: Nombre, domicilio, Rol Único Tributario, y otros datos que permitan su identificación.

b) Descripción del glaciar: Denominación o nombre del glaciar, si lo tuviere; referencias a lugares geográficos, localidades u otras singularidades de fácil identificación; tipo de glaciar (glaciar blanco, cubierto o de roca); superficie estimada (hás o km2)

c) Ubicación: Región, provincia, comuna y cuenca hidrográfica; coordenadas y elevación (msnm), que permitan la identificación cierta del glaciar.

Artículo 29 bis 2.- La Dirección General de Aguas dentro del plazo de 60 días hábiles analizará la solicitud formulada, pudiendo requerir al interesado antecedentes o aclaraciones, para lo cual podrá otorgar un término de 30 días hábiles, prorrogable por un plazo único de 15 días útiles a petición del solicitante.

Vencidos los plazos, la Dirección General de Aguas se pronunciará, dentro de un plazo de 30 días hábiles, acerca de la solicitud formulada, aceptando o rechazando su tramitación para incorporar al inventario el glaciar de que se trata.

El Servicio deberá mantener un listado actualizado de las solicitudes acogidas a trámite para su inclusión en el inventario.

La Dirección General de Aguas debe desarrollar los estudios y labores técnicas pertinentes a fin de establecer si lo solicitado corresponde a un glaciar que debe ser incorporado al inventario, y dispondrá de un plazo de 12 meses para tales efectos, dicho término podrá ampliarse hasta por 6 meses, por circunstancias de caso fortuito o fuerza mayor.

La Dirección General de Aguas publicará anualmente las modificaciones que experimente el Inventario Público de Glaciares.

SECCIÓN III
DE LOS ARCHIVEROS

Artículo 30: La formación de los distintos Registros, Archivos e Inventarios a que se refiere el presente Reglamento, estará a cargo de los siguientes archiveros quienes serán responsables de la información contenida en los mismos:

1. Los Registros Públicos de Organizaciones de Usuarios; el Archivo de Jurisprudencia Administrativa y de Normas sobre Calidad de Aguas y el Registro de Roles Provisionales de Usuarios, estarán a cargo de un profesional del Departamento Legal, quien se denominará Archivero del Departamento Legal.

2. Los Registros Públicos de Derechos de Aprovechamiento de Aguas; el Inventario Público de Obras Hidráulicas y los Inventarios Públicos de Extracciones Autorizadas de Aguas estarán a cargo de un profesional del Departamento de Administración de Recursos Hídricos, quien se denominará Archivero del Departamento de Administración de Recursos Hídricos.

3. El Inventario Público de Información Hidrométrica y Meteorológica, de Obras Estatales de Desarrollo del Recurso y Reservas de Agua y el de Extracciones Efectivas de Aguas estarán a cargo de un profesional del Departamento de Hidrología, quien se denominará Archivero del Departamento de Hidrología.

4. El Inventario Público de Cuencas Hidrográficas, y Lagos estará a cargo de un profesional del Departamento de Estudios y Planificación, quien se denominará Archivero del Departamento de Estudios y Planificación.

5. El Inventario Público sobre Información de Calidad de Aguas y el Registro Público de Vertidos de Residuos Líquidos en Fuentes Naturales de Aguas estará a cargo de un profesional del Departamento de Conservación y Protección de Recursos Hídricos, quien se denominará Archivero del Departamento de Conservación y Protección de Recursos Hídricos.

6. Los Archivos Públicos de Estudios y de Informes Técnicos estarán a cargo de un profesional del Centro de Información de Recursos Hídricos.

7. El Registro Público de Solicitudes estará a cargo de un funcionario de la oficina regional de la Dirección del lugar en donde se presente la solicitud respectiva.

8. El Inventario Público de Glaciares estará a cargo de un profesional de la División de Hidrología, quien se denominará Archivero de Glaciares.

Artículo 31: Los Archiveros indicados en el artículo anterior serán designados por el Director General de Aguas.

Todos los Registros, Archivos e Inventarios estarán bajo el cuidado del Centro de Información de Recursos Hídricos, creado por resolución de la Dirección General de Aguas Nº 980, de 12 de mayo de 1995, y cuya función principal de acuerdo al citado acto administrativo es organizar y desarrollar el Catastro Público de Aguas, y toda la documentación técnica y legal relacionada con los recursos hídricos. En esta repartición existirá un funcionario, también designado por el Director, quien colaborará con los Archiveros en la ejecución de sus labores. Las copias de las inscripciones de alguno de los Registros, Archivos o Inventarios contemplados en el presente Reglamento, así como los certificados de los mismos que se requieran por cualquier interesado, serán de responsabilidad del Centro de Información de Recursos Hídricos en cuanto a su otorgamiento y en lo que dice relación con la correspondencia de los mismos con la información autorizada y registrada en cada uno de los Registros, Archivos e Inventarios que contempla el presente Reglamento.

Los Archiveros tendrán las siguientes obligaciones respecto de sus Registros, Archivos o Inventarios:

a) Recibir, procesar e incorporar la información;

b) Mantenerlos actualizados;

c) Mantenerlos en orden;

d) Velar por la calidad de la información contenida en ellos, y

e) Entregar oportunamente la información que respecto de ellos requiera el Centro de Información de Recursos Hídricos.

SECCIÓN IV
DE LA ORGANIZACIÓN DEL REGISTRO DE DERECHOS DE APROVECHAMIENTO DE AGUAS

§1. Obligatoriedad del Registro

Artículo 32: Sin perjuicio de lo establecido en el artículo 150 inciso segundo del Código de Aguas, los titulares de derechos de aprovechamiento de aguas, deberán inscribirlos en el Registro Público de Derechos de Aprovechamiento de Aguas a que se refieren los artículos 13 y siguientes de este Reglamento.

Artículo 33: De acuerdo a lo establecido en el artículo 122 inciso segundo del Código de Aguas, en el Catastro Público de Aguas se consignarán todos los datos, actos y antecedentes que digan relación con los derechos de aprovechamiento. Consecuentemente con lo anterior, deberán registrarse en el Catastro Público de Aguas los siguientes derechos de aprovechamiento:

a) Aquellos susceptibles de regularización, de acuerdo a lo dispuesto en los artículos 1°, 2° y 5° transitorios del Código de Aguas y 7° del decreto ley Nº 2.603, de 1979.

b) Aquellos a que se refiere el artículo 310 del Código de Aguas.

c) Aquellos a que se refiere el artículo 56 inciso segundo del Código de Aguas, el artículo 110 del Código de Minería y el artículo 8° de la ley Nº 18.097, de 1982, Orgánica Constitucional de Concesiones Mineras.

d) Aquellos a que se refiere el artículo 54 bis inciso segundo del D.F.L. Nº 5, de 1968, agregado por el artículo 1° Nº 38 de la ley Nº 19.233, de 1993, y

e) Aquellos a que se refiere el artículo 64 de la ley Nº 19.253, de 1993.

La Dirección General de Aguas no recepcionará solicitud alguna relativa a los derechos de aprovechamiento de aguas antes señalados, como las dirigidas a obtener las autorizaciones para la construcción, modificación, cambio o unificación de bocatomas, a que se refieren los artículos 151 y siguientes del Código de Aguas; o a obtener el cambio de fuente de abastecimiento, a que se refieren los artículos 158 y siguientes del Código de Aguas; o a obtener la autorización del traslado del ejercicio de los derechos de aprovechamiento, a que se refieren los artículos 163 del mismo Código; o en general, cualquier solicitud relacionada con su derecho, incluidas las presentaciones a que se refieren los artículos 132 y siguientes del Código de Aguas, a menos que los interesados exhiban copia autorizada del registro respectivo en el Catastro Público de Aguas.

En los casos en que exista un plazo para la presentación de las solicitudes respectivas, la Dirección las recepcionará y otorgará una inscripción provisoria en el registro respectivo; pero no se les dará curso regular sino una vez que el interesado haya realizado su inscripción en el Catastro Público de Aguas, lo que podrá incluso realizar al mismo tiempo que presenta la respectiva solicitud. Tampoco se recepcionará solicitud alguna por los servicios públicos que se enumeran en el artículo siguiente, y en los casos allí consignados.

La Dirección propiciará, del modo y con los recursos que le autoriza la ley, la inscripción de los derechos de aprovechamiento en el Registro correspondiente del Catastro Público de Aguas.

Artículo 34: Los servicios públicos que emitan certificados que de alguna manera se relacionen con los títulos de derechos de aprovechamiento de aguas, podrán incorporar en sus procedimientos la exigencia de una copia o certificado en que conste que el derecho respectivo se encuentra incorporado en el registro que corresponda del Catastro Público de Aguas.

Para facilitar y coordinar el cumplimiento de lo señalado en el inciso anterior, se celebrarán convenios entre la Dirección General de Aguas y los servicios públicos respectivos. Será obligación de la Dirección procurar que tales convenios se lleven a efecto.

Especialmente, podrán celebrar convenios con la Dirección General de Aguas, los siguientes organismos públicos, con el objetivo que se señala para cada caso:

a) De conformidad con lo dispuesto en el artículo 18 inciso 1° del decreto ley N° 1.097, de 1975, en relación con lo dispuesto en el artículo 10 letra d) del decreto ley N° 3.538, de 1980, la Superintendencia de Bancos e Instituciones Financieras, con el fin de que ésta, en ejercicio de las facultades que le confiere el artículo 12 inciso 5° del citado decreto ley N° 1.097, de 1975, y el artículo 18 inciso 1° de ese mismo decreto ley, en relación con el artículo 4° letra a) del referido decreto ley N° 3.538, de 1980, emita un instructivo ordenando que el Banco del Estado, las entidades bancarias, cualquiera sea su naturaleza, y las entidades financieras cuyo control no esté encomendado por ley a otra institución, cuando otorguen un crédito cualquiera para seguridad del cual se constituya una garantía real sobre algún derecho de aprovechamiento de aguas, exijan que se les acredite, además de la legalidad de los títulos de tal derecho, la incorporación del mismo en el registro que corresponda del Catastro Público de Aguas.

b) La Fiscalía Nacional de Quiebras, con el fin que ésta, en ejercicio de la facultad que le confiere el artículo 7° N° 3, de la ley N° 18.175, de 1982, emita un instructivo ordenando a los Síndicos de Quiebras, que para proceder a la realización del activo del fallido en los términos establecidos en los artículos 106 y siguientes de esa misma ley, cuando en dicho activo se encuentre comprendido un derecho de aprovechamiento de aguas, exijan que éste se encuentre incorporado en el registro que corresponda del Catastro Público de Aguas.

c) De conformidad con lo dispuesto en el artículo 7° letra ñ) del decreto con fuerza de ley N° 7, de 1980, del Ministerio de Hacienda, el Servicio de Impuestos Internos, para los siguientes fines:

1° Para que el Subdirector de Avaluaciones de dicho Servicio, en ejercicio de la atribución que le confiere el artículo 11 letra b) del decreto con fuerza de ley N° 7, de 1980, del Ministerio de Hacienda, incluya en los programas de tasaciones y reavalúos de bienes raíces agrícolas y no agrícolas que proponga al Director del Servicio de Impuestos Internos, la exigencia que los contribuyentes acompañen, entre los antecedentes necesarios para efectuar dichas tasaciones y reavalúos, cuando se trate de un inmueble al cual su propietario tuviere destinado un derecho de aprovechamiento de aguas, copia autorizada de la inscripción de éste en el registro que corresponda del Catastro Público de Aguas.

2º Para que el mismo funcionario antes señalado, en ejercicio de la atribución que le confiere el artículo 11 letra d) del mismo decreto con fuerza de ley ya citado, mantenga, entre los antecedentes relacionados con las tasaciones de bienes inmuebles, copias autorizadas de las inscripciones de derechos de aprovechamiento de aguas en el registro que corresponda del Catastro Público de Aguas, cuando se trate de bienes raíces a los cuales sus propietarios tuvieren destinados tales derechos.

3º Para que las personas naturales o jurídicas que sean titulares de derechos de aprovechamiento de aguas, incluyan entre los antecedentes que deben presentar al Servicio de Impuestos Internos en cumplimiento de lo dispuesto en el Párrafo 2º del Título IV (artículo 66 y siguientes) del decreto ley Nº 830, de 1974, del Ministerio de Hacienda, que aprobó el texto del Código Tributario, copia autorizada de la inscripción de aquel derecho en el registro que corresponda del Catastro Público de Aguas.

d) De conformidad con lo dispuesto en el artículo 21 letra m) del decreto con fuerza de ley Nº 294, de 1984, del Ministerio de Obras Públicas, la Dirección de Riego, para que ésta exija a los titulares de derechos de aprovechamiento de aguas a que se refiere el artículo 3º inciso 1º del decreto con fuerza de ley Nº 1.123, de 1981, del Ministerio de Justicia, además de la manifestación por escrito de la aceptación del anteproyecto respectivo, copia autorizada de la inscripción de ese derecho en el registro que corresponda del Catastro Público de Aguas.

e) De conformidad con lo dispuesto en el artículo 3º letra h) del decreto con fuerza de ley Nº 7, de 1983, del Ministerio de Economía, Fomento y Reconstrucción, la Comisión Nacional de Riego, para que ésta exija, a los postulantes a los concursos a que se refiere el artículo 6º de la ley Nº 18.450, copia autorizada de la inscripción de sus respectivos derechos de aprovechamiento de aguas, en el registro que corresponda del Catastro Público de Aguas.

f) De conformidad con lo dispuesto en los artículos 3º Nº 7 y 5º letra h), ambos de la ley Nº 18.910, el Instituto de Desarrollo Agropecuario, para que éste exija, entre los antecedentes necesarios para otorgar la asistencia crediticia, los subsidios, los aportes y las subvenciones a que se refieren los artículos 3º Nº s. 1, 2 y 5 y 5º letras d) y e), de la misma ley, copia autorizada de la inscripción en el registro que corresponda del Catastro Público de Aguas, del derecho de aprovechamiento de aguas de que fueren titulares los postulantes a tales beneficios.

g) De conformidad con lo dispuesto en el artículo 44 letra i) de la ley Nº 19.253, la Corporación Nacional de Desarrollo Indígena, para los siguientes fines:

1º Para que, a través de las copias autorizadas que sean pertinentes, se acredite la inscripción en el registro que corresponda del Catastro Público de Aguas, de los derechos de aprovechamiento de aguas cuya constitución, regularización o compra se financie con cargo al Fondo para Tierras y Aguas Indígenas, de conformidad con lo dispuesto en el artículo 20 letra c) de la ley Nº 19.253.

2º Para que, a través de las copias autorizadas que sean pertinentes, se acredite la inscripción en el registro que corresponda del Catastro Público de Aguas, de los derechos de aprovechamiento de aguas que reciba del Estado, del Fisco, o de otros organismos públicos o de personas privadas, de conformidad con lo dispuesto en los artículos 21 inciso final y 40 inciso 1º, ambos de la misma ley.

3º Para que, a través de las copias autorizadas que sean pertinentes, se acredite la inscripción en el registro que corresponda del Catastro Público de Aguas, de los derechos de aprovechamiento de aguas a que se refiere el artículo 39 letras d) y e) de la misma ley.

El convenio a que se refiere esta letra podrá ser el mismo que aquél a que alude el artículo 3º transitorio de la ley Nº 19.253.

h) De conformidad con lo dispuesto en el artículo 12 letra i) de la ley Nº 19.284, el Fondo de Solidaridad e Inversión Social, para que éste exija, a los interesados en acceder a la asistencia crediticia a que se refiere el artículo 9 letra f) de esa misma ley, copia autorizada de la inscripción en el registro que corresponda del Catastro Público de Aguas, del derecho de aprovechamiento de aguas de que fueren titulares tales interesados.

i) De conformidad con lo dispuesto en los artículos 3° letra p) (agregada por la ley N° 19.283) y 7° letra n), ambos de la ley N° 18.755, el Servicio Agrícola y Ganadero, para los siguientes fines:

1° Para que éste, para conceder los aportes o subvenciones a que se refiere el artículo 7° letra i) de la ley N° 18.755, exija copia autorizada de la inscripción en el registro correspondiente del Catastro Público de Aguas, del derecho de aprovechamiento de aguas de que fuere titular el destinatario de tales aportes o subvenciones.

2° Para que éste, para otorgar la autorización de cambio de uso de suelo o la certificación a las que se refiere el artículo 46 de la ley N° 18.755, agregado por la ley N° 19.283, exija copia autorizada de la inscripción en el registro que corresponda del Catastro Público de Aguas, de los derechos de aprovechamiento de aguas que su titular tuviere destinados a los inmuebles respecto de los cuales se solicitan tales autorización o certificación.

j) De conformidad con lo dispuesto en el artículo 4° letra h) de la ley N° 18.902, la Superintendencia de Servicios Sanitarios, para que ésta exija entre los antecedentes que deban acompañarse a una solicitud de producción de agua potable, copia autorizada de la inscripción de los respectivos derechos de aprovechamiento de aguas en el registro que corresponda del Catastro Público de Aguas.

k) De conformidad a lo dispuesto en la ley N° 18.892, de 1990, para que la Subsecretaría de Pesca exija, entre los antecedentes que deben acompañarse a una solicitud de concesión o de autorización de acuicultura, copia autorizada de la inscripción del respectivo derecho de aprovechamiento de aguas en el registro que corresponda del Catastro Público de Aguas, en aquellos casos que fuere procedente.

l) De conformidad a lo dispuesto en la ley N° 19.300, de 1994, para que la Comisión Nacional del Medio Ambiente incluya en el reglamento del sistema de evaluación de impacto ambiental, la exigencia que entre los antecedentes que deban acompañarse a un estudio de impacto ambiental, se incluya copia autorizada de la inscripción de los respectivos derechos de aprovechamiento de aguas en el registro que corresponda del Catastro Público de Aguas, cuando se trate de un proyecto o actividad para cuyo desarrollo el titular del mismo deba contar con derechos de aprovechamiento de aguas.

Artículo 35: Presentada una solicitud para una inscripción en el registro de derechos de aprovechamiento, que cumpla con todas las exigencias reglamentarias, ésta deberá acogerse sin más trámite.

No se dará curso a las inscripciones solicitadas que no cumplan con los requisitos establecidos por este reglamento. En este caso, la Dirección otorgará al solicitante un certificado de inscripción provisoria, y éste deberá someterse, dentro de un plazo de un año a contar de la emisión de tal certificado, al procedimiento de regularización y reconocimiento de derechos a que se refiere el Título II de este Reglamento. Sólo con tal certificado, y la constancia del inicio de estos trámites, que también otorgará la Dirección, el titular de derechos de aprovechamiento de aguas podrá ejercer su derecho, y se entiende cumplir la habilitación para realizar tramitaciones ante la Administración.

Artículo 36: La Dirección General de Aguas publicará, a más tardar el día 31 de enero de cada año, un listado por Regiones de los derechos de aprovechamiento de aguas incorporados en el registro respectivo durante el año inmediatamente anterior. La documentación consolidada se encontrará a disposición del público en cada Dirección Regional, y en la Dirección General de Aguas.

§2. Del procedimiento para inscribir

Artículo 37: Los titulares de derechos de aprovechamiento de aguas no constituidos originariamente por la Dirección, deberán solicitar la inscripción en el Registro respectivo del Catastro Público de Aguas ante la oficina de la Dirección correspondiente al lugar en que se encuentra la bocatoma o punto de captación de su derecho.

Artículo 38: Para los efectos de las inscripciones en el Registro de derechos de aprovechamiento, los interesados deberán llenar un formulario en cuadruplicado que le proporcionará la Dirección a su requerimiento y deberán acompañar los siguientes documentos, según corresponda:

1° Fotocopia del Rol Único Tributario del titular y certificado de vigencia de la sociedad cuando se trate de una persona jurídica, el que no podrá tener una antigüedad superior a 180 días.

2° Fotocopia de la Cédula Nacional de Identidad y copia autorizada del poder en virtud del cual actúa el requirente de inscripción. El poder o el certificado de vigencia del mismo, no podrá tener una antigüedad superior a 180 días.

3° Fotocopia de los instrumentos públicos, resoluciones, escrituras públicas, sentencias judiciales o inscripciones en que conste su derecho.

Para el caso que no existan antecedentes, el titular podrá acogerse directamente a la calidad de inscripción provisional, para iniciar dentro del plazo de un año la regularización o reconocimiento de su derecho, de acuerdo a lo establecido en el Título II de este Reglamento.

Las fotocopias deberán ser legibles y coincidentes con su original, el que se exhibirá en el acto de requerir la inscripción, para su autorización por el funcionario público que las reciba.

Artículo 39: Toda solicitud para practicar una inscripción en el registro deberá hacerse por escrito, especificando la naturaleza del acto y acompañando copias de los antecedentes en que se funda, en conformidad a lo prescrito en el artículo anterior.

Las modificaciones a la información contenida en el registro deberán ser comunicada por el titular a cualquier oficina de la Dirección, dentro de 120 días siguientes al hecho que la determine. En especial, se deberá comunicar los cambios de titularidad, esto es, las transferencias de derechos de aprovechamiento de aguas.

Artículo 40: El funcionario que reciba la solicitud, dejará la primera copia en la Dirección Regional respectiva, la segunda copia la enviará al Centro de Información de Recursos Hídricos de la Dirección General de

Aguas, conservará la tercera copia en la oficina de ingresos especial que existirá al efecto, y la cuarta copia, debidamente timbrada y firmada, la entregará al requirente.

Artículo 41: Verificada la inscripción, la Dirección remitirá al domicilio señalado por el solicitante un certificado que acredite la inscripción, que podrá ser enviado por carta certificada a petición de éste.

En el caso de que la Dirección otorgue sólo una inscripción provisional, comunicará del mismo modo este hecho al solicitante.

§3. De la Estructura del Registro

Artículo 42: El registro estará conformado por una base de datos computacional, que contendrá a lo menos la información que se señala en los párrafos respectivos, para cada caso.

1. Número de inscripción en el registro, día mes y año de la solicitud e inscripción.
2. Nombre o razón social del titular, Rol Único Tributario y domicilio.
3. Nombre y Rol Único Tributario del representante legal, si se trata de una persona jurídica.
4. Número, inscripción o identificación de las escrituras o documentos justificantes del derecho de aprovechamiento o en donde consten sus características esenciales indicadas en este reglamento.
5. Ubicación.
6. Coordenadas geográficas o UTM, en su caso, del punto de captación y de restitución, cuando ella sea posible.
7. Domicilio donde debe enviarse la correspondencia.
8. En su caso, organización de regantes o junta de vigilancia a que pertenezca el titular del derecho respectivo.

Artículo 43: La Dirección registrará en el respectivo registro, toda resolución por la cual se constituya un derecho de aprovechamiento.

Los titulares de derechos de aprovechamiento de aguas deberán acompañar para su incorporación en el Registro respectivo, la inscripción de los mismos en el Registro de Propiedad de Aguas del Conservador de Bienes Raíces que corresponda.

La información existente en la Dirección a la fecha de publicación del presente Reglamento en el Diario Oficial, referida a materias que se relacionen con los distintos Registros, Archivos e Inventarios a que se refiere el artículo 5, se entenderá automáticamente incorporada a los respectivos Registros, Archivos e Inventarios.

En especial, se entenderán registrados los derechos de aprovechamiento de aguas fijados por sentencia judicial que declare la existencia de una comunidad de aguas, cuya organización haya sido promovida por la Dirección.

TÍTULO II
DEL PERFECCIONAMIENTO DE LOS TÍTULOS EN QUE CONSTEN LOS DERECHOS DE APROVECHAMIENTO DE AGUAS

Artículo 44: Todos los titulares de derechos de aprovechamiento de aguas reconocidos de acuerdo a los artículos 19 Nº 24 inciso final de la Constitución Política del Estado, 7º del decreto ley Nº 2.603, de 1979, y a los artículos 1º y 2º transitorios del Código de Aguas, cuyos títulos se encuentren incompletos, ya sea por falta de regularización o por no indicarse las características esenciales de cada derecho, con el objetivo de incorporarlos al Catastro Público de Aguas a que obliga la ley y este reglamento, deberán previamente perfeccionar y regularizar sus derechos de acuerdo a los criterios y presunciones que establece la ley en los artículos 309, 310, 311, 312, y 313 del Código de Aguas, y demás pertinentes, y cuya aplicación se detalla en los artículos siguientes.

Artículo 45: De acuerdo a la ley, y para los efectos de este reglamento, son características esenciales de cada derecho de aprovechamiento de aguas objeto de regularización o reconocimiento, las siguientes:

a) Nombre del titular;

b) El álveo o ubicación del acuífero de que se trata;

c) Provincia en que se sitúe la captación y la restitución, en su caso;

d) Caudal, de acuerdo a lo establecido en los artículos 7° y 268 del Código de Aguas,

e) Aquellas características con que se otorga o reconoce el derecho, de acuerdo a la clasificación establecida en el art. 12 del Código de Aguas, esto es, si se trata de un derecho consuntivo o no consuntivo; de ejercicio permanente o eventual; o de ejercicio continuo, discontinuo o alternado entre varias personas.

La falta de determinación o indefinición de alguna de estas características obliga a los titulares de los respectivos derechos a perfeccionarlos o regularizarlos previamente a su registro.

Artículo 46: El perfeccionamiento o regularización de los derechos de aprovechamiento, tiene por objetivo hacer claridad respecto de las características esenciales de identificación de los mismos, respetando para ello las presunciones y reconocimientos establecidos en la legislación, y en especial en los artículos 7° del decreto ley N° 2.603, de 1979 y 309, 312 y 313 del Código de Aguas.

Dicho perfeccionamiento o regularización, según lo dispone el artículo 177 del Código de Aguas, deberá realizarse a través del procedimiento sumario establecido en el Título XI del Libro III del Código de Procedimiento Civil.

Artículo transitorio: El presente Reglamento empezará a regir 180 días después de su publicación en el Diario Oficial.

Anótese, tómese razón, publíquese e insértese en la Recopilación Oficial de Reglamentos de la Contraloría General de la República.- EDUARDO FREI RUIZ-TAGLE, Presidente de la República.- Ricardo Lagos Escobar, Ministro de Obras Públicas.

Lo que transcribo a Ud. para su conocimiento.- Saluda atte. a Ud., Guillermo Pickering de la Fuente, Subsecretario de Obras Públicas.

DECRETO SUPREMO N° 138, APRUEBA REGLAMENTO DE LEY N° 20.304, SOBRE OPERACIÓN DE EMBALSES FRENTE A CRECIDAS Y OTRAS MEDIDAS QUE INDICA, DE 2010

Núm. 138.- Vistos: Lo estatuido en el artículo 19 de la ley N° 20.304, sobre operación de embalses frente a alertas y emergencias de crecidas y a otras medidas que indica; el artículo 48 del Código Civil; el decreto con fuerza de ley N° 850, de 12 de septiembre de 1997; la resolución N° 1.600, de 30 de octubre de 2008, de Contraloría General de la República; el artículo 48 de la ley N° 19.880; lo informado por la Comisión Nacional de Energía; la facultad que me otorga el artículo 32 N° 6, de la Constitución Política de la República, y

Considerando:

Que, con fecha 13 de diciembre de 2008, se publicó en el Diario Oficial de la República la ley N° 20.304, sobre operación de embalses frente a alertas y emergencias de crecidas y a otras medidas que indica.

Que el artículo 6° inciso 3°, de la citada ley, dispone que el reglamento establecerá el contenido del Manual de Operación, el cual considerando la seguridad del embalse y las restricciones constructivas propias de éste, deberá tomar en cuenta los impactos de generación, riesgo y control de crecidas.

Que el artículo 10° del mencionado texto legal previene que la declaración del estado de alerta de crecidas para una determinada zona del país, debe ser notificada por la ONEMI al Intendente respectivo, a la o las municipalidades respectivas, a la Comisión Nacional de Energía, a la DGA, al Centro de Despacho Económico de Carga del Sistema Interconectado Central (CDEC-SIC), a la Dirección de Obras Hidráulicas y a los operadores involucrados, en la forma y oportunidad que establezca el reglamento.

Que, a su vez, el artículo 19, de la ley N° 20.304, establece que el Ministerio de Obras Públicas, mediante decreto supremo, dictado en el plazo de tres meses, contado desde la fecha de su publicación, previo informe de la Comisión Nacional de Energía, dictará el reglamento de la ley.

Que, en virtud del mandato contenido en el referido precepto legal se procede a dictar el reglamento de la ley Nº 20.304.

Decreto:

Apruébese el siguiente Reglamento de la ley Nº 20.304, sobre operación de embalses frente a alertas y emergencias de crecidas y a otras medidas que indica.

Definiciones:

Artículo 1º. Para los efectos de este Reglamento, se entenderá por:

a) Tiempo de actualización: tiempo en que se actualizan los resultados del modelo lluvia-escorrentía.

b) Tiempo de inicio del evento: tiempo en que, según los resultados del modelo lluvia-escorrentía, el evento de crecida ingresa al embalse.

c) Hidrogramas esperado, mínimo y máximo: resultado del modelo lluvia-escorrentía, en términos de la variación del caudal de crecida afluente con el tiempo, considerando la incertidumbre hidrológica en la cuenca.

d) Antelación: tiempo que transcurre entre el tiempo de actualización y el tiempo de inicio del evento.

e) Volumen disponible de referencia (VDR): volumen disponible en el embalse en el tiempo de inicio del evento, considerando la operación habitual del embalse, esto es, sin la declaración de alerta de crecidas.

f) Caudal Umbral: caudal efluente del embalse de control, por sobre el cual el cauce ve superada su capacidad de porteo en las zonas de vulnerabilidad. El caudal umbral será determinado por la Dirección General de Aguas en base a la cuenca aportante al embalse de control, a la cuenca aportante a las zonas vulnerables, a la capacidad del cauce en la zona de vulnerabilidad, y a las características de las precipitaciones.

g) Caudal de Vaciamiento: total de caudal de entrega que puede realizar el embalse, en relación al volumen almacenado.

h) Volumen Esperado por sobre el Caudal Umbral (VHE): es el volumen del hidrograma esperado que se encuentra por sobre el Caudal Umbral.

i) Volumen requerido de amortiguación (VRA): es el volumen que de acuerdo al hidrograma esperado, mínimo y máximo, y a la capacidad de vaciamiento del embalse de control, permite minimizar el caudal de vaciamiento y el volumen total de vaciamiento por sobre el caudal Umbral.

TÍTULO I
DE LA CALIFICACIÓN DE EMBALSE DE CONTROL

Artículo 2°. Todo embalse y su respectivo operador deben registrarse en el Inventario Público de Obras Hidráulicas, que estableció el decreto supremo Nº 1.220, de 30 de diciembre de 1997, del Ministerio de Obras Públicas, aprobatorio del Reglamento del Catastro Público de Aguas, acorde lo prevenido en el artículo 122 del Código de Aguas.

El registro deberá solicitarse dentro del plazo de 30 días, contado desde la notificación de la resolución que aprueba las obras hidráulicas a que se refiere el artículo 294 del Código de Aguas, y respecto de las demás obras, desde que comience el acopio de aguas.

Una vez registrado un embalse y su operador en el mencionado Inventario Público, la Dirección General de Aguas calificará en el plazo de 30 días, mediante resolución, si corresponde a un embalse de control.

En caso de que la Dirección General de Aguas requiera de información adicional para los efectos de la referida calificación, deberá solicitarla al operador del embalse, en un plazo máximo de 30 días, quien dispondrá de igual término para proporcionarla.

La Dirección General de Aguas declarará como embalse de control toda obra de esa naturaleza que contribuya a la regulación de las crecidas, debiendo considerar para efectuar tal calificación, entre otras características, el volumen de regulación del respectivo embalse y la localización de éste respecto de la cuenca hidrográfica, y que aquél permita regular las crecidas de los caudales de agua, con el objetivo de evitar o mitigar las situaciones de peligro para la vida, la salud o bienes de la población.

La resolución que califica a un embalse como de control incluirá elementos técnicos a partir del análisis de parámetros tales como: capacidad de almacenamiento, capacidad de amortiguación del embalse, capacidad de conducción y amortiguación del cauce, población e infraestructura vulnerable.

Cada vez que se califique un embalse de control, la Dirección General de Aguas pondrá en conocimiento de la resolución correspondiente al operador respectivo, y la comunicará a la Oficina Nacional de Emergencia (ONEMI), la Dirección Meteorológica de Chile (DMC), al Gobierno Regional respectivo, a la o las municipalidades respectivas, a la Comisión Nacional de Energía (CNE), al Centro de Despacho Económico de Carga del Sistema Interconectado Central (CDEC-SIC) y a la Dirección de Obras Hidráulicas (DOH).

TÍTULO II
DE LOS SISTEMAS DE MONITOREO

Artículo 3°. Los operadores de embalses de control deberán instalar y mantener sistemas de monitoreo de sus caudales y efluentes, de acuerdo con los siguientes estándares. El sistema de monitoreo debe contemplar el respaldo, tanto de la captura como del almacenamiento de los datos, y un equipamiento que permita transmisión en tiempo real.

El monitoreo debe realizarse en forma continua con una frecuencia al menos horaria. El rango de medición de las variables y la precisión será acorde a las variaciones previsibles.

Los operadores deberán informar diariamente, a la Dirección General de Aguas, los registros de los sistemas de monitoreo. Dicha información será de libre acceso público.

Si la Dirección General de Aguas indica otros puntos de monitoreo de alguna variable, las mediciones deben ser efectuadas de la misma forma, a no ser que la Dirección General de Aguas establezca algo diferente. La Dirección General de Aguas fijará el plazo de entrega de la información correspondiente a los otros puntos de monitoreo, de acuerdo con las características del caso.

El operador deberá entregar la información de manera que pueda ser incorporada directamente y en forma automática a la base de datos de la Dirección General de Aguas y a sus sistemas de despliegue de información digital. Asimismo, simultáneamente informará a la ONEMI. El protocolo de entrega de información será establecido y comunicado por la Dirección General de Aguas una vez que el embalse sea calificado de control.

Los operadores que deseen realizar alguna modificación del sistema de monitoreo aprobado por la Dirección General de Aguas, deberán solicitar en forma previa la autorización de dicho servicio, el cual tendrá un plazo de 30 días para pronunciarse al respecto.

TÍTULO III
DEL MANUAL DE OPERACIÓN PARA CONDICIÓN DE ALERTA DE CRECIDAS Y SU RESPECTIVO PLAN DE CONTINGENCIA

Artículo 4°. El Manual de Operación tiene como objetivo establecer los criterios, mecanismos y procedimientos de operación para el embalse de control, y el establecimiento de un plan de contingencia en el caso de declaración de estado de alerta de crecidas.

Artículo 5°. Si la evaluación del desempeño de los embalses de control como regulador de crecidas, indica que la aplicación del Manual de Operación no genera la amortiguación requerida, considerando mínimo impacto en el estado de los embalses, los Manuales de Operación respectivos podrán modificarse. La modificación podrá ser solicitada por la Dirección General de Aguas o por los operadores en base a una evaluación de desempeño que considere al menos 2 años de análisis, a no ser que dicha repartición justifique un tiempo menor a este plazo.

Artículo 6°. El Manual de Operación, sin perjuicio de lo estatuido en el artículo 6° de la ley Nº 20.304, deberá contener:

a) Caracterización de la cuenca y del embalse: Considera una descripción de las características relevantes de la cuenca, y de las obras que conforman el embalse. Lo primero orientado a determinar el comportamiento hidrológico de la cuenca, y lo segundo a evaluar la capacidad de amortiguación y respuesta.

b) Análisis de la información hidrológica disponible: Debe incluir una revisión crítica de la información disponible que permita caracterizar los eventos de crecidas, tanto en magnitud como en su distribución temporal.

c) Análisis de frecuencia de variables hidrológicas: Caracterización de volúmenes totales y caudales con la finalidad de determinar los volúmenes y caudales asociados a distintos períodos de retorno.

d) Modelo lluvia-escorrentía: Herramienta técnica que orienta la toma de decisiones, que se diseña y opera en forma dinámica y progresiva y que representa en debida forma el comportamiento hidrológico de la cuenca. Debe incluir las bases conceptuales para su confección, y todos los elementos técnicos relevantes para su diseño y operación.

e) Plan de Contingencia: Incluye las reglas de operación en condición de alerta de crecidas, la aplicación de éstas a escenarios críticos, y procedimientos de coordinación y movilización. También debe indicar las restricciones y limitantes para los prevertimientos.

Artículo 7º. El modelo lluvia-escorrentía debe confeccionarse para:

a) Determinar un hidrograma de crecida afluente esperado y un rango mínimo y máximo de acuerdo a las incertidumbres hidrológicas.

b) Incluir el concepto de mejora continua, partiendo de un modelo inicial que sea el mejor, de acuerdo con la información disponible.

c) Considerar las acciones previsibles para elaborar un modelo óptimo, y definir un plan de trabajo que fije los hitos más relevantes para estos efectos.

d) Disminuir paulatinamente la varianza del hidrograma en la medida que la antelación se reduce.

e) Permitir una actualización de sus resultados en distintos tiempos, de acuerdo con las características del embalse, el hidrograma determinado y de la capacidad de respuesta. El tiempo de actualización de los hidrogramas debe indicarse en el Manual de Operación de acuerdo a lo siguiente:

i.- Cuando los hidrogramas se determinan con una antelación superior a 2 días, de acuerdo al tiempo esperado de inicio del evento, el tiempo de actualización debe ser a lo más de 12 horas;

ii.- Cuando los hidrogramas se determinan con una antelación superior a 1 día e inferior a 2, de acuerdo al tiempo esperado de inicio del evento, el tiempo de actualización debe ser a lo más de 6 horas;

iii.- Cuando los hidrogramas se determinan con una antelación inferior a 1 día y el evento aún no se ha iniciado, de acuerdo al tiempo esperado de inicio del evento, el tiempo de actualización debe ser a lo más de 3 horas;

iv.- Una vez iniciado el evento, el tiempo de actualización debe ser a lo más de 1 hora.

Artículo 8°. Los principios para definir las reglas de operación, que deberán contenerse en el plan de contingencia, son los siguientes:

a) Minimizar los impactos en el estado del embalse, para lo cual se buscará alcanzar la misma cota que en el caso de la operación habitual del embalse, esto es, cuando no existe la declaración de alerta de crecidas.

b) Minimizar el caudal de vaciamiento y el volumen total de vaciamiento por sobre el caudal umbral.

c) Iniciar el vaciamiento en el caso que fuere necesario, ponderando la antelación, la capacidad de respuesta y el caudal umbral. Mayor antelación implica mayor incertidumbre y mayor capacidad de respuesta, mientras que menor antelación implica mayor certeza y menor capacidad de respuesta.

Artículo 9°. Para definir las reglas de operación, el operador buscará disponer para el tiempo de inicio del evento de un volumen requerido de amortiguación (VRA) en base a los hidrogramas determinados, al caudal umbral y a las características físicas del embalse y su estructura, para lo que deberá:

a) Estimar el tiempo de inicio del evento de crecida afluente y los hidrogramas esperado, mínimo y máximo.

b) Determinar el Volumen Disponible de Referencia (VDR).

c) Determinar el Volumen Esperado por sobre el Caudal Umbral (VHE).

d) Determinar el VRA de acuerdo con los hidrogramas estimados. El plan de contingencia debe establecer la manera en que esto se realizará.

El VRA debe ser al menos VHE, a no ser que las características físicas del embalse impongan ciertas limitaciones en cuanto al vaciamiento. Si así fuera, el VRA puede ser menor al VHE, pero debe ser de al menos el volumen máximo de vaciamiento posible hasta el tiempo de inicio del evento, de acuerdo a estas limitaciones.

e) Si el VRA es menor a VDR, se realiza la operación de manera habitual, esto es, como si no existiera declaración de alerta de crecidas.

f) Si el VRA es mayor a VDR, el operador deberá establecer en el plan de contingencia, la forma de estimar el caudal de vaciamiento hasta antes del tiempo de inicio del evento, de acuerdo a las características del embalse. Este caudal de vaciamiento debe permitir contar al inicio del evento con el VRA, y en ningún caso puede ser mayor al caudal umbral.

Artículo 10. Una vez iniciado el evento, el operador deberá definir su operación. Para esto el operador debe:

a) Estimar el hidrograma de crecida esperado, mínimo y máximo, considerando la información sobre cómo se ha desarrollado el evento.

b) Gestionar el uso del volumen disponible en el embalse durante el período de mayor intensidad del evento, minimizando tanto el volumen vaciado por sobre el umbral como el caudal máximo de vaciamiento. El volumen disponible corresponde al VRA más todos los vaciamientos y menos todos los llenados realizados durante el evento. Se debe considerar que:

i.- Si el nivel de agua en el embalse es mayor que la cota de vertedero, se debe utilizar el volumen disponible una vez que el caudal afluente al embalse excede el caudal umbral. Los vaciamientos superiores al caudal afluente se justifican en el caso de que el evento esperado requiera para una mayor amortiguación un volumen adicional al VRA.

ii.- Si el nivel de agua en el embalse es menor o igual a la cota de vertedero, parte del volumen disponible será usado en alcanzar la cota del vertedero, considerando el vaciamiento igual al caudal máximo turbinable. Los vaciamientos superiores al caudal afluente se justifican en el caso de que el evento esperado requiera para una mayor amortiguación un volumen adicional al VRA. Una vez alcanzado el nivel del vertedero, la operación se realiza en los mismos términos señalados en el número anterior.

Artículo 11. El plan de contingencia debe presentar los resultados de la simulación de la operación del embalse como si se estuviera en condición de alerta de crecidas, para las cinco crecidas más significativas registradas.

También deberá contener una simulación, aplicando los procedimientos a eventos de períodos de retorno de 100, 150, 200, 250 y 300 años y el tiempo de antelación que deberá considerar desfases de 6, 12, 24 y 48 horas.

Artículo 12. Para cada tiempo de actualización, el operador deberá informar inmediatamente a la Dirección General de Aguas y a la ONEMI sobre los hidrogramas determinados y sobre su decisión de operación, de acuerdo al manual de operación. Además, deberá disponer la información en el sitio web de la Dirección General de Aguas, quien habilitará las condiciones para realizar esta acción. En el caso de que el operador inicie prevertimientos, la ONEMI deberá alertar sobre esta condición a Municipios, Gobiernos Provinciales y Regionales.

Para esto, utilizará los medios de comunicación, tales como correo electrónico, fax y/o teléfono, de forma de asegurar la recepción de la información. Tanto Dirección General de Aguas como ONEMI designarán a las personas encargadas de recepcionar dicha información mediante resolución.

TÍTULO IV
DE LA DECLARACIÓN DE CONDICIÓN DE ALERTA DE CRECIDAS

Artículo 13. La Dirección Meteorológica de Chile (DMC), informará diariamente a la ONEMI y a la Dirección General de Aguas sobre sus pronósticos meteorológicos con una antelación de al menos 3 días, para las zonas de localización de embalses de control.

La Dirección General de Aguas informará diariamente a la ONEMI los caudales en las estaciones que estén bajo su operación, y que ONEMI defina como relevantes para poder evaluar el riesgo de zonas vulnerables en las cuencas de los embalses de control. También lo hará con la información de precipitaciones, nieve acumulada, temperatura del aire, nivel de embalses y otra relevante que disponga en la zona de localización de embalses de control.

La Dirección General de Aguas, DMC y ONEMI establecerán mediante un protocolo las características de un boletín que, tanto Dirección General de Aguas como DMC deben realizar de acuerdo a sus competencias técnicas, sin perjuicio de las acciones de comunicación establecidas en el Plan Nacional de Protección Civil. Dicho protocolo indicará la frecuencia con la que cada institución elaborará los respectivos boletines.

La DMC y la Dirección General de Aguas implementarán los sistemas, medios y procedimientos de comunicación necesarios para dar cumplimiento a la entrega de la información y boletines que se diseñen, estableciendo para estos efectos la coordinación correspondiente con ONEMI.

Artículo 14. Una vez declarado el estado de alerta de crecidas, por medio de resolución fundada, la ONEMI notificará inmediatamente al Intendente respectivo, a la o las municipalidades respectivas, a la DMC, a la CNE, a la DGA, al CDEC-SIC, a la DOH y a los operadores involucrados.

La notificación se realizará mediante correo electrónico y fax, y de ser necesario a través de teléfono, sistema radial y/u otro medio que ONEMI determine para estos efectos.

El operador comenzará con los tiempos de actualización, al menos, a partir de la notificación de la declaración de estado de alerta de crecidas.

TÍTULO V
DE LA NOTIFICACIÓN DE LAS MEDIDAS ADICIONALES

Artículo 15. Una vez decretado el estado de alerta de crecidas, la Dirección General de Aguas podrá ordenar medidas adicionales a las aprobadas en el Manual de Operación y en su respectivo plan de contingencia. Las medidas se establecerán a través de resolución fundada, las que considerarán las condiciones hidrometeorológicas observadas, los hidrogramas determinados por el modelo lluvia-escorrentía, la situación general en la zona de influencia del embalse y los antecedentes que proporcione ONEMI u otros organismos públicos.

Las medidas adicionales que la Dirección General de Aguas adopte serán notificadas en forma expedita. Para estos efectos, dentro del Manual de Operación, el operador establecerá un protocolo de comunicación que permita informarlas en forma rápida y eficaz, debiendo identificar la persona encargada y al menos un suplente. Asimismo, el protocolo deberá indicar los medios de comunicación que habilitará (fax, correo electrónico y/o teléfono celular) para que la resolución sea recibida dentro de un plazo máximo de 2 horas.

Artículo final. El presente Reglamento empezará a regir 90 días después de su publicación en el Diario Oficial de la República.

DISPOSICIÓN TRANSITORIA

En el plazo de 30 días, contado de la publicación del presente Reglamento, los embalses y sus operadores deberán registrarse en el Inventario Público de Obras Hidráulicas, perteneciente al Catastro Público de Aguas establecido en el artículo 122 del Código de Aguas, presentando, al efecto, toda la documentación que exige al efecto el decreto supremo N° 1.220, de 30 de diciembre de 1997, del Ministerio de Obras Públicas, aprobatorio del Reglamento del Catastro Público de Aguas.

Anótese, tómese razón y publíquese.- MICHELLE BACHELET JERIA, Presidenta de la República.- Sergio Bitar Chacra, Ministro de Obras Públicas.

Lo que transcribo a Ud. para su conocimiento.- Saluda atte. a Ud., Juan Eduardo Saldivia Medina, Subsecretario de Obras Públicas.

DECRETO SUPREMO Nº 14, APRUEBA REGLAMENTO PARA LA DETERMINACIÓN DEL CAUDAL ECOLÓGICO MÍNIMO, DE 2013

Núm. 14.- Santiago, 22 de mayo de 2012.- Vistos y considerando: Lo dispuesto en los artículos 32 números 6 y 35 de la Constitución Política de la República de Chile, cuyo texto ha sido refundido, coordinado y sistematizado por el decreto supremo Nº 100, de 2005, del Ministerio Secretaría General de la Presidencia; en la ley Nº 18.575, Orgánica Constitucional de Bases Generales de la Administración del Estado, cuyo texto refundido, coordinado y sistematizado fue fijado por el decreto con fuerza de ley Nº 1, de 2000, del Ministerio Secretaría General de la Presidencia; en el artículo 129 bis 1 del Código de Aguas; en la ley Nº 19.880, de Bases de los Procedimientos Administrativos que Rigen los Actos de los Órganos de la Administración del Estado; y el Acuerdo del Consejo de Ministros para la Sustentabilidad Nº 4, de fecha 22 de marzo de 2012.

Decreto:

Apruébase el siguiente Reglamento para la Determinación del Caudal Ecológico Mínimo:

TÍTULO I
DISPOSICIONES GENERALES

Artículo 1º.- El presente reglamento establece los criterios por los cuales se regirá la determinación del caudal ecológico mínimo, de conformidad con lo establecido en el artículo 129 bis 1 del Código de Aguas.

Artículo 2º.- Los plazos establecidos en este reglamento son de días hábiles, entendiéndose que son inhábiles los días sábado, domingo y festivos.

TÍTULO II
CRITERIOS PARA LA DETERMINACIÓN DEL CAUDAL ECOLÓGICO MÍNIMO PARA EL OTORGAMIENTO DE DERECHOS DE APROVECHAMIENTO DE AGUAS

Artículo 3º.- La Dirección General de Aguas velará por la preservación de la naturaleza y la protección del medio ambiente, debiendo para ello establecer un caudal ecológico mínimo para los nuevos derechos de aprovechamiento de aguas que se constituyan en cada fuente superficial.

Para cada mes del año, el caudal ecológico mínimo en el punto de captación solicitado se determinará considerando los siguientes criterios:

a) Para aquellos cauces donde se constituyeron derechos con un caudal ecológico mínimo, considerando como fórmula de cálculo el criterio del diez por ciento del caudal medio anual, se considerará el cincuenta por ciento del caudal de probabilidad de excedencia de noventa y cinco por ciento, para cada mes, con las restricciones siguientes:

i. Para aquellos meses, en los cuales el cincuenta por ciento del caudal con noventa y cinco por ciento de probabilidad de excedencia es menor al diez por ciento del caudal medio anual, el caudal ecológico mínimo para ese mes será el diez por ciento del caudal medio anual.

ii. Para aquellos meses, en los cuales el cincuenta por ciento del caudal con noventa y cinco por ciento de probabilidad de excedencia es mayor a diez por ciento del caudal medio anual y menor al veinte por ciento del caudal medio anual, el caudal ecológico mínimo será el cincuenta por ciento del caudal con noventa y cinco por ciento de probabilidad de excedencia.

iii. Para aquellos meses, en los cuales el cincuenta por ciento del caudal con noventa y cinco por ciento de probabilidad de excedencia es mayor al veinte por ciento del caudal medio anual, el caudal ecológico mínimo será el veinte por ciento del caudal medio anual.

b) Para aquellos cauces donde se constituyeron derechos con un caudal ecológico mínimo del menor cincuenta por ciento del caudal con noventa y cinco por ciento de probabilidad de excedencia, se considerará como caudal ecológico mínimo el cincuenta por ciento del caudal con noventa y cinco por ciento de probabilidad de excedencia, para cada mes, con las restricciones siguientes:

i. Para aquellos meses, en los cuales el cincuenta por ciento del caudal con noventa y cinco por ciento de probabilidad de excedencia es menor al veinte por ciento del caudal medio anual, el caudal ecológico mínimo será el cincuenta por ciento del caudal con probabilidad de excedencia del noventa y cinco por ciento.

ii. Para aquellos meses, en los cuales el cincuenta por ciento del caudal con noventa y cinco por ciento de probabilidad de excedencia es mayor al veinte por ciento del caudal medio anual, el caudal ecológico mínimo, en esos meses, será el veinte por ciento del caudal medio anual.

c) Para aquellos cauces donde no existen derechos con caudal ecológico mínimo, se aplicará, para los nuevos derechos, el criterio establecido en la letra b) con las mismas restricciones.

d) Respecto a los cauces que presenten un comportamiento hídrico que no se ajuste a las fórmulas señaladas en los literales a) y b), tales como vertientes, el criterio para establecer el caudal ecológico es el veinte por ciento del caudal del promedio de los aforos, como valor constante sin variación mensual.

e) Para los lagos y lagunas, con salida, el caudal ecológico será el que se determine en el desagüe, el cual se evaluará en base a los criterios definidos en las letras a) y b) según corresponda.

f) Para aquellos derechos de aprovechamiento de agua cuya captación se haga mediante un embalse, el cumplimiento del caudal ecológico mínimo calculado con los criterios definidos en las letras a) o b), según corresponda se verificará inmediatamente aguas abajo de la barrera ubicada en el álveo.

El cálculo se realizará utilizando estadísticas hidrológicas de al menos 25 años, dependiendo de la estadística con la cual se cuente en el cauce, y en el evento de contar con una estadística de mayor extensión, se preferirá esta última. De no existir esta estadística para una fuente determinada, la Dirección General de Aguas utilizará el método hidrológico más adecuado al caso concreto, de aquellos conocidos y aceptados por la técnica, lo que deberá quedar claramente fundado en el informe técnico.

En el caso de que exista en el tramo analizado un derecho de aprovechamiento de aguas constituido con un caudal ecológico mayor al calculado en la letra a), se mantendrá el caudal ecológico mayor para el nuevo derecho, con la limitación que no podrá exceder del veinte por ciento del caudal medio anual de la respectiva fuente superficial.

Artículo 4°.- Las organizaciones de usuarios y el propietario exclusivo de un acueducto que extraiga aguas de un cauce, deberán instalar en la obra de captación un sistema de control que permita controlar y aforar el agua que se extrae.

Artículo 5°.- Al resolver una solicitud de un nuevo derecho de aprovechamiento de aguas, la Dirección General de Aguas elaborará un informe técnico que será parte del expediente y que contendrá la determinación del caudal ecológico mínimo que se aplicará a dicho derecho.

TÍTULO III
CASOS CALIFICADOS PARA LA DETERMINACIÓN DEL CAUDAL ECOLÓGICO MÍNIMO POR PARTE DEL PRESIDENTE DE LA REPÚBLICA

Artículo 6°.- El Ministerio de Obras Públicas, en casos calificados, mediante decreto supremo y previo informe favorable del Ministerio del Medio Ambiente, podrá fijar un caudal ecológico mínimo diferente al establecido en el artículo 3° de este reglamento, no pudiendo afectar derechos de aprovechamiento de aguas ya existentes.

Previo a su dictación, dicho decreto supremo se sujetará a lo dispuesto en el artículo 71 letra f) de la ley N° 19.300.

El caudal ecológico mínimo que se fije en virtud de lo dispuesto en el presente título se establecerá para un cauce, para una sección o para un sector de aquel y no podrá superar el cuarenta por ciento del caudal medio anual de la respectiva fuente superficial en dicho cauce, sección o sector.

Artículo 7°.- Son casos calificados aquellos en los que se identifiquen riesgos en la calidad de las aguas y/o el hábitat de magnitud tal que comprometan la supervivencia de las especies, de acuerdo a alguno de los siguientes criterios, los que deberá tener en consideración el Ministerio del Medio Ambiente al emitir su informe:

a) Cuando se pretenda conservar aquellas especies hidrobiológicas que se encuentren dentro de alguna de las categorías de conservación, a excepción de aquellas clasificadas como Preocupación Menor o Casi Amenazada, de acuerdo al artículo 37 de la ley N° 19.300 y su Reglamento, y el hábitat tenga una calidad tal que permita la sustentación de las especies;

b) Cuando existan fuentes superficiales que se encuentren localizadas en cualquier porción de territorio, delimitada geográficamente y establecida mediante acto de autoridad pública, colocada bajo protección oficial con la finalidad de asegurar la diversidad biológica, tutelar la preservación de la naturaleza y conservar el patrimonio ambiental, o aguas arriba de éstas, que tengan una calidad tal que permita la sustentación de las especies protegidas del área, o

c) Cuando existan impactos significativos que alteren factores bióticos y abióticos, físicos, químicos y biológicos, que aseguran el resguardo de la estructura, dinámica y funcionamiento de los ecosistemas asociados a la fuente de agua superficial, con el fin de mantener los servicios ecosistémicos que prestan. Para estos efectos se considerarán las siguientes variables ambientales:

i. Los valores de las concentraciones en la calidad de las aguas del cauce, en relación a las normas de calidad ambiental vigentes;

ii. La predicción de pérdidas significativas de refugio y/o hábitat que puedan afectar las zonas de alimentación, reproducción o bien puedan producir un menoscabo en las comunidades y poblaciones acuáticas identificadas;

iii. Cuando por efecto de la disminución de caudal o modificación del régimen hidrológico natural, pueda afectar la dinámica del ecosistema favoreciendo la proliferación de especies exóticas introducidas, poniendo en riesgo los sitios de alimentación, reproducción y/o refugio de especies en categorías de conservación, y

iv. Cuando las alteraciones de la estructura, dinámica y funcionalidad del ecosistema, derivados de la disminución del caudal, den origen a un plan de manejo de acuerdo a lo establecido en la letra a) del artículo 42 de la ley N° 19.300.

Artículo 8°.- El Ministerio del Medio Ambiente y la Dirección General de Aguas podrán coordinarse para elaborar estudios sobre las condiciones sitio-específicas de cuencas, subcuencas y/o zonas hidrográficas del país que permitan a la autoridad competente contar con mayor información para determinar el caudal ecológico mínimo conforme a este título.

Artículo 9°.- Cualquier persona podrá solicitar la declaración de un caudal ecológico mínimo en una fuente superficial, de acuerdo a lo señalado en el artículo 6° de este reglamento. La solicitud deberá presentarse ante la Dirección General de Aguas y no suspenderá los procedimientos de constitución de derechos de aprovechamiento de aguas en trámite seguidos ante dicha repartición.

Dicha solicitud deberá contener:

a) El nombre y demás antecedentes que individualicen al solicitante;

b) La cantidad de agua que se pretende fijar como caudal ecológico mínimo, expresado en medidas métricas por unidad de tiempo;

c) Los puntos o tramos de cauces, sección o sector sobre los cuales se pretende fijar el caudal ecológico mínimo y la región, provincia y/o comuna en que estén ubicadas o que recorran;

d) Una justificación técnica de la causal invocada de acuerdo al artículo 7° de este reglamento, con los estudios pertinentes;

e) Una caracterización general del cauce, teniendo especial consideración por el régimen hidrológico, la calidad de las aguas, los ecosistemas presentes y los usos y actividades que se desarrollan en él, y

f) Una explicación técnica de los efectos sobre la preservación de la naturaleza y la protección del medio ambiente que produciría la no declaración del caudal ecológico mínimo solicitada.

Si la solicitud no reúne los requisitos señalados en este artículo, se requerirá al interesado para que, en un plazo de cinco días, subsane la falta o acompañe los documentos respectivos, con indicación de que, si así no lo hiciere, se le tendrá por desistido de su petición, sin perjuicio de la facultad establecida en el artículo 11° de este reglamento.

Artículo 10°.- Cumplidos los requisitos que dispone el artículo 9° de este reglamento, la Dirección General de Aguas remitirá, en un plazo no superior a diez días, los antecedentes de la solicitud al Ministerio del Medio Ambiente para que éste, en un plazo no superior a veinte días, evacue su informe.

Para la elaboración de dicho informe, el Ministerio del Medio Ambiente podrá efectuar los análisis en terreno que correspondan y pedir antecedentes a los órganos de la Administración del Estado que estime competentes para mejor informar.

Evacuado el informe del Ministerio del Medio Ambiente, la Dirección General de Aguas remitirá todos los antecedentes al Ministerio de Obras Públicas para que éste resuelva las respectivas solicitudes.

Artículo 11°.- Si se pretende fijar de oficio este caudal ecológico mínimo, el Ministerio de Obras Públicas deberá solicitar a la Dirección General de Aguas y al Ministerio del Medio Ambiente, informe fundado acerca de la pertinencia de declarar el caudal ecológico mínimo en cuestión, pudiendo el Ministerio del Medio Ambiente efectuar las mismas diligencias que el inciso segundo del artículo 10° de este reglamento dispone para la elaboración de su informe.

Artículo 12°.- La fijación del caudal ecológico es sin perjuicio de lo que puedan establecer otras autoridades en el ámbito de sus respectivas competencias.

Anótese, tómese razón y publíquese.- SEBASTIÁN PIÑERA ECHENIQUE, Presidente de la República.- María Ignacia Benítez Pereira, Ministra del Medio Ambiente.- Laurence Golborne Riveros, Ministro de Obras Públicas.

Lo que transcribo a Ud. para su conocimiento.- Rodrigo Benítez Ureta, Subsecretario del Medio Ambiente (S).

DECRETO SUPREMO Nº 203, APRUEBA REGLAMENTO SOBRE NORMAS DE EXPLORACIÓN Y EXPLOTACIÓN DE AGUAS SUBTERRÁNEAS, DE 2014

Núm. 203.- Santiago, 20 de mayo de 2013.-

Visto:

1) Las facultades que me confiere el artículo 32 Nº 6 de la Constitución Política de la República;

2) Lo dispuesto en los artículos 58, 59 y 122 del Código de Aguas;

3) Lo establecido en el decreto supremo Nº 1.220, de 1997, del Ministerio de Obras Públicas, que aprueba el Reglamento del Catastro Público de Aguas;

4) Lo previsto por la ley Nº 20.017, la ley Nº 20.099, la ley Nº 20.411 y la ley Nº 20.491; lo dispuesto en el decreto con fuerza de ley Nº 850, de 1997, que fija el texto refundido, coordinado y sistematizado de la ley Nº 15.840, de 1964, y del DFL Nº 206, de 1960;

5) La resolución Nº 1.600, de 2008, de la Contraloría General de la República.

Considerando:

1.- Que se hace necesario reglamentar la exploración y explotación de aguas subterráneas, estableciendo normas que les permitan a los usuarios tener certeza jurídica y técnica de la normativa, en un marco de sustentabilidad y eficacia, sin afectar el ejercicio de los derechos de terceros constituidos sobre las mismas aguas;

2.- Que a fin de dar cabal cumplimiento a lo indicado en el considerando anterior, se requiere para su aplicación de la dictación de un reglamento;

3.- Que resulta procedente profundizar algunos conceptos técnicos, como también incorporar otros nuevos para hacer frente a la diversidad de materias que deben ser abordadas para la correcta exploración y explotación de las aguas subterráneas.

Decreto:

Artículo primero: Apruébase el siguiente Reglamento que dispone normas de aplicación general que regulan la exploración y explotación de aguas subterráneas.

CAPÍTULO I
LA EXPLORACIÓN DE AGUAS SUBTERRÁNEAS

1. De la exploración de aguas subterráneas en inmuebles de dominio privado

Artículo 1°. La exploración de aguas subterráneas en inmuebles de dominio privado, sean estos propios o ajenos con autorización del propietario, se regirá por las siguientes normas:

a) No se podrán efectuar exploraciones en terrenos privados de zonas que alimenten áreas de vegas y de los llamados bofedales de las Regiones de Arica y Parinacota, de Tarapacá y de Antofagasta, sino con autorización fundada de la Dirección General de Aguas, la que previamente deberá identificar y delimitar dichas zonas. La solicitud respectiva deberá ajustarse al procedimiento previsto en el párrafo 1° del Título I del Libro Segundo del Código de Aguas y a las normas establecidas en el párrafo 2 del Capítulo I de este Reglamento.

Será aplicable a estas exploraciones lo dispuesto en el artículo 18 del presente Reglamento.

b) Salvo lo establecido en el inciso primero artículo 56 del Código de Aguas, el o la solicitante no podrá explorar mediante perforaciones a una distancia menor que la establecida en los artículos 26, 27 y 28 de este Reglamento, de obras de captación de aguas subterráneas que tengan derechos legalmente constituidos por la autoridad competente, o que se encuentren en proceso de ser regularizados conforme al procedimiento establecido en el artículo 2° transitorio del Código de Aguas, y al procedimiento establecido en los artículos 4° y 6° transitorios de la ley 20.017, a menos que se cuente con la autorización del dueño de dichas obras.

2. De la exploración en bienes nacionales

Artículo 2°. En bienes nacionales regirán las mismas normas señaladas en el artículo anterior

Artículo 3°. La solicitud de exploración de aguas subterráneas en bienes nacionales deberá ajustarse al procedimiento indicado en el Título I del Libro Segundo del Código de Aguas.

Si la solicitud comprende terrenos ubicados en dos o más provincias de una misma región, deberá presentarse ante la Oficina de la Dirección General de Aguas del lugar o ante la Gobernación Provincial, que abarque la mayor superficie del área pedida.

Si la solicitud abarca terrenos de dos o más regiones, ésta deberá presentarse ante la oficina de la Dirección General de Aguas del lugar o ante la Gobernación Provincial respectiva, que abarque la mayor superficie del área solicitada.

Artículo 4°. La solicitud de exploración deberá señalar:

a) Nombre, rol único tributario y demás antecedentes para individualizar al solicitante y a su representante legal, si corresponde.

b) La ubicación de los terrenos que se desea explorar, para lo cual deberá individualizarse la comuna en que ellos se encuentran. En caso que comprenda más de una comuna, deberán indicarse todas ellas.

c) La delimitación precisa a través de las coordenadas de los vértices de la poligonal que la definen. Dichas coordenadas deberán expresarse en el sistema UTM, Datum WGS84. Complementariamente, se podrá hacer referencia a puntos conocidos, tales como ciudades, pueblos, caminos públicos, cauces, cerros, que permitan ilustrar acerca del sector que se solicita explorar.

d) El plazo de duración por el cual se solicita la exploración, no podrá exceder de dos años.

e) Si la solicitud de exploración de aguas subterráneas abarca bienes nacionales de uso público, éstos deberán ser mencionados explícitamente;

de lo contrario, se entenderá que no es de interés del solicitante explorar en dichos bienes nacionales.

Artículo 5°. Al momento de presentar la solicitud se deberán acompañar los siguientes antecedentes:

a) Una memoria técnica explicativa que indique los estudios y el detalle de las obras de exploración que se pretenden realizar, incluyendo, por ejemplo, número de pozos, metros de perforación, número de perfiles geofísicos y otros.

b) Un cronograma de actividades de exploración, que incluirá la fecha de inicio y término de cada una de ellas.

c) Un plano a escala mayor o igual a 1:50.000 del área de exploración con los antecedentes solicitados en las letras b) y c) del artículo anterior, que contenga las coordenadas de los puntos que definen el área.

d) Cuando la exploración no requiera una resolución de calificación ambiental favorable, el titular deberá presentar un informe de las medidas y previsiones adoptadas para el resguardo y la protección de los acuíferos durante las labores de exploración y abandono de ellas, especialmente en relación al manejo de las aguas extraídas con ocasión de la exploración.

e) Se deberá acompañar la Resolución de Calificación Ambiental favorable, si la solicitud contempla obras, programas o actividades en áreas que se encuentren bajo protección oficial de acuerdo a lo establecido en el artículo 10 letra p) de la ley Nº 19.300.

Artículo 6°. La solicitud de permiso de exploración se publicará y radiodifundirá íntegramente o en un extracto que contendrá, a lo menos, los datos necesarios para su acertada inteligencia, dentro del plazo de treinta días hábiles contados desde la fecha de su recepción, en la forma prevista en el artículo 131 del Código de Aguas y en la resolución dictada en cumplimiento a lo dispuesto en el inciso 4° del mismo artículo. Si así no se hiciere, será denegada.

En el caso de los incisos segundo y tercero del artículo 3° de este Reglamento, a costa del interesado, la solicitud o su extracto deberá publicarse en un diario o periódico de cada una de las provincias que comprenda el área de exploración; y si no lo hubiere, en uno de la capital de la o de las regiones correspondientes. Deberá además difundirse al menos tres veces en la o las radioemisoras que tengan cobertura en cada una de las provincias que abarque la solicitud. A falta de radioemisora con cobertura en alguna de las provincias, la solicitud o su extracto deberá avisarse en una de la capital de la o las regiones correspondientes, dentro del plazo de treinta días hábiles contados desde su recepción, dejándose constancia de ello por el medio de comunicación respectivo.

Artículo 7°. Si de acuerdo con lo consignado en el artículo 58 inciso segundo del Código de Aguas, se presentaran dos o más solicitudes de exploración de aguas subterráneas en una misma extensión territorial de bienes nacionales, dentro del plazo de seis meses contados desde la fecha de presentación de la solicitud más antigua que se encuentre pendiente de resolución, se resolverá la adjudicación del área superpuesta, sea esta total o parcial, mediante remate entre los solicitantes que se encuentren en esta situación.

El área a rematar corresponderá a la extensión superpuesta, y habrá tantas áreas a rematar como superposiciones existan.

Las bases del remate se establecerán por resolución de la Dirección General de Aguas, las que determinarán las cuotas, el precio, la forma de pago, las cauciones, garantías, reajustes e intereses, sanciones, condiciones, y los demás antecedentes necesarios para la adecuada ejecución del remate.

La Dirección General de Aguas podrá autorizar la exploración de la superficie no afecta a remate, siempre que conste el consentimiento del solicitante.

En el caso indicado en el inciso anterior y en la autorización de exploración de superficies parciales adquiridas a través de remate, el peticionario deberá adecuar los antecedentes exigidos en el artículo 5° letras a) y b) del presente Reglamento.

El desistimiento de solicitudes que configuran situación de remate, o la renuncia de parte del área de exploración solicitada para evitar la superposición de áreas de exploración, presentadas con anterioridad a la dictación de las bases de remate, tendrá como efecto que dejen de darse los presupuestos de remate, y, por lo tanto, no procederá citar al mismo.

Artículo 8°. Si al momento de su presentación una solicitud de exploración se superpone en parte con un área sobre la cual exista un permiso vigente, la Dirección General de Aguas podrá autorizar la exploración sólo para el área no superpuesta, previa aceptación formal de el o la solicitante. Para ello, deberá adecuar los antecedentes exigidos en el artículo 5° letras a) y b) del presente Reglamento.

Respecto al área superpuesta, la Dirección General de Aguas denegará el permiso.

Artículo 9°. La Dirección General de Aguas autorizará el permiso para explorar mediante resolución que fijará las condiciones y el plazo para ello, el cual no podrá exceder de dos años contados desde la fecha en que la resolución correspondiente haya quedado totalmente tramitada. Extinguido dicho plazo, el terreno quedará disponible para nuevas exploraciones.

Las faenas de exploración deberán iniciarse en un plazo máximo de siete meses contados desde la fecha indicada en el inciso anterior.

El beneficiario del permiso deberá comunicar por escrito a la Dirección General de Aguas la fecha del inicio de las faenas. Esta comunicación será obligatoria y la no presentación dentro del plazo indicado será causal suficiente para dejar sin efecto el permiso, lo que deberá ser declarado formalmente mediante resolución del Director General de Aguas.

Excepcionalmente, la Dirección General de Aguas podrá prorrogar el plazo contemplado en el inciso segundo de este artículo, cuando por razones no imputables al titular del permiso las faenas no se hayan podido iniciar dentro del referido término.

Para los efectos de lo señalado en los incisos anteriores, se entenderán por faenas de exploración todas aquellas labores geofísicas de prospección y/o perforación del subsuelo encaminadas a la detección de aguas subterráneas.

Artículo 10. La Dirección General de Aguas podrá, asimismo, de oficio o a petición de cualquier interesado, poner término a un permiso de exploración, en caso de incumplimiento de las condiciones establecidas en la resolución que otorgó el permiso o sus modificaciones, según lo dispuesto en el artículo 18 inciso segundo del presente Reglamento. Tal declaración requerirá de una resolución fundada de la Dirección General de Aguas.

Artículo 11. En una misma región del país no se autorizará a una sola persona, natural o jurídica, permiso para explorar, en conjunto o separadamente, una superficie mayor de cincuenta mil hectáreas. Para estos efectos, se considerará la superficie total del polígono definido conforme al artículo 4 letra c) de este Reglamento.

Tratándose de las Regiones de Arica y Parinacota, de Tarapacá, de Antofagasta y de Magallanes y la Antártica Chilena, dicha extensión, en cada una de ellas, no podrá ser superior a cien mil hectáreas.

Tampoco podrán solicitarse nuevas exploraciones, mientras no se ponga término a las ya autorizadas, que en conjunto excedan el límite establecido en los incisos anteriores.

Las solicitudes que no cumplan con lo dispuesto en este artículo, serán denegadas.

Artículo 12. Antes de proceder a autorizar un permiso de exploración de aguas subterráneas en bienes nacionales, la Dirección General de Aguas deberá solicitar un informe al Ministerio de Bienes Nacionales o al organismo que administre el respectivo bien nacional de uso público, respecto de la procedencia de otorgar el referido permiso.

En el caso de que la tenencia del bien sobre el que recae la solicitud se haya entregado por el Estado, a cualquier título, a personas naturales o jurídicas de derecho privado o público, el Ministerio de Bienes Nacionales o el organismo que administre el respectivo bien nacional de uso público expresarán en su informe dicha circunstancia y comunicarán a tales personas o instituciones la existencia de la referida solicitud. Requerido el informe del Ministerio de Bienes Nacionales o del organismo que administre el respectivo bien nacional de uso público y si éstos no lo emiten dentro de un plazo de cuarenta y cinco días hábiles, contados desde la fecha de recepción del oficio que la requiere, la Dirección General de Aguas prescindirá de él.

Artículo 13. La Dirección General de Aguas deberá, mediante resolución fundada, denegar o limitar una solicitud de exploración de aguas subterráneas, en los siguientes casos:

a) Cuando no se hayan cumplido los requisitos establecidos en el Código de Aguas y en el presente Reglamento.

b) Cuando perjudique o menoscabe derechos de terceros.

c) Cuando signifique grave peligro para la vida o salud de los habitantes.

d) Cuando según antecedentes técnicos, signifique un riesgo de contaminación del acuífero por desplazamiento de aguas contaminadas o de la interface agua dulce-salada.

e) Por causales debidamente acreditadas por un acto fundado, en virtud de las cuales se comprometa gravemente el manejo y desarrollo de un determinado acuífero.

Artículo 14. La Dirección General de Aguas podrá establecer en la resolución que autorice la exploración, y en base al informe a que se alude en el artículo 12 de este reglamento, los requisitos que debe cumplir el beneficiario para realizar las faenas respectivas, con el objeto de no afectar la naturaleza y la finalidad de los bienes sobre los que recae.

Artículo 15. Durante el plazo del permiso, el o la titular del mismo tendrá la exclusividad para efectuar los trabajos de exploración dentro de los límites que se le hayan fijado.

Al término de la exploración, el o la titular del permiso deberá presentar un informe completo sobre los trabajos realizados, sus resultados y las conclusiones obtenidas. Este informe deberá presentarse hasta tres meses después de finalizado el plazo del permiso, y su contenido corresponderá a los objetivos señalados en la memoria técnica y en el cronograma de actividades presentado por el o la titular del permiso, siendo obligatorio aun cuando los resultados hayan sido negativos. El incumplimiento de esta obligación dará lugar a la denegación de nuevas solicitudes de exploración presentadas por dicho titular, en tanto no cumpla con la referida exigencia.

Dicho informe servirá de antecedente para la constitución de los derechos que pudieran solicitarse sobre las aguas alumbradas durante la vigencia del permiso.

Artículo 16. El o la titular de una autorización para explorar aguas subterráneas podrá renunciar total o parcialmente a su permiso mediante declaración escrita, que se presentará a la Dirección General de Aguas, la cual, si fuere procedente, aceptará la renuncia y en el mismo acto declarará disponibles los terrenos para nuevas exploraciones.

En el caso que las faenas de exploración se hayan iniciado, la Dirección General de Aguas podrá acoger la renuncia solicitada una vez que el o la titular del permiso acompañe el informe a que se refiere el inciso segundo del artículo 15 de este Reglamento, incurriendo en la causal ahí establecida, si no diere cumplimiento a dicha obligación.

Artículo 17. Comprobada la existencia de aguas subterráneas en bienes nacionales, la Dirección General de Aguas preferirá al beneficiario del permiso de exploración, para la constitución del derecho sobre las aguas alumbradas durante la vigencia del permiso.

Se entenderá que la fecha de presentación de la solicitud para constituir el derecho de aprovechamiento sobre aguas subterráneas será la fecha de la resolución que otorgó el permiso de exploración.

La preferencia señalada en el inciso primero de este artículo sólo podrá ejercerse dentro del plazo del permiso y hasta tres meses después, y siempre que el titular del permiso haya dado cumplimiento a la obligación indicada en el inciso segundo del artículo 15 de este Reglamento.

Sin perjuicio de lo señalado precedentemente, si dentro del plazo que señala el artículo 142 inciso primero del Código de Aguas otros peticionarios solicitan derechos sobre las mismas aguas que se alumbraron y solicitaron durante el permiso de exploración, y no existiendo disponibilidad para constituirlos todos, se procederá al remate de ellos. Lo anterior, no tendrá aplicación en el caso que el área sobre la cual recae el permiso de exploración haya sido adjudicada mediante remate.

Artículo 18. En la resolución que autorice un permiso de exploración, la Dirección General de Aguas podrá establecer todas aquellas condiciones y medidas contempladas en el presente reglamento y en las demás normas que sean aplicables, para resguardar derechos de aprovechamiento de aguas de terceros, el medio ambiente que dependa de los recursos hídricos y la calidad de las aguas subterráneas contenidas en el acuífero explorado.

Asimismo, dichas condiciones podrán incorporarse durante la exploración mediante resolución fundada que modifique el permiso original.

Sin perjuicio de lo señalado en los incisos anteriores, en aquellos casos en que con la solicitud de exploración debió acompañarse una Resolución de Calificación Ambiental favorable, su aprobación se deberá ajustar a las condiciones y medidas impuestas en ella.

CAPÍTULO II
LA EXPLOTACIÓN DE AGUAS SUBTERRÁNEAS

1. Disposiciones generales

Artículo 19. La solicitud de derechos de aprovechamiento de aguas subterráneas se publicará y radiodifundirá conforme a lo dispuesto en el artículo 131 del Código de Aguas.

La solicitud deberá cumplir con los requisitos establecidos en el artículo 140 del Código de Aguas.

El o los puntos desde donde se desea captar el agua deberán indicarse mediante coordenadas expresadas en el sistema UTM, utilizando el Datum WGS84.

El o los puntos de captación se considerarán correctamente definidos para efectos de la solicitud, aun cuando exista una diferencia de hasta cien metros entre la ubicación señalada en la solicitud y la verificada en terreno por la Dirección General de Aguas.

No obstante lo anterior, la resolución que constituya el derecho de aprovechamiento deberá indicar el punto preciso donde se captará el agua, de acuerdo con la ubicación exacta verificada en terreno por la Dirección General de Aguas, en virtud de lo establecido en el artículo 149 N° 4 del Código de Aguas.

Artículo 20. La Dirección General de Aguas constituirá el derecho de aprovechamiento sobre aguas subterráneas cuando sea legalmente procedente y siempre que se cumplan copulativamente las siguientes condiciones:

a) Que previo a la presentación de la solicitud se haya comprobado la existencia de agua subterránea, lo cual se verificará a través de la obra en la cual se solicita el derecho de aprovechamiento, la que a lo menos deberá haber llegado al nivel del agua en el acuífero.

b) Que se haya comprobado el caudal susceptible de extraer por la obra de captación de agua subterránea, lo cual se verificará a través de las respectivas pruebas de bombeo ejecutadas según lo dispuesto en el artículo 21 del presente Reglamento.

c) Que exista disponibilidad de agua subterránea en el Sector Hidrogeológico de Aprovechamiento Común.

d) Que la explotación sea la adecuada para su conservación y protección en el largo plazo, considerando los antecedentes técnicos de recarga y descarga, así como las condiciones de uso existentes y previsibles.

e) Que no se afecten derechos de aprovechamiento de aguas de terceros, considerando la relación existente entre aguas superficiales y subterráneas en conformidad a lo establecido en el artículo 3° del Código de Aguas.

Si la extracción de aguas subterráneas produce una reducción del flujo o volumen de agua de las fuentes superficiales, se entenderá que existe interferencia entre ambas fuentes.

Cuando se establezca la existencia de tal interferencia, la Dirección General de Aguas podrá constituir el derecho de aprovechamiento de aguas subterráneas solicitado, estableciendo, si corresponde, las modalidades de ejercicio de acuerdo a lo establecido en el Nº 7 del artículo 149 del Código de Aguas.

f) Que el punto de captación en donde se solicita el derecho de aprovechamiento se encuentre ubicado físicamente a más de 200 metros de otras captaciones de aguas subterráneas que cuenten con derechos legalmente constituidos por la autoridad competente, o que se encuentren en proceso de ser regularizados conforme al procedimiento establecido en el artículo 2º transitorio del Código de Aguas, y al procedimiento establecido en los artículos 4º y 6º transitorios de la ley 20.017; además, que se encuentre emplazado fuera de otras áreas de protección de derechos de aprovechamiento, legalmente establecidas en virtud del presente Reglamento y de cualquier otro cuerpo normativo.

Sin perjuicio de lo anterior, con la autorización del propietario del derecho de aprovechamiento de agua afectado se podrán constituir los derechos de aprovechamiento solicitados.

g) Que se cuente con resolución de Calificación Ambiental favorable cuando el punto de captación se ubique en alguna de las áreas que se encuentren bajo protección oficial de acuerdo a lo establecido en el artículo 5º letra e) de este Reglamento, o en su defecto, que se acompañe un pronunciamiento formal de la oficina respectiva del Servicio de Evaluación Ambiental que desestime la pertinencia de cumplir con este requisito.

Artículo 21. La comprobación del caudal susceptible de extraer por una obra de captación de agua subterránea se verificará a través de las respectivas pruebas de bombeo de caudal constante.

Tratándose de pozos profundos, se requerirá un perfil estratigráfico, la habilitación del pozo y una prueba de bombeo de gasto constante para el caudal solicitado, con una duración de 24 horas como mínimo y con un tiempo mínimo de estabilización de niveles de 180 minutos. Sin perjuicio de ello, se considerarán otros antecedentes presentados por el titular, como una prueba de gasto variable, si la hubiere.

Si se trata de norias o drenes, se requerirá una prueba de gasto constante para el caudal solicitado, con estabilización de niveles de por lo menos 180 minutos.

En todos los casos se requerirá la estabilización de niveles, o una clara tendencia a ello; esto último, definido por un descenso menor o igual a dos centímetros por hora, durante las últimas tres horas de bombeo.

En el caso de obras de captación de gran diámetro, como pozos norias, si no es posible lograr la estabilización de niveles, se podrá acompañar una prueba de agotamiento, con medición de toda la recuperación.

Frente a presentaciones que entreguen antecedentes técnicos que no cumplan con los requisitos establecidos en los incisos anteriores, éstos serán analizados bajo los siguientes criterios:

a) Si se acompaña una prueba de gasto variable, el caudal susceptible de constituir será el noventa por ciento del caudal obtenido de la curva de agotamiento en un punto donde ésta cambie de pendiente.

b) Cuando se cuente con datos de producción histórica de la captación, el caudal susceptible de constituir será aquel correspondiente al promedio histórico de producción de ella.

Artículo 22. En atención a lo dispuesto en el artículo 142 del Código de Aguas, si dentro del plazo de seis meses, contados desde la presentación de la solicitud, se hubieren presentado dos o más solicitudes de distintos titulares sobre las mismas aguas y no hubiere recursos suficientes para satisfacer todos los requerimientos, la Dirección General de Aguas citará a un remate de estos derechos, una vez reunidos los antecedentes que acrediten la existencia de aguas disponibles para la constitución de nuevos derechos sobre ellas, conforme a lo establecido en la letra c) del artículo 20 precedente.

Para efectos del remate, se considerarán los caudales que se hayan comprobado según lo establecido en el artículo 20 letra b) del presente Reglamento.

Se entenderá que dos o más solicitudes recaen sobre las mismas aguas cuando las captaciones subterráneas por medio de las cuales se extraerá el recurso se encuentren ubicadas en un mismo Sector Hidrogeológico de Aprovechamiento Común.

Artículo 23. No podrán constituirse derechos de aprovechamiento de aguas subterráneas a una distancia, medida en terreno, menor a 200 metros de afloramientos o vertientes, si de ello resultare perjuicio o menoscabo a derechos de terceros o afectare la relación existente entre aguas superficiales y subterráneas.

Artículo 24. Se deberá acreditar el dominio del inmueble en que se ubica la captación de aguas subterráneas, mediante copia de la inscripción correspondiente, con una data de vigencia de una antigüedad no superior a 60 días, contados desde la fecha de presentación de la solicitud. En el evento que el titular de la solicitud no fuere el propietario del terreno, se deberá acompañar la autorización escrita del dueño respectivo, cuya firma haya sido autorizada por un notario público.

Si la obra de captación está ubicada en un bien nacional de uso público, se requerirá la autorización del organismo bajo cuya administración éste se encuentre, mediante el acto administrativo totalmente tramitado que corresponda. Tratándose de bienes fiscales, se deberá acompañar la autorización del Ministerio de Bienes Nacionales.

Los antecedentes señalados en el presente artículo deberán acompañarse al momento del ingreso de la solicitud.

Artículo 25. La Dirección General de Aguas podrá constituir derechos de aprovechamiento no consuntivos de aguas subterráneas, siempre que el punto de captación y restitución se ubiquen en un mismo Sector Hidrogeológico de Aprovechamiento Común.

A la restitución de las aguas del derecho de aprovechamiento no consuntivo se aplicará lo dispuesto en el párrafo octavo de este capítulo, en lo relativo a la posible afectación de terceros y de la calidad de las aguas del acuífero.

2. De las áreas de protección

Artículo 26. El área de protección a que se refiere el artículo 61 del Código de Aguas estará constituida por una franja paralela a la captación subterránea y en torno a ella, de modo que el perímetro de protección será equidistante a cualquier punto de la captación. Dicha área de protección, en el caso de los pozos, quedará reducida a un círculo con centro en la ubicación efectiva del pozo. La dimensión de la franja o radio será de 200 metros medidos en terreno, salvo las excepciones contempladas en los artículos 27 y 28 de este Reglamento.

El área de protección no podrá comprender captaciones de derechos de aprovechamiento de aguas subterráneas de terceros constituidos por la autoridad competente, o que se encuentren en proceso de ser regularizados conforme al procedimiento establecido en el artículo 2° transitorio del Código de Aguas, y al procedimiento establecido en los artículos 4° y 6° transitorios de la ley 20.017, salvo que exista autorización del titular de los derechos de agua afectados. Para efectos de lo señalado en este inciso, no se considerarán las captaciones de agua de que trata el artículo 56 inciso primero del Código de Aguas.

Artículo 27. Para la constitución de nuevos derechos de aprovechamiento de aguas subterráneas, podrá solicitarse un área de protección mayor a la indicada en el artículo 26 de este Reglamento. La dimensión del área de protección deberá justificarse con la presentación de una memoria técnica que contenga las características del acuífero y de la captación subterránea.

Artículo 28. En conformidad con lo dispuesto en el artículo 6° del decreto supremo N° 106, de 1997, del Ministerio de Salud, que aprobó el Reglamento de Aguas Minerales, la Dirección General de Aguas establecerá un área de protección para aquellas fuentes cuyas aguas hayan sido declaradas curativas en conformidad a las normas del decreto señalado.

La solicitud respectiva se tramitará conforme al procedimiento previsto en el párrafo 1° del Título I del Libro Segundo del Código de Aguas, y deberá contener los siguientes antecedentes:

1. Nombre, rol único tributario y demás antecedentes para individualizar al solicitante y a su representante legal, si corresponde.

2. Individualización del derecho de aprovechamiento, ubicación, y área de protección solicitada.

3. Copia de su inscripción en el Registro de Propiedad de Aguas del Conservador de Bienes Raíces correspondiente, con certificado de dominio vigente.

4. Copia del decreto supremo de declaración de fuente curativa correspondiente.

5. Antecedentes técnicos que permitan una caracterización hidrogeológica de la fuente y que justifiquen el área de protección solicitada.

3. De las limitaciones a la explotación de aguas subterráneas

Artículo 29. Para efectos de establecer la reducción temporal del ejercicio de los derechos de aprovechamiento, conforme lo dispuesto en el artículo 62 del Código de Aguas, la Dirección General de Aguas considerará que la explotación de aguas subterráneas por algunos usuarios ocasiona perjuicio a otros titulares de derechos, en los siguientes casos:

a) Cuando se demuestre que la explotación de derechos de aguas subterráneas en un Sector Hidrogeológico de Aprovechamiento Común impide la extracción de al menos un 15% del caudal instantáneo constituido, considerando para ello el indicado en los títulos de los derechos de aprovechamiento de aguas.

b) Cuando se demuestre que dos o más extracciones de aguas subterráneas producen interferencia de tal magnitud que afecten directamente a dos o más derechos de aprovechamiento de aguas, generando con ello una disminución de su capacidad de extracción en relación al caudal instantáneo señalado en sus títulos, en una proporción igual o superior al 15%.

c) Cuando se compruebe que la explotación está produciendo contaminación o una alteración significativa de la calidad de las aguas del Sector Hidrogeológico de Aprovechamiento Común o de una parte de éste.

En caso de presentarse una solicitud, el o los peticionarios deberán dirigir dicha petición a la Dirección General de Aguas, en conformidad al procedimiento establecido en el artículo 130 y siguientes del Código de Aguas, que se publicará y radiodifundirá íntegramente o en un extracto que contendrá, a lo menos, los datos necesarios para su acertada inteligencia, dentro del plazo de treinta días hábiles contados desde la fecha de su presentación, en la forma prevista en el artículo 131 del Código de Aguas y en la resolución dictada en cumplimiento a lo dispuesto en el inciso 4º del mismo artículo.

Excepcionalmente, el jefe de la oficina del lugar o el Gobernador, según el caso, dispondrá la notificación personal cuando aparezca de manifiesto la individualidad de la o las personas afectadas con la presentación y siempre que el número de éstas no haga dificultosa la medida.

El o los peticionarios deberán señalar en la solicitud la ubicación del punto de captación de los derechos de aprovechamiento de aguas afectados, indicando sus coordenadas expresadas en el sistema UTM, utilizando el Datum WGS84.

El o los peticionarios deberán acompañar a la solicitud copia de la inscripción de dominio de los derechos de agua afectados con vigencia no mayor a sesenta días corridos; antecedentes técnicos de las bombas instaladas en los pozos afectados, indicando específicamente la capacidad de extracción de cada una de ellas, y una prueba de bombeo de cada uno de los pozos afectados. Asimismo, si se trata de una alteración de la calidad de las aguas, deberá acompañar los antecedentes técnicos necesarios que demuestren tal variación.

La Dirección General de Aguas podrá requerir a él o los solicitantes antecedentes técnicos adicionales necesarios para fundar la reducción solicitada.

La reducción temporal se establecerá mediante resolución fundada del Director General de Aguas, en la cual se deberán indicar los derechos de aprovechamiento que se deberán reducir, la prorrata que los afectará y la forma en que ésta se aplicará a las captaciones respectivas.

La Dirección General de Aguas publicará la resolución que declare la reducción temporal, por una sola vez en el Diario Oficial, los días primero o quince, o el primer día hábil inmediato si aquellos fueren feriados.

Artículo 30. La Dirección General de Aguas deberá, mediante resolución fundada, declarar un determinado Sector Hidrogeológico de Aprovechamiento Común como área de restricción para nuevas explotaciones de aguas subterráneas, de oficio o a petición de cualquier usuario del respectivo sector, cuando ocurra al menos una de las siguientes situaciones:

a) Cuando antecedentes técnicos den cuenta de la existencia de un riesgo de grave descenso de los niveles en una zona del Sector Hidrogeológico de Aprovechamiento Común que pueda afectar la extracción de aguas subterráneas de derechos de aprovechamiento existentes en ella.

b) La demanda comprometida sea superior a la recarga de éste, ocasionando riesgo de grave disminución de los niveles del Sector Hidrogeológico de Aprovechamiento Común, con el consiguiente perjuicio de derechos de terceros ya establecidos en él.

c) Los estudios técnicos demuestren que la demanda comprometida provocará una reducción superior al cinco por ciento del volumen almacenado, en un plazo de cincuenta años.

d) Los estudios técnicos indiquen que la demanda comprometida producirá una afección a los caudales de los cursos de aguas superficiales en más de un diez por ciento del caudal medio mensual asociado al ochenta y cinco por ciento de probabilidad de excedencia, durante seis meses consecutivos.

e) Cuando antecedentes técnicos demuestren que el aumento de extracciones en un Sector Hidrogeológico de Aprovechamiento Común afecta la disponibilidad sustentable de otro sector.

f) Cuando antecedentes técnicos demuestren que existe riesgo de contaminación por desplazamiento de aguas contaminadas o de la interface agua dulce-salada.

El o los peticionarios deberán presentar una solicitud dirigida al Director General de Aguas, en conformidad al procedimiento establecido en el artículo 130 y siguientes del Código de Aguas, que se publicará y radiodifundirá íntegramente o en un extracto que contendrá, a lo menos, los datos necesarios para su acertada inteligencia, dentro del plazo de treinta días hábiles contados desde la fecha de su presentación, en la forma prevista en el artículo 131 del Código de Aguas y en la resolución dictada en cumplimiento a lo dispuesto en el inciso 4º del mismo artículo.

El o los peticionarios deberán acompañar a la solicitud antecedentes de la explotación del Sector Hidrogeológico de Aprovechamiento Común y podrán acompañar, además, otros antecedentes técnicos que sirvan para respaldarla.

La Dirección General de Aguas podrá requerir a él o los solicitantes antecedentes técnicos adicionales necesarios para fundar la declaración de restricción.

El área de restricción se establecerá mediante resolución fundada del Director General de Aguas, que se publicará, por una sola vez en el Diario Oficial, los días primero o quince, o el primer día hábil siguiente si aquellos fueren feriados.

Artículo 31. En el área de restricción la Dirección General de Aguas podrá constituir derechos de aprovechamiento de aguas subterráneas en carácter de provisionales, de acuerdo a las características del Sector Hidrogeológico de Aprovechamiento Común establecidas en los respectivos informes técnicos que la justifican.

Lo dispuesto en el artículo 142 y siguientes del Código de Aguas se aplicará a las solicitudes de derecho de aprovechamiento de aguas subterráneas susceptibles de ser constituidas como provisionales.

Los derechos de aprovechamiento constituidos provisionalmente se anotarán en el Registro Público de Derechos de Aprovechamiento de Aguas de Carácter Provisional del Catastro Público de Aguas.

Los titulares de derechos provisionales podrán ejercerlos siempre que cuenten con un sistema de control de extracciones aprobado por la Dirección General de Aguas, que deberá incluir al menos un flujómetro para medir caudales instantáneos y registrar el volumen acumulado de agua extraída, además de un sistema de monitoreo del nivel freático en la captación.

La periodicidad de la medición y el envío de la información registrada se determinarán en la resolución que apruebe el proyecto respectivo.

Artículo 32. La solicitud para transformar un derecho de aprovechamiento de aguas constituido en carácter de provisional a definitivo, se tramitará de conformidad con el procedimiento administrativo previsto en el párrafo 1° del Título I del Libro Segundo del Código de Aguas. En caso que exista una comunidad de aguas subterráneas organizada en el mismo Sector Hidrogeológico de Aprovechamiento Común en que se ubica el derecho provisional, esta solicitud deberá ser notificada al representante legal de la misma en el domicilio indicado en sus estatutos, en la forma y términos dispuestos en el artículo 131 inciso final del Código de Aguas.

Artículo 33. La Dirección General de Aguas transformará derechos provisionales a definitivos, cuando se cumplan los siguientes requisitos:

a) Ejercicio de al menos el 80 por ciento del volumen total anual del derecho de aprovechamiento constituido provisionalmente, durante cada año del plazo establecido en el artículo 67 del Código de Aguas, medido e informado conforme al sistema de control de extracciones aprobado de acuerdo a lo establecido en el artículo 31 inciso cuarto del presente Reglamento. En el evento que se interrumpiere la extracción en cualquiera de los años del plazo establecido en el artículo 67 del Código de Aguas, el plazo de 5 años se comenzará a contabilizar nuevamente a partir de la fecha en que se reinicie la extracción.

b) Que no se haya verificado afección a derechos de aprovechamiento definitivos ya constituidos en el Sector Hidrogeológico de Aprovechamiento Común.

Artículo 34. La Dirección General de Aguas limitará prudencialmente los derechos de aprovechamiento constituidos provisionalmente en caso de constatar alguna de las siguientes causales:

a) Descenso sostenido de los niveles del Sector Hidrogeológico de Aprovechamiento Común o parte de él.

b) Que la explotación del derecho de aprovechamiento constituido como provisional haya afectado la conservación y protección de otros componentes de los sistemas hidrológicos que dependen de las aguas del Sector Hidrogeológico de Aprovechamiento Común, tales como vegas, bofedales, salares, sitios Ramsar, etcétera.

Por otra parte, dejará sin efecto los derechos de aprovechamiento constituidos provisionalmente, en caso de constatar la afección a derechos de aprovechamiento definitivos ya constituidos en el Sector Hidrogeológico de Aprovechamiento Común.

Artículo 35. La Dirección General de Aguas podrá declarar zona de prohibición para nuevas explotaciones, en conformidad con lo dispuesto en el artículo 63 del Código de Aguas, cuando la demanda comprometida iguale o supere toda la disponibilidad determinada por la Dirección General de Aguas para la constitución de derechos de aprovechamiento tanto definitivos como provisionales.

La Dirección General de Aguas publicará la resolución que declare zona de prohibición, por una sola vez en el Diario Oficial, los días primero o quince, o el primer día hábil siguiente si aquellos fueren feriados.

Artículo 36. La Dirección General de Aguas, de oficio o a petición de cualquier usuario, podrá alzar en cualquier momento la declaración de un área de restricción o prohibición, o de parte de ella, en aquellos casos en que nuevos estudios demuestren que ya no existen las causales que motivaron la declaración.

La resolución que declare el alzamiento de un área de restricción o prohibición, o de parte de ella, se publicará por una sola vez en el Diario Oficial, los días primero o quince, o el primer día hábil siguiente si aquellos fueren feriados.

4. De las comunidades de aguas subterráneas

Artículo 37. En conformidad con lo dispuesto por el artículo 186 del Código de Aguas, si dos o más personas aprovechan aguas de un mismo Sector Hidrogeológico de Aprovechamiento Común, podrán organizarse como comunidad de aguas subterráneas.

Dicha comunidad deberá organizarse en la forma prevista en el párrafo 1° del Título III del Libro Segundo del Código de Aguas, siendo igualmente aplicables a ella las disposiciones contenidas en el citado párrafo, en cuanto sean compatibles con su naturaleza.

Artículo 38. Sin perjuicio de lo señalado en el artículo 241 del Código de Aguas y acorde con lo dispuesto en los números 2, 3, 5, 20 y 21 del citado artículo, el directorio de las comunidades de aguas subterráneas tendrá, entre otros, los siguientes deberes y atribuciones:

a) Distribuir las aguas del Sector Hidrogeológico de Aprovechamiento Común entre los comuneros a prorrata de sus derechos de aprovechamiento.

b) Promover una gestión integrada y sustentable del Sector Hidrogeológico de Aprovechamiento Común.

c) Instalar y operar un sistema de control de extracciones, medición de niveles, cantidad y calidad de aguas subterráneas.

d) Mantener un registro de producción de cada captación.

e) Atender oportunamente los requerimientos de información de la Dirección General de Aguas y de sus usuarios, así como las obligaciones de envío de información contenidas en el Código de Aguas.

f) Mantener y mejorar sus obras de captación.

g) Realizar estudios e implementar técnicas que permitan la recarga artificial de la fuente subterránea.

h) Regular la explotación del Sector Hidrogeológico de Aprovechamiento Común, haciendo evaluaciones en forma permanente y oportuna para prevenir efectos asociados a la sobreexplotación de sus aguas.

i) Realizar estudios que justifiquen la aplicación de medidas para reducir la explotación cuando sea necesario.

Artículo 39. Las declaraciones de área de restricción y de zona de prohibición darán origen a una comunidad formada por todos los usuarios de aguas subterráneas comprendidos en ella, siendo su responsabilidad organizarse según lo dispuesto en el artículo 37 del presente Reglamento.

Artículo 40. La Dirección General de Aguas podrá exigir a las comunidades de aguas o a los usuarios individuales la instalación de un sistema de medición periódica sobre niveles y calidad de las aguas subterráneas y de los caudales y volúmenes explotados, pudiendo requerir en cualquier momento la información que se obtenga.

Artículo 41. Los titulares de derechos provisionales de aguas subterráneas derivadas de obras de recarga artificial de acuíferos, de acuerdo con lo dispuesto en el artículo 66 inciso segundo del Código de Aguas, forma-

rán parte de la comunidad de aguas que se origine, en tanto su derecho se encuentre vigente.

Los derechos de aprovechamiento de aguas subterráneas otorgados provisionalmente con ocasión de una obra de infiltración artificial no estarán sujetos a la prorrata aplicada por la comunidad de aguas subterráneas respectiva, ni a la reducción temporal decretada por el Director General de Aguas.

5. Cambio de punto de captación y/o restitución

Artículo 42. La Dirección General de Aguas podrá autorizar el cambio del punto de captación y/o restitución de derechos de aprovechamiento de aguas subterráneas en un mismo Sector Hidrogeológico de Aprovechamiento Común, ya sea en forma total o parcial, siempre que la solicitud sea legalmente procedente, que exista disponibilidad del recurso, que no se perjudiquen derechos de terceros, que se cuente con la Resolución de Calificación Ambiental favorable, si correspondiera, y que se respeten las disposiciones contenidas en este Reglamento.

La solicitud respectiva se tramitará conforme al procedimiento previsto en el párrafo 1° del Título I del Libro Segundo del Código de Aguas y deberá contener los siguientes antecedentes:

a) Individualización del solicitante y de su representante legal, si corresponde.

b) Singularización del derecho de aprovechamiento, indicando su caudal máximo instantáneo; volumen total anual, si corresponde; uso consuntivo o no consuntivo; ubicación del punto de captación y/o restitución, y ejercicio.

c) Acompañar copia autorizada de la inscripción del derecho en el Registro de Propiedad de Aguas del Conservador de Bienes Raíces correspondiente, con certificado de dominio vigente de una antigüedad no mayor a sesenta días, contados desde la fecha de presentación. Este requisito no procederá en el caso de derechos provisionales.

d) Se deberá acreditar el dominio del inmueble en que se ubica la nueva captación de aguas subterráneas, mediante copia de la inscripción correspondiente, con una data de vigencia de una antigüedad no superior a 60 días, contados desde la fecha de presentación de la solicitud. En el evento que el titular de la solicitud no fuere el propietario del terreno, se deberá acompañar la autorización escrita del dueño respectivo, cuya firma haya sido autorizada por un notario público. Si la obra de captación está ubicada en un bien nacional de uso público, se requerirá la autorización del organismo bajo cuya administración éste se encuentre, mediante el acto administrativo totalmente tramitado que corresponda. Tratándose de bienes fiscales, se deberá acompañar la autorización del Ministerio de Bienes Nacionales. Los antecedentes precedentemente señalados deberán acompañarse al momento del ingreso de la solicitud.

e) Respecto del o los nuevos puntos de captación y/o restitución, se deberá indicar el caudal máximo instantáneo a extraer, el volumen total anual, su ubicación en los términos expresados en el artículo 19 del presente Reglamento, la comuna en que se ubicará y el área de protección que se solicita.

f) Acompañar la respectiva prueba de bombeo de gasto constante, justificando la disponibilidad del caudal en el punto de captación de destino.

Se aceptarán aquellas solicitudes que no acompañen el certificado del Catastro Público de Aguas, si el derecho ya se encuentra inscrito en él, o bien, en caso que su inscripción haya sido solicitada con más de 30 días de anticipación y cumpla con los requisitos previstos en el Reglamento del Catastro Público de Aguas. La inscripción en el Catastro Público de Aguas o la solicitud de inscripción, en su defecto, deberá haberse hecho en nombre del titular de la solicitud de cambio de punto de captación y/o restitución.

El o los nuevos puntos de captación y/o restitución se considerarán correctamente definidos para efectos de la solicitud, aun cuando exista una diferencia de hasta cien metros entre la ubicación dada por el solicitante y la verificada en terreno por la Dirección General de Aguas.

No obstante lo anterior, la resolución que autorice el cambio de punto de captación y/o restitución del derecho de aprovechamiento, deberá indicar el o los puntos precisos de acuerdo con la ubicación exacta verificada en terreno por la Dirección General de Aguas, en virtud de lo establecido en el artículo 149 N° 4 del Código de Aguas.

La Dirección General de Aguas podrá autorizar provisoriamente un cambio de punto de captación cuando la solicitud sea legalmente procedente, se hayan realizado las publicaciones y radiodifusiones correspondientes, no se hayan presentado oposiciones, se haya efectuado la visita a terreno, que el nuevo punto se ubique fuera del área de protección de otros derechos de aprovechamiento de aguas, que el nuevo punto se encuentre en el mismo Sector Hidrogeológico de Aprovechamiento Común en que se ubica el punto de captación original y que éste último se haya deshabilitado, cuando sea procedente.

La solicitud deberá ser presentada en la oficina de la Dirección General de Aguas del lugar, o en la Gobernación respectiva, correspondiente a la provincia en que se ubican el o los nuevos puntos de captación y/o restitución. Si la solicitud involucra a dos provincias, ésta deberá presentarse en la provincia en que se ubiquen el o los puntos de captación y/o restitución de destino y las publicaciones y los avisos radiales deberán realizarse en todas las provincias involucradas.

Procederá el cambio de puntos de captación y/o restitución de derechos de aprovechamiento provisionales de aguas. Autorizado el cambio de punto de captación comenzará nuevamente a computarse el plazo contemplado en el artículo 67 del Código de Aguas para permitir la transformación del derecho provisional de aguas en definitivos.

Artículo 43. Una vez autorizado el cambio de punto de captación y/o restitución y previo al ejercicio del derecho de aprovechamiento en el nuevo punto, el titular estará obligado a:

a) Deshabilitar el punto de captación de origen en el evento que el cambio de punto de captación y/o restitución sea por la totalidad de su caudal autorizado, lo que será verificado y aprobado por la Dirección General de Aguas. Se entenderá por deshabilitación el retiro de la bomba de extracción, de las instalaciones eléctricas, obras de conducción y demás necesarias para captar y conducir las aguas.

b) En el evento que se autorice el cambio de punto de captación y/o restitución de una parte del caudal autorizado en el punto de origen, el titular deberá modificar las instalaciones y obras de extracción en dicho punto, de manera que se ajusten en su capacidad al caudal que quedará como remanente, lo que será verificado y aprobado por la Dirección General de Aguas.

6. Cambio de fuente de abastecimiento

Artículo 44. La Dirección General de Aguas autorizará el cambio de fuente de abastecimiento de derechos de aprovechamiento siempre que la solicitud fuere legalmente procedente; que se haya demostrado la directa interrelación entre las fuentes de abastecimiento; que no se perjudiquen derechos de terceros; que se cuente con la resolución de Calificación Ambiental favorable, si correspondiera, y que se respeten las disposiciones contenidas en los artículos 158 y siguientes del Código de Aguas y en las normas del presente Reglamento.

La solicitud respectiva se tramitará conforme al procedimiento previsto en el párrafo 1° del Título I del Libro Segundo del Código de Aguas, y deberá contener, en lo que corresponda, las menciones indicadas en el artículo 42 de este Reglamento. No serán pertinentes aquellos antecedentes que no apliquen a la naturaleza del derecho de aprovechamiento objeto de la solicitud.

El solicitante deberá acompañar, además, los antecedentes técnicos que respalden su solicitud.

Artículo 45. La resolución de la Dirección General de Aguas que se pronuncie sobre el cambio de fuente de abastecimiento indicará el caudal autorizado a extraer, el que estará sujeto a la interacción que exista entre la antigua y la nueva fuente de abastecimiento en el nuevo punto de captación.

Por último, serán aplicables al cambio de fuente de abastecimiento y en lo que correspondiere, las disposiciones contenidas en el artículo 43 del presente Reglamento.

7. Puntos alternativos de captación y/o restitución

Artículo 46. La Dirección General de Aguas autorizará las solicitudes de puntos alternativos de captación y/o restitución de derechos de aprovechamiento de aguas subterráneas en un mismo Sector Hidrogeológico de Aprovechamiento Común, ya sea en forma total o parcial, siempre que la solicitud sea legalmente procedente, que exista disponibilidad del recurso, que no se perjudiquen derechos de terceros, que se cuente con la resolución de Calificación Ambiental favorable, si correspondiera, y que se respeten las disposiciones contenidas en este Reglamento.

La solicitud respectiva se tramitará conforme al procedimiento previsto en el párrafo 1° del Título I del Libro Segundo del Código de Aguas, deberá contener los antecedentes indicados en el artículo 42 de este Reglamento y le serán aplicables las disposiciones contenidas en los incisos tercero, cuarto, quinto y sexto de dicho artículo.

La solicitud deberá indicar en forma precisa los caudales que se captarán y/o restituirán en forma alternativa y los pozos desde los cuales se realizará dicho ejercicio.

Una vez otorgada la autorización de puntos alternativos de captación y/o restitución y como requisito previo al ejercicio de los derechos de aprovechamiento, el titular estará obligado a instalar en las captaciones involucradas un sistema de medición periódica sobre niveles y caudales explotados, el que deberá ser aprobado por la Dirección General de Aguas, pudiendo ésta requerir en cualquier momento la información que se obtenga.

8. Recarga artificial

Artículo 47. Cualquier persona podrá ejecutar obras para la recarga artificial de acuíferos, previa autorización del proyecto por parte de la Dirección General de Aguas, en conformidad con lo dispuesto en el artículo 66 inciso segundo y artículo 67 inciso primero parte final del Código de Aguas y con lo establecido en el presente Reglamento.

Artículo 48. La solicitud de autorización para ejecutar obras para la recarga artificial de acuíferos se tramitará conforme al procedimiento previsto en el párrafo 1° del Título I del Libro Segundo de Código de Aguas, y deberá contener los siguientes antecedentes:

1. Nombre, rol único tributario y demás antecedentes para la individualización del solicitante y de su representante legal, si corresponde.

2. Una descripción de la naturaleza física y situación jurídica del agua a utilizar en la recarga artificial, debiendo acompañar los documentos necesarios para acreditar el dominio vigente del derecho de aprovechamiento de agua, si así correspondiere.

3. Deberá acompañar una memoria técnica que contenga, a lo menos, lo siguiente:

a) Descripción del proyecto de recarga artificial.

i. Tipo y disposición de obras.

ii. Plan de operación y mantención.

iii. Modelación del efecto de la recarga sobre la cantidad de las aguas del Sector Hidrogeológico de Aprovechamiento Común.

b) Descripción y características geológicas e hidrogeológicas del sector de la recarga, que contemple a lo menos:

i. Características de la zona no saturada.

ii. Permeabilidad, almacenamiento y geometría del sector influenciado directamente por la recarga.

iii. Información de registros conocidos sobre el nivel del acuífero del sector.

iv. Caracterización de la calidad de las aguas del sector de la recarga.

c) Una caracterización de la calidad de las aguas que se infiltrarán artificialmente. Además, la Dirección General de Aguas podrá requerir al solicitante la elaboración de análisis fisicoquímicos o bacteriológicos adicionales del agua que se infiltraría, cuando las características del proyecto de infiltración artificial así lo ameriten.

d) Plan de monitoreo, que contemple al menos:

i. Monitoreo de la zona aledaña al emplazamiento de la obra de infiltración, con el objeto de observar el comportamiento de las aguas infiltradas, ya sea mediante la medición de niveles o no, a fin de evitar riesgos de inundaciones o afecciones a terceros.

ii. Monitoreo de la calidad de las aguas en el sector influenciado directamente por la recarga.

iii. Monitoreo del caudal y volumen de recarga.

e) Plan de acción frente a la eventual contaminación del sector influenciado directamente por la recarga.

Artículo 49. La Dirección General de Aguas aprobará las obras de infiltración cuando el proyecto presentado cumpla con las disposiciones anteriores, no provoque la colmatación del acuífero ni la contaminación de las aguas.

Artículo 50. La solicitud de derechos de aprovechamiento de aguas de carácter provisional con cargo a la obra de recarga artificial aprobada en conformidad con los artículos anteriores, deberá ajustarse al procedimiento previsto en el párrafo 1° del Título I del Libro Segundo del Código de Aguas. Esta solicitud deberá contener los antecedentes señalados en el artículo 19 del presente Reglamento.

Para hacer efectiva la preferencia establecida en el artículo 66 inciso segundo del Código de Aguas, el solicitante deberá indicar en su solicitud el hecho de contar con la aprobación de una obra de recarga de que trata el artículo anterior, identificando la resolución respectiva. Se considerará esta preferencia sólo sobre el Sector Hidrogeológico de Aprovechamiento Común influenciado directamente por la recarga.

Excepcionalmente, esta preferencia podrá considerarse en un Sector Hidrogeológico de Aprovechamiento Común distinto al que recibe la recarga artificial siempre y cuando esté claramente interrelacionado, y el o los puntos de captación del derecho provisional se ubiquen en una zona directamente influenciada por la recarga artificial. Ambas situaciones deberán ser acreditadas por el solicitante y verificadas por la Dirección General de Aguas; en caso contrario, la petición será denegada.

La Dirección General de Aguas constituirá el derecho de aprovechamiento de carácter provisional cuando la solicitud cumpla con los siguientes requisitos:

a) Que sea legalmente procedente conforme a las normas establecidas en el Código de Aguas y en el presente Reglamento.

b) Que efectivamente exista la obra de recarga artificial aprobada a favor del solicitante y que esta se encuentre operando.

c) Que el solicitante presente un balance hídrico que, considerando el volumen de agua infiltrado, las pérdidas existentes y los tiempos de circulación, permita definir el volumen adicional que la infiltración artificial genera en el Sector Hidrogeológico de Aprovechamiento Común donde se ubica el punto de captación del derecho de aguas solicitado.

d) Que el ejercicio del derecho de aprovechamiento provisional que se constituya no provoque perjuicio a derechos de aprovechamiento de aguas existentes.

9. Disposiciones especiales

Artículo 51. Se entenderá por bebida y uso doméstico, en los términos establecidos en el artículo 56 del Código de Aguas, al aprovechamiento que una persona o una familia hace del agua que ella misma extrae de un pozo, con el fin de utilizarla para satisfacer sus necesidades de bebida, aseo personal y cultivo de productos hortofrutícolas indispensables para su subsistencia, sin fines económicos o comerciales.

Artículo 52. Para los efectos de lo previsto en el artículo 129 bis 9 inciso octavo, se entenderán por obras de captación de aguas subterráneas que permitan su alumbramiento, aquellas instalaciones que hacen posible la efectiva extracción de las aguas a que se tiene derecho, tales como: bombas de extracción, ya sean móviles o fijas; instalaciones mecánicas, eléctricas, tuberías, u otros.

Artículo 53. Corresponderá a la Dirección General de Aguas la calificación de las solicitudes que se le presenten, no siendo causal de rechazo el error u omisión que cometa el solicitante al respecto, en la medida en que dicha omisión u error no afecte la acertada inteligencia de terceros respecto de la solicitud presentada. Así, si una solicitud de cambio de punto de captación corresponde en realidad a un cambio de fuente de abastecimiento, no procederá su denegación en la medida en que la solicitud y su extracto permitan la acertada inteligencia del cambio que se solicita.

Artículo 54. Para todos los efectos del presente Reglamento, se entenderá por:

a) Demanda comprometida: Es la suma de los caudales de agua aprovechables por titulares de derechos de aprovechamiento constituidos o reconocidos y de derechos susceptibles de ser constituidos conforme a los artículos 147 bis inciso 3º del Código de Aguas y 3º, 4º y 6º transitorios de la ley 20.017.

b) Interacción o interrelación: Conexión hidráulica entre dos fuentes de agua en régimen natural.

c) Interferencia: Efecto sobre los patrones de flujo de una interacción o interrelación entre dos fuentes de agua, producto de la explotación de una de las fuentes.

d) Nivel: Profundidad de la napa de agua bajo la superficie del terreno en una condición de acuífero libre, o altura de presión de agua referida a un punto cualquiera en una condición de acuífero confinado.

e) Perfil estratigráfico: Es el diagrama o representación gráfica que muestra los diferentes estratos de suelos con su composición, características y espesor, señalando además la ubicación de la zona acuífera y los niveles estáticos del agua. Debe incluir profundidad del pozo, las características de la entubación, el diámetro, longitud y ubicación de la zona permeable o de rejillas.

f) Recarga: Se refiere a la recarga natural y corresponde al flujo o caudal de agua que alimenta un acuífero, proveniente de precipitaciones, embalsamientos y escurrimientos superficiales y subterráneos.

g) Sector Hidrogeológico de Aprovechamiento Común: Acuífero o parte de un acuífero cuyas características hidrológicas espaciales y temporales permiten una delimitación para efectos de su evaluación hidrogeológica o gestión en forma independiente.

Artículo segundo: Créase el Registro Público de Derechos de Aprovechamiento de Aguas de Carácter Provisional, que formará parte del Registro Público referido a las aguas subterráneas del Catastro Público de Aguas. Para efectos de lo anterior, agréguese el literal i) al artículo 16 del decreto supremo 1.220, de 1997, del Ministerio de Obras Públicas, que aprueba el Reglamento del Catastro Público de Aguas, con el siguiente texto:

"i) Registro Público de Derechos de Aprovechamiento de Aguas de Carácter Provisional".

Artículo tercero: Créase el Registro Público de Obras de Recarga Artificial de Acuíferos, que formará parte del Registro Público referido a las aguas subterráneas del Catastro Público de Aguas. Para efectos de lo anterior, agréguese el literal j) al artículo 16 del decreto supremo 1.220, de 1997, del Ministerio de Obras Públicas, que aprueba el Reglamento del Catastro Público de Aguas, con el siguiente texto: "j) Registro Público de Obras de Recarga Artificial de Acuiferos.".

DISPOSICIONES TRANSITORIAS

Artículo transitorio. Las solicitudes que se encuentren actualmente pendientes, continuarán tramitándose en conformidad a lo dispuesto en el presente Reglamento.

Anótese, regístrese, tómese razón, comuníquese y publíquese.- SEBASTIÁN PIÑERA ECHENIQUE, Presidente de la República.- María Loreto Silva Rojas, Ministra de Obras Públicas.

Lo que transcribo a Ud. para su conocimiento.- Saluda atte. a Ud., Mariana Concha Mathiesen, Subsecretaria de Obras Pública Subrogante.

DECRETO SUPREMO Nº 50, APRUEBA REGLAMENTO A QUE SE REFIERE EL ARTÍCULO 295 INCISO 2º, DEL CÓDIGO DE AGUAS, ESTABLECIENDO LAS CONDICIONES TÉCNICAS QUE DEBERÁN CUMPLIRSE EN EL PROYECTO, CONSTRUCCIÓN Y OPERACIÓN DE LAS OBRAS HIDRÁULICAS IDENTIFICADAS EN EL ARTÍCULO 294 DEL REFERIDO TEXTO LEGAL, DE 2015

Núm. 50.- Santiago, 13 de enero de 2015.

Vistos:

Las facultades que me confiere el artículo 32 Nº 6 de la Constitución Política de la República y el decreto con fuerza de ley Nº 850, de 1997, que fija el texto refundido, coordinado y sistematizado de la ley Nº 15.840, Orgánica del Ministerio de Obras Públicas; la resolución Nº 1.600, de 2007, de la Contraloría General de la República; la ley Nº 19.300, de Bases Generales del Medio Ambiente y el Reglamento del Sistema de Evaluación de Impacto Ambiental; D.S. Nº 40, de 2012, del Ministerio del Medio Ambiente; lo dispuesto en los artículos 294, 295 inciso 2º, 296, 297, 299 letra c) y 300 letra f) del Código de Aguas, y

Considerando:

Que de conformidad con lo dispuesto en el artículo 294 del Código de Aguas, la construcción de las obras hidráulicas señaladas en los literales de dicha disposición requerirá de la aprobación del Director General de Aguas, la cual se otorgará de acuerdo con el procedimiento indicado en el Título I del Libro Segundo de dicho Código.

Que, a su vez, el citado artículo 295, en su inciso 2º, dispone que un Reglamento especial fijará las condiciones técnicas que deberán cumplirse en el proyecto, construcción y operación de dichas obras.

Que según el artículo 296 del Código de Aguas, corresponde a la Dirección General de Aguas supervisar la construcción de las obras hidráulicas contempladas en el artículo 294 de dicho cuerpo legal, pudiendo en cualquier momento adoptar las medidas que sean necesarias para garantizar su fiel adaptación al proyecto aprobado.

Que de acuerdo con lo estipulado en el artículo 297 del mencionado cuerpo legal, los que construyan las obras reguladas en la presente reglamentación deberán constituir las garantías suficientes para financiar el costo de su eventual modificación o demolición, para que no constituyan peligro, si fueren abandonadas durante su construcción.

Que, asimismo, el artículo 297 del referido Código establece que la garantía se constituirá a favor del Fisco y será devuelta una vez recibida la obra por la Dirección General de Aguas.

Que los conocimientos técnicos y el estado del arte en materia de obras hidráulicas hacen factible la elaboración de normas de seguridad aplicables a obras de este carácter, durante todas las etapas de la existencia de las mismas con el fin necesario y superior de la preservación de las vidas humanas, de los seres vivos en general y de otras obras, aspectos sobre los cuales influyen las obras hidráulicas a que se refiere el artículo 294 del Código de Aguas.

Que el fin último del presente Reglamento es otorgar certeza y seguridad jurídica a todas las personas, respecto de los requisitos técnicos exigidos por la Dirección General de Aguas, en el proyecto, construcción y operación de las obras señaladas en el artículo 294 del Código de Aguas.

Decreto:

Apruébase el Reglamento a que se refiere el artículo 295 inciso 2º del Código de Aguas, que establece las condiciones técnicas que deberán cumplirse en el proyecto, construcción y operación de las obras hidráulicas a que hace referencia el artículo 294 del referido texto legal.

TÍTULO I
DE LAS DISPOSICIONES GENERALES

Artículo 1º.- Para los efectos del presente Reglamento se entenderá por:

a) Abandono Anticipado:	Cese en la construcción de una obra con anterioridad a su completa ejecución, conforme al proyecto aprobado. Se entenderá como abandono anticipado a un cese en la construcción superior a un año.
b) Acueducto:	Conducto artificial, sea este abovedado o no, por donde escurren aguas, ya sea con escurrimiento a superficie libre o en presión.
c) Adaptación de Proyecto:	Cambios realizados a las obras del Proyecto Definitivo presentado al Servicio, para ajustarlas a las condiciones reales del lugar de emplazamiento, como topografía, geología, geotecnia, etc., y que no alteran el diseño y formas generales de las obras evaluadas.
d) Aprobación de Proyecto:	Revisión mediante la cual la DGA comprueba que un Proyecto Definitivo sometido a evaluación no afectará la seguridad de terceros y no contaminará las aguas. Dicha revisión es formalizada mediante un acto administrativo por el cual se aprueba el proyecto y se autoriza la construcción de sus obras.
e) Auditoría Técnica:	Actividad realizada por especialistas en el área de la ingeniería de obras civiles, con el fin de verificar o ratificar que el proyecto, construcción y/u operación de una obra cumple con las condiciones exigidas en este Reglamento.
f) Canoa:	Estructura aérea que forma parte de un acueducto, pudiendo ser éste abovedado o no, destinada a permitir el atravieso de un cauce natural, y que posee un régimen de escurrimiento libre.
g) CPA	Catastro Público de Aguas, según lo establecido en el artículo 122 del Código de Aguas.
h) DGA o Dirección o Servicio:	Dirección General de Aguas del Ministerio de Obras Públicas.
i) Director:	Director General de Aguas del Ministerio de Obras Públicas.
j) Embalse:	Obra artificial ubicada dentro o fuera de un cauce, donde se acopian aguas, sea que tenga o no un muro por sobre el nivel del terreno.

k) Embalse Industrial:	Obra artificial donde se acopian aguas o elementos transportados mediante ésta, derivados de un proceso industrial. Se excluyen los embalses de relaves.
l) Inspección Técnica de la Obra o ITO:	Persona natural o jurídica que ha sido contratada por el Titular o dueño de una obra para que supervise y apruebe o rechace las distintas partes durante su construcción.
m) Modificación del Proyecto:	Cambios efectuados en las obras del Proyecto Definitivo que no constituyen una Adaptación de Proyecto, y que sí alteran el diseño y formas generales de las obras evaluadas.
n) MOP:	Ministerio de Obras Públicas.
ñ) Obra de Captación:	Estructura situada en un cauce natural o artificial, destinada a captar y derivar, parcial o totalmente, caudales de éste.
o) Obra Hidráulica:	Obra de infraestructura destinada al manejo de aguas o elementos transportados mediante ésta, incluidas las estructuras para su captación, transporte, acopio y distribución, y las obras complementarias en aspectos de medición, control y seguridad.
p) Obras Tempranas:	Obras que deben ser construidas y habilitadas en forma previa al inicio de la depositación del relave, tales como muro de inicio o partida, sistemas para el manejo de aguas, y cualquier otra obra anexa necesaria para la correcta operación del embalse de relaves.
q) Proyecto Definitivo:	Antecedentes técnicos que describen completamente una obra, los cuales deben permitir una cabal comprensión de su funcionamiento y comportamiento ante las solicitaciones que la afectan, durante su etapa de construcción y operación. Dicho Proyecto Definitivo deberá contener un conjunto de documentos conformados por textos descriptivos, memorias de cálculo, planos, especificaciones técnicas y estudios generales de apoyo que correspondan.

r) Puesta en carga:	Conjunto de pruebas de funcionamiento que tienen como fin verificar que las obras y elementos que las componen cumplen con las características de funcionalidad, desempeño y seguridad, establecidas en el Proyecto Definitivo previamente aprobado por el Servicio, y que se desarrollan durante el proceso de construcción y de manera previa a la solicitud de su recepción.
s) RCA:	Resolución de Calificación Ambiental de un proyecto emitida por la autoridad ambiental competente.
t) Reglamento:	Corresponde al presente Reglamento para el Proyecto, Construcción y Operación de las Obras Hidráulicas a que se refiere el artículo 294 del Código de Aguas.
u) Recepción de Obra:	Procedimiento mediante el cual la Dirección General de Aguas comprueba que un Proyecto Definitivo, previamente aprobado por el Servicio, ha sido construido conforme a dicha aprobación y no afecta la seguridad de terceros. Lo anterior se formalizará mediante acto administrativo por el cual se recibirán las obras y se autorizará su operación.
v) Sifón:	Estructura aérea o enterrada que posee un régimen de escurrimiento en presión y que forma parte de un acueducto con escurrimiento libre, destinada a permitir el atravieso de un cauce natural. Esta obra de arte se refiere sólo a aquella singularidad del acueducto que materializa el cruce y cuyo régimen en presión se debe a la acción de la gravedad.
w) Sismo de Diseño:	Corresponde al sismo que produce movimientos en el lugar de emplazamiento de alguna obra que, razonablemente, se espera que ocurra dentro de su vida útil. Su periodo de retomo no será inferior a 475 años. Con este sismo las presas y sus obras anexas podrán experimentar daños menores, pero sin afectar su operación.

x) Sismo Máximo Creíble:	Corresponde al sismo de mayor magnitud que podría ocurrir en un sitio, producto de la existencia de alguna falla reconocida o por ubicarse dentro de una determinada región sismotectónica, bajo un determinado marco tectónico. Este sismo es el que produce el máximo nivel de movimiento en el suelo, para el cual una obra será diseñada o evaluada. Con este sismo las presas no deberán experimentar un colapso repentino ni un desembalse descontrolado, pero se aceptan daños tolerables en sus muros y en sus obras anexas.
y) Titular:	Persona natural o jurídica que solicita la aprobación de las obras a que se refiere el artículo 294 del Código de Aguas.
z) Vehículos Motorizados Livianos:	Son todos aquellos vehículos con un peso bruto de menos de 2.700 kg, excluidos los de tres o menos ruedas, conforme al D.S. Nº 211, de 1991, del Ministerio de Transportes y Telecomunicaciones.

Artículo 2°.- El presente Reglamento fija las condiciones técnicas que deberán cumplirse en el proyecto, construcción y operación de las obras a que se refiere el artículo 294 del Código de Aguas.

Esta reglamentación se aplicará a todas las obras nuevas que se proyecten y que cumplan con alguna característica de las descritas en el artículo 294 del Código de Aguas, y a la reconstrucción de este tipo de obras, aun cuando a las obras originales no se les hayan aplicado estas disposiciones.

Cuando algún proyecto de estas obras hidráulicas contenga dentro de sus elementos algunas de las obras a que se refieren los artículos 41, 151 y 171 del Código de Aguas, el Titular podrá solicitar en una misma presentación la aprobación de dichas obras. En este caso, las obras a que se refieren los artículos 41, 151 y 171 del Código de Aguas se evaluarán en conjunto con las obras del mencionado artículo 294 y se aprobarán en una misma resolución si cumplen con los requisitos técnicos y legales correspondientes. Si nada se indica por el Titular, dichas obras deberán ser sometidas a la aprobación previa de la Dirección General de Aguas mediante un procedimiento independiente.

Se entienden incluidos en las obras indicadas en el presente artículo los embalses o tranques de relaves, los embalses industriales, relaveductos, mineroductos, concentraductos y, en general, cualquier obra con capacidad para almacenar o conducir agua o elementos transportados mediante ésta, que como obra hidráulica tenga alguna de las características indicadas en el artículo 294 del Código de Aguas,

Artículo 3°.- Se exceptúan del alcance de este Reglamento, y por tanto no les será aplicable el artículo 294 del Código de Aguas, los Depósitos de Relaves en Pasta, Filtrados y aquellos Depósitos de Relaves Espesados que contengan como valor mínimo, al momento de depositarse, un 65% o más de concentración en peso de sólidos; esto, sin perjuicio del permiso contemplado en los artículos 41 y 171 del Código de Aguas, en el caso que estos depósitos se sitúen dentro de un cauce. Los términos expresados en este inciso se entenderán conforme a las definiciones establecidas en el decreto supremo N° 248, del año 2006, del Ministerio de Minería, o el cuerpo normativo que lo reemplace.

Los Servicios dependientes del MOP quedan exceptuados de requerir la aprobación de la DGA para la construcción, recepción y operación de las obras a que se refiere el presente Reglamento. No obstante, dichos Servicios deberán remitir los antecedentes técnicos respectivos de las obras a la DGA, quien tomará conocimiento de ellos y elaborará un informe que contendrá los datos necesarios para incluirlos en el CPA.

Artículo 4°.- La Dirección General de Aguas otorgará la autorización de construcción una vez aprobado el proyecto definitivo y siempre que haya comprobado que la obra proyectada no afectará la seguridad de terceros. Asimismo, el Servicio fijará fundadamente un plazo máximo dentro del cual el Titular de la misma deberá solicitar la recepción de la obra, en base al Programa de Construcción que forma parte del Proyecto Definitivo. Dicho plazo podrá ser prorrogado, a petición de parte, antes del vencimiento del plazo original, por causas debidamente justificadas y presentando los antecedentes que demuestren que la obra se encuentra en construcción.

En el caso de que el Titular no diese cumplimiento al plazo establecido en el inciso anterior, éste no podrá solicitar la operación provisoria de la obra, regulada en el artículo 57 del presente Reglamento.

Para aquellas obras que requieran de una puesta en carga para su operación, conforme al Proyecto Definitivo, el Titular deberá informar a la Dirección General de Aguas la fecha de inicio de la puesta en carga, conforme a lo dispuesto en el artículo 55 del presente Reglamento.

Artículo 5º.- La construcción de las obras deberá realizarse replanteando fielmente el proyecto aprobado por el Servicio, pudiendo existir una Inspección Técnica de Obras o un Autocontrol que verifique, supervise y apruebe o rechace las distintas partes de la obra en construcción.

Artículo 6º.- El Titular podrá, dentro del procedimiento administrativo, como antecedentes generales, acompañar auditorías técnicas de acuerdo con lo dispuesto en los artículos 130 y siguientes del Código de Aguas. La auditoría técnica contratada deberá recaer en una persona natural o jurídica especialista en las ciencias de la ingeniería y con experiencia acreditada en el área a auditar.

Artículo 7º.- En conformidad con lo dispuesto en el artículo 10 letra a) de la Ley 19.300 Sobre Bases Generales del Medio Ambiente, los proyectos de obras identificadas en el artículo 294 del Código de Aguas, con excepción de las canoas, sólo podrán ser aprobados por la DGA si cuentan con una RCA favorable.

Artículo 8º.- El monto de la garantía a que se refiere el artículo 297 del Código de Aguas se determinará sobre la base del presupuesto de demolición o modificación de las obras, en caso de que fueren abandonadas durante su construcción.

Para el cálculo del monto de la garantía se considerará que la construcción del proyecto se encuentra con un 60% de estado de avance, de conformidad al Programa de Construcción de las obras contenido en el Proyecto Definitivo sometido a la aprobación del Servicio.

En el caso de los embalses de relaves, para estimar la garantía ante un abandono durante su construcción, se considerará el costo de materializar la demolición o modificación de las Obras Tempranas. A su vez, se entenderá que la operación de un embalse de relave se inicia con la depositación del relave. Para el cálculo de la garantía a que se refiere este inciso, se considerará que el abandono anticipado de las Obras Tempranas ocurre a un 60% de su ejecución.

Este presupuesto de demolición o modificación será presentado por el Titular para el análisis y aprobación de la Dirección, y deberá incluir una valorización de todas las obras, actividades e insumos necesarios para dejar en condiciones seguras el sector donde se ubican las obras eventualmente abandonadas, teniendo especial consideración en las medidas de rehabilitación de los cauces intervenidos; el retiro y disposición de elementos que pudieran ser sustraídos por terceros, tales como techumbres de edificios, tuberías en superficie, etc.; el relleno de las excavaciones abiertas; el sellado de túneles; la estabilización definitiva de taludes y otros aspectos que persigan recuperar los terrenos intervenidos. Se debe presentar un documento que incluya la justificación y cuantificación de las partidas, así como los precios considerados en este presupuesto.

Al valor neto relativo a las obras requeridas para garantizar un abandono prematuro del proyecto durante su construcción, se le aplicarán los siguientes recargos:

a) 5% gastos de consultoría.

b) 20% gastos generales e imprevistos.

c) IVA. Aplicado sobre el total neto más los recargos señalados en las letras a) y b).

El valor neto, aplicando los recargos mencionados, constituye el valor de la garantía que se materializará mediante una boleta de garantía, la cual se extenderá a nombre del "Ministerio de Obras Públicas-Dirección General de Aguas", expresada en Unidades de Fomento u otro valor reajustable aceptado por el Servicio. Dicho instrumento deberá otorgarse por todo el plazo de ejecución de las obras, conforme al Programa de Construcción del proyecto. A su vez, e independientemente del período de construcción de las obras, la vigencia mínima de la garantía no podrá ser inferior a dos años, y deberá mantenerse siempre vigente hasta el momento de la recepción de las obras construidas, a entera satisfacción de la Dirección General de Aguas. En caso de incumplimiento de esta obligación, la DGA hará uso de sus atribuciones legales.

Una vez revisado el presupuesto y satisfechos los posibles alcances de la DGA, esta solicitará por oficio la garantía, y el Titular deberá aportarla en forma previa a la emisión de la resolución que aprueba el proyecto y autoriza su construcción.

Artículo 9°.- Si al momento de ingresar una solicitud de aprobación de un proyecto de construcción de las obras hidráulicas del artículo 294 del Código de Aguas, faltara alguno de los antecedentes del Proyecto Definitivo en los términos establecidos en el artículo 16 de este Reglamento, la DGA solicitará la complementación de ellos conforme a lo dispuesto en el artículo 31 de la Ley 19.880. Si no se acompañan los antecedentes, la DGA entenderá desistida la solicitud.

Toda Modificación del Proyecto que se quiera incorporar a un Proyecto Definitivo ya presentado a la Dirección General de Aguas para su aprobación, requerirá necesariamente de una nueva presentación de conformidad con lo dispuesto en los artículos 130 y siguientes del Código de Aguas y de acuerdo a los artículos 151, 171 y 294 y siguientes del citado texto legal, según corresponda.

En el evento que el Titular requiera introducir cambios a un proyecto previamente aprobado por el Servicio para construir, deberá someter a consideración los antecedentes técnicos que permitan el pronunciamiento respecto si estos cambios corresponden a una adaptación o modificación del proyecto. En este último caso, el Titular deberá presentar una nueva solicitud de aprobación de proyecto de construcción de conformidad con lo indicado en el inciso anterior.

Artículo 10.- Junto con la solicitud de aprobación del proyecto de construcción de obras del artículo 294 de Código de Aguas, en el caso que dichas obras estén destinadas a captar y/o restituir derechos de aprovechamiento de aguas en un cauce natural, el Titular deberá acompañar los títulos que justifiquen el dominio de los derechos que se aprovecharán con las obras que se pretende ejecutar, para lo cual deberá presentar:

1. Copia de la inscripción de dominio del o los derechos de aprovechamiento de aguas emitida por el Conservador de Bienes Raíces competente, con una vigencia no superior a sesenta días.

2. En caso que el o los derechos de aprovechamiento de aguas utilizados con el proyecto sean de propiedad de un tercero, además de acreditarse la titularidad del dominio de éste, con la correspondiente copia de inscripción de dominio emitida por el Conservador de Bienes Raíces respectivo, será menester adjuntar la autorización notarial del propietario de los derechos de aprovechamiento.

Los individualizados antecedentes deberán acompañarse al momento del ingreso de la solicitud respectiva. En caso de incumplimiento, se aplicará lo dispuesto en el inciso 1° del artículo 9° del presente Reglamento.

Por último, y en forma previa a la emisión de la resolución que apruebe el proyecto de construcción de las obras hidráulicas de que se trate, se requerirá que el o los derechos de aprovechamiento de aguas que se ejercitarán con las obras, se encuentren en concordancia a éstas, en cuanto al o los puntos de captación y/o restitución, así como en el caudal que se utilizará. En ese momento, el o los derechos de aprovechamiento de aguas deberán encontrarse debidamente inscritos en el Catastro Público de Aguas, de conformidad con lo dispuesto en el artículo 122 del Código de Aguas y en el artículo 33 del Reglamento del referido Catastro.

Artículo 11.- Previo a que la DGA otorgue la aprobación del proyecto de construcción de embalses de relaves, de conformidad con el artículo 294 del Código de Aguas, el Titular deberá acompañar la aprobación del Servicio Nacional de Geología y Minería, otorgada mediante la resolución respectiva.

TÍTULO II
DE LAS OBRAS

Artículo 12.- Los embalses se clasifican en:

a) Categoría A: Pequeños, de altura de muro máxima mayor a 5 m e inferior a 15 m, o bien de capacidad superior a 50.000 m3 e inferior a 1.500.000 m3.

b) Categoría B: Medianos, de altura de muro máxima mayor o igual a 15 m e inferior a 30 m, o bien de capacidad igual o superior a 1.500.000 m3 e inferior a 60.000.000 m3.

c) Categoría C: Grandes, de altura máxima de muro igual o superior a 30 m, o bien de capacidad igual o superior a 60.000.000 m3.

Para aquellos embalses que almacenen agua, o elementos transportados mediante ella, la altura de muro máxima será medida desde el coronamiento de la estructura resistente hasta el nivel del terreno natural, en un plano vertical que pasa por el eje del coronamiento. En el caso de embalses cuya configuración esté dada total o parcialmente por excavaciones, se considerará como muro, para efectos de la clasificación en cada una de las Categorías antes descritas, a las estructuras situadas sobre el nivel de terreno natural.

Para determinar la capacidad de los embalses ubicados dentro de cauces naturales, se deberá calcular el volumen de almacenamiento de la obra hasta el nivel de agua generado por la crecida de diseño. Para el caso de embalses ubicados fuera de un cauce, la capacidad se determinará hasta el nivel de coronamiento de estas obras.

Artículo 13.- Para efectos de este Reglamento, los acueductos descritos en las letras b) y c) del artículo 294 del Código de Aguas, se entienden conformados por distintas obras, cuya finalidad podría ser distinta a la exclusiva conducción de agua. Es por esto que la DGA evaluará el sistema hidráulico en su conjunto, pronunciándose sobre seguridad de cada uno de sus componentes.

De esta manera, un proyecto de acueducto eventualmente contará con obras tales como captaciones, derivaciones, obras de aforo, de control de excesos de caudales, obras de arte, atraviesos de cauces, de entrega o descarga, entre otras.

Artículo 14.- Las obras descritas en la letra c) del artículo 294 del Código de Aguas, requerirán permiso de la Dirección General de Aguas, cuando cumplan copulativamente con los requisitos establecidos en ese literal.

Artículo 15.- Para los efectos del presente Reglamento, se entenderán por aquellas obras de la letra d) del artículo 294 del Código de Aguas, los sifones y canoas, independiente de su caudal de diseño. Se clasificarán estas obras en la Categoría A si su caudal de diseño máximo es igual o inferior a dos metros cúbicos por segundo, y serán de Categoría B si dicho caudal es superior a este valor.

TÍTULO III
DE LA PRESENTACIÓN DE PROYECTOS

Artículo 16.- La solicitud de aprobación de proyecto y autorización de construcción se tramitará en conformidad al procedimiento establecido en el Título I del Libro II del Código de Aguas, y deberá cumplir con los siguientes requisitos:

a) Indicar nombre, RUT y domicilio del titular y de su representante legal, si corresponde. En caso de no indicarse el domicilio, se aplicará lo dispuesto en el artículo 139 inciso final del Código de Aguas.

b) El proyecto y toda la documentación requerida por la Dirección General de Aguas durante su tramitación, tales como adendas, complementaciones de la documentación originalmente entregada, planos y archivos de cálculos usados en las modelaciones, deberá presentarse íntegramente en digital, y en los formatos que establezca la Dirección.

c) El idioma utilizado en todos los documentos del proyecto debe ser el español.

d) Toda documentación debe ser legible y excluir textos manuscritos.

e) Los archivos que componen el proyecto deberán acompañarse mediante un informe conductor. Cada uno de los documentos, planos y demás antecedentes, se deberán presentar en archivos individuales para facilitar su consulta.

f) El proyecto y sus adendas deberán incluir, al comienzo de la presentación, un índice en el cual se detalle la totalidad de la documentación contenida en cada volumen o tomo, y que deberá identificar los informes, memorias, planos, especificaciones u otros documentos que formen parte de éste, precisándose las distintas versiones que tuvieren los documentos o antecedentes acompañados.

g) Los planos se deberán presentar en un solo formato de la Serie A Normas ISO/DIN, siendo el tamaño preferente recomendado A3 y el máximo admitido A1. El tamaño de la fuente mínima utilizada, tanto en planos como en los informes, debe ser tal que una reducción del 50% del documento permita su lectura.

h) Una vez finalizada la revisión del proyecto por parte de la Dirección, éste se deberá presentar completo y corregido, en un ejemplar en papel con su correspondiente respaldo digital, atendiendo a los requerimientos formales dispuestos en este artículo.

PÁRRAFO I

De los Embalses, Acueductos, Sifones de Categoría B y Canoas de Categoría B

Artículo 17.- Las disposiciones establecidas en este Párrafo se aplicarán a los embalses, acueductos, sifones de Categoría B y canoas de Categoría B. La presentación del Proyecto Definitivo de estas obras deberá contener:

a) Descripción general del proyecto.

b) Documentos técnicos.

Artículo 18.- La descripción general establecida en la letra a) del artículo anterior considerará:

a) La descripción sistemática del flujo completo del agua, la cual contendrá a lo menos una descripción y un diagrama sinóptico del conjunto de las obras (captación, aducción, utilización, tratamiento, descarga, etc.).

b) La identificación de la población y/o la infraestructura potencialmente afectada, en virtud de la ubicación y el área de influencia del proyecto, frente a una eventual falla o colapso de las obras.

c) Un análisis de la seguridad de las obras con la finalidad de evitar que éstas afecten a terceros o al entorno. Para su elaboración se deberán tener en cuenta los criterios de diseño de las obras y las consideraciones derivadas de la respectiva evaluación ambiental. Lo anterior significa, a lo menos, identificar en un cuadro las eventuales fallas, indicando sus causas, modos y consecuencias, así como las medidas que se contemplan para prevenir dichas fallas y/o aminorar sus efectos; además, deben señalarse los puntos precisos de los diversos documentos del proyecto donde se tratan en profundidad estas materias.

d) Descripción funcional del sistema de control y monitoreo, la cual además deberá incluir un diagrama de los dispositivos utilizados para evaluar el comportamiento de las obras y de su área de influencia, durante las fases de construcción, puesta en carga y operación, cuando corresponda.

Artículo 19.- Los documentos técnicos de cada una de las obras involucradas considerarán:

a) Memorias

b) Planos

c) Especificaciones Técnicas

Para evitar redundancia de información, podrán hacerse las referencias que se estimen convenientes, entre los documentos mencionados precedentemente. Para esto, será menester que se individualice correctamente el o los documentos específicos del proyecto a que se hace referencia.

Artículo 20.- Para elaborar las Memorias se considerará lo siguiente:

a) Estudios generales. Se deberán incluir los siguientes estudios:

1. Topografía. Se deberá describir la forma en que se hicieron estos trabajos. Para esto, se debe incluir, al menos, una memoria explicativa, los antecedentes o referencias, la metodología utilizada y los resultados obtenidos. Indicar, además, la base o los puntos de referencia oficiales a los cuales se enlazó planimétrica y altimétricamente el proyecto.

2. Geología. Se deberá realizar un estudio regional y local, en el cual se incluya mapas y perfiles geológicos, asociados al área de emplazamiento del proyecto.

3. Geotecnia. Sobre la base de este estudio se deberán determinar los parámetros geotécnicos que se utilizarán para el diseño de las obras. Además, se deberán identificar y justificar las prospecciones y ensayos realizados, adjuntando el material de respaldo correspondiente, tales como los antecedentes de las campañas de terreno, los certificados de laboratorio, etc. Para el caso de embalses con muros de materiales sueltos, se deberá incluir un análisis de la disponibilidad de empréstitos para su construcción, con el fin de prever que, una vez aprobado el Proyecto Definitivo, no se alterarán significativamente los antecedentes geotécnicos empleados en su diseño, debido a la utilización de otros materiales con características distintas.

4. Hidrología. Se deberá incluir, al menos, el estudio de crecidas que permitan el dimensionamiento de las obras. Además, incluir el análisis y la estimación de los recursos hídricos, cuando corresponda.

5. Hidrogeología. Se deberá determinar los parámetros hidrogeológicos y analizar la influencia que tienen en el diseño de las obras.

6. Hidráulica y Mecánica Fluvial. Se deberá caracterizar la hidráulica y la mecánica fluvial del cauce donde se implantarán las obras, de manera de determinar los aspectos que influyen en su diseño.

7. Sismología. Se deberá incluir una caracterización de los parámetros sismológicos que son utilizados en el diseño de las obras.

8. Para los embalses de Categorías B y C, se debe presentar estudios de riesgo volcánico, de deslizamientos en masa, de avalanchas y de crecidas de origen glaciar, cuando corresponda. Estos estudios deben identificar los potenciales impactos, y medidas de mitigación que puedan adoptarse, debido a la ocurrencia de estos fenómenos. Lo anterior persigue evaluar cómo se afectará la seguridad de las obras proyectadas, para lo cual se desarrollarán los estudios técnicos necesarios para tal comprobación.

b) Diseño estructural e hidráulico. Para ambas disciplinas, se deben presentar, a lo menos, los siguientes ítems:

1. Los criterios de diseño.

2. Los métodos de diseño empleados.

3. Si se usan nuevos conceptos de diseño o construcción, se debe adjuntar la documentación de respaldo correspondiente y establecer un sistema de seguimiento, basado en pruebas y ensayos, que permitan verificar la confiabilidad de éstos durante las etapas de construcción y operación.

4. Cuando no existan suficientes criterios e indicaciones técnicas para abordar analíticamente el diseño hidráulico de las obras, se deberán desarrollar modelos físicos que validen el funcionamiento seguro de éstas.

c) Sistema de control y monitoreo. Se debe elaborar un sistema coordinado de control y monitoreo, el cual debe tomar como base el análisis indicado en el artículo 18 del presente Reglamento, orientado a la verificación de la seguridad y a determinar el estado de funcionamiento de la obra. Lo anterior se deberá aplicar a cada obra en particular y a su conjunto, estableciendo los criterios de diseño considerados para la implementación del sistema, justificando el tipo, cantidad y ubicación de los dispositivos de medición, especificando la frecuencia de registro; todo lo anterior, relativo a cada uno de los indicadores que se controlarán. Las variables mínimas a monitorear serán las siguientes:

1. Para embalses categorizados como A: caudales afluentes y efluentes, variaciones del nivel de aguas, asentamientos, fisuras y filtraciones.

2. Para embalses categorizados como B y C: caudales afluentes y efluentes, variaciones del nivel de aguas, asentamientos, desplazamientos, fisuras, filtraciones, registros piezométricos y sísmicos, y para el caso de presas de hormigón se registrará la temperatura de fraguado.

3. Para acueductos: caudal y altura de escurrimiento.

4. Para canoas y sifones categorizados como B: las exigencias son equivalentes a las solicitadas para los acueductos, además de asentamientos diferenciales y desplazamientos.

5. Para embalses de releves e industriales, adicionalmente, se deberá presentar, además, el registro y control de caudales de recirculación. La información derivada del sistema de control y monitoreo deberá estar disponible en todo momento para la evaluación de la Dirección, pudiendo ésta requerir al Titular de la obra la confección de informes con el registro y análisis de las variables controladas. Adicionalmente, para los embalses

de Categorías B y C, se deberá elaborar un informe anual que recogerá los resultados de la inspección y auscultación de estas obras, donde se indiquen las anomalías observadas y se propongan las acciones correctivas correspondientes. Esta documentación deberá incluirse como parte de la información técnica de la obra, de conformidad con lo indicado en la letra i) del presente artículo.

d) Planes para la inspección de seguridad. Estos planes deberán elaborarse a partir de lo indicado en el artículo 18 del presente Reglamento, y deberán incluir los contenidos que se señalan a continuación, teniendo en consideración que su descripción deberá definir claramente el objetivo que se desea alcanzar e indicar, específicamente el método o procedimiento para lograrlo:

1. Plan de inspección regular: Este plan describirá y analizará, a lo menos, los ítems que se inspeccionarán, el objetivo, el tipo de examen que se hará y la frecuencia de la inspección.

2. Plan de inspección ante situaciones extraordinarias: Posteriormente a la ocurrencia de uno de estos eventos, tales como sismos, crecidas u otros, se deberá realizar una inspección detallada para evaluar la situación de seguridad de las obras y se elaborará un informe donde se resuman las observaciones realizadas, se indiquen las anomalías detectadas y se propongan las medidas tendientes a mantener el nivel de seguridad, basándose en el levantamiento de los datos provistos por el sistema de control y monitoreo. Dicho informe deberá incluirse como parte de la información técnica de la obra, de conformidad con lo indicado en la letra i) del presente artículo, y en el caso de embalses de Categoría C, se enviará a la DGA para su evaluación, emisión de comentarios y proposición de medidas, si corresponde.

e) Plan de puesta en carga de la obra. Este plan deberá considerar la descripción circunstanciada de la operación en esta fase. Asimismo, contemplará las medidas de precaución y control que se tomarán en relación con la seguridad de las obras. Concluido este proceso, se deberá redactar un informe que describa todas las incidencias ocurridas en esta etapa. Esta documentación deberá incluirse como parte de la información técnica de la obra, de conformidad con lo indicado en la letra i) del presente artículo.

f) Plan de operación normal. Este plan deberá reseñar la operación propuesta por el Titular, orientado a la fijación de las condiciones de operación bajo las cuales se aprobará el proyecto. Algunos de los aspectos que deberán considerarse en este plan, si corresponde, serán, a lo menos, las restricciones que deba respetar el Titular para evitar posibles afecciones a terceros, los alcances que se originen del correcto ejercicio de los derechos de aprovechamiento de las aguas y consideraciones impuestas dentro del marco de la evaluación ambiental. Además, incluir los procedimientos normales de operación frente a crecidas previstas en el diseño. Finalmente, se deberá incluir un plan de mantenimiento de las obras, equipos y sistemas.

g) Plan de emergencia. Se entenderá como emergencia a eventos tales como incendios, sismos, crecidas, atentados u otros que puedan provocar situaciones de potencial colapso de las obras de un proyecto. Este plan debe definir los recursos para el control de los eventuales riesgos que comprometan la seguridad de la obra. Además, debe permitir el establecimiento de acciones preventivas por parte del Titular frente a estas situaciones extraordinarias y posibilitar el resguardo de la seguridad de los terceros potencialmente afectados. Este plan, teniendo presente lo dispuesto en el artículo 18 de este Reglamento, deberá incluir lo siguiente:

1. Los procedimientos de emergencia para controlar una eventual situación de falla o colapso de la obra, definiendo la logística y la organización necesaria para la ejecución de este plan, de manera que permita una rápida reacción ante la posibilidad de ocurrencia de perjuicios contra terceros, infraestructura o a las obras que conforman el proyecto, incluyendo la oportuna comunicación a las autoridades competentes.

2. El sistema de alerta que se usará para poner en marcha el plan de emergencia, esto es, se deben especificar los medios y procedimientos a implementar para establecer el sistema de comunicación, que permita alertar preventivamente a la propia organización encargada de aplicar el Plan de Emergencia y a las autoridades que correspondan.

3. La forma como se efectuará la coordinación y enlace con otros planes de emergencia de la cuenca, si procede.

4. Para embalses categorizados como B y C, se deberá presentar un análisis de rotura de la presa y su correspondiente propagación de la onda.

Este estudio se debe realizar, al menos, mediante modelos numéricos hidráulicos que podrán ser del tipo unidimensional que resuelvan directamente las ecuaciones dinámicas del movimiento, pero se deberá justificar la validez de su aplicación a cada caso analizado, de lo contrario se deberán aplicar otros métodos más refinados, tales como los bidimensionales. La selección de los parámetros se realizará con criterios conservadores, de manera de obtener valores máximos de niveles o alturas de agua y tiempos mínimos de propagación y llegada de la onda de crecida, señalando detalladamente los efectos sobre la población y la infraestructura, justificando adecuadamente la extensión del área estudiada. Cuando existan embalses en serie, este análisis se deberá efectuar considerando una potencial falla en cadena de estas obras.

5. Aquellos proyectos que debido a su operación produzcan cambios repentinos de caudal en los cauces naturales que intervienen, como, por ejemplo, aquellos generados por algunos desarrollos hidroeléctricos, deberán contemplar los lineamientos de un sistema de alerta a la población potencialmente afectada, con el fin que, una vez aprobado e implementado, le permita a la población adoptar medidas oportunas de autoprotección.

6. La implementación de los sistemas de comunicación y alerta de estos planes estará supeditada a la autorización previa de los organismos competentes, tales como la Oficina Nacional de Emergencia del Ministerio del Interior y Seguridad Pública, y para su materialización deberá considerar un área de influencia adecuadamente justificada.

Este plan deberá contemplar la señalización de advertencia permanente en el área potencialmente afectada, la alerta acústica en caso de ocurrencia de estos eventos u otros sistemas de aviso alternativo debidamente justificados. Este plan deberá confeccionarse para la etapa de construcción, así como para la de operación, si corresponde.

h) Proyecto de Desvío. Se debe presentar el Proyecto de Desvío, el cual incluirá los documentos técnicos de respaldo que permitan definir las obras necesarias para desviar el escurrimiento de un cauce, durante el período de construcción. Estos documentos serán, cuando corresponda, los estudios generales, memorias de cálculo hidráulico y estructural, planos, especificaciones técnicas y cualquier otro antecedente de interés. Si después de autorizada la construcción de las obras el Titular modifica el Proyecto de Desvío, previamente a su materialización se deberá contar con la aprobación de la DGA.

i) Plan de Manejo de la Información Técnica. Incluir una descripción que explique el manejo que se le dará a la información técnica que se origine de la aplicación de este Reglamento. Para la elaboración de este plan se deberá tener en cuenta lo requerido en el artículo 59 del presente texto.

Artículo 21.- Para cada proyecto se deberán presentar, a lo menos, los siguientes planos:

a) Plano de ubicación general donde se muestren todas las obras sometidas a aprobación, con la información topográfica del área estudiada, a una escala que permita la identificación de los componentes más relevantes del proyecto y del área en la cual se inserta, tales como infraestructura pública o privada, ubicación de viviendas u otros de interés para el análisis de seguridad de las obras y de afección a terceros.

b) Plantas, perfiles y secciones suficientes para definir con entera claridad las obras. Estos planos deben contener la información suficiente para localizar y replantear las obras especificando claramente, en todos aquellos que corresponda, el sistema de referencia utilizado.

c) Planos con la ubicación de los botaderos utilizados, señalando claramente su proximidad con cauces naturales. Cuando corresponda, en el proyecto deberá justificarse su estabilidad, de manera de no afectar la seguridad de las obras o dichos cauces.

d) Planos de disposición general y de detalle de los dispositivos destinados al control y monitoreo, de conformidad con lo señalado en el artículo 20 letra c).

e) Planos de inundación derivados del análisis de rotura de presa, de conformidad con lo señalado en el artículo 20 letra g), en el caso de proyectos de embalses Categorías B y C.

Artículo 22.- Las especificaciones técnicas deberán estar vinculadas claramente a cada obra proyectada, indicando, al menos, los estándares de calidad y tipos de ensayos de los materiales de construcción, así como las labores de control de calidad de los trabajos que se ejecuten. Se deberá incluir a lo menos:

a) Especificaciones técnicas generales de construcción.

b) Especificaciones técnicas especiales de construcción.

c) Especificaciones para la instalación del sistema de control y monitoreo.

d) Programa de construcción.

PÁRRAFO II

De los Sifones Categoría A y Canoas Categoría A

Artículo 23.- Las disposiciones establecidas en este Párrafo se aplicarán a los sifones de Categoría A y canoas de Categoría A. La presentación del Proyecto Definitivo de estas obras deberá contener:

a) Descripción general del proyecto.

b) Documentos técnicos.

Artículo 24.- La descripción general establecida en la letra a) del artículo anterior considerará:

a) La descripción sistemática del flujo completo del agua, la cual contendrá a lo menos una descripción y un diagrama sinóptico de la obra, estableciendo sus principales características.

b) La identificación de la población y/o la infraestructura potencialmente afectada, en virtud de la ubicación y el área de influencia del proyecto, frente a una eventual falla de las obras.

c) Un análisis de la seguridad de la obra con la finalidad de evitar que esta afecte a terceros o al entorno. Para su elaboración se deberán tener en cuenta los criterios de diseño de las obras y las consideraciones derivadas de la respectiva evaluación ambiental, según corresponda. Lo anterior significa, a lo menos, identificar las posible fallas, indicando sus causas, modos y consecuencias, así como las medidas que se contemplan para prevenir dichas fallas y/o aminorar sus efectos.

d) Descripción funcional del sistema de control y monitoreo, la cual además deberá incluir un diagrama de los dispositivos utilizados para evaluar el comportamiento de las obras y de su área de influencia, durante las fases de construcción, puesta en carga y operación, cuando corresponda.

Artículo 25.- Los documentos técnicos que acompañan la presentación del Proyecto Definitivo considerarán:

a) Memorias

b) Planos

c) Especificaciones Técnicas

Para evitar redundancia de información, podrán hacerse las referencias, entre los documentos mencionados precedentemente, que se estimen convenientes. Para esto, será menester que se individualice correctamente el o los documentos específicos del proyecto a que se hace referencia.

Artículo 26.- Para elaborar las Memorias se considerarán:

a) Estudios generales. Se deberán incluir, a lo menos, los siguientes antecedentes:

1. Topografía. Se deberá describir la forma en que se hicieron estos trabajos, indicando la base o los puntos de referencia oficiales a los cuales se enlazó planimétrica y altimétricamente el proyecto.

2. Geología. Se deberá presentar una caracterización geológica del sitio de implantación de la obra.

3. Geotecnia. Se deberá determinar los parámetros geotécnicos que se utilizarán para el diseño de las obras. Además, se deberán identificar y justificar las prospecciones y ensayos realizados, adjuntando el material de respaldo correspondiente, tales como los antecedentes de las campañas de terreno, los certificados de laboratorio, etc.

4. Hidrología. Se deberá presentar el estudio de crecidas en el cauce natural que permita el dimensionamiento de las obras.

5. Hidráulica y Mecánica Fluvial. Se deberá caracterizar la hidráulica y la mecánica fluvial del cauce donde se implantarán las obras, de manera de determinar aquellos aspectos que puedan condicionar el diseño de las obras.

b) Diseño estructural e hidráulico. Para ambas disciplinas, se deben presentar, a lo menos, los siguientes ítems:

1. Los criterios de diseño, preferiblemente expuestos en cuadros de fácil lectura.

2. Los métodos de diseño empleados.

3. Si se usan nuevos conceptos de diseño o construcción, se debe adjuntar la documentación de respaldo.

c) Sistemas de control y monitoreo. Se deberá presentar el sistema de control y monitoreo, el cual debe tomar como base el análisis indicado en el artículo 24 del presente Reglamento, orientado a la verificación de la seguridad y a determinar el estado de funcionamiento de la obra. Las variables mínimas a monitorear, si corresponde, serán las siguientes: caudal porteado por las obras de atravieso, asentamientos y desplazamientos.

La información derivada del sistema de control y monitoreo deberá estar disponible en todo momento para la evaluación de la Dirección, pudiendo ésta requerir al Titular de la obra la confección de informes con el registro y análisis de las variables controladas. Esta documentación deberá incluirse como parte de la información técnica de la obra, de conformidad con lo indicado en la letra h) del presente artículo.

d) Procedimientos para la inspección de seguridad. Estos procedimientos deberán elaborarse a partir de lo indicado en el artículo 24 del presente Reglamento, y deberán incluir los contenidos que se señalan a continuación:

1. Procedimiento de inspección regular. El cual describirá y analizará, a lo menos, los ítems que se inspeccionarán, el objetivo, el tipo de examen que se hará y la frecuencia de la inspección.

2. Procedimiento de inspección ante situaciones extraordinarias. Posteriormente a la ocurrencia de eventos extraordinarios, tales como sismos, crecidas u otros, se deberá realizar una inspección detallada para evaluar la situación de seguridad de las obras y se elaborará un informe donde se resuman las observaciones realizadas, se indiquen las anomalías detectadas y se propongan las medidas tendientes a mantener el nivel de seguridad, basándose en el levantamiento de los datos provistos por el sistema de control y monitoreo. Dicho informe deberá incluirse como parte de la información técnica de la obra, de conformidad con lo indicado en la letra h) del presente artículo.

e) Procedimiento de puesta en carga de la obra. Este procedimiento deberá describir la operación en esta fase, contemplando las medidas de precaución y control que se tomarán en relación con la seguridad de las obras. La documentación técnica que se derive de la implementación de este procedimiento deberá incluirse como parte de la información técnica de la obra, de conformidad con lo indicado en la letra h) del presente artículo.

f) Procedimiento de operación normal. Este procedimiento deberá reseñar la operación propuesta por el Titular, orientado a la fijación de las condiciones de operación bajo las cuales se aprobará el proyecto, tanto en condiciones normales como eventuales (crecidas y sismos), e incluyendo un programa de mantenimiento de las obras y equipos.

g) Manejo del cauce durante la construcción. Se debe presentar la documentación técnica de respaldo que permita definir las obras necesarias para controlar el escurrimiento de un cauce, durante el período de construcción de las obras. Dicha documentación incluirá, cuando corresponda, los estudios generales, memorias de cálculo hidráulico y estructural, planos y especificaciones técnicas.

h) Manejo de la Información Técnica. Se deberá incluir una descripción que explique el manejo que se le dará a la información técnica que se origine de la aplicación de este Reglamento. Para la elaboración de este plan se deberá tener en cuenta lo requerido en el artículo 59 del presente texto.

Artículo 27.- Se deberán presentar los siguientes planos:

a) Plano de ubicación general donde se muestre el proyecto sometido a aprobación, con la información topográfica del área estudiada, a una escala que permita la identificación del sitio en el cual se inserta, así como la infraestructura pública o privada, ubicación de viviendas u otros de interés para el análisis de seguridad de las obras y de afección a terceros.

b) Plantas, perfiles y secciones suficientes para definir con entera claridad las obras. Estos planos deben contener la información suficiente para localizar y replantear las obras, especificando claramente, en todos aquellos que corresponda, el sistema de referencia utilizado.

c) Planos de disposición general y de detalle de los dispositivos destinados al control y monitoreo, de conformidad con lo señalado en el artículo 26 letra c).

Artículo 28.- Las especificaciones técnicas deberán indicar, al menos, los estándares de calidad y tipos de ensayos de los materiales de construcción, así como las labores de control de calidad de los trabajos que se ejecuten. Se deberá incluir a lo menos:

a) Especificaciones técnicas generales de construcción.

b) Especificaciones técnicas especiales de construcción.

c) Especificaciones para la instalación de los dispositivos de control y monitoreo.

d) Programa de construcción.

TÍTULO IV
DEL DISEÑO DE LAS OBRAS

PÁRRAFO I
De los Embalses de Agua

Muros de Materiales Sueltos

Artículo 29.- Los criterios de diseño hidráulico y estructural de los embalses con capacidad superior a cincuenta mil metros cúbicos o cuyo muro de materiales sueltos tenga más de 5 metros de altura, se describen en los artículos siguientes.

Artículo 30.- El diseño hidráulico de los embalses a que se refiere el artículo anterior deberá incluir lo siguiente:

a) Proyecto de Desvío. El período de retorno de la crecida de diseño a utilizar en este proyecto deberá determinarse de modo tal que el riesgo hidrológico no sea mayor al 5%. En este análisis se aceptará el uso conjunto de la(s) ataguía(s) y la presa, en función del crecimiento de las obras y del Programa de Construcción.

b) Crecida de diseño para las obras de evacuación y desagüe. Los períodos de retorno para las obras de evacuación y desagüe de los embalses de agua serán los siguientes:

1. Categoría A: 250 años
2. Categoría B: 1.000 años
3. Categoría C: 10.000 años

c) Crecida de verificación para las obras de evacuación y desagüe. Para estas obras se deberá verificar el paso de las crecidas asociadas a los siguientes períodos de retorno:

1. Categoría A: 500 años
2. Categoría B: 10.000 años
3. Categoría C: Crecida Máxima Probable

Si se determina que la Crecida Máxima Probable es menor a la crecida asociada a un período de retorno 10.000 años, para los embalses de Categoría C, se deberá utilizar este último valor como crecida de diseño.

La crecida de verificación podrá ser evacuada utilizando el margen de la revancha mínima definida en la letra d) del presente artículo, sin rebosar, considerando el efecto del oleaje y todos los dispositivos de evacuación y desagüe operativos.

d) Revancha mínima. Se entenderá como la diferencia de elevaciones entre el coronamiento del muro y el nivel de aguas, generado por la crecida de diseño, en el evacuador de seguridad. Para su determinación se deberá considerar la sumatoria de los siguientes factores:

1. Efecto del viento sobre el embalse.
2. Altura de la ola causada por el viento, incluido el efecto de ascenso de la ola.
3. Asentamiento por consolidación del muro y/o de su cimentación.
4. Asentamiento dinámico causado por sismo. Para este cálculo, se aceptarán como válidas las recomendaciones establecidas en la letra a) del artículo 31 del presente Reglamento, relativo al estudio sismológico, considerando para ello el valor del sismo más desfavorable en cada caso.

El valor mínimo aceptado para la revancha será de 1,0 m, cuando del cálculo se obtengan valores inferiores a esta cifra.

e) En el caso de vertederos con compuertas, su configuración debe contemplar, al menos, dos de estos dispositivos, los cuales deben permitir el paso de elementos flotantes arrastrados por las crecidas. Además, el paso de la crecida de diseño debe ser modelado considerando el 25% de las compuertas fuera de servicio, o una como mínimo. Si en lugar de compuertas se utilizan dispositivos de accionamiento fusible, tales como barreras de goma inflables u otros similares, se podrán obviar las restricciones anteriores.

f) Obras de evacuación y desagüe. Las obras de evacuación y desagüe deberán considerar un elemento disipador de energía para las condiciones más adversas y su comportamiento debe asegurar el correcto funcionamiento de las obras para la crecida de diseño y evitar el colapso o avería grave de la presa para el caso de la crecida de verificación.

Para las presas de Categorías B y C se debe incluir un desagüe de fondo o intermedio, cuya función principal será facilitar un control eficaz del nivel del embalse, en particular durante su primer llenado, cuya capacidad de evacuación de caudales podrá ser tomada en cuenta para el manejo de las crecidas de diseño y verificación, si esto es técnicamente factible. No se deberá considerar la capacidad de evacuación de las tomas o captaciones definidas para la explotación, salvo que se justifique adecuadamente. Estos desagües deberán ser provistos de, al menos, dos elementos de cierre instalados en serie.

Sin perjuicio de las excepciones legales, la operación de los órganos de evacuación y desagüe no podrá generar caudales superiores a los afluentes al embalse, de manera tal que se aumenten los daños que se habrían producido, en un determinado evento, en el caso en que no se materialice el proyecto.

Artículo 31.- El diseño estructural de los embalses a que se refiere el artículo 29 del presente Reglamento deberá considerar lo siguiente:

a) Estudio sismológico. Para cada una de las Categorías de embalses definidas en el artículo 12 del presente Reglamento, se debe considerar lo siguiente:

1. Embalse Categoría A: Para esta Categoría se aceptará la utilización de métodos simplificados para la obtención de la aceleración horizontal máxima del suelo. Por ejemplo, se podrá utilizar la zonificación sísmica propuesta por Sergio Barrientos (en Regionalización Sísmica de Chile, 1980), en cuyo caso, para aquellas presas que se ubiquen en la Zona 1 o Cordillerana, se deberá hacer un estudio sísmico específico para el sector de emplazamiento de las obras. Si el resultado de este estudio determina una aceleración horizontal máxima menor a 0,20g, se adoptará este último valor.

2. Embalse Categoría B: Se deberá desarrollar un estudio sismológico específico para la zona de emplazamiento de las obras, el cual deberá considerar aspectos Determinísticos y Determinísticos-Probabilísticos, para obtener el Sismo Máximo Creíble y el Sismo de Diseño, respectivamente, y la correspondiente aceleración horizontal del suelo.

3. Embalse Categoría C: Se deberá atender las mismas consideraciones hechas para los embalses de Categoría B y, además, aplicar acelerogramas de sismos chilenos para de una magnitud de, al menos, Ms=8,5.

b) Estabilidad de presas. Los análisis de estabilidad mínimos exigidos para cada una de las Categorías de embalses definidas en el artículo 12 del presente Reglamento son los siguientes:

1. Embalse Categoría A: Estático y seudoestático, teniendo en consideración el estudio sismológico aplicable a esta Categoría.

2. Embalse Categoría B: Se elaborarán, al menos, los análisis estáticos y seudoestáticos, para los Sismos Máximo Creíble y de Diseño. Dependiendo de la sismicidad de la zona en que se encuentren las obras, del tipo de presa, de su fundación y de otras particularidades de interés para este tipo de análisis, aspectos que tienen que estar debidamente justificados en el proyecto, se deberá demostrar que no es necesario incluir un análisis dinámico para esta Categoría de embalse.

3. Embalse Categoría C: Estático y dinámico, para los Sismos Máximo Creíble y de Diseño.

En la verificación de la estabilidad de los muros, se deben obtener coeficientes o factores de seguridad mínimos, según lo que se especifica a continuación:

1. Caso estático: FS>=1,4
2. Caso seudoestático: FS>=1,2

Para embalses de Categorías B y C se deberá comprobar la estabilidad en condiciones postsísmicas referidas al Sismo Máximo Creíble, justificando adecuadamente los parámetros utilizados para este análisis. En este caso el factor de seguridad mínimo deberá ser FS > 1,0.

c) Obras anexas. Para evaluar la seguridad estructura! de las obras anexas de los embalses de Categorías B y C, tales como vertederos de crecidas, rápidos de descarga, obras de toma, túneles de desvío, desagües de fondo, etc., se deberá utilizar el Sismo Máximo Creíble. En el caso de los embalses de Categoría A, se deberá utilizar la aceleración del suelo dada por el respectivo estudio sismológico.

d) Instrumentación. Todas las presas deben ser instrumentadas a fin de controlar su comportamiento durante su construcción y operación. Esta instrumentación se determinará de acuerdo con el estado del arte y con lo señalado en la letra c) del artículo 20 del presente Reglamento.

e) Vaciado rápido. Para los embalses provistos de dispositivos que permitan un vaciado rápido, se deberá presentar un análisis donde se determinen los respectivos efectos estructurales en la presa.

f) Estabilidad de laderas. Se deberá realizar un análisis de estabilidad de las laderas de la cubeta del embalse, sobre la base de los antecedentes geológicos-geotécnicos, con el fin de evitar efectos perjudiciales debido a eventuales deslizamientos. Además, deberán establecerse las medidas, derivadas del análisis antes mencionado, en las letras f) y g) del artículo 20 del presente Reglamento.

Muros de Hormigón

Artículo 32.- Los criterios de diseño hidráulico y estructural de los embalses con capacidad superior a cincuenta mil metros cúbicos o cuyo muro de hormigón tenga más de 5 metros de altura, se describen en los artículos siguientes.

Artículo 33.- El diseño hidráulico de los embalses contemplados en el artículo 32 de esta reglamentación considerará lo siguiente:

a) Proyecto de Desvío. El período de retorno de la crecida de diseño a utilizar en este proyecto deberá determinarse de modo tal que el riesgo hidrológico no sea mayor al 10%. En este análisis se aceptará el uso conjunto de la(s) ataguía(s) y la presa, en función del crecimiento de las obras y del Programa de Construcción.

b) Crecida de diseño para las obras de evacuación y desagüe. La crecida de diseño para las obras de evacuación y desagüe deberá determinarse de acuerdo con lo establecido en la letra b) del artículo 30 de este Reglamento.

c) Crecida de verificación. La crecida de verificación para las obras de evacuación y desagüe deberá determinarse de acuerdo con lo establecido en la letra c) del artículo 30 de este Reglamento. Sin embargo, se aceptarán vertimientos eventuales por oleaje si se justifica adecuadamente que la seguridad de la obra no se verá afectada.

d) Revancha mínima del muro. La revancha mínima deberá determinarse de acuerdo con lo establecido en la letra d) del artículo 30 del presente Reglamento, considerando los factores que sean aplicables a muros de hormigón.

e) Cuando se dispongan compuertas u otras obras similares sobre vertederos, se deberá considerar lo establecido en la letra e) del artículo 30.

f) Obras de evacuación y desagüe. Se deberán considerar las mismas disposiciones indicadas en la letra f) del artículo 30.

Artículo 34.- El diseño estructural de los embalses a que se refiere el artículo 32 del presente Reglamento deberá considerar lo siguiente:

a) Estudio sismológico. Se deberá considerar lo señalado en la letra a) del artículo 31 de este Reglamento.

b) Estabilidad de presas. Los análisis de estabilidad mínimos exigidos para cada una de las Categorías de embalses definidas en el artículo 12 del presente Reglamento, serán los definidos en la letra b) del artículo 31 del mismo.

c) Obras anexas. Se deberá cumplir lo indicado en la letra c) del artículo 31 del presente Reglamento.

d) Instrumentación. Se deberá cumplir lo indicado en la letra d) del artículo 31 del presente Reglamento.

e) Estabilidad de laderas. Se deberá cumplir lo indicado en la letra f) del artículo 31 del presente Reglamento.

PÁRRAFO II
De los Embalses de Relaves y de los Embalses Industriales

Artículo 35.- Los criterios de diseño hidráulico aplicable a los embalses de relaves con capacidad superior a cincuenta mil metros cúbicos o cuyo muro tenga más de 5 metros de altura, serán los descritos en los artículos siguientes.

Los criterios de diseño hidráulico y estructural aplicables a los embalses industriales deberán cumplir con lo dispuesto en el Párrafo I del Título IV de este Reglamento, con excepción de las disposiciones que se establecen expresamente en el presente Párrafo.

Artículo 36.- El diseño hidráulico de los embalses de relaves y de los embalses industriales a que se refiere el artículo anterior, deberá considerar lo siguiente:

a) Proyecto de Desvío. El período de retorno de la crecida de diseño a utilizar en este proyecto deberá determinarse de modo tal que el riesgo hidrológico no sea mayor al 5%. En este análisis se aceptará el uso conjunto de la(s) ataguía(s) y la presa, en función del crecimiento de las obras y del Programa de Construcción. En el caso que la desviación de un cauce natural sea de carácter permanente, y esté destinada a derivar la totalidad de las aguas del o los afluentes a un embalse de relaves, de manera que éstas no entren en contacto con el depósito, la obra de desvío deberá ser diseñada para la Crecida Máxima Probable.

b) Canales de contorno. Los canales de contorno o perimetrales, no permanentes, utilizados durante la vida útil del depósito se diseñarán para un período de retorno mínimo de 50 años y se verificarán para un período de retorno de 100 años.

c) Crecida de diseño para el evacuador de seguridad. Se debe implementar un vertedero de seguridad que opere durante toda la vida útil del embalse, cuyos períodos de retorno de diseño serán los siguientes:

1. Categoría A: 1.000 años
2. Categoría B: 10.000 años
3. Categoría C: Crecida Máxima Probable

Si se determina que la Crecida Máxima Probable es menor a la crecida asociada a un período de retorno 10.000 años, para los embalses de Categoría C, se deberá utilizar este último valor como crecida de diseño.

d) Revancha mínima. En el caso de embalses de relaves, la carga hidráulica sobre el evacuador de seguridad la definen los aportes de las aguas claras y la crecida de diseño. La diferencia de niveles entre la carga recién definida y el coronamiento del muro se entiende como revancha mínima. Para su cálculo, se considerarán los factores indicados en la letra d) del artículo 30 del presente Reglamento.

El valor mínimo aceptado para la revancha será de 1,0 m, cuando del cálculo se obtengan valores inferiores a esta cifra.

e) Control de filtraciones. Con respecto a la impermeabilización del muro y de la cubeta, se establece que, a lo menos, se deberán considerar las medidas que se señalan a continuación:

En el caso de embalses de relaves:

1. Se deberá usar una geomembrana impermeable u otro material o solución equivalente, en el talud de aguas arriba, tanto en los muros de arena como en los de material de empréstito.

2. Se deberá impermeabilizar el fondo de la cubeta, antes de comenzar el llenado, con capas de material fino impermeable, debidamente compactado, u otra solución equivalente. Para este caso, no se aceptará impermeabilizar con geomembrana. La no inclusión de esta medida de control de filtraciones deberá justificarse adecuadamente con estudios y pruebas de campo suficientemente representativas, en ubicación y cantidad, del área de estudio.

En el caso de embalses industriales, se deberá impermeabilizar el talud de aguas arriba del o los muros y la totalidad de la zona de contacto del agua con el terreno natural, mediante una geomembrana impermeable u otro material o solución equivalente.

Artículo 37.- El diseño estructural de los embalses industriales a que se refiere el artículo 35 del presente Reglamento deberá considerar lo siguiente:

a) Estudio sismológico. Se deberán tener en consideración las mismas exigencias establecidas en la letra a) del artículo 31 del presente Reglamento.

b) Estabilidad de presas. Se deberán tener en consideración las mismas exigencias establecidas en la letra b) del artículo 31 del presente Reglamento.

c) Obras anexas. Se deberá cumplir lo indicado en la letra c) del artículo 31 del presente Reglamento.

d) Instrumentación. Se deberá cumplir lo indicado en la letra d) del artículo 31 del presente Reglamento.

Artículo 38.- Previo al término de la vida útil de los embalses de relaves se deberá presentar, para la aprobación de la DGA, el proyecto de construcción de las obras hidráulicas de conformidad con lo dispuesto en los artículos 171 y 294 del Código de Aguas, según corresponda. En efecto, en la mayoría de los casos se requerirá ejecutar modificaciones a la geometría final del muro aprobado y/o será necesaria la construcción de obras asociadas al cierre de los depósitos de relaves, tales como acueductos para el manejo de escorrentías, desvíos de cauces, evacuadores de crecida definitivos, entre otras. Dado lo anterior, a estas obras les serán aplicables todos los conceptos y exigencias establecidas en el presente Reglamento.

Sin perjuicio de lo anterior, para el diseño de los evacuadores de crecidas definitivos, que deben considerarse en la mencionada etapa, se deberá utilizar el caudal máximo asociado a la Crecida Máxima Probable o la crecida de 10.000 años de período de retorno. La revancha respectiva se definirá de acuerdo con lo señalado en la letra d) del artículo 36 de este

Reglamento, con la salvedad que la carga hidráulica se determinará con dicha crecida, adoptándose como valor mínimo 1,0 m, cuando del cálculo se obtengan valores inferiores.

PÁRRAFO III
De los Acueductos

Artículo 39.- En los artículos siguientes se establecen las exigencias que deberán cumplir las distintas partes que constituyen un acueducto, de conformidad con lo señalado en el artículo 13 del presente Reglamento.

Artículo 40.- La presentación de un Proyecto Definitivo de acueducto deberá incluir lo señalado en los artículos 17 y siguientes del presente Reglamento.

En lo que respecta a los planos, además de los requerimientos señalados en el artículo 21, se deberá incluir:

a) Aquellos proyectos de acueductos que contemplen modificaciones de cauces u obras de captación, deberán incluir un plano general que muestre un tramo tal, hacia aguas arriba y aguas abajo del cauce, que permita evaluar eventuales afecciones a terceros o la influencia de las obras en el escurrimiento de las aguas.

b) Un plano indicando las obras de resguardo que evitarán riesgo de accidentes a personas y animales, tales como cierres, protecciones u otras medidas que sean necesarias.

c) Cuando corresponda, planos con la ubicación y descarga de los dispositivos para la recolección de aguas lluvia, indicando las alteraciones de los cauces receptores.

Artículo 41.- El diseño de las obras de captación, que formen parte de un acueducto y que se encuentren situadas en cauces naturales, debe considerar lo siguiente: justificación del tipo de estructura adoptada; modelación de su comportamiento hidráulico, lo cual deberá realizarse preferentemente en base a obras existentes y diseños probados; análisis de su funcionalidad y seguridad, tanto hidráulica como estructural; y justificación de la operatividad de la obra.

Además, se deberá considerar lo siguiente:

a) Para las obras de captación que posean elementos dispuestos en forma transversal al cauce, la crecida de diseño y la de verificación se determinará en función de la altura de cada obra. Dicha altura se entenderá como la máxima posible de medir entre el nivel más bajo del terreno natural donde se apoya la obra y el punto más alto de la estructura resistente, sin tener en cuenta los escarpes, dentellones, pantallas de impermeabilización, rellenos de grietas u otros elementos semejantes. Luego, los períodos de retorno asociados serán los siguientes:

1. Altura menor o igual a 5 m: Se utilizará un período de retorno de 100 años para la crecida de diseño y 200 años para la crecida de verificación.

2. Altura mayor a 5 m y menor o igual a 15 m: Se utilizará un período de retorno de 250 años para la crecida de diseño y 500 años para la crecida de verificación.

3. Altura mayor a 15 m: Se utilizará un período de retorno de 1.000 años para la crecida de diseño y 10.000 años para la crecida de verificación.

b) Para aquellas obras de captación que no posean elementos dispuestos en forma transversal al cauce, su crecida de diseño se determinará para un período de retorno de 100 años y su verificación corresponderá a 200 años.

c) Cuando una obra de captación considere compuertas como parte de los elementos transversales al cauce, su configuración debe contemplar, al menos, dos de estos dispositivos, los cuales deben permitir el paso de elementos flotantes arrastrados por las crecidas. Además, el paso de la crecida de diseño debe ser modelado considerando el 25% de las compuertas fuera de servicio, o una como mínimo. Si en lugar de compuertas se utilizan dispositivos de accionamiento fusible, tales como barreras de goma inflables u otros similares, se podrán obviar las restricciones anteriores.

d) La crecida de verificación podrá ser evacuada utilizando el margen de la revancha mínima definida en la letra e) del presente artículo, sin rebosar, y con todas las compuertas o dispositivos similares operativos.

e) La revancha mínima, medida entre el nivel máximo de las aguas generado por la crecida de diseño y el punto más bajo de la(s) estructura(s) resistente(s), no podrá ser inferior a 1,0 m.

f) La construcción de desripiadores y desarenadores, cuando su no inclusión pueda comprometer la seguridad de las obras.

Artículo 42.- Se deberá considerar, en el caso que corresponda, un proyecto de desvío para la construcción. El período de retorno de la crecida de diseño a utilizar en el Proyecto de Desvío deberá determinarse de modo tal que el riesgo hidrológico no sea mayor al 10%.

Artículo 43.- Para los acueductos en régimen de escurrimiento libre, se deberá considerar lo siguiente:

a) Caudal de diseño. Se deberá justificar el caudal de diseño, en consideración al propósito de la obra.

b) En general, se deberá diseñar las conducciones de manera que el escurrimiento previsto esté alejado de la energía específica crítica en, al menos, un 10%. La excepción a lo anterior la constituyen aquellas secciones en las cuales se alcanza en forma puntual el escurrimiento crítico, o cercano a él, tales como secciones de control, de aforo, obras de caída u otras en que se considere esta situación.

c) Revancha. La revancha a considerar en acueductos se debe determinar con expresiones debidamente justificadas y ampliamente utilizadas en la práctica.

d) Velocidades admisibles. En un acueducto se deberán justificar adecuadamente las velocidades admisibles máximas y mínimas para todos los materiales o secciones que lo conforman. Lo anterior deberá tomar en cuenta factores tales como la experiencia en obras similares, el tipo de operación de cada obra (continua o discontinua), el desarrollo de nuevos materiales y tecnologías, etc. Si por efecto de las velocidades se puede producir riesgo de cavitación, deberán proyectarse dispositivos de aireación que prevengan eventuales daños, de acuerdo con el estado del arte en estas materias.

e) Abovedamientos. La altura máxima de escurrimiento en este tipo de acueductos será la más restrictiva de las siguientes: i) No podrá exceder el 70% de la altura o diámetro del ducto, dado el caudal de diseño, los parámetros hidráulicos y las singularidades del trazado; ii) No podrá exceder el 90% de la altura desde la cual se puede presentar el fenómeno de doble altura. Para el diseño de abovedamientos, se deberán considerar elementos de ventilación y cámaras de acceso, según las dimensiones y características del acueducto, recomendándose, también, proyectar cámaras en los cambios de dirección cuando se trate de ductos prefabricados. Las dimensiones de las cámaras deberán permitir el ingreso de un hombre a maniobrar en su interior y su espaciamiento no deberá ser mayor a 150 m, salvo que se justifique, sobre la base de aspectos técnicos y operacionales, valores mayores. Se debe evitar el diseño de marcos partidores, estructuras de compuertas u otras obras de distribución dentro de conductos abovedados, salvo casos debidamente justificados, tomando amplios resguardos en caso de ser indispensable su inclusión. Se deberá evitar, en el diseño de ductos abovedados, que se produzcan cambios de régimen de escurrimiento en su interior.

f) Filtraciones. Si un acueducto posee una sección no revestida, se deberán estimar las filtraciones, y si éstas afectaren a terceros o a la estabilidad de la obra, deberá impermeabilizarse ese sector del canal.

g) Eje hidráulico. Se deberá presentar el cálculo del eje hidráulico de la conducción, para el caudal de diseño, teniendo en consideración todas las singularidades de su trazado. Para facilitar la revisión por parte del Servicio, se deberá mostrar el resultado de este cálculo en un esquema resumido, el cual no necesariamente deberá hacerse a escala, que muestre su perfil longitudinal, indicando, al menos, las cotas de rasante y sus obras, las cotas del eje hidráulico, la geometría y tipo de cada sección y las pendientes.

h) Diseño estructural. Se deberá presentar el diseño estructural de todas las obras que conforman el acueducto, estableciendo las solicitaciones y los estados de cargas considerados, tanto normales como eventuales, el análisis de fisuramiento, cuando corresponda, la determinación de las cuantías de acero de los elementos y las deformaciones admisibles de las secciones. No se exigirá, en todo caso, que se presenten láminas o planos con el detalle de las armaduras calculadas. Para el análisis sísmico, se aceptará como requisito mínimo las recomendaciones establecidas en la letra a) del artículo 31 del presente Reglamento, referidas a embalses Categoría A.

i) Estudios de taludes y fundación. Los acueductos que en su recorrido se proyecten en faldeos de laderas, deberán diseñarse de tal forma que queden protegidos de posibles deslizamientos, mediante estudios de estabilidad de estos taludes. Asimismo, los suelos donde se proyecta fundar las obras deben ser objeto de estudios de mecánica de suelos, de manera de contar con los parámetros utilizados en el diseño y con esto poder asegurar la estabilidad de las obras durante la construcción y operación.

j) Aportes de aguas lluvia. En general, para acueductos que no estén destinados a la recolección y transporte de aguas lluvia, no se aceptará que la escorrentía, generada de esta manera, ingrese a éste, por lo cual se deberán diseñar las obras de intercepción, cruce, disposición final, etc., que correspondan. Por otro lado, aquellos acueductos que eventualmente reciban aportes intermedios por aguas lluvia, deberán considerar la disposición de las descargas y evacuadores respectivos. Siempre que el terreno lo permita, deberán diseñarse compuertas de descarga con un distanciamiento tal que los caudales porteados no superen la capacidad del acueducto, considerando los resguardos que correspondan.

k) Modificaciones de cauces naturales. En el caso de que un proyecto de acueducto cruce un cauce natural, se deberá considerar para este diseño la crecida asociada a un período de retorno de 100 años y será verificado para un período de retorno de 200 años.

l) Para todos aquellos cauces naturales que reciban descargas de caudales debido a la implementación de un proyecto de acueducto, se deberán realizar los estudios hidráulicos correspondientes, verificando que su capacidad sea suficiente para recibir estos aportes artificiales más las aguas naturales del cauce en crecidas de 1, 2 y 5 años de período de retorno, sin provocar inundaciones en los terrenos aledaños ni imponer velocidades tales que los puedan afectar.

m) Faja de inspección. Se deberá considerar una faja lateral en todo el recorrido del acueducto, de tal forma que permita su construcción, inspección, mantenimiento y operación. Al menos, debe permitir el tránsito expedito de Vehículos Motorizados Livianos que permitan la inspección por parte del Servicio u otros organismos fiscalizadores. En el caso de acueductos abovedados, se podrá omitir este requisito si su materialización no es técnicamente factible, tal como suele ocurrir en túneles.

n) Elementos Hidromecánicos. El proyecto de un acueducto deberá incluir, si corresponde, el diseño de los elementos hidromecánicos (compuertas, rejas), por lo cual, se deberá presentar los antecedentes hidráulicos y estructurales que garanticen la seguridad y el adecuado funcionamiento de estas obras.

o) Elementos de seguridad. Se deberán disponer elementos de seguridad en los lugares en que, por las características del sector, exista un riesgo de caída de personas o animales a su interior. El tipo y la disposición de estos elementos dependerá de las condiciones propias del entorno en el cual se construya, teniendo siempre en consideración el resguardo de la vida y salud de las personas. Además, deberán considerarse dispositivos acondicionados para permitir la salida de personas que eventualmente pudieran caer al acueducto.

Artículo 44.- Para los acueductos cuyo régimen de escurrimiento sea en presión, se deberá considerar lo siguiente:

a) Caudal de diseño. Se deberá justificar el caudal de diseño en consideración al propósito de la obra.

b) La estimación de las pérdidas de carga para el caudal de diseño y el cálculo de las líneas de energía y piezométrica.

c) Diseño Estructural. Se deberá considerar lo indicado en la letra h) del artículo 43 del presente Reglamento, en lo que corresponda. Además, se deberá incluir en este diseño el estudio del golpe de ariete, el análisis de las presiones interiores máximas y mínimas en condiciones normales y eventuales, los posibles efectos de la variación de la temperatura y el análisis de agentes corrosivos que pudieran afectarlo.

d) Velocidades admisibles. En un acueducto se deberán justificar adecuadamente las velocidades admisibles máximas y mínimas para todos los materiales o secciones que lo conforman. Además, se deberá analizar y tomar los resguardos que correspondan, en caso que la obra presente riesgo de cavitación.

e) Estudios de taludes y fundación. Se deberá tener en consideración los mismos aspectos requeridos en la letra i) del artículo 43 de este Reglamento.

f) Interferencias con cauces naturales. Se deberá tener en consideración los mismos aspectos requeridos en la letra k) del artículo 43 de este Reglamento.

g) Faja de inspección. Se deberá considerar una faja lateral en todo el recorrido del acueducto, de tal forma que permita su construcción, inspección, mantenimiento y operación. Al menos, debe permitir el tránsito expedito de Vehículos Motorizados Livianos que permitan la inspección por parte del Servicio u otros organismos fiscalizadores. Se podrá omitir este requisito si su materialización no es técnicamente factible, tal como suele ocurrir en túneles.

Artículo 45.- Además de las exigencias descritas anteriormente en el presente Párrafo, los acueductos a que se refiere la letra c) del artículo 294 del Código de Aguas, deberán proyectarse revestidos y con los resguardos suficientes para evitar accidentes a personas y animales. La descarga del vertedero será, en lo posible, a un cauce natural o en un lugar adecuado, evitando daños a terceros. En caso de verter los caudales a un cauce, se deberá estudiar su comportamiento teniendo en consideración lo indicado en la letra I) del artículo 43 del presente Reglamento.

Artículo 46.- Los acueductos destinados a la conducción de pulpas, riles u otros elementos transportados mediante agua, ya sean de la letra b) o c) del artículo 294 del Código de Aguas, deberán estar especialmente protegidos contra la caída de rodados.

Estos acueductos deberán contar en su trazado con dispositivos donde almacenar los vertidos, en caso de accidentes o imprevistos, cuyo volumen y cantidad serán debidamente justificados, de modo de vaciar en éstos los flujos que conduce el tramo inmediatamente aguas arriba del punto afectado. Los flujos que se viertan en estos depósitos deberán ser retirados y transportados a su lugar de disposición final. Para la localización de estos depósitos se deberá considerar, especialmente, la ubicación de los cauces y zonas urbanas, de manera de reducir al mínimo el riesgo de afección a la seguridad de terceros y/o al entorno.

Artículo 47.- En el caso de proyectos de acueductos de tipo mixto, esto es, que parte de su capacidad se utiliza para conducir aguas lluvia, o de uso exclusivo, es decir, que conducen sólo aguas lluvia, previo a la aprobación de este Servicio, será requisito contar con la autorización técnica de la Dirección de Obras Hidráulicas, cuando dichas obras sean de su competencia. Sin perjuicio de lo anterior, el Titular deberá cumplir con lo establecido en el Código de Aguas y la Ley 19.300 sobre Bases Generales del Medio Ambiente, cuando corresponda.

PÁRRAFO IV
De los Sifones Categorías A y B

Artículo 48.- La presentación del Proyecto Definitivo de sifones pertenecientes a las Categorías A y B definidas en el artículo 15 de este Reglamento, deberá realizarse de acuerdo con lo siguiente:

Artículo 49.- El diseño hidráulico de los sifones deberá considerar lo siguiente:

a) Revancha del cruce. Para el caso de sifones que crucen sobre un cauce, la altura de la superestructura debe ser suficiente para dejar una revancha de, al menos, 1,0 m sobre el nivel máximo de las aguas para la crecida de 100 años de período de retorno del cauce que atraviesa y verificada para la crecida de 200 años. Para la crecida de verificación el nivel de aguas máximo no podrá alcanzar el punto más bajo de la superestructura. Se deberá presentar el estudio hidrológico correspondiente para determinar la crecida de diseño.

b) Características de escurrimiento. Se deberán cumplir todas las consideraciones de diseño hidráulico, que correspondan, establecidas en el artículo 44 de este Reglamento.

c) Socavación. Se deberán presentar los estudios de socavación local y general del lecho, cuando corresponda. Dichos estudios considerarán todos los elementos que pudiesen acelerar el flujo, tales como obras existentes o estructuras de apoyo pertenecientes al mismo proyecto de sifón. Se considerará como profundidad mínima de socavación a la resultante de los cálculos respectivos, multiplicada por un factor de seguridad de 1,2. La crecida de diseño a utilizar en el estudio de socavación será la correspondiente a un período de retorno de 100 años.

d) Elementos de seguridad. El sifón tendrá en su entrada rejas que impidan el paso hacia su interior de elementos flotantes y, además, dispositivos acondicionados para permitir la salida de personas que eventualmente pudieran caer al acueducto. Sin perjuicio de lo anterior, en ambos extremos se debe disponer elementos de seguridad que eviten el acceso de personas y animales. Cada sifón tendrá un sistema de limpieza de los distintos elementos que lo componen.

Para aquellas obras que no cuenten con monitoreo permanente o no se les realice una limpieza automatizada de sus componentes, se deberá contar con un vertedero lateral capaz de descargar el total del caudal porteado, con su correspondiente obra de evacuación y de disipación de energía, hacia el cauce que atraviesa, teniendo en consideración lo establecido en la letra l) del artículo 43 del presente Reglamento.

e) En el diseño de sifones que conduzcan pulpas, riles o elementos transportados mediante agua, se deberá incluir un depósito de emergencia previo al atravieso del cauce. Cuando una obra de conducción contemple varios atraviesos, se aceptará que la solución adoptada para cumplir esta exigencia sea abordada integralmente, pudiendo utilizar un depósito para más de un cruce, teniendo en consideración los aspectos indicados en el inciso 2° del artículo 46 del presente Reglamento.

Artículo 50.- El diseño estructural de los sifones deberá considerar lo indicado en la letra c) del artículo 44 del presente Reglamento, en lo que corresponda.

PÁRRAFO V
De las Canoas Categorías A y B

Artículo 51.- La presentación del Proyecto Definitivo de canoas pertenecientes a las Categorías A y B definidas en el artículo 15 de este Reglamento, deberá realizarse de acuerdo con lo siguiente:

Artículo 52.- El diseño hidráulico de las canoas deberá considerar lo siguiente:

a) Revancha del cruce. La altura de la estructura de la canoa debe ser suficiente para dejar una revancha de, al menos, 1,0 m sobre el nivel máximo de las aguas para la crecida de 100 años de período de retorno del cauce que atraviesa y verificada para la crecida de 200 años. Para la crecida de verificación el nivel de aguas máximo no podrá alcanzar el punto más bajo de la superestructura. Se deberá presentar el estudio hidrológico correspondiente para determinar la crecida de diseño.

b) Características del escurrimiento. Se deberán cumplir todas las consideraciones de diseño hidráulico establecidas en el artículo 43 de este Reglamento, que correspondan.

c) Socavación. Se deberán presentar los estudios de socavación local y general del lecho, cuando corresponda. Dichos estudios considerarán todos los elementos que pudiesen acelerar el flujo, tales como obras existentes o estructuras de apoyo pertenecientes al mismo proyecto de canoa. Se considerará como profundidad mínima de socavación a la resultante de los cálculos respectivos, multiplicada por un factor de seguridad de 1,2. La crecida de diseño a utilizar en el estudio de socavación será la correspondiente a un período de retorno de 100 años.

d) Elementos de seguridad. El diseño de la canoa contará en su entrada y salida con elementos de seguridad que eviten el acceso de personas y animales.

e) En el diseño de las canoas que conduzcan pulpas, riles o elementos transportados mediante agua, se deberá incluir un depósito de emergencia previo al atravieso del cauce. Cuando una obra de conducción contemple varios atraviesos, se aceptará que la solución adoptada para cumplir esta exigencia sea abordada integralmente, pudiendo utilizar un depósito para más de un cruce, teniendo en consideración los aspectos indicados en el inciso 2° del artículo 46 del presente Reglamento.

Artículo 53.- El diseño estructural de las canoas deberá considerar lo indicado en la letra h) del artículo 43 del presente Reglamento.

TÍTULO V
DE LA SUPERVISIÓN, RECEPCIÓN Y OPERACIÓN DE LAS OBRAS

Artículo 54.- En cualquier momento la Dirección General de Aguas podrá inspeccionar el estado de avance de la construcción de las obras, con el fin de verificar que éstas se adapten fielmente al proyecto previamente autorizado por el Servicio para construir.

Artículo 55.- Para efectos del presente Reglamento, se entenderá que las obras se encuentran en ejecución mientras la construcción del proyecto no se encuentre finalizada, esto es, mientras el Titular no haya solicitado la recepción de todas las obras ante la Dirección General de Aguas, sin perjuicio de lo dispuesto en el artículo 57 del presente Reglamento.

Previo a la presentación de la solicitud de recepción, y solo en el caso que corresponda, el Titular deberá informar a la Dirección General de Aguas la fecha de inicio de la puesta en carga, con a lo menos 30 días hábiles de anticipación, acompañando en detalle la actualización del plan de puesta en carga y su cronograma de actividades. Asimismo, deberá proponer el plazo máximo para su realización, el cual será establecido por la Dirección, mediante resolución fundada, de acuerdo a la actualización del plan de puesta en carga y su cronograma de actividades. Dicho plazo podrá ser prorrogado, a petición de parte, antes del vencimiento del plazo original, por causas debidamente justificadas.

Artículo 56.- El Titular deberá solicitar a la Dirección la recepción de las obras una vez finalizada la construcción del proyecto y concluida la puesta en carga, cuando ésta corresponda, verificando así que las obras y elementos cumplieron con las características de funcionalidad, desempeño y seguridad que fueron previamente autorizadas por dicho Servicio, de acuerdo con lo dispuesto en el artículo 57 de este Reglamento.

Artículo 57.- En el caso de embalses de relaves, el Titular deberá contar con la recepción de las Obras Tempranas requeridas en forma previa al vertimiento de los relaves, de conformidad al procedimiento establecido en el presente título.

En el caso de las demás obras hidráulicas contempladas en este Reglamento, el Titular deberá contar con la recepción de todas las obras que componen el Proyecto Definitivo, previamente aprobado y autorizada su construcción por el Servicio, momento en que se acreditará y verificará que las obras han sido construidas conforme a dicha aprobación, que no afectan la seguridad de terceros, y que se autoriza su operación.

Sin perjuicio de lo establecido en el inciso anterior, la Dirección General de Aguas podrá autorizar provisoriamente la operación del proyecto, previa solicitud presentada por el Titular al momento de requerir su recepción. De este modo, la Dirección General de Aguas podrá autorizar la operación provisoria, siempre que se acredite que el o los derechos de aprovechamiento de aguas que se ejercitarán con las obras, se encuentren en concordancia a éstas, en cuanto al o los puntos de captación y/o restitución, y la puesta en carga haya sido concluida satisfactoriamente, cuando corresponda.

Para efectos de lo establecido en el inciso anterior, la Dirección dictará la correspondiente resolución, la cual se fundará en una revisión técnica que acredite el cumplimiento de los requisitos antes señalados.

La autorización de operación provisoria se encontrará vigente mientras esté pendiente el proceso de revisión de los antecedentes de la solicitud de recepción. Una vez recibida la obra, o denegada su recepción, la autorización de operación provisoria quedará sin efecto.

En cualquier caso, la Dirección General de Aguas declarará el desistimiento de la solicitud o el abandono del procedimiento de recepción de obra, conforme a lo establecido en la ley Nº 19.880 que establece Bases de los Procedimientos Administrativos que rigen los actos de los Órganos de la Administración del Estado. En ambos casos, la autorización de operación provisoria quedará sin efecto.

Artículo 58.- Junto con la solicitud de recepción de obras, el Titular deberá acompañar un Informe de Construcción, el cual deberá ser presentado en formato digital e indicar las obras efectivamente construidas, señalando y justificando los cambios que pudiesen existir con respecto al proyecto aprobado.

El Informe de Construcción deberá contener, a lo menos, lo siguiente:

1. Resumen ejecutivo del desarrollo de la construcción del proyecto. Se deberá indicar los principales aspectos de esta fase, tales como hitos constructivos, dificultades no previstas en el proceso, plazos, recursos utilizados y cualquier antecedente de relevancia que permitan, en definitiva, prever que este proceso se desarrolló de acuerdo con lo autorizado en la etapa de proyecto.

2. Identificación del administrador del proyecto, del constructor o empresa constructora, del inspector o empresa que realizó la inspección técnica de la obra y del proyectista.

3. Bases Administrativas y Técnicas del contrato de construcción.

4. Planos "Como Construido" del proyecto.

5. Cuando corresponda, se deberá presentar el respaldo técnico de los cambios realizados al proyecto originalmente aprobado, incluyendo, al menos, los estudios básicos, memorias de cálculo, especificaciones técnicas, planos "Como Construido" y toda la documentación necesaria para su evaluación,

6. Set de fotografías en el cual se muestre el estado de avance de cada una de las distintas obras, identificando cada elemento, fecha y etapa constructiva.

7. Libro de obras o complementarios. Se debe presentar un extracto o resumen de estos libros con la información relevante ocurrida durante el

proceso constructivo, la cual debe estar referida a los cambios o adaptaciones que haya sufrido el proyecto, si las hubiere.

8. Informes de la inspección técnica de la obra. Se debe presentar un extracto o resumen de estos informes donde se incluya la información relevante ocurrida durante el proceso constructivo, la cual debe estar referida a los cambios o adaptaciones que haya sufrido el proyecto, si las hubiere.

9. Informe de procedimiento de puesta en carga.

10. Actualización de la documentación técnica. Se deberá actualizar la siguiente documentación, si corresponde, en virtud de los antecedentes que se tengan una vez finalizada la construcción de las obras: Sistema de Control y Monitoreo, Planes para la Inspección de Seguridad, Plan de Operación Normal, Plan de Emergencia y Manejo de la Información Técnica.

11. Manuales de mantenimiento y capacitación. Se deberán incluir estos manuales. En el caso del manual de capacitación, se deberá incorporar la información relativa a la instrucción de los operadores y adjuntar los antecedentes del responsable de la operación, de manera de verificar que este sea competente para realizar las tareas requeridas.

El Informe de Construcción deberá presentarse íntegramente en digital, acompañando los documentos, planos y archivos de cálculos usados en las modelaciones, en los formatos que establezca la Dirección General de Aguas.

Artículo 59.- Toda la información relativa a la obra, incluyendo la versión aprobada del proyecto y la documentación técnica generada durante las etapas de construcción y operación, deberán ser respaldadas en un archivo técnico que permita al Servicio consultar y solicitar en cualquier momento dichos antecedentes. Para esto se deberá contar con un centro de información en las oficinas del Titular y otro en la oficina de terreno de la obra, si la hubiera. Para su materialización se tendrá en consideración una adecuada conservación en el tiempo y la urgencia con que estos puedan ser requeridos. La exigencia de mantener y resguardar estos antecedentes regirá, al menos, durante toda la vida útil de las obras y el archivo deberá tenerse totalmente implementado al momento de la visita a terreno.

Artículo 60.- En el marco del proceso de recepción de las obras hidráulicas construidas, la Dirección General de Aguas realizará una inspección de terreno, en la cual se constatará, entre otros, la correspondencia de dichas obras con los antecedentes de construcción presentados por el Titular.

Durante el desarrollo de esta visita por parte de la DGA, se deberá colocar a disposición del Servicio toda la información del archivo técnico de la obra. Lo anterior significa que en dicha instancia deberán estar disponibles en terreno, impreso en papel y en formato digital, lo siguiente:

a) El Proyecto Definitivo aprobado y autorizado para construir por la DGA.

b) Toda la documentación generada durante el proceso de construcción. Esta será, al menos, el Sistema de Control y Monitoreo, el Plan de Operación Normal, los Planes para la Inspección de Seguridad, el Plan de Emergencia y el Plan de Manejo de la Información Técnica; las bases y libros del contrato; los informes de la inspección técnica de la obra; los manuales de mantenimiento y capacitación; los respaldos del sistema de aseguramiento de la calidad de la construcción, entre otra información.

c) El Informe de Construcción.

Artículo 61.- Posterior a la visita a terreno y habiéndose cumplido los requisitos señalados en los artículos anteriores, la DGA deberá dictar una resolución que recibe las obras, autoriza la operación de éstas y restituye las garantías establecidas conforme a lo dispuesto en los artículos 297 del Código de Aguas y 8º del presente Reglamento.

En el caso de existir modificaciones al Proyecto Definitivo previamente aprobado y autorizado para su construcción por el Servicio, detectadas durante la recepción de las obras, el Titular deberá presentar una nueva solicitud de aprobación de proyecto de construcción de conformidad con lo dispuesto en los artículos 130 y siguientes del Código de Aguas y de acuerdo con lo dispuesto en los artículos 151, 171 y 294 y siguientes del citado texto legal, según corresponda. Todas aquellas modificaciones del Proyecto Definitivo no aprobadas por el Servicio, y detectadas por la Dirección General de Aguas, podrán ser objeto de lo dispuesto en el artículo

129 bis 2 del Código de Aguas, cuando corresponda, sin perjuicio de otras medidas contempladas en el ordenamiento jurídico.

Artículo 62.- Los Planes para la Inspección de Seguridad, el Plan de Operación Normal y el Plan de Emergencia, de los artículos 20 y 26 del presente Reglamento, deberán ser actualizados periódicamente. Lo anterior se realizará, en una primera instancia, en forma previa al inicio de la operación de las obras, razón por la cual se requiere adjuntar estos documentos en el Informe de Construcción y, posteriormente, en la medida que se obtengan antecedentes relevantes producto de la propia operación de las obras en el tiempo.

En el evento que dicha actualización genere cambios sustanciales con respecto a lo autorizado por el Servicio mediante la recepción de las obras, el Titular deberá informar y presentar, en forma inmediata, la documentación respectiva a la DGA para su evaluación. El Titular deberá tener presente que dichas actualizaciones no podrán menoscabar la esencia ni los niveles de seguridad del proyecto aprobado por el Servicio.

Artículo 63.- Sin perjuicio de lo dispuesto en los artículos anteriores, los embalses declarados de control de conformidad con la Ley 20.304 y su Reglamento, se someterán además a dichas normas.

ARTÍCULOS TRANSITORIOS

Artículo 1°: Todas las solicitudes de aprobación de proyecto de construcción que se encuentren pendientes a la fecha de la publicación del presente Reglamento, deberán ajustarse a las exigencias técnicas establecidas en el presente cuerpo normativo.

Artículo 2°: Lo dispuesto en el artículo 10 de esta Reglamentación entrará en vigencia una vez transcurrido un año desde su publicación.

Artículo 3°: A todas las solicitudes de aprobación de proyecto de construcción destinadas a captar y/o restituir derechos de aprovechamiento de aguas en cauces naturales, ingresadas con anterioridad al plazo señalado en el artículo 2° transitorio anterior, se requerirá que el o los derechos de aprovechamiento de aguas que se ejercitarán con las obras, se encuentren en concordancia a estas, en cuanto al o los puntos de captación y/o restitución, así como en el caudal que se utilizará, al momento de emitir el acto administrativo que aprueba las obras construidas y autoriza su operación. Adicionalmente, el o los derechos de aprovechamiento de aguas deberán encontrarse debidamente inscritos en el Catastro Público de Aguas, de conformidad con lo dispuesto en el artículo 122 del Código de Aguas y en el artículo 33 del Reglamento del referido Catastro.

Anótese, regístrese, tómese razón, comuníquese y publíquese.- MICHELLE BACHELET JERIA, Presidenta de la República.- Alberto Undurraga Vicuña, Ministro de Obras Públicas.

Lo que transcribo a Ud. para su conocimiento.- Saluda atte. a Ud., Sergio Galilea Ocon, Subsecretario de Obras Públicas.

DECRETO SUPREMO Nº 15, ESTABLECE REGLAMENTO DE LA LEY Nº 21.202, QUE MODIFICA DIVERSOS CUERPOS LEGALES CON EL OBJETIVO DE PROTEGER LOS HUMEDALES URBANOS, DE 2020

Núm. 15.- Santiago, 30 de julio de 2020.

Vistos:

Lo dispuesto en los artículos 19 Nº 8 y 32 Nº 6 de la Constitución Política de la República; en los artículos 69, 70 letra z), 71 letra a) y 73 de la ley Nº 19.300, sobre Bases Generales del Medio Ambiente; en los artículos 2 y 3 de la ley Nº 21.202, que Modifica diversos cuerpos legales con el objetivo de proteger los humedales urbanos; en la ley Nº 19.880, de Bases de los Procedimientos Administrativos que Rigen los Actos de los Órganos de la Administración del Estado; en la ley Nº 19.525, que Regula sistemas de evacuación y drenaje de aguas lluvia; en el decreto supremo Nº 771, de 1981, del Ministerio de Relaciones Exteriores, que Promulga la Convención sobre Zonas Húmedas de Importancia Internacional especialmente como Hábitat de las Aves Acuáticas, suscrita en Ramsar, Irán, el 2 de febrero de 1971; en la resolución 70/1 de la Asamblea General de las Naciones Unidas sobre "Transformar nuestro mundo: la Agenda 2030 para el Desarrollo Sostenible", aprobada por la Asamblea General el 25 de septiembre de 2015; en el acuerdo Nº 12/2020 del Consejo de Ministros para la Sustentabilidad, adoptado el 30 de julio de 2020; en la resolución Nº 7, de 2019, de la Contraloría General de la República, y

Considerando:

1. Que, es deber del Estado tutelar la preservación de la naturaleza, así como velar por la protección y conservación de la diversidad biológica del país.

2. Que, de conformidad con lo dispuesto en el artículo 69 de la ley Nº 19.300, sobre Bases Generales del Medio Ambiente, el Ministerio del Medio Ambiente es la Secretaría de Estado encargada de colaborar con el

Presidente de la República en el diseño y aplicación de políticas, planes y programas en materia ambiental, así como en la protección y conservación de la diversidad biológica y de los recursos naturales renovables e hídricos, promoviendo el desarrollo sustentable, la integridad de la política ambiental y su regulación normativa.

3. Que, la resolución 70/1 de la Asamblea General de las Naciones Unidas sobre "Transformar nuestro mundo: la Agenda 2030 para el Desarrollo Sostenible", establece los Objetivos de Desarrollo Sostenible con la finalidad de alcanzar el equilibrio e integración de sus tres dimensiones: económica, social y ambiental, mediante un plan de acción en favor de las personas, el planeta y la prosperidad.

4. Que, una de las directrices de la resolución 70/1 de la Asamblea General de las Naciones Unidas consiste en "proteger el planeta contra la degradación, incluso mediante el consumo y la producción sostenibles, la gestión sostenible de sus recursos naturales y medidas urgentes para hacer frente al cambio climático, de manera que pueda satisfacer las necesidades de las generaciones presentes y futuras.".

5. Que, los humedales son ecosistemas indispensables por los beneficios o servicios ecosistémicos que brindan a la humanidad, incluyendo la provisión de agua dulce, alimentos, conservación de la biodiversidad, control de crecidas, recarga de aguas subterráneas y mitigación de los efectos del cambio climático.

6. Que nuestro país, por medio del decreto supremo N° 771, de 1981, del Ministerio de Relaciones Exteriores, promulgó la Convención sobre Zonas Húmedas de Importancia Internacional especialmente como Hábitat de las Aves Acuáticas (Convención de Ramsar).

7. Que, la ratificación de dicha Convención implica que, junto con designar humedales que cumplan con el o los criterios para ser incluidos en la Lista de Humedales de Importancia Internacional, el Estado se compromete a la conservación y uso racional de los humedales de su territorio, entre otros compromisos.

8. Que, el artículo 2 de la ley N° 21.202, que Modifica diversos cuerpos legales con el objetivo de proteger los humedales urbanos, establece que un reglamento expedido por el Ministerio del Medio Ambiente, suscrito

también por el Ministro de Obras Públicas, definirá los criterios mínimos para la sustentabilidad de los humedales urbanos, a fin de resguardar sus características ecológicas y su funcionamiento, y de mantener el régimen hidrológico, tanto superficial como subterráneo.

9. Que, asimismo, el artículo 3 de la ley Nº 21.202, señala que el reglamento establecerá el procedimiento mediante el cual el municipio podrá solicitar el reconocimiento de la calidad de humedal urbano.

10. Que, en conformidad con lo establecido en el artículo 71 letra a) de la ley Nº 19.300, el Consejo de Ministros para la Sustentabilidad, mediante Acuerdo Nº 12, de 30 de julio de 2020, se pronunció favorablemente sobre la propuesta de reglamento de la ley Nº 21.202, que modifica diversos cuerpos legales con el objetivo de proteger los humedales urbanos.

Decreto:

Apruébase el siguiente Reglamento de la ley Nº 21.202, que Modifica diversos cuerpos legales con el objetivo de proteger los humedales urbanos:

TÍTULO I
DISPOSICIONES GENERALES

Artículo 1º.- El presente Reglamento establece los criterios mínimos para la sustentabilidad de los humedales urbanos, para el resguardo de sus características ecológicas y su funcionamiento, y la mantención del régimen hidrológico, tanto superficial como subterráneo, integrando las dimensiones sociales, económicas y ambientales.

Asimismo, establece el procedimiento mediante el cual el Ministerio del Medio Ambiente declarará humedales urbanos a solicitud de los municipios o de oficio, de conformidad con los preceptos de la ley Nº 21.202, que Modifica diversos cuerpos legales con el objetivo de proteger los humedales urbanos.

Artículo 2º.- Para los efectos del presente Reglamento se entenderá por:

a) Adaptación al cambio climático: acción, medida o proceso de ajuste al clima actual o proyectado, o a sus efectos en sistemas humanos o naturales, con el fin de moderar o evitar los daños o aprovechar las oportunidades beneficiosas.

b) Cambio climático: cambio de clima atribuido directa o indirectamente a la actividad humana que altera la composición de la atmósfera mundial y que se suma a la variabilidad natural del clima observada durante períodos de tiempo comparables.

c) Características ecológicas: combinación de los componentes bióticos y abióticos, estructura, funciones, procesos y servicios ecosistémicos que caracterizan a un humedal en un momento determinado.

d) Caudal ambiental: cantidad, estacionalidad y calidad de los flujos de agua que se requiere para mantener los ecosistemas de humedales, así como los medios de subsistencia y bienestar de las personas que dependen de estos ecosistemas.

e) Enfoque ecosistémico: estrategia para la gestión integrada de la tierra, agua y recursos vivos que promueve la conservación y el uso sostenible de la diversidad biológica de forma equitativa.

f) Hábitat: lugar o tipo de ambiente en el que existe naturalmente un organismo o una población.

g) Humedal urbano: todas aquellas extensiones de marismas, pantanos y turberas, o superficies cubiertas de aguas, sean éstas de régimen natural o artificial, permanentes o temporales, estancadas o corrientes, dulces, salobres o saladas, incluidas las extensiones de agua marina, cuya profundidad en marea baja no exceda los seis metros y que se encuentren total o parcialmente dentro del límite urbano.

h) Humedal parcialmente dentro del límite urbano: humedal que presenta alguna porción de superficie dentro del límite urbano, no estando la totalidad del área contenida en él, indistintamente de su superficie.

i) Infraestructura ecológica: red interconectada de ecosistemas naturales, seminaturales y antropogénicos que, en su conjunto, contribuyen a mantener la biodiversidad, y proteger las funciones y los procesos ecológicos, para asegurar la provisión de servicios ecosistémicos.

j) Ley: ley N° 21.202, que Modifica diversos cuerpos legales con el objetivo de proteger los humedales urbanos.

k) Límite de extensión urbana: línea imaginaria que determina la superficie máxima destinada al crecimiento urbano proyectado por el plan regulador intercomunal.

l) Límite urbano: línea imaginaria que delimita las áreas urbanas y de extensión urbana que conforman los centros poblados, diferenciándolos del resto del área comunal.

m) Manejo activo: combinación de formas y métodos de intervención humana sobre los ecosistemas y sus componentes, de manera planificada, científicamente fundamentada, y dirigida al cumplimiento de los objetivos específicos de conservación, protección y/o recuperación de los humedales urbanos.

n) Mitigación al cambio climático: acción, medida o proceso orientado a reducir las emisiones de gases de efecto invernadero, o restringir el uso de dichos gases como refrigerantes, aislantes o en procesos industriales, entre otros, o a incrementar los sumideros de dichos gases, con el fin de limitar los efectos adversos del cambio climático.

o) Régimen hidrológico de un humedal: comportamiento hidrológico del humedal que considera el nivel del agua, la variabilidad de los caudales, balances y tiempos de residencia del movimiento del agua a través del humedal.

p) Resiliencia climática: habilidad de un sistema o sus componentes para anticipar, absorber, adaptarse o recuperarse de los efectos adversos del cambio climático, de forma oportuna y eficiente, incluso velando por la conservación, restauración o mejora de sus estructuras y funciones básicas esenciales.

q) Seremi: Secretaría Regional Ministerial del Medio Ambiente.

r) Servicios ecosistémicos: contribución directa o indirecta de los ecosistemas al bienestar humano.

s) Uso racional de los humedales: mantenimiento de las características ecológicas de los humedales, mediante la implementación del enfoque ecosistémico y considerando el desarrollo sustentable.

TÍTULO II
CRITERIOS MÍNIMOS PARA LA SUSTENTABILIDAD DE LOS HUMEDALES URBANOS

Artículo 3°.- A fin de resguardar las características ecológicas de los humedales urbanos y su funcionamiento, mantener su régimen hidrológico tanto superficial como subterráneo, y velar por su uso racional, se establecen los siguientes criterios mínimos:

a) Criterios mínimos que permiten resguardar las características ecológicas y el funcionamiento de los humedales urbanos:

i. Conservación, protección y/o restauración de las características ecológicas del humedal. Se deberá propender a la mantención y/o restauración, según corresponda, de los componentes abióticos y bióticos del humedal, su composición, estructura y funcionamiento. Lo anterior, considerando acciones para mantener y/o recuperar las características ecológicas del humedal, controlar las amenazas físicas, químicas y biológicas que puedan perturbar las mismas, con énfasis en la preservación de las especies de flora y fauna amenazadas; así como el monitoreo de la efectividad de las medidas implementadas.

ii. Mantención de la conectividad biológica de los humedales urbanos. Se propenderá a evitar la fragmentación de hábitats, promoviendo acciones que permitan mantener y, cuando sea posible, mejorar la conectividad biológica en, y entre, humedales urbanos adyacentes.

Las condiciones urbanísticas que deberán cumplir las edificaciones que se pretendan emplazar en humedales urbanos, así como los procesos de planificación, diseño y construcción de infraestructura que pueda afectar al humedal, deberán ser compatibles con la mantención de la conectividad biológica, su estructura, funcionamiento y la conservación de hábitats en estos humedales, lo que deberá ser establecido en los instrumentos de planificación territorial respectivos.

iii. Mantención de la superficie de humedales urbanos. Se deberá propender a la mantención de la superficie de los humedales urbanos, y con ello evitar la pérdida o disminución de la provisión de los servicios ecosistémicos que dichos humedales entregan, contribuyendo al bienestar y calidad de vida de la sociedad.

b) Criterios mínimos que permiten mantener el régimen hidrológico superficial y subterráneo de los humedales urbanos:

i. Mantención del régimen y conectividad hidrológica de los humedales urbanos. La gestión de los humedales urbanos debe ser realizada de manera que permita mantener su régimen hidrológico, balance hídrico; en específico el volumen de entrada, acumulación y salida de agua desde y hacia el humedal, y los patrones de inundación, procurando evitar la modificación de la cantidad, niveles y volumen de agua, su estacionalidad, el régimen de sedimentos y la conectividad hidrológica dentro y entre humedales adyacentes, y entre el agua superficial y subterránea que lo constituye.

ii. Enfoque de manejo integrado de recursos hídricos. La gestión de los humedales urbanos deberá considerar el manejo integrado de los recursos hídricos superficiales y subterráneos como base para su conservación. Asimismo, considerará que son parte de un sistema más amplio e interconectado hidrológicamente. Se deberá dar un uso racional a estos humedales procurando mantener la calidad de los recursos hídricos existentes y los flujos y patrones de disponibilidad del agua que sustenta estos ecosistemas, incluyendo el caudal ambiental necesario para su conservación y la mantención de los humedales. Los humedales urbanos serán considerados para efectos del informe establecido en el artículo 7 letra b) del decreto supremo N° 14, de 2012, del Ministerio del Medio Ambiente y sus modificaciones, que aprueba el Reglamento para la determinación del caudal ecológico mínimo, para efecto de la fijación del caudal ecológico mínimo en los términos del artículo 6 del reglamento indicado.

c) Criterios mínimos para el uso racional de los humedales urbanos:

i. Enfoque de desarrollo sustentable. A fin de compatibilizar las distintas actividades que se realizan en nuestro territorio con el uso racional de los humedales urbanos, se deberá velar por el desarrollo sustentable, integrando las dimensiones sociales, económicas y ambientales.

Se debe propender a evitar la degradación de los humedales urbanos. Para ello, los proyectos y actividades que se desarrollen en humedales urbanos deberán considerar el uso racional de estos ecosistemas.

Los criterios mínimos de sustentabilidad establecidos en los literales a) y b) anteriores, se aplicarán a los proyectos o actividades que ingresen al Sistema de Evaluación de Impacto Ambiental, para efectos de determinar la existencia de impactos ambientales significativos, de conformidad con el artículo 11 letras b) y d) de la Ley 19.300, sobre Bases Generales del Medio Ambiente, y la propuesta de medidas de mitigación, reparación o compensación, según corresponda.

ii. Integración de los humedales urbanos como infraestructura ecológica de las ciudades. Los humedales urbanos declarados por el Ministerio del Medio Ambiente podrán ser considerados como infraestructura ecológica permitiendo asegurar la conservación y protección de estos humedales, y aumentando la resiliencia al cambio climático de las ciudades. En este contexto, se deberán considerar acciones que permitan planificar la protección, conservación y uso racional de humedales urbanos de forma integrada a otros elementos del entorno construido. Los humedales urbanos constituyen elementos claves en el funcionamiento y desarrollo de los sistemas urbanos contribuyendo al manejo de la escorrentía urbana, gestión sustentable de aguas lluvia, control de inundaciones, configuración del paisaje urbano, entre otros.

Dentro de los elementos claves para el funcionamiento de los humedales urbanos se encuentra la escorrentía urbana que gestionada de manera sustentable, a través de los sistemas de aguas lluvia, aporta flujos hídricos y contribuye a la conservación de los humedales. La planificación sectorial asociada a humedales urbanos, tales como la gestión de sistemas de agua lluvia de las ciudades, conservación de defensas fluviales y mantención de riberas, desarrollada de manera sustentable, permitirá una adecuada integración entre los humedales y los sistemas urbanos de drenaje.

En el proceso de planificación territorial en que se incluyan los humedales urbanos, las condiciones urbanísticas que se establezcan en ellos deberán ser compatibles con la mantención del régimen hidrológico de estos humedales y la protección oficialmente establecida, así como su uso racional.

TÍTULO III
CRITERIOS PARA LA GESTIÓN SUSTENTABLE Y GOBERNANZA DE LOS HUMEDALES URBANOS

Artículo 4°.- Aquellas personas, naturales o jurídicas, u organismos de la Administración del Estado que voluntariamente se obliguen a gestionar un humedal urbano, deberán considerar los siguientes criterios:

i. Participación efectiva y gobernanza para la conservación y protección de humedales urbanos. Los mecanismos de gobernanza que se establezcan deben permitir y asegurar la información y participación efectiva de los actores involucrados en la conservación, protección y uso racional de los humedales urbanos, incluyendo a los organismos y empresas públicas a cargo de la administración, planificación y desarrollo de áreas afectas a un uso específico por ley. Lo anterior, con el objetivo de favorecer el diálogo, la coordinación y el trabajo colaborativo, la resolución y manejo de conflictos, las alianzas público-privadas y la toma de decisiones oportuna, de acuerdo con lo establecido en el artículo 5 del presente reglamento.

Asimismo, se considerarán instancias de gobernanza a nivel local que permitan: a) promover activamente acciones de conservación y protección del humedal urbano de que se trate; b) apoyar la difusión y seguimiento del cumplimiento de la ordenanza general de los humedales urbanos de la comuna; c) desarrollar acciones de educación ambiental para la conservación y protección del área; d) apoyar la elaboración de un plan de gestión del área; y, e) apoyar en la gestión y protección del humedal urbano.

ii. Gestión adaptativa y manejo activo del humedal. El manejo de los humedales urbanos debe realizarse por medio de un enfoque adaptativo, abordando las amenazas que los afectan. La gestión adaptativa de los humedales urbanos debe considerar las prácticas culturales significativas que se desarrollan en estos ecosistemas, reduciendo las múltiples amenazas que éstos enfrentan y aumentando su capacidad de adaptación y mitigación al cambio climático.

iii. Educación ambiental, formación integral e investigación para la protección y conservación de humedales urbanos. Se deberán considerar estrategias de educación y comunicación para promover la conciencia pública sobre el valor de los humedales, fortalecer las prácticas y relaciones sociales y culturales que unen a las comunidades con estos ecosistemas, y fomentar cambios de comportamiento por parte de la sociedad en beneficio del cuidado de estos espacios. Además, se deberá promover la creación de capacidades técnicas y la investigación aplicada para abordar los múltiples desafíos de protección y conservación de estos ecosistemas en el ámbito urbano.

Artículo 5º.- El Ministerio del Medio Ambiente creará comités a nivel nacional, regional y comunal para promover la adecuada gestión de los humedales urbanos, así como una gobernanza que permita la participación efectiva de los actores involucrados en su gestión, protección y conservación.

TÍTULO IV
PROCEDIMIENTO DE RECONOCIMIENTO DE HUMEDALES URBANOS POR SOLICITUD DE UNO O MÁS MUNICIPIOS

Artículo 6º.- La solicitud de reconocimiento de humedal urbano por parte de uno o más municipios se deberá presentar en la oficina de partes de la respectiva Seremi, mediante oficio dirigido al Ministro(a) del Medio Ambiente, debidamente firmada por el (la) Alcalde(sa) del municipio solicitante.

La solicitud de reconocimiento por parte de un municipio respecto de un humedal ubicado en dos o más comunas será considerada para todo el humedal, propendiendo a mantener su unidad como ecosistema.

Artículo 7º.- La solicitud señalada en el artículo anterior dará origen a un expediente público, que contendrá los documentos y actuaciones que guarden relación directa con el reconocimiento de humedal urbano. Dicho expediente estará a cargo de la Seremi de la región donde se encuentre el humedal urbano.

Los documentos y actuaciones, debidamente foliados, se agregarán al expediente según el orden cronológico de su presentación, recepción o dictación, de conformidad con las etapas y plazos establecidos en este Reglamento.

El expediente deberá llevarse a través de medios físicos y electrónicos, pudiendo accederse en las oficinas de las Seremi respectivas y en la página web del Ministerio del Medio Ambiente.

Artículo 8°.- Las solicitudes de reconocimiento de humedal urbano deberán contener, a lo menos, lo siguiente:

I. Identificación y contacto del o los municipios solicitantes, e información de contacto del funcionario encargado del proceso y su subrogante.

II. Antecedentes generales del humedal y su localización, indicando:

a) Nombre o denominación del humedal;

b) División político-administrativa a nivel regional, provincial y comunal;

c) La superficie total en hectáreas que comprenderá el área que se solicita sea reconocida como humedal urbano; y,

d) Representación cartográfica digital del área objeto de la solicitud, que contenga la descripción del (los) polígono(s) que se solicita(n) reconocer como humedal urbano y las respectivas coordenadas geográficas por cada punto que las delimitan; así como el límite urbano de la comuna donde se localice el humedal. La delimitación de los humedales deberá considerar al menos uno de los siguientes criterios: (i) la presencia de vegetación hidrófita; (ii) la presencia de suelos hídricos con mal drenaje o sin drenaje; y/o (iii) un régimen hidrológico de saturación ya sea permanente o temporal que genera condiciones de inundación periódica.

Los antecedentes cartográficos presentados deberán especificar los siguientes elementos y considerar el siguiente formato:

1. Datum: World Geodetic System 1984 (WGS 84).

2. Proyección: Universal Transversal de Mercator (UTM).

3. Escala: Acorde al tamaño del humedal. Se recomienda utilizar escala entre 1:5.000 y 1:1.000.

4. Huso: 19 sur, o bien 18 sur para proyectos localizados en las regiones del sur de Chile.

5. Proyecto SIG: Proyecto cartográfico en formato digital (formato shapefile o KMZ).

6. Metadatos: Creación de metadatos para cada cobertura generada.

III. Información complementaria del área propuesta, indicando:

a) Descripción de las características del humedal. Para estos efectos, se podrán considerar elementos como: la caracterización de los hábitats, paisajes, ecosistemas presentes y sus principales atributos naturales expresados en su geología, geomorfología, hidrología, vegetación, los servicios ecosistémicos provistos por el humedal, amenazas que afecten el humedal e información de las principales especies que es posible encontrar, en especial aquellas especies silvestres clasificadas de acuerdo con el DS N° 29, de 2011, del Ministerio del Medio Ambiente, Reglamento para la clasificación de especies silvestres según estado de conservación, entre otros;

b) Identificación del régimen de propiedad y de la existencia de áreas afectadas a un fin específico por ley en el o los predios en los que se emplaza el humedal respecto del cual se solicita el reconocimiento.

Artículo 9°.- La Seremi respectiva, dentro del plazo de 15 días contado desde la presentación de los antecedentes, deberá verificar que se cumplen con los requisitos señalados en el artículo 8° del presente Reglamento.

En los casos en que la información proporcionada esté incompleta o sea insuficiente, la Seremi respectiva solicitará al municipio complementar los antecedentes faltantes en un plazo de 20 días.

En caso de no presentar los antecedentes en el plazo señalado en el inciso anterior, la Seremi archivará la solicitud de declaratoria, debiendo ingresarse una nueva si es que el municipio así lo estima pertinente.

En caso de no ser admitida la solicitud a trámite, la Seremi respectiva notificará al municipio, de conformidad con las disposiciones del artículo 46 de la Ley N° 19.880, indicando los fundamentos de la inadmisibilidad.

Si el análisis de admisibilidad es favorable, la Seremi dictará una resolución exenta que acoja a trámite la solicitud y otorgará un plazo de 15 días para que cualquier persona aporte antecedentes adicionales sobre el o los humedales urbanos que se pretende declarar. Dichos antecedentes deberán entregarse por escrito en las oficinas de partes de la Seremi respectiva. Asimismo, podrán entregarse en formato digital en la casilla electrónica que para tales efectos habilite el Ministerio.

Para dichos efectos, el Ministerio del Medio Ambiente publicará el primer día hábil de cada mes en el Diario Oficial y en el sitio web del Ministerio, el listado de las solicitudes de reconocimiento de humedales urbanos declaradas admisibles en el mes inmediatamente anterior.

Artículo 10.- Declarada admisible la solicitud de reconocimiento de humedal urbano, la Seremi respectiva realizará un análisis técnico de los antecedentes presentados por el Municipio, con el objeto de evaluar la adecuada delimitación y caracterización del humedal y que éste se encuentre total o parcialmente dentro del límite urbano.

De existir deficiencias en la información presentada por el Municipio, la Seremi podrá solicitar aclaraciones o rectificaciones de los antecedentes entregados, remitiendo sus observaciones al respectivo municipio para que sean subsanadas en un plazo de 30 días.

En caso de no presentar los antecedentes en el plazo señalado en el inciso anterior, la Seremi archivará la solicitud de declaratoria, debiendo ingresarse una nueva si es que el municipio así lo estima pertinente.

Una vez subsanadas todas las observaciones, la Seremi remitirá los antecedentes al Ministerio del Medio Ambiente.

Artículo 11.- El Ministro(a), mediante resolución exenta, se pronunciará respecto de la solicitud de reconocimiento de la calidad de humedal urbano considerando los antecedentes que obran en el expediente. La resolución deberá ser publicada en el Diario Oficial y en el sitio web del Ministerio del Medio Ambiente.

El procedimiento mediante el cual el Ministerio del Medio Ambiente se pronuncie respecto a la solicitud de declaración de un humedal urbano, no podrá exceder el plazo de seis meses contado desde la presentación de la solicitud de declaratoria indicada en el artículo 6° del presente Reglamento.

Artículo 12.- La resolución que resuelva la solicitud de reconocimiento de la calidad de humedal urbano será reclamable ante el Tribunal Ambiental que ejerce jurisdicción en el territorio en donde se encuentra el humedal. En caso de que un humedal esté situado en más de un territorio jurisdiccional, conocerá del asunto el tribunal que en primer lugar se avoque a su consideración.

El plazo para interponer el reclamo será de treinta días, contado desde la notificación de la resolución que rechace la solicitud o desde su publicación en el Diario Oficial, en caso de que se acoja.

La interposición del reclamo no suspenderá en caso alguno los efectos del acto impugnado.

TÍTULO V
PROCEDIMIENTO DE RECONOCIMIENTO DE HUMEDALES URBANOS DE OFICIO POR EL MINISTERIO DEL MEDIO AMBIENTE

Artículo 13.- El Ministerio del Medio Ambiente iniciará el procedimiento de declaración de oficio de uno o más humedales urbanos, mediante una resolución exenta que identifique dichos humedales y otorgue un plazo de 15 días, contado desde su publicación en el Diario Oficial, para que cualquier persona aporte antecedentes adicionales sobre el o los humedales urbanos que se pretende declarar.

Dichos antecedentes deberán entregarse por escrito en las oficinas de partes del Ministerio o en la Seremi respectiva. Asimismo, podrán entregarse en formato digital en la casilla electrónica que para tales efectos habilite el Ministerio.

Artículo 14.- El procedimiento mediante el que el Ministerio del Medio Ambiente reconozca de oficio la calidad de humedal urbano no podrá exceder el plazo de seis meses contado desde la publicación de la resolución exenta indicada en el artículo precedente.

El Ministerio del Medio Ambiente realizará un análisis técnico de los antecedentes presentados conforme al artículo anterior.

Dicho procedimiento concluirá con una resolución exenta del Ministerio del Medio Ambiente, publicada en el Diario Oficial, que declarará el o los humedales urbanos respectivos.

La resolución que reconozca de oficio la calidad de humedal urbano será reclamable ante el Tribunal Ambiental competente, conforme a las reglas establecidas en el artículo 12.

TÍTULO VI
DE LAS ORDENANZAS GENERALES

Artículo 15.- Las municipalidades deberán dictar, en el menor plazo posible, una ordenanza general que contenga los criterios para la protección, conservación y preservación de los humedales urbanos ubicados total o parcialmente, dentro de los límites de su comuna, para lo que utilizarán los lineamientos establecidos en los Títulos II y III del presente Reglamento.

En dicha ordenanza general se deberán incorporar las acciones a implementar para el cumplimiento de los criterios indicados en el inciso anterior.

TÍTULO VIII
DISPOSICIONES FINALES

Artículo 16.- El presente Reglamento entrará en vigencia una vez que haya sido publicado en el Diario Oficial.

Artículo 17.- Los plazos de días contemplados en este Reglamento se entenderán de días hábiles y se computarán de acuerdo con lo establecido en el artículo 25 de la Ley N° 19.880.

Artículo 18.- Desde la fecha de publicación del acto administrativo que resuelva el reconocimiento de un humedal urbano por parte del Ministerio del Medio Ambiente, las municipalidades deberán dictar, en el menor plazo posible, la ordenanza local y los planos actualizados del plan regulador respectivo, para efectos de establecer las condiciones bajo las que deberán otorgarse los permisos de urbanizaciones o construcciones que se pretendan emplazar en dichas áreas de protección de recursos de valor natural.

Artículo 19.- Para efectos de la aplicación de los criterios para la sustentabilidad de humedales urbanos, descritos en los Títulos II y III de este Reglamento, el Ministerio del Medio Ambiente, en un plazo de nueve meses contado desde la publicación del presente decreto, elaborará una guía técnica que oriente a los Municipios en la implementación de dichos criterios.

Artículo 20.- En un plazo de tres meses contado desde la publicación del presente decreto, el Ministerio del Medio Ambiente elaborará una guía metodológica que oriente técnicamente la delimitación y caracterización de humedales urbanos en base a los criterios definidos en el artículo 8.

Artículo 21.- Para la elaboración de las guías señaladas en los artículos 19 y 20, el Ministerio del Medio Ambiente creará y presidirá un comité compuesto por representantes de los órganos públicos competentes. Dicho comité tendrá por función aportar antecedentes, realizar observaciones y, en general, contribuir en el proceso de elaboración de las guías señaladas.

Artículo 22.- Para apoyar la evaluación ambiental de proyectos o actividades susceptibles de generar impacto ambiental en humedales urbanos, el Servicio de Evaluación Ambiental en un plazo de doce meses contado desde la publicación del presente decreto, elaborará una guía para la predicción y evaluación de impacto ambiental, la que deberá contener, a lo menos, los requisitos, condiciones y exigencias técnicas para la adecuada presentación de medidas de mitigación, reparación y/o compensación en humedales urbanos, cuando corresponda.

Anótese, tómese razón y publíquese.- SEBASTIÁN PIÑERA ECHENIQUE, Presidente de la República.- Carolina Schmidt Zaldívar, Ministra del Medio Ambiente.- Alfredo Moreno Charme, Ministro de Obras Públicas.

Lo que transcribo para Ud. para los fines que estime pertinentes.- Javier Naranjo Solano, Subsecretario del Medio Ambiente.

CONTRALORÍA GENERAL DE LA REPÚBLICA

División Jurídica
División de Infraestructura y Regulación
Cursa con alcances el decreto N° 15, de 2020, del Ministerio del Medio Ambiente
N° E51700/2020.-
Santiago, 13 de noviembre de 2020.

Esta Contraloría General ha dado curso al documento de la suma, que establece el Reglamento de la ley N° 21.202, que modifica diversos cuerpos legales con el objetivo de proteger los humedales urbanos, con los alcances que se consignan a continuación.

En primer término, lo establecido en el artículo 3°, letra a), acápite ii, párrafo segundo, del acto en examen, en orden a que los procesos de planificación, diseño y construcción de infraestructura que pueda afectar al humedal, deberán ser compatibles con la mantención de la conectividad biológica, su estructura, funcionamiento y la conservación de hábitats en estos humedales, "lo que deberá ser establecido en los instrumentos de planificación territorial respectivos", debe aplicarse dentro de la normativa que establece los contenidos de estos últimos documentos y en el marco de lo dispuesto en los artículos 2° y 5° de la ley N° 21.202 y en la ley N° 19.300, teniendo presente que los contenidos como los indicados, no son parte de las competencias de los planes reguladores.

A continuación, esta Contraloría General entiende que el artículo 3°, letra b), acápite ii, establece que el Ministerio del Medio Ambiente, al emitir el informe a que se refiere el artículo 6° del reglamento contenido en el decreto N° 14, de 2012, de esa Secretaría de Estado para la determinación del caudal ecológico mínimo -precepto que permite fijar un caudal ecológico mínimo diferente al establecido en el artículo 3° de ese ordenamiento, previo informe de esa Cartera-, deberá considerar que los humedales urbanos se enmarcan en el criterio previsto en el aludido artículo 7°, letra b), de dicho reglamento.

Enseguida, cumple con precisar que el plazo de 15 días para aportar antecedentes adicionales a que se refiere el inciso quinto del artículo 9º del decreto en estudio, se cuenta desde la publicación en el Diario Oficial de la resolución que acoja a trámite la solicitud, declarándola admisible, en armonía con lo dispuesto en su inciso final.

Luego, en conformidad con lo señalado en el inciso segundo del artículo 12 del reglamento en análisis, cabe entender que sólo el acto administrativo que acoja la solicitud se publica en el Diario Oficial y no aquel que la rechace, aspecto no precisado en el inciso primero del artículo 11.

Por otro lado, acorde con la modificación que contiene el artículo 5º de la ley Nº 21.202 a la Ley General de Urbanismo y Construcciones, todo instrumento de planificación territorial deberá incluir los humedales urbanos existentes en cada escala territorial en calidad de área de protección de valor natural, para efectos de establecer las condiciones bajo las que deberán otorgarse los permisos de urbanizaciones o construcciones que se desarrollen en ellos, y no sólo los que aprueben las entidades edilicias.

Finalmente, en diversas disposiciones del reglamento -artículos 9º, inciso quinto; 11, inciso primero; 13, inciso primero y 14, inciso tercero-, se alude a "resolución exenta"; no obstante, la determinación de aquellas materias que se encuentran exentas del trámite de toma de razón corresponde a la ley o al Contralor General de la República.

Con los alcances que anteceden se ha tomado razón del decreto del epígrafe.

Saluda atentamente a Ud., Jorge Andrés Bermúdez Soto, Contralor General.

A la señora
Ministra del Medio Ambiente
Presente.

DECRETO SUPREMO Nº 53, APRUEBA REGLAMENTO DE MONITOREO DE EXTRACCIONES EFECTIVAS DE AGUAS SUPERFICIALES, DE 2020

Núm. 53.- Santiago, 3 de abril de 2020.

Vistos:

Las facultades que me confiere el artículo 32 Nº 6 de la Constitución Política de la República; el decreto con fuerza de ley Nº 850, de 1997, que fija el texto refundido, coordinado y sistematizado de la Ley Nº 15.840, de 1964, Orgánica del Ministerio de Obras Públicas, y del DFL Nº 206, de 1960, Ley de Caminos; la ley Nº 21.064, que introduce modificaciones al marco normativo que rige las aguas en materia de fiscalización y sanciones; lo dispuesto en el artículo 38 y 307 bis del Código de Aguas; la resolución Nº 7, de 2019, de la Contraloría General de la República, y

Considerando:

Que, la ley Nº 21.064, publicada en el Diario Oficial con fecha 27 de enero de 2018, modificó el Código de Aguas con el objeto de fortalecer el rol de la Dirección General de Aguas (DGA) en materias de Policía y Vigilancia de cauces naturales y artificiales, incluyendo herramientas para una mejor información de las extracciones de agua superficial, su monitoreo y fiscalización por parte de dicho Servicio.

Que, el artículo 38 del Código de Aguas señala lo siguiente: "Las organizaciones de usuarios o el propietario exclusivo de un acueducto que extraiga aguas de una corriente natural, estarán obligados a construir y mantener, a su costa, a lo menos una bocatoma con compuertas de cierre y descarga y un canal que permita devolver las aguas o su exceso al cauce de origen, además de los dispositivos que permitan controlar y aforar el agua que se extrae y un sistema de transmisión instantánea de la información que se obtenga al respecto. Esta información deberá ser siempre entregada a la Dirección General de Aguas cuando ésta la requiera. El Servicio, por resolución fundada, determinará los plazos y las condiciones técnicas para cumplir dicha obligación.

La autoridad dictará un reglamento en que se expliciten los plazos, criterios y condiciones necesarios para aplicar las resoluciones fundadas dispuestas en el inciso anterior.".

Que, además el artículo 307 bis del antedicho cuerpo legal establece que: "La Dirección General de Aguas podrá exigir la instalación de sistemas de medición a los titulares de derechos de aprovechamiento de aguas superficiales u organizaciones de usuarios que extraigan aguas directamente desde cauces naturales de uso público. En el caso de los derechos no consuntivos, será obligatoria la instalación de sistemas de medición de caudal instantáneo, tanto en el punto de captación como en el punto de restitución, esto cuando el titular haya construido las obras necesarias para su uso. Dicho sistema deberá permitir que se obtenga, almacene y transmita a la Dirección General de Aguas la información indispensable para el control y medición del caudal instantáneo, efectivamente extraído y —en los usos no consuntivos— restituido, desde la fuente natural. El Servicio, por medio de una resolución fundada, determinará los plazos y las condiciones técnicas para cumplir dicha obligación".

Que, en virtud a lo señalado en el inciso segundo del artículo 38 del Código de Aguas, ya señalado, es necesario establecer un reglamento de Monitoreo de Extracciones Efectivas de Aguas Superficiales.

Decreto:

Artículo 1. Definiciones. Para los efectos de este reglamento se establecen las siguientes definiciones:

Altura limnimétrica: Altura de la superficie del agua con relación a un nivel de referencia.

Bocatoma: Estructura hidráulica dispuesta en un cauce natural, con el objetivo principal de captar una parte o el total del agua que escurre por él.

Canal de Aducción: Canal por el que se conduce el agua desde la captación de la fuente natural hasta los Dispositivos de Control en el canal de conducción.

Canal de Conducción: Canal por el que se conduce el agua, regulado por el Dispositivo de Control hasta las obras de distribución de las aguas.

Centro de Control: Para los casos donde se tiene un Sistema de Transmisión Online, corresponde a un sitio físico o virtual donde se reciben, recopilan y procesan los datos recibidos del data logger o directamente de los sensores que cuentan con data logger incorporado; y desde el cual son remitidos los datos de caudales y alturas limnimétricas al Software DGA de Monitoreo de Extracciones Efectivas.

Código de Obra de Captación: Código único que tendrá cada obra de captación y será entregado automáticamente por el Software DGA de Monitoreo de Extracciones Efectivas una vez que el Usuario de Aguas registre la obra en dicho software.

Código de Obra de Restitución: Código único que tendrá cada obra de restitución y será entregado automáticamente por el Software DGA de Monitoreo de Extracciones Efectivas una vez que el Usuario de Aguas registre la obra en dicho software.

Compuerta: Barrera móvil que se inserta en estructuras de diversos materiales, en canales, con el objetivo de controlar el caudal de agua que se quiere derivar desde la fuente principal.

Curva de Descarga: Se denomina a la relación funcional que existe entre el caudal de un cauce, expresado en litros por segundo, con la altura limnimétrica, expresada en centímetros.

Data logger: Dispositivo electrónico equipado con memoria interna y puertos o conectores de entrada y salida, que sirve para el registro y respaldo digital de los datos medidos.

Dirección General de Aguas: Organismo técnico del Estado encargado de promover la gestión y administración del recurso hídrico en un marco de sustentabilidad, en adelante denominada la "Dirección General" o "DGA", indistintamente.

Dispositivos de Aforo o Sistema de Medición: Corresponde al conjunto de todos los elementos que permiten la medición de los caudales extraídos o caudales restituidos, según corresponda.

Dispositivos de Control: Elementos destinados para la regulación del paso de las aguas desde la sección de aducción a la de conducción. En canales se ubican entre el canal de aducción y el de conducción y en tuberías entre la tubería de aducción y la de conducción.

Propietario exclusivo: El dueño o los copropietarios de una obra de captación que no se han constituido como una organización de usuarios.

Regla Limnimétrica: Escala graduada (centímetros) que se utiliza para medir la altura limnimétrica.

Sensor de Nivel de aguas: Corresponde a un equipo utilizado para la medición del nivel hidrostático y dinámico de aguas en acueductos y estanques, pudiendo ser de presión, ultrasónico, etc.

Software DGA de Monitoreo de Extracciones Efectivas: Programa informático administrado por la Dirección General de Aguas donde los Usuarios de Aguas registran sus obras de captación, los derechos de aprovechamientos asociados y entregan la información de las extracciones de aguas que realizan en la obra.

Usuarios de Aguas: Corresponde a las organizaciones de usuarios o al propietario exclusivo de un acueducto que extraiga aguas de una corriente natural.

Artículo 2. Disposiciones Generales. En el presente reglamento se explicitan los plazos, criterios y condiciones necesarios para aplicar las resoluciones fundadas que dicte la DGA para dar cumplimiento a la obligación de instalar y mantener un Sistema de Medición y Transmisión que permita controlar, aforar e informar el agua que extraen los Usuarios de Aguas desde una corriente natural, incluidas las aguas extraídas desde obras de acumulación ubicadas sobre el cauce natural.

La obligación del artículo 38 del Código de Aguas se aplica a los Usuarios de Aguas.

Los Usuarios de Aguas deberán contar, a lo menos, con una bocatoma con compuertas de cierre y descarga, y un canal que permita devolver las aguas o su exceso al cauce de origen, conforme a lo dispuesto en los artículos 38, 151 y siguientes del Código de Aguas.

Adicionalmente, los Usuarios de Aguas de derechos de aguas superficiales no consuntivos, deberán instalar un sistema de medición en el punto de restitución, de acuerdo a lo señalado el artículo 307 bis del Código de Aguas.

Artículo 3. Condiciones Técnicas de los Dispositivos de Control y Aforo. En el presente artículo se definen las condiciones técnicas que deberán cumplir los Usuarios de Aguas respecto de los dispositivos de control y aforo de sus obras de captación.

3.1 Esquema General. Los dispositivos de control y aforo deberán tener las características que se detallan en los esquemas de las Figuras Nº 1 y Nº 2, siguientes.

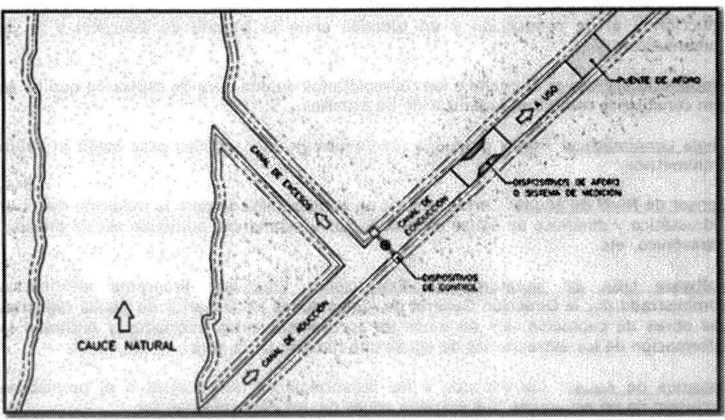

Figura Nº 1. Esquema general de la obra de captación situada en cauce natural y su respectivo canal de aducción, canal de excesos, compuerta, canal de conducción, dispositivos de aforo o sistema de medición y puente de aforo o sección para aforo DGA.

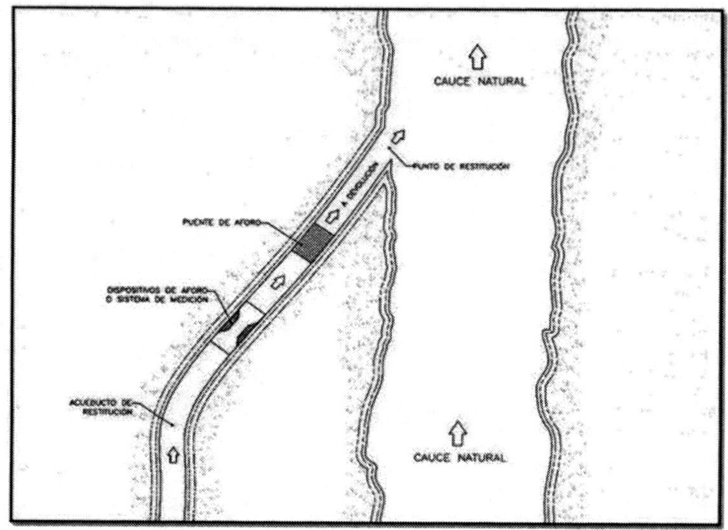

Figura Nº 2. Esquema general de la Obra de Restitución situada en cauce natural y su respectivo acueducto de restitución, dispositivos de aforo o sistema de medición, puente de aforo o sección para aforo DGA y canal de devolución.

3.2 Dispositivos de Control. Los dispositivos de control, dependiendo del conducto hidráulico de que se trate, deberán tener las siguientes características:

3.2.1. En Canales. Los Usuarios de Aguas que tengan un canal de aducción, ya sea abierto o cerrado, sin flujo a presión, deberán instalar y operar compuertas que permitan regular el paso de agua desde el canal de aducción hacia el canal de conducción, conforme la Figura Nº 1, del numeral 3.1 del presente artículo, pudiendo ser de cualquier tipo que cumpla con la función de solo dejar pasar hacia él, como máximo, el caudal correspondiente a la suma de todos los derechos de aprovechamiento de agua que se ejerzan a través de dicha bocatoma. Lo anterior también aplica para bocatomas construidas en obras de acumulación de agua, tales como embalses y presas erigidas en cauces naturales.

Los Usuarios de Aguas deberán emplear en el canal de conducción los Dispositivos de Control, como compuertas, que regulen el paso de las aguas, independiente de cuál sea su material de fabricación y su mecanismo de apertura y cierre.

3.2.2. En Tuberías. Los Usuarios de Aguas que tengan un acueducto de aducción con flujo a presión deberán instalar y operar Dispositivos de Control, tales como válvulas, entre otros, que permitan regular el paso de agua desde la tubería de aducción hacia la tubería de conducción o canal, los que deberán dejar pasar el caudal correspondiente a la suma de todos los derechos de aprovechamiento de agua que se ejerzan a través de dicha bocatoma. Lo anterior también aplica para bocatomas construidas en obras de acumulación de agua, tales como embalses y presas erigidas en cauces naturales.

3.3. Dispositivos de Aforo o Sistema de Medición dispuestos en Canales. En los canales de conducción, ya sean abiertos o cerrados, sin flujo a presión, de todas las captaciones de aguas superficiales corrientes o detenidas de cauces naturales, los Usuarios de Aguas deberán instalar y operar un Sistema de Medición que asegure desde un punto de vista técnico, hidráulico y de seguridad, el correcto aforo. Para ello deberán considerar como mínimo, un aforador o sección de aforo y su respectiva curva de descarga que permita establecer la relación altura-caudal, una regla limnimétrica, un sensor de nivel y un data logger. Lo anterior, también será obligatorio para Usuarios de Aguas que realicen extracciones desde bocatomas edificadas en obras de acumulación de agua, tales como embalses o presas construidas en cauce natural.

Cualquiera sea el tipo que se instale, el Usuario de Aguas deberá realizar la medición de la altura limnimétrica y disponer de la curva de descarga asociada, que permita estimar los caudales pasantes.

Será obligatoria para el Usuario de Aguas la instalación de una regla limnimétrica a la vista, ubicada en la misma sección donde se instale el sensor de nivel.

El Usuario de Aguas deberá procurar que el Sensor de Nivel de Aguas y el data logger a instalar, así como la fuente de energía eléctrica de éstos, cuenten con las siguientes características:

3.3.1. Sensor de Nivel de Aguas. Para los niveles de exigencia que correspondan, conforme lo establecido en el Cuadro Nº 6, contenido en el numeral 7.1. del artículo 7 del presente Reglamento, los Sistemas de Medición dispuestos en Canales deberán contemplar la instalación de un sensor de nivel de aguas, que tenga la capacidad de registrar la misma altura limnimétrica que la escala o regla limnimétrica habilitada en la sección de aforo correspondiente. El sensor de nivel de aguas deberá estar permanentemente calibrado y correlacionado con la regla limnimétrica instalada en el Sistema de Medición, de manera que las mediciones que registre el sensor coincidan con las obtenidas de la Regla limnimétrica.

Este sensor deberá tener las características mínimas indicadas en el Cuadro Nº 1, que a continuación se indica:

Característica	Descripción
Variable medida	Altura limnimétrica medida en centímetro (cm), sin decimales.
Señal de salida	Cualquiera que sea compatible con el puerto de entrada del data logger que el usuario seleccione (el data logger debe ser capaz de leer la señal de salida del sensor).

Cuadro Nº 1. Características mínimas que debe tener el sensor de nivel.

El sensor de nivel a instalar deberá cumplir con las características indicadas en el cuadro anterior, el que deberá instalarse de conformidad a las indicaciones del fabricante.

3.3.2. Data logger. De conformidad a las exigencias establecidas en el Cuadro Nº 6, contenido en el numeral 7.1. del artículo 7 del presente Reglamento, los Sistemas de Medición dispuestos en Canales deberán contemplar la instalación de un data logger que permita el almacenamiento de la información registrada por los sensores.

Dicho equipo deberá ser instalado por el Usuario de Aguas, debiendo tener los puertos de conexión adecuados al sensor de nivel y a la antena o cable transmisor de salida, cuando corresponda. El sensor de nivel deberá estar permanentemente conectado al data logger.

El data logger deberá tener la capacidad de mantener datos respaldados por a lo menos 3 años, debiendo, además, indicar la fecha y hora de medición, debiendo ser configurado a la hora UTC-4. La Dirección General, cuando lo estime pertinente, podrá requerir y solicitar la información que se obtenga.

El data logger deberá contar con un mecanismo que permita acceder desde un computador portátil a la lectura y descarga de la información almacenada en éste.

Se podrá prescindir de la instalación de un data logger si el sensor de nivel tiene incorporado internamente un sistema de registro con capacidad suficiente para respaldar al menos 3 años de datos, permita la extracción de los datos desde un computador portátil y pueda transmitir los registros directamente al Centro de Control.

Los Usuarios de Aguas integrantes de una Junta de Vigilancia registrada en el Catastro Público de Aguas podrán prescindir de la instalación de un data logger, en la medida que el sensor de nivel pueda transmitir los registros directamente a un Centro de Control administrado por dicha Junta de Vigilancia.

La Dirección General de Aguas podrá, en cualquier momento, concurrir a la obra de captación y rescatar directamente la información respaldada en el data logger o directamente desde el sensor.

3.3.3. Fuente de energía eléctrica. Tanto el sensor de nivel como el data logger deberán tener una dotación de energía eléctrica continua e ininterrumpida.

3.4. Dispositivos de Aforo o Sistema de Medición dispuestos en Tuberías. En aquellas captaciones donde las aguas se conduzcan por tubería a presión o por canales cerrados a sección llena y flujo a presión, los Usuarios de Aguas deberán instalar y operar un Dispositivo de Aforo que estará comprendido de un flujómetro y de un data logger, debiendo este último tener puertos de conexión a la antena de transmisión, al flujómetro y a un computador portátil para la lectura y descarga de la información almacenada, conforme a lo establecido en los numerales 3.4.1. y 3.4.2. siguientes.

El Usuario de Aguas deberá procurar que el flujómetro y el data logger a instalar, así como la fuente de energía eléctrica que deben tener, cumplan con las características que se indican a continuación:

3.4.1. Flujómetro. El sensor para medir volúmenes extraídos que deberá instalarse en la tubería a presión, denominado también como "flujómetro", deberá tener las características mínimas indicadas en el Cuadro Nº 2, siguiente:

Característica	Descripción
Variables medidas	Volumen extraído (metros cúbicos, m³), idealmente que también mida directamente caudal (litros por segundo, l/s). El caudal puede obtenerse a partir del volumen extraído por hora. El volumen se debe expresar sin decimales y el caudal, con 2 decimales.
Principio de medición	Electromagnético, de ultrasonido, mecánico u otro.
Señal de salida	Cualquiera que sea compatible con el puerto de entrada del data logger que el usuario seleccione (el data logger debe ser capaz de leer la señal de salida del sensor).
Máximo error de medición	5%. Para acreditar el máximo error de medición el Usuario de Aguas debe tener un documento del flujómetro (marca y modelo) donde se indique su porcentaje de error o, en su defecto, un certificado emitido por algún laboratorio de calibración y/o de contrastación que indique el porcentaje de error del flujómetro (marca, modelo y número de serie). Este documento deberá tener una antigüedad máxima, la que será indicada en las resoluciones regionales fundadas en la que se determine qué nivel de exigencia le corresponderá a cada Usuario de Aguas.
Rango de medición	Debe abarcar a lo menos entre el 20% y hasta el 120% del caudal total autorizado en la obra de captación.

Cuadro Nº 2. Características mínimas que debe tener el flujómetro.

Para efectos de la instalación del flujómetro, el Usuario de Aguas deberá seguir las especificaciones técnicas señaladas por el fabricante del equipo. En caso que no se contemplen especificaciones técnicas, deberá ceñirse a las indicaciones contenidas en el Cuadro Nº 3, siguiente:

Aspecto	Indicación
Distancia mínima entre el flujómetro y la singularidad aguas arriba	Éstas deberían proyectarse a una distancia igual o superior a los 10 diámetros (se refiere al diámetro externo de la tubería donde se instala el medidor).
Distancia mínima entre el flujómetro y la singularidad aguas abajo	Éstas deberían proyectarse a una distancia igual o superior a los 5 diámetros (se refiere al diámetro externo de la tubería donde se instala el medidor).
Distancia máxima entre el flujómetro y la obra de captación	200 metros. La DGA podrá aceptar una distancia mayor a 200 metros cuando el Usuario de Aguas haya subido al Software DGA de Monitoreo de Extracciones Efectivas, específicamente en los documentos de la obra de captación respectiva, una declaración jurada que señale que no existen bypass, situaciones de infiltración o singularidades que produzcan pérdidas entre la captación y el medidor de flujo.
Disposición de la tubería donde se instala el flujómetro	La tubería debe siempre estar llena de líquido, por lo que debe estar instalada en posición horizontal o vertical con flujo ascendente. No debe instalarse el flujómetro en tubería vertical con salida libre.
Ubicación respecto a la bomba	No debe instalarse el flujómetro en la sección de succión de la bomba.
Bypass o ramificaciones	No debe existir un bypass en la tubería desde el punto de captación (pozo) hasta el flujómetro, es decir, evitar tener ramificación en otra tubería en ese trayecto.

Cuadro Nº 3. Indicaciones para la instalación del flujómetro.

El Usuario de Aguas deberá hacer las adecuaciones que correspondan a su sistema de tuberías de tal forma de dar cumplimiento a lo indicado en el Cuadro Nº 3 precedente.

3.4.2. Data logger conectado al flujómetro. El data logger a instalar por el Usuario de Aguas deberá contar con los mismos requerimientos técnicos indicados en el numeral 3.3.2. del artículo 3º del presente Reglamento, teniendo en consideración que deberá almacenar cada una hora los datos del totalizador y caudal, y, además, deberá tener puertos de conexión a la antena de transmisión, a dicho flujómetro y a un computador portátil para la lectura y descarga de la información almacenada.

3.4.3. Fuente de energía eléctrica. Tanto el flujómetro como el data logger deberán contar con suministro de energía eléctrica continua e ininterrumpida.

3.5 Dispositivos de Aforo en Puntos de Restitución. Para los puntos de restitución de derechos de aprovechamiento de aguas no consuntivos, el Sistema de Medición a instalar por el Usuario de Aguas deberá ser el indicado en el numeral 307.3 de este artículo, en el caso que la restitución al cauce natural se realice mediante un canal que no tenga flujo a presión, o el indicado en el numeral 3.4. del presente artículo, en el caso que la restitución a la fuente se realice mediante una tubería o canal que tenga flujo a presión. Para casos especiales en que no sea posible emplear alguno de los Sistemas de Medición ya indicados, el Usuario de Aguas podrá solicitar a la Dirección Regional de Aguas la implementación de algún otro procedimiento que le permita obtener los caudales, lo cual será evaluado y autorizado mediante resolución fundada, en la medida que se acredite la imposibilidad.

Artículo 4. Registro de Obra en el Software DGA de Monitoreo de Extracciones Efectivas. Previo a remitir la información de extracciones al Software DGA de Monitoreo de Extracciones Efectivas, el Usuario de Aguas o quien sea mandatado por éste para hacerlo, a través de un poder que deberá constar en escritura pública o documento suscrito ante notario que acredite su representación para estos fines, deberá registrar su obra de captación en dicho software, lo que también se aplicará en el caso de obras de restitución. El sistema otorgará un Código de Obra de Captación o un Código de Obra de Restitución, según sea el caso.

Como parte del Registro de Obra de captación y/o restitución en el Software DGA de Monitoreo de Extracciones, deben indicarse los derechos de aprovechamientos de aguas que se ejercen en dicha obra, sus titulares, los representantes legales en caso de existir, y las características del sistema de medición y de transmisión, todo de acuerdo a los campos a completar en dicho software.

Al respecto, los Usuarios de Aguas deberán mantener actualizada en el Software DGA de Monitoreo de Extracciones Efectivas la información de cada obra de captación, de los derechos de aprovechamiento de aguas asociados a dichas obras, de los titulares de ellos y sus representantes legales. Asimismo, los Usuarios de Aguas deberán mantener actualizada la información sobre modificaciones en el Sistema de Medición y/o en el Sistema de Transmisión.

Será obligatorio para los Usuarios de Aguas disponer, en forma visible en la obra de captación o de restitución, el Código QR que le asignará el Software DGA de Monitoreo de Extracciones Efectivas.

Artículo 5. Condiciones Técnicas del Sistema de Transmisión. El Sistema de Transmisión al Software DGA de Monitoreo de Extracciones Efectivas que los Usuarios de Aguas deben instalar corresponde al conjunto de elementos que les permitirán remitir los datos medidos al Software DGA de Monitoreo de Extracciones Efectivas.

Independientemente del Sistema de Transmisión empleado, el Usuario de Aguas es el responsable de la información proporcionada de la obra de captación al Software DGA de Monitoreo de Extracciones Efectivas.

Existen tres tipos de Sistemas de Transmisión: Online, por Archivo y por Formularlo, los que se tratan a continuación:

5.1. Transmisión Online. El Sistema de Transmisión Online contendrá los siguientes componentes:

5.1.1. Transmisión Instantánea. Corresponde al conjunto de elementos que permiten el envío de los datos desde el data logger o directamente desde los sensores a un Centro de Control.

Los Usuarios de Aguas deben utilizar un medio de Transmisión Instantánea, preferentemente de la Junta de Vigilancia a la que pertenecen, aunque puede ser propio o de un tercero que le preste el servicio, empleando alguna de las tecnologías de transmisión remota disponibles en su territorio.

Cada data logger o sensor, según corresponda, deberá contar con el equipo adecuado para enviar los datos registrados hacia el Centro de Control.

5.1.2. Centro de Control. Corresponde al sitio donde se recopilan los datos medidos desde una o más obras de captación.

El Usuario de Aguas deberá emplear un Centro de Control, preferentemente de la Junta de Vigilancia a la que pertenece, aunque puede ser propio o de un tercero que le preste el servicio.

En todo caso, si el Usuario de Aguas emplea un Centro de Control que no es de la Junta de Vigilancia que tiene jurisdicción en el territorio donde el derecho de aguas es ejercido, deberá entregar la información de los caudales extraídos a dicha organización de usuarios, en virtud de lo establecido en los artículos 241, 263, 274 y 278 del Código de Aguas.

En el caso que el flujómetro no mida directamente caudales y el data logger no tenga la capacidad tecnológica de entregar un valor inmediato de caudal, este parámetro deberá obtenerse en el Centro de Control, ocupando para ello los datos registrados por el equipo que corresponda, según el Sistema de Medición instalado. En el caso de Dispositivos de Aforo o Sistema de Medición dispuestos en Canales, deberá obtenerse el caudal a partir de las mediciones del Sensor de Nivel y la curva de descarga respectiva. En el caso de Dispositivos de Aforo o Sistema de Medición dispuestos en Tuberías, deberá obtenerse el caudal a partir del volumen de agua extraído o restituido, según sea el caso, en el lapso de tiempo que corresponda según la frecuencia de medición ordenada.

En el Centro de Control se deben respaldar los datos medidos y los de caudales obtenidos de a lo menos los últimos tres años, indicando la fecha y la hora de medición. La DGA, cuando lo estime pertinente, podrá requerir acceso a los datos respaldados en el Centro de Control, debiendo el Usuario de Aguas dar dicho acceso de forma inmediata, ya sea virtual o físicamente, al mismo Centro de Control.

Como parte del Centro de Control, adicionalmente al equipo receptor de los datos transmitidos desde los data logger o directamente desde los sensores, deberá existir una pieza de software capaz de procesar los datos recibidos, transformarlos en formato XML y enviarlos a la Dirección General de Aguas mediante el consumo de un servicio web (web service) destinado a recepcionar los datos del Monitoreo de Extracciones.

5.1.3. Transmisión al Software DGA de Monitoreo de Extracciones Efectivas. Corresponde al envío de los datos desde el Centro de Control al Software DGA de Monitoreo de Extracciones Efectivas mediante el consumo de un web service, de conformidad a lo dispuesto en el numeral anterior.

El Usuario de Aguas, para efectos de la transmisión online de los datos, deberá seguir los esquemas descritos en las Figuras N° 3, para sistemas de transmisión online en Canales, y N° 4, para sistemas de transmisión online en tuberías a presión, ambas contenidas en el presente numeral.

Respecto de los datos transmitidos, éstos deberán cumplir con lo indicado en los Cuadros N° 4 y N° 5, incorporados en el artículo 6° del presente Reglamento.

Los formatos de envío de datos y consumo del servicio web estarán disponibles en el sitio institucional de la Dirección General de Aguas (www.dga.cl).

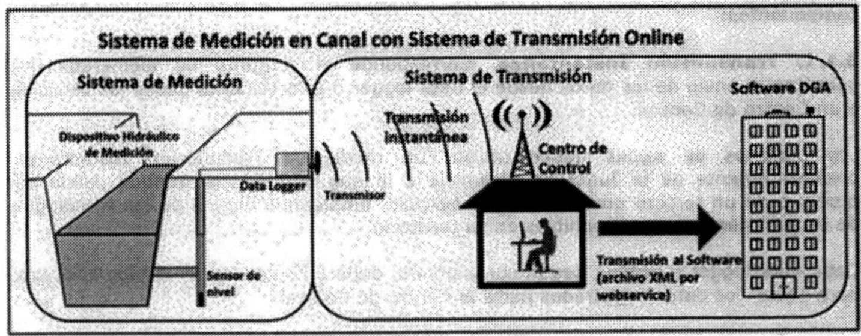

Figura N° 3. Esquema de Sistema de Medición en Canales con Sistema de Transmisión Online.

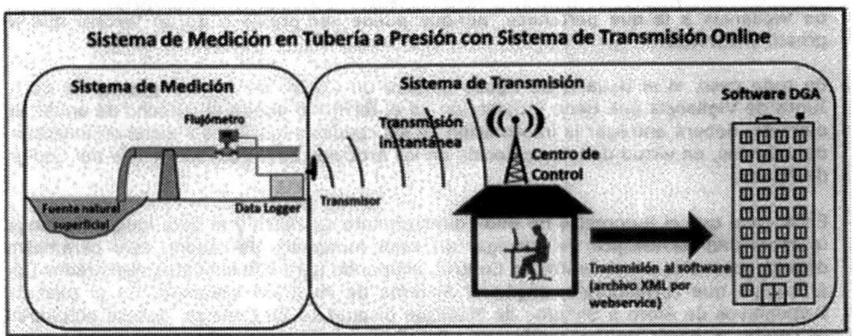

Figura N° 4. Esquema de Sistema de Medición en Tubería con Sistema Transmisión Online.

5.2. Transmisión por Archivo. El Sistema de Transmisión por Archivo consiste en la subida de una hoja de cálculo electrónica compatible con el Software DGA de Monitoreo de Extracciones Efectivas.

Este archivo deberá cumplir con el formato establecido por la DGA, que estará disponible en el sitio institucional de la DGA (www.dga.cl) de tal forma que sea compatible con el Software DGA de Monitoreo de Extracciones Efectivas.

Para lo anterior, el Usuario de Aguas deberá adecuar la información al formato establecido por la DGA e ingresar al Software DGA de Monitoreo de Extracciones Efectivas y subir dicho archivo al Sistema.

El Usuario de Aguas, para efectos de la transmisión por archivo de los datos, deberá seguir los esquemas descritos en las Figuras Nº 5, para sistemas de transmisión por archivo en canales, y Nº 6, para sistemas de transmisión por archivo en tuberías a presión, ambas contenidas en el presente numeral.

Respecto de los datos transmitidos, éstos deberán cumplir con lo indicado en los Cuadros Nº 4 y Nº 5, incorporados en el artículo 6º del presente Reglamento.

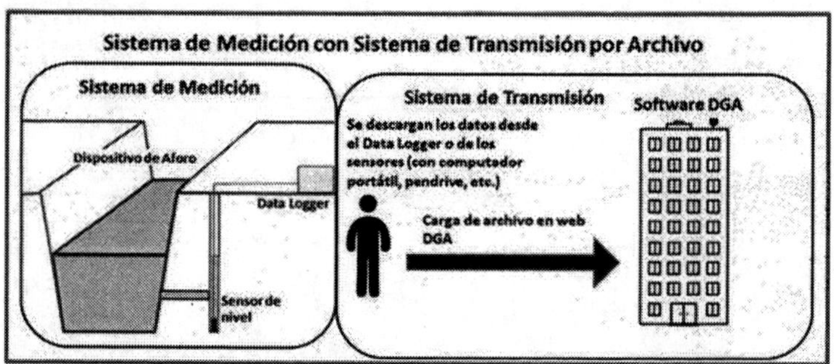

Figura Nº 5. Esquema de Sistema de Medición en Canal con Sistema de Trasmisión por Archivo.

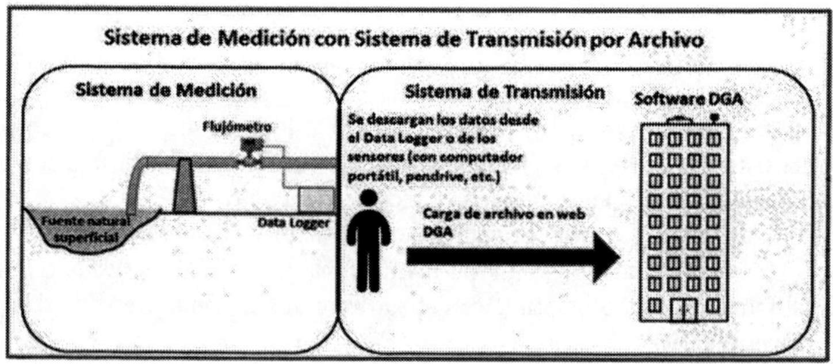

Figura Nº 6. Esquema de Sistema de Medición en Tubería con Sistema de Transmisión por Archivo.

5.3 Transmisión por Formulario. El Sistema de Transmisión por Formulario consiste en el tipeo manual, en el Software DGA de Monitoreo de Extracciones Efectivas de Aguas del dato de caudal tomado en terreno. El Usuario de Aguas, en este caso, no tendrá la obligación de registrar la altura limnimétrica.

El Usuario de Aguas, para efectos de la transmisión por formulario, deberá seguir el esquema descrito en la Figura N° 7, contenida en el presente numeral.

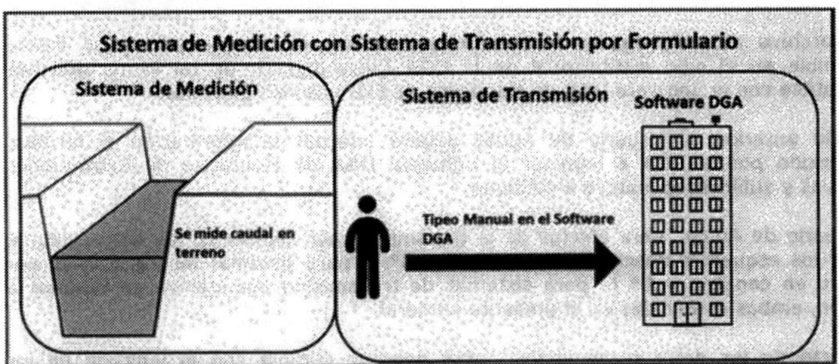

Figura N° 7. Esquema de Sistema de Medición con Sistema de Transmisión por Formulario.

Artículo 6. Datos que deben ser remitidos al Software DGA de Monitoreo de Extracciones Efectivas. Los datos que deben ser remitidos por los Usuarios de Aguas al Software DGA de Monitoreo de Extracciones Efectivas por cada medición se define en los Cuadros N° 4 y N° 5, contenidos en el presente artículo.

Variable	Ejemplo de Dato	Descripción
CÓDIGO DE LA OBRA DE CAPTACIÓN O DE RESTITUCION	OB-0501-203	Código que entrega el Software DGA de Monitoreo de Extracciones Efectivas cuando se ingresen los datos de la obra de captación o restitución.
FECHA DE MEDICIÓN	28-06-2018	Fecha de la medición (dd:mm:aaaa).
HORA DE MEDICIÓN	15:00:00	Hora de la medición (hh:mm:ss). Como se muestra en el "*Ejemplo de Dato*" la hora de medición y registro debe corresponder a una hora entera o completa (sin fracción de minutos). Formato de 24 horas. La hora de medición informada debe corresponder a la hora UTC-4.
ALTURA LIMNIMÉTRICA en centímetros (cm)	56	Altura limnimétrica en cm. Sin decimales
CAUDAL en litros por segundo (l/s)	6,27	Caudal medido en l/s. Con 2 decimales.

Cuadro Nº 4. Datos que deben ser remitidos al Software DGA de Monitoreo de Extracciones Efectivas por cada medición en Canales.

Variable	Ejemplo de Dato	Descripción
CÓDIGO DE LA OBRA DE CAPTACIÓN O DE RESTITUCION	OB-0501-203	Código que entrega el Software DGA de Monitoreo de Extracciones Efectivas cuando se ingresen los datos de la obra de captación o de restitución según sea el caso.
FECHA DE MEDICIÓN	28-06-2018	Fecha de la medición (dd:mm:aaaa).
HORA DE MEDICION	15:00:00	Hora de la medición (hh:mm:ss). Como se muestra en el "*Ejemplo de Dato*" la hora de medición y registro debe corresponder a una hora entera o completa (sin fracción de minutos). Formato de 24 horas. La hora de medición informada debe corresponder a la hora UTC-4.
CAUDAL en litros por segundo (l/s)	6,27	Caudal medido en l/s. Con 2 decimales.
TOTALIZADOR en metros cúbicos (m3)	205689	Valor del totalizador del flujómetro en metros cúbicos. El valor debe ser el acumulado histórico desde el momento de la instalación. Sin decimales. Sin separador de miles.

Cuadro Nº 5. Datos que deben ser remitidos al Software DGA de Monitoreo de Extracciones Efectivas por cada medición en Tubería.

Artículo 7. Criterios y Niveles de Exigencia (Estándares). Se definen 4 Niveles de Exigencia o Estándares: Mayor, Intermedio, Menor y Caudales muy pequeños.

Para que las condiciones técnicas y los plazos para la instalación del Sistema de Medición, Sistema de Trasmisión, el registro de la obra en el Software DGA de Monitoreo de Extracciones Efectivas y el comienzo de las transmisiones de los datos de extracciones sean acordes a la realidad de cada Usuario de Aguas, las Direcciones Regionales de Aguas, mediante resolución fundada, deberán determinar el nivel de exigencia que le corresponderá a cada Usuario de Aguas.

Los criterios que deberán emplear las Direcciones Regionales de la Dirección General de Aguas en dichas resoluciones fundadas, a fin de determinar el nivel de exigencia que le corresponderá a cada Usuario de Aguas, serán los siguientes:

a) Criterio "territorio": estará definido por Cuenca, Subcuenca o jurisdicción de la Junta de Vigilancia donde está ubicada la obra de captación.

b) Criterio "caudal": considera el caudal total de todos los derechos de aprovechamiento de agua que se ejercen en una obra de captación. Para el caso de obras de restitución, será el caudal total de todos los derechos de aprovechamiento de agua que se restituyen mediante dicha obra.

En el caso de Exigencia Mayor e Intermedia, el dispositivo de aforo o sistema de medición a instalar deberá contar con transmisión Online, mientras que para Exigencia Menor el Usuario de Aguas podrá optar por un sistema de Transmisión a la DGA Online o por Archivo.

Los Usuarios de Aguas de Nivel de Exigencia Mayor deberán considerar una Sección de Aforo para fiscalización de la DGA, la cual deberá disponer de una pasarela que permita realizar las mediciones en forma segura y de una regla limnimétrica adyacente al emplazamiento de la pasarela, visible desde cualquier punto al interior de ésta.

Para los Usuarios de Aguas a quienes les corresponda el estándar o Nivel de exigencia para caudales muy pequeños, el Sistema de Medición podrá ser cualquier método basado en la relación área-velocidad o tiempo-volumen. El Sistema de Transmisión al Software DGA de Monitoreo de Extracciones Efectivas será por Formulario.

7.1. Elementos obligatorios según Nivel de Exigencia en Canales. En el Cuadro Nº 6, contenido en el presente numeral, se indican con el símbolo "x" (equis) los elementos obligatorios para los Usuarios de Aguas en cada nivel de exigencia para los Dispositivos de Aforo en Canales:

Elementos obligatorios			Nivel de Exigencia			
			Caudales muy pequeños	Menor	Intermedia	Mayor
Sistema de Medición	Dispositivo de aforo o Sistema de Medición			x	x	x
	Curva de descarga			x	x	x
	Regla Limnimétrica			x	x	x
	Sensores	Altura Limnimétrica (Nivel de aguas)		x	x	x
	Data Logger *			x	x	x
	Relación área velocidad o tiempo-volumen		x			
Sección para Aforo DGA	Sección Aforo DGA					x
	Regla Limnimétrica					x
	Curva de descarga					x
Transmisión a la DGA	Online				x	x
	Por Archivo			x		
	Formulario		x			

Cuadro Nº 6. Elementos obligatorios para los Dispositivos de Aforo o Sistema de Medición en Canales.

*: Los Usuarios de Aguas integrantes de una Junta de Vigilancia registrada en el Catastro Público de Aguas podrán prescindir de la instalación de un data logger en la medida que el sensor de nivel pueda transmitir los registros directamente al Centro de Control.

7.2. Elementos obligatorios según Nivel de Exigencia en Tuberías. En el Cuadro Nº 7, contenido en el presente numeral, se indican con un símbolo "x" (equis) los elementos obligatorios para los Usuarios de Aguas en cada nivel de exigencia para los Dispositivos de Aforo o Sistemas de Medición dispuestos en Tuberías:

Elementos obligatorios		Nivel de Exigencia			
		Caudales muy pequeños	Menor	Intermedia	Mayor
Dispositivo de aforo o Sistema de Medición	Flujómetro	x	x	x	x
	Data Logger *		x	x	x
Transmisión a la DGA	Online			x	x
	Archivo		x		
	Formulario	x			

Cuadro Nº 7. Elementos obligatorios para los Dispositivos de Aforo o Sistema de Medición dispuestos en Tuberías.

*: Los Usuarios de Aguas integrantes de una Junta de Vigilancia registrada en el Catastro Público de Aguas podrán prescindir de la instalación de un data logger en la medida que el sensor de nivel pueda transmitir los registros directamente al Centro de Control.

7.3. Frecuencias de medición, transmisión y desfase entre la medición y transmisión. Los Usuarios de Aguas deberán cumplir, conforme a lo dispuesto en el Cuadro Nº 8, contenido en el presente numeral, la frecuencia de medición, frecuencia de transmisión y el desfase entre la medición y transmisión para los distintos estándares:

Componente	Caudales muy pequeños	Menor	Intermedia	Mayor
Frecuencia de Medición	1 medición/mes	1 medición/mes	1 medición/hora	1 medición/hora
Frecuencia de Transmisión	1 transmisión/mes	1 transmisión/mes	1 transmisión/medición	1 transmisión/medición
Desfase entre la Medición y la Transmisión	Máximo 1 mes	Máximo 1 mes	Máximo 7 días	Máximo 7 días

Cuadro Nº 8. Frecuencias de medición, transmisión y desfase entre la medición y transmisión.

Los Usuarios de Aguas que estén en nivel de exigencia Caudales Muy Pequeños o Menor deberán realizar las mediciones de enero dentro de los primeros 10 días de dicho mes y las mediciones de diciembre dentro de los últimos 10 días de dicho mes.

7.4. Caudales. Las Direcciones Regionales DGA dictarán resoluciones fundadas que, considerando los criterios de territorio y caudales, determinarán los estándares a cumplir por los titulares de derechos de aprovechamiento de aguas.

Los caudales corresponderán a la suma de todos los caudales de los derechos de aprovechamientos de aguas superficiales que se ejercen en cada obra de captación.

Artículo 8. Obras de Captación No Habilitadas. Para aquellos titulares de derechos de aprovechamientos de aguas superficiales que se les ordene instalar y mantener sistemas de medición y transmisión de Monitoreo de Extracciones Efectivas, que no tengan obras de captación habilitadas, es decir, no cuenten con las obras necesarias para extraer y conducir las aguas, no les será obligatorio instalar un Sistema de Medición ni de Transmisión, hasta que habilite la obra. Una vez que habilite la obra de captación, antes de comenzar su ejercicio deberá registrar la obra en el Software

DGA de Monitoreo de Extracciones Efectivas y deberá tener instalados los Sistemas de Medición y Transmisión según el estándar que le corresponda al caudal de la suma de todos los derechos de aprovechamientos de aguas superficiales que se ejercen en dicha obra de captación, para luego paralelamente al ejercicio del derecho comenzar las transmisiones según el estándar respectivo.

Artículo 9. Mantención y Protección de los Sistemas. El Usuario de Aguas es el responsable que el Sistema de Medición, el Sistema de Transmisión y la Sección para Aforo DGA operen correctamente en forma permanente, por lo que deberá encargarse y responder por la mantención permanente de todos los componentes de dichos sistemas. Esto incluye, entre otros, la obra civil de soporte de la instrumentación, aforadores, regla limnimétrica, montaje de adaptación de equipos de medición y telemetría, sensores, data logger, cables, antenas, fuentes de energía, así como todo lo relativo a la transmisión de la información.

Por otra parte, los Usuarios de Aguas deben ocuparse y serán responsables de que los Sistemas de Medición y Trasmisión estén protegidos de todos los factores que podrían afectar su correcto funcionamiento.

Artículo 10. Fallas de los Sistemas. Si en algún momento alguno/s de los componentes del Sistema de Medición o del Sistema de Transmisión presenta falla, el Usuario de Aguas deberá informarlo en el Software DGA de Monitoreo de Extracciones Efectivas dentro de los 7 días corridos siguientes de haberse detectado el mal funcionamiento, indicando la fecha y hora de inicio de la falla. También deberá indicar la causa de la falla, las medidas tomadas para retomar en el menor tiempo posible las mediciones y/o transmisiones y fecha proyectada para corregir la deficiencia y/o instalar un nuevo componente.

Artículo transitorio. Los plazos que tendrán los Usuarios de Aguas para la instalación del Sistema de Medición, Sistema de Transmisión, Registro de la obra en el Software DGA de Monitoreo de Extracciones Efectivas y para comenzar a transmitir los datos de extracciones, serán los definidos en el Cuadro N° 9 contenido en el presente artículo, y comenzarán a regir una vez sea publicada en el Diario Oficial la resolución DGA Regional que corresponda, la cual se dictará en el plazo máximo de 24 meses a partir de la fecha de publicación en el Diario Oficial del presente Reglamento.

Componente	Nivel de exigencia caudales muy pequeños	Nivel de exigencia Menor	Nivel de exigencia Intermedio	Nivel de exigencia Mayor
Plazo para instalación de sistema de medición y registro de la Obra de Captación en el Software D.G.A. de M.E.E.	24 meses	24 meses	18 meses	12 meses
Plazo para Instalación de sistema de transmisión y comienzo de transmisiones	30 meses	30 meses	24 meses	18 meses

Cuadro N° 9. Detalle de Plazos para los diferentes componentes.

Anótese, regístrese, tómese razón, comuníquese y publíquese.- SEBASTIÁN PIÑERA ECHENIQUE, Presidente de la República.- Alfredo Moreno Charme, Ministro de Obras Públicas.

Lo que transcribo a Ud. para su conocimiento.- Saluda Atte. a Ud., Cristóbal Leturia Infante, Subsecretario de Obras Públicas.

DECRETO SUPREMO Nº 52, APRUEBA REGLAMENTO SOBRE LA COORDINACIÓN POR PARTE DE LA DIRECCIÓN GENERAL DE AGUAS DE LOS PROGRAMAS DE INVESTIGACIÓN E INVERSIÓN EN RECURSOS HÍDRICOS QUE CUENTEN CON FINANCIAMIENTO DEL ESTADO, DE 2023

Núm. 52.- Santiago, 30 de marzo de 2023.

Vistos:

1. Las facultades que me confiere el artículo 32 Nº 6 del decreto supremo Nº 100, de 2005, del Ministerio Secretaría General de Presidencia, que fija el texto refundido, coordinado y sistematizado de la Constitución Política de la República;

2. El artículo 5 del decreto con fuerza de ley Nº 1/19.653, de 2000, del Ministerio Secretaría General de la Presidencia, que fija el texto refundido, coordinado y sistematizado de la ley Nº 18.575, Orgánica Constitucional de Bases Generales de la Administración del Estado;

3. El decreto con fuerza de ley Nº 850, de 1997, del Ministerio de Obras Públicas, que fija el texto refundido, coordinado y sistematizado de la ley Nº 15.840, de 1964 y del decreto con fuerza de ley Nº 206, de 1960;

4. El decreto con fuerza de ley Nº 1.122, de 1981, del Ministerio de Justicia, que fija el texto del Código de Aguas;

5. La ley Nº 21.435, de 6 de abril de 2022, que reforma el Código de Aguas;

6. La resolución Nº 7, de 2019, de la Contraloría General de la República, y

Considerando:

1. Que, por mandato constitucional, corresponde al Presidente de la República el gobierno y la administración del Estado, tarea que ejerce con la colaboración de los órganos que integran la Administración del Estado,

la cual está al servicio de la persona humana, y su finalidad consiste en promover el bien común, atendiendo las necesidades públicas en forma continua y permanente y fomentando el desarrollo del país a través del ejercicio de las atribuciones que le confieren la Constitución y las leyes.

2. Que, de acuerdo al inciso segundo artículo 5º de la ley Nº 18.575, Orgánica Constitucional de Bases Generales de la Administración del Estado, los órganos de la Administración del Estado deberán cumplir sus cometidos coordinadamente y propender a la unidad de acción, evitando la duplicación o interferencia de funciones.

3. Que, el Banco Mundial en su Estudio para el Mejoramiento del Marco Institucional para la Gestión del Agua, desarrollado en el año 2013, concluye que uno de los mayores problemas en la gestión de aguas en Chile es la débil coordinación en múltiples niveles, por lo que es urgente establecer mecanismos que incrementen la coordinación interinstitucional pública y privada, tanto a nivel horizontal como vertical con oficinas locales y regionales. En este sentido, en el citado estudio se identifican varias instituciones que intervienen o que tienen potestades legales para ejecutar o promover inversiones en la materia, así como también otras que tienen facultades para fomentar la generación de conocimiento técnico, destacándose la necesidad urgente de complementar y coordinar sus esfuerzos para alinear dichas iniciativas en el marco de una planificación hídrica efectiva.

4. Que, el Código de Aguas, en su artículo 299 letra b) número 3, establece que la Dirección General de Aguas tendrá la atribución y función de "Coordinar los programas de investigación e inversión que corresponda a las entidades del sector público y a las privadas que realicen esos trabajos con financiamiento parcial del Estado. Un reglamento establecerá el procedimiento, modalidad y plazos en que las respectivas entidades informarán a la Dirección General de Aguas sobre las inversiones, los llamados a concurso, las investigaciones y los informes finales de las mismas".

5. Que, a continuación, el mismo artículo establece que "la negativa o el incumplimiento de la entrega de la información solicitada se estimará como una grave vulneración del principio de probidad administrativa, sin perjuicio de las demás sanciones y responsabilidades que procedan".

6. Que, a partir de lectura de la historia de la ley N° 21.435, de 2022, se desprende que el legislador estimó necesario que la Dirección General de Aguas tenga mayor injerencia en la definición de los temas a investigar o invertir en materia de recursos hídricos que cuenten con financiamiento público. Por lo anterior, las distintas instituciones a cargo de programas asociados a estas temáticas deben informar a la Dirección General de Aguas, de manera que ésta esté en conocimiento de las distintas iniciativas y asegure que no exista duplicidad de esfuerzos con fondos públicos.

7. Que, en atención al mandato legal, el presente reglamento establece el procedimiento, modalidad y plazos que deberán cumplir las entidades del sector público y privado para informar a la Dirección General de Aguas sobre los programas de investigación e inversión que realicen con financiamiento total o parcial del Estado.

Decreto:

Apruébase el siguiente reglamento sobre la coordinación por parte de la Dirección General de Aguas de los programas de investigación e inversión en materia de recursos hídricos que cuenten con financiamiento del Estado:

TÍTULO I
DEL OBJETO DEL REGLAMENTO

Artículo 1. Objeto. El presente reglamento tiene por objeto el establecimiento de un marco de coordinación entre la Dirección General de Aguas, las entidades del sector público y las privadas, que ejecuten programas de investigación e inversión en materia de recursos hídricos con financiamiento parcial del Estado, en cumplimiento de lo dispuesto en el artículo 299 letra b) numeral 3 del Código de Aguas.

Artículo 2. De los coordinados. Para los efectos de la aplicación de las disposiciones establecidas en el presente reglamento, se entenderá por Coordinados a todas las entidades del sector público y las privadas que realicen programas de investigación o inversión con financiamiento parcial del Estado, según identifique la Dirección General de Aguas mediante resolución que dictará dentro del mes de enero de cada año, la cual deberá ser comunicada a dichas entidades y publicada en el sitio web de dicho servicio público.

Artículo 3. Coordinación. La coordinación de los programas de investigación e inversión en recursos hídricos que corresponda, de acuerdo a lo establecido en el artículo 299 letra b) numeral 3, del Código de Aguas y en el presente reglamento será realizada por la Dirección General de Aguas.

Todos los Coordinados estarán obligados a sujetarse a las directrices de la Dirección General de Aguas, proporcionando y actualizando toda la información, en forma oportuna, completa y veraz, que aquélla requiera para el cumplimiento de sus funciones.

TÍTULO II
DEL PROCEDIMIENTO, MODALIDAD Y PLAZOS PARA INFORMAR

Artículo 4. Procedimiento. Los Coordinados deberán enviar a la Dirección General de Aguas la información de sus programas de investigación y/o inversión en recursos hídricos, la que deberá incluir, a lo menos, lo siguiente:

a) Listado de iniciativas de inversión y/o investigación a financiar durante el año en curso, incluyendo sus objetivos, actividades, productos, plazos y montos involucrados.

b) Listado de propuestas de iniciativas de inversión y/o investigación a financiar durante el o los años siguientes, incluyendo sus objetivos, actividades, productos, plazos y montos involucrados.

c) Estado de avance de las iniciativas de inversión y/o investigaciones desarrolladas en el año curso, incluidas las iniciadas en años anteriores y que siguen en curso.

d) Calendario de llamados a concursos, incluyendo sus eventuales actualizaciones.

e) Los informes finales de las iniciativas de inversión e investigación.

f) Listado de iniciativas que hayan sufrido cambios en sus objetivos o en su presupuesto asignado en un monto superior al 30% o termine anticipadamente.

Artículo 5. Modalidad. La Dirección General de Aguas deberá disponer de una plataforma informática que facilite a los Coordinados el envío y la actualización de toda la información requerida en tiempo y forma.

Para lo anterior, los Coordinados deberán dar todas las facilidades a la Dirección General de Aguas para la integración de las distintas plataformas informáticas, pudiendo destinar recursos técnicos y presupuestarios para aquello, de acuerdo a la disponibilidad presupuestaria con que cuente el Servicio.

Artículo 6. Plazos. Los Coordinados deberán enviar a la Dirección General de Aguas la información señalada en el artículo cuatro, al menos, en los siguientes plazos:

a) Entre el 1 y 31 de marzo de cada año.

b) Entre el 1 y 31 de julio de cada año.

Además, ante cualquier consulta de la Dirección General de Aguas, en especial a lo referido en las letras c) y d) del artículo 7 del presente reglamento, los Coordinados deberán remitir sus respuestas dentro del plazo de 15 días hábiles contados desde la notificación de la consulta, la que podrá efectuarse indistintamente a través de soporte electrónico o papel.

Artículo 7. Facultades. Para el cumplimiento de sus funciones, la Dirección General de Aguas podrá:

a) Emitir instrucciones sobre la forma mediante el cual los coordinados remitan la información a la Dirección General de Aguas.

b) Convocar a los Coordinados a reuniones para que expongan sus programas de inversión y/o investigación, según corresponda.

c) Solicitar a los Coordinados aclaraciones o mayores antecedentes sobre la información remitida y los reportes del estado de avance de la ejecución de los programas de inversión y/o investigación.

d) Solicitar a los Coordinados adecuar sus programas de inversión y/o investigación según corresponda, tanto cuando identifique posibles superposiciones, duplicidades o vacíos en los objetivos o actividades planteadas entre programas propios o de otros Coordinados, como cuando no estén alineados con los Planes Estratégicos de Recursos Hídricos en Cuencas establecidos en los artículos 293 bis del Código de Aguas y 13 de la ley Nº 21.455 Marco de Cambio Climático.

e) Solicitar a los Coordinados cualquier otra información que sea necesaria para dar cumplimiento a la ley y su reglamento.

Artículo 8. Procedimiento disciplinario. En atención de lo expresado en el artículo 299 letra b) numeral 3 del Código de Aguas, ante la negativa o el incumplimiento por parte de un Coordinado de la obligación de entrega de la información solicitada, la Dirección deberá remitir los antecedentes al respectivo superior jerárquico para que instruya el inicio de un procedimiento disciplinario por estimarse la comisión de una grave vulneración del principio de probidad administrativa, sin perjuicio de las demás sanciones y responsabilidades que procedan.

Artículo 9. Financiamiento. La Dirección General de Aguas dispondrá de los recursos necesarios para el ejercicio de su función de coordinación, de acuerdo se consulten cada año en la Ley de Presupuestos del Sector Público.

Artículo 10. Informe Final. Durante del mes de diciembre de cada año, la Dirección General de Aguas elaborará un informe anual que dé cuenta tanto del cumplimiento del envío de la información a la que se refiere el artículo 4, como de las respuestas de los Coordinados a las solicitudes señaladas en el artículo 7.

DISPOSICIÓN TRANSITORIA

Artículo único: La Dirección General de Aguas dentro del plazo de 30 días hábiles contados desde la publicación en el Diario Oficial del presente reglamento, deberá dictar una resolución que identifique a las entidades que tendrán la calidad de Coordinados, la cual será comunicada a dichas entidades y publicada en el sitio web de dicho servicio público. La información de los programas de inversión e investigación que al momento de la publicación del presente reglamento se encuentren en curso y los informes finales de los últimos 5 años, deberán ser enviados a la Dirección General de Aguas en un plazo de 60 días hábiles, contados desde la fecha de la publicación en el Diario Oficial de la resolución de la Dirección General de Aguas que apruebe la habilitación de la plataforma informática a la que se refiere el artículo 5 del presente reglamento.

Anótese, regístrese, tómese razón, comuníquese y publíquese.- GABRIEL BORIC FONT, Presidente de la República.- Jessica López Saffie, Ministra de Obras Públicas.

Lo que transcribo a Ud. para su conocimiento.- Saluda Atte. a Ud., José Andrés Herrera Chavarría, Subsecretario de Obras Públicas.

DECRETO SUPREMO Nº 50, APRUEBA REGLAMENTO QUE REGULA LA INFORMACIÓN QUE LA DIRECCIÓN GENERAL DE AGUAS DEBE PROPORCIONAR Y PUBLICAR SOBRE LA RED DE MONITOREO E INVENTARIO DE GLACIARES Y NIEVES, DE 2024

Núm. 50.- Santiago, 20 de marzo de 2023.

Vistos:

1. Las facultades que me confiere el artículo 32 Nº 6 del decreto supremo Nº 100, de 2005, del Ministerio Secretaría General de la Presidencia que fija el texto refundido, coordinado y sistematizado de la Constitución Política de la República;

2. El DFL Nº 850, de 1997, del Ministerio de Obras Públicas, que fija el texto refundido, coordinado y sistematizado de la ley Nº 15.840, de 1964 y del DFL Nº 206, de 1960;

3. El DFL Nº 1.122, de 1981, del Ministerio de Justicia, fija texto del Código de Aguas;

4. El decreto 1.220, de 1997, del Ministerio de Obras Públicas, que aprueba el Reglamento del Catastro Público de Aguas;

5. La ley Nº 21.435, de 6 de abril de 2022, que reforma el Código de Aguas;

6. La resolución Nº 7, de 2019, de la Contraloría General de la República, y

Considerando:

1. Que, con fecha 6 de abril de 2022, se publicó en el Diario Oficial la ley Nº 21.435, que reformó el Código de Aguas.

2. Que, mediante dicha ley se modificó el numeral 1 del literal b) del artículo 299 del citado cuerpo legal, en el sentido de que la Dirección General de Aguas deberá "...mantener y operar la red de monitoreo e inventario de glaciares y nieves, el que incluye tanto mediciones de volumen y acumulación, como sus características y ubicación, debiendo proporcionar

y publicar la información correspondiente, conforme al reglamento dictado al efecto".

3. Que, a través del decreto supremo Nº 1.220, de 1997, del Ministerio de Obras Públicas, se aprobó el Reglamento del Catastro Público de Aguas, el cual en su artículo 29 bis establece que "En el Inventario Público de Glaciares se incluirá la información relativa a los glaciares del territorio nacional. La información que deberá contener será la que se determine por resolución del Director General de Aguas".

4. Que, en virtud de lo señalado en el considerando Nº 2, es necesario establecer un reglamento que regule la información que la Dirección General de Aguas debe proporcionar y publicar, relativa a la Red de Monitoreo e Inventario de Glaciares y Nieves.

Decreto:

1º Apruébase el Reglamento que regula la información que la Dirección General de Aguas debe proporcionar y publicar sobre la Red de Monitoreo e Inventario de Glaciares y Nieves.

TÍTULO I
DISPOSICIONES GENERALES

Artículo 1. Objeto. El presente reglamento tiene por objeto regular la información que la Dirección General de Aguas (en adelante, DGA) debe proporcionar y publicar sobre la Red de Monitoreo e Inventario de Glaciares y Nieves.

Se establece, asimismo, que los Inventarios de Glaciares y Nieves forman parte del Inventario Público Glaciológico (en adelante, IPGL), como una componente integral del Catastro Público de Aguas, que incluye el Inventario Público de Glaciares (en adelante, IPG) y el Inventario Público de Cobertura Nival (en adelante, IPCN). Ambos inventarios cubren todo el territorio nacional del continente sudamericano.

Artículo 2. Definiciones. Para los efectos de este reglamento se establecen las siguientes definiciones:

1. Banco Nacional de Aguas (BNA): Sistema informático desarrollado por la DGA, que considera un manejador de base de datos en el cual se almacenan y consultan datos que recoge la red hidrometeorológica y de monitoreo de glaciares y nieves.

2. Cambio climático: Cambio del clima atribuido directa o indirectamente a la actividad humana que altera la composición de la atmósfera mundial y que se suma a la variabilidad natural del clima observada durante períodos de tiempo comparables.

3. EMAF: Estación Meteorológica Automática Fija, que registra mediante sensores los diferentes parámetros de carácter permanente.

4. EMAM: Estación Meteorológica Automática Móvil, que registra mediante sensores los diferentes parámetros de carácter estacional.

5. Glaciar: Masa de agua terrestre en estado sólido, de ocurrencia natural, que haya perdurado al menos 5 años. Un glaciar contiene hielo, eventualmente neviza y nieve superficial, con evidencia de flujo actual o pasado, independiente de su estado de degradación, cualquiera sea su forma geométrica y ubicación (glaciar de valle, de montaña, efluente, campo de hielo, glaciarete, glaciar rocoso u otros), y su cobertura detrítica superficial al final del período de ablación. Son partes constituyentes de un glaciar, su material detrítico rocoso superficial o incorporado en el interior del glaciar y el agua líquida, tanto superficial como interna.

6. Inventario Público de Cobertura de Nieve (IPCN): Inventario que contiene la información de la superficie de cobertura de nieve anual en el territorio chileno sudamericano.

7. Inventario Público de Glaciares (IPG): Inventario, actualizado en forma decenal, de los cuerpos de hielo glaciar presentes en el territorio nacional.

8. IPGL: Inventario Público Glaciológico, que incluye el IPG y el IPCN.

9. NDSI: Sigla en idioma inglés que significa Índice Diferencial Normalizado de Nieve, es un índice que está relacionado con la presencia de nieve en un pixel.

Se considera que un pixel con NDSI > 0,0 tiene algo de nieve presente. Un píxel con NDSI <= 0,0 es una superficie terrestre sin nieve. El NDSI es particularmente útil para separar la nieve de la vegetación, los suelos y los miembros finales de la litología.

10. Permafrost: Tipo de suelo, sedimento, roca o materia orgánica, con o sin hielo, incluyendo la capa activa (por encima), que permanece a cero grados centígrados de temperatura (0 °C) o por debajo de los cero grados centígrados de temperatura, por dos o más años consecutivos.

11. Red de Monitoreo de Glaciares y Nieves: Red de monitoreo que consta de estaciones implementadas en la cordillera mediante estaciones fijas (EMAF) y móviles (EMAM), registrando datos meteorológicos y glaciológicos en cuencas representativas con presencia permanente o cuasi permanente de hielo y nieve.

TÍTULO II
DE LA RED DE MONITOREO DE GLACIARES Y NIEVES

Artículo 3. Descripción de la Red de Monitoreo de Glaciares y Nieves. La Red de Monitoreo de Glaciares y Nieves, a cargo de la DGA, tiene por objeto medir y registrar datos meteorológicos y glaciológicos a nivel regional y local para realizar estudios glaciológicos y climáticos, incluyendo la respuesta al cambio climático.

La red debe ser implementada en cabeceras de cuencas representativas mediante EMAF, permanentes, en la periferia de glaciares, y EMAM, ubicadas sobre glaciares, generalmente durante el período estival.

Asimismo, la red incluye estaciones para medir el nivel de lagos glaciares; el estado termal del permafrost; estaciones fluviométricas para medir escorrentía en cauces de origen glaciar y/o permafrost; estaciones de nivel del mar en fiordos donde confluyen frentes de glaciares; y estaciones de monitoreo de nieve (rutas de nieve - RN).

En el diseño e implementación de la Red de Monitoreo de Glaciares y Nieves de la DGA, se considerarán las recomendaciones del GCOS/GTOS (Global Climate Observing System /Global Terrestrial Observing System) y GTN-G (Global Terrestrial Network for Glaciers), en relación al monitoreo de variables esenciales del clima (ECVs) en cuencas de montaña.

Artículo 4. El Acceso a la Información. La información deberá publicarse en el sitio web institucional oficial de la Dirección General de Aguas www.dga.cl, para su conocimiento público.

Las tramas de datos originales (en formato crudo) de las estaciones glaciológicas y nivométricas, medidas en cada estación y transmitidas en línea, se podrán consultar en la plataforma satelital de la DGA, donde serán actualizados en forma horaria.

Los parámetros mínimos que cada una de las tramas de datos deberá contener son: temperatura y humedad relativa del aire, presión atmosférica, y dirección y velocidad del viento.

Por otra parte, en el BNA se podrá obtener la información estadística revisada.

Sin desmedro de lo anterior, cualquier persona puede solicitar información específica mediante ley N° 20.285, sobre acceso a la información pública.

TÍTULO III
DEL INVENTARIO PÚBLICO DE GLACIARES

Artículo 5. Descripción del Inventario Público de Glaciares. El Inventario Público de Glaciares corresponde al catastro oficial de los glaciares presentes en territorio chileno sudamericano, en el cual se singulariza cada cuerpo de hielo en forma independiente y se registran sus características particulares.

El Inventario Público de Glaciares es una base de datos en formato vectorial, el cual se debe desplegar en un software SIG (sistema de información geográfico) para su visualización y análisis en modo espacial y alfanumérico.

La Dirección General de Aguas, en el plazo de tres meses contados desde la publicación de este reglamento, dictará una resolución fundada mediante la cual establecerá la codificación y los campos de información para este inventario.

Artículo 6. El Acceso a la Información. El Inventario Público de Glaciares será actualizado, al menos, cada 10 años. Estas actualizaciones serán aprobadas mediante resolución fundada de la DGA, la cual deberá ser publicada dentro del plazo de diez días hábiles contados desde su dictación, con el conjunto de archivos que componen la versión vigente del Inventario Público de Glaciares, en el sitio web institucional oficial de la Dirección General de Aguas www.dga.cl, para su conocimiento público.

Sin desmedro de lo anterior, cualquier persona puede solicitar el IPG en su última versión u otra anterior mediante la ley N° 20.285, sobre acceso a la información pública.

TÍTULO IV
INVENTARIO PÚBLICO DE COBERTURA NIVAL

Artículo 7. Descripción del Inventario Público de Cobertura Nival. El Inventario Público de Cobertura Nival (IPCN) contiene la información de la superficie de cobertura de nieve anual en el territorio chileno sudamericano.

La clasificación de cobertura nival se realizará utilizando el Índice Diferencial Normalizado de Nieve, NDSI según sus siglas en inglés (Normalized Difference Snow Index), basado en datos satelitales.

La Dirección General de Aguas, en el plazo de tres meses contados desde la publicación de este reglamento, dictará una resolución fundada, mediante la cual establecerá los campos de información correspondientes a este inventario.

La evaluación del área de cobertura nival se realizará dentro del último trimestre del año calendario, con los datos disponibles al tercer trimestre de dicho año.

Artículo 8. Acceso a la información. El Inventario Público de Cobertura Nival y sus respectivas actualizaciones anuales serán publicadas en el sitio web institucional oficial de la Dirección General de Aguas, www.dga.cl, para su conocimiento público.

Sin desmedro de lo anterior, cualquier persona puede solicitar el IPCN en su última versión u otra anterior mediante la ley N° 20.285, sobre acceso a la información pública.

Anótese, tómese razón y publíquese.- GABRIEL BORIC FONT, Presidente de la República.- Jessica López Saffie, Ministra de Obras Públicas.

Lo que transcribo a Ud. para su conocimiento.- Saluda Atte. a Ud., José Andrés Herrera Chavarría, Subsecretario de Obras Públicas.

DECRETO SUPREMO Nº 51, APRUEBA REGLAMENTO QUE REGULA EL CONCURSO AL FONDO PARA LA INVESTIGACIÓN, INNOVACIÓN Y EDUCACIÓN EN RECURSOS HÍDRICOS, DEL ARTÍCULO 293 TER DEL CÓDIGO DE AGUAS, DE 2024

Núm. 51.- Santiago, 30 de marzo de 2023.

Vistos:

1. Las facultades que me confiere el artículo 32 Nº 6 de la Constitución Política de la República y el decreto con fuerza de ley Nº 850, de 1997, del Ministerio de Obras Públicas, que fija el texto refundido, coordinado y sistematizado de la ley Nº 15.840, de 1964 y del decreto con fuerza de ley Nº 206, de 1960;

2. Los artículos 293 bis y 293 ter, del decreto con fuerza de ley Nº 1.122 del Ministerio de Justicia, que fija texto del Código de Aguas, modificado por la ley Nº 21.435, del 6 de abril del 2022;

3. El artículo 13 de la ley Nº 21.455, del 13 de junio de 2022, Ley Marco de Cambio Climático;

4. El decreto con fuerza de ley Nº 1-19.175, de 2005 y sus modificaciones, que fija el texto refundido, coordinado, sistematizado y actualizado de la ley Nº 19.175, Orgánica Constitucional sobre Gobierno y Administración Regional;

5. El objetivo Nº 6 de la Agenda 2030 para el Desarrollo Sostenible de las Naciones Unidas, A/RES/70/1, del 21 de octubre de 2015; y

6. La resolución Nº 7, de 2019, de la Contraloría General de la República, que fija normas sobre exención del trámite de toma de razón.

Considerando:

1. Que, los Objetivos de Desarrollo Sostenible (ODS) de la Agenda 2030 de Naciones Unidas llaman a la acción para poner fin a la pobreza, proteger el planeta y mejorar las vidas y perspectivas de las personas en todo el mundo y, particularmente, el ODS Nº 6 señala como su principal objetivo

garantizar la disponibilidad de agua y su gestión sostenible y el saneamiento para todos.

2. Que, el Código de Aguas, en su artículo 293 ter, crea un Fondo para la Investigación, Innovación y Educación en Recursos Hídricos, dependiente del Ministerio de Obras Públicas, que se ejecutará a través de la Dirección General de Aguas, el cual estará destinado a financiar las investigaciones necesarias para la adopción de medidas para la gestión de recursos hídricos y, en particular, para la elaboración, implementación y seguimiento de los planes estratégicos de recursos hídricos en cuencas, establecidos en el artículo 293 bis.

3. Que, el Código de Aguas, en su artículo 293 bis, establece que cada cuenca del país deberá contar con un Plan Estratégico de Recursos Hídricos en Cuencas tendiente a propiciar la seguridad hídrica en el contexto de las restricciones asociadas a cambio climático, el cual será público y será actualizado cada diez años o menos. En este sentido y de conformidad a la normativa citada, corresponde al Ministerio de Obras Públicas dictar un reglamento que establezca el procedimiento y los requisitos específicos para confeccionar los planes estratégicos de recursos hídricos en cuencas.

4. Que, por su parte, el citado artículo 293 bis del Código de Aguas, se encuentra complementado por el artículo 13 de la ley Nº 21.455, de 13 de junio 2022, Ley Marco de Cambio Climático. Dicho artículo define los Planes Estratégicos de Recursos Hídricos en Cuencas como uno de los instrumentos de gestión del cambio climático a nivel local, señalando el mismo objeto al que hace mención el ya mencionado artículo 293 bis, agregando algunos aspectos en su elaboración, además del deber de revisarse cada 5 años, mediante los cuales se busca resguardar la seguridad hídrica. Asimismo, el aludido artículo 13 de la Ley Marco de Cambio Climático, señala que el Ministerio de Obras Públicas estará encargado de la elaboración de los Planes Estratégicos de Recursos Hídricos en Cuencas, en conjunto con el Ministerio del Medio Ambiente; de Agricultura; de Ciencia, Tecnología, Conocimiento e Innovación, de Relaciones Exteriores cuando comprenda cuencas transfronterizas, y de los Consejos Regionales de Cambio Climático respectivos.

5. Que, conforme al literal s) del artículo 3, de la Ley Marco de Cambio Climático, se define seguridad hídrica como la "posibilidad de acceso al agua en cantidad y calidad adecuadas, considerando las particularidades naturales de cada cuenca, para su sustento y aprovechamiento en el tiempo para consumo humano, la salud, subsistencia, desarrollo socioeconómico, conservación y preservación de los ecosistemas, promoviendo la resiliencia frente a amenazas asociadas a sequías y crecidas y la prevención de la contaminación".

6. Que, dicho artículo 293 ter señala que dicho Fondo estará destinado a financiar investigaciones y la adopción de medidas para la gestión de los recursos hídricos y, en particular, para la elaboración, implementación y seguimiento de los planes estratégicos de recursos hídricos en cuencas, complementando que:

a. El Fondo estará constituido por los aportes que se consulten cada año en la Ley de Presupuestos del Sector Público.

b. El MOP dictará un reglamento mediante el cual establecerá la composición del jurado, las bases generales, el procedimiento y la forma de postulación al concurso en base a criterios de distribución preferentemente regional.

c. Anualmente se desarrollará un concurso público por medio del cual se efectuará la selección de las investigaciones y estudios que postulen para ser financiados con cargo al fondo. En todo caso, las postulaciones deberán expresar a lo menos los fines, componentes, acciones, presupuestos de gastos, estados de avance y los indicadores de verificación de éstos.

d. Para efectos de la selección, la Dirección General de Aguas llevará a cabo una evaluación técnica y económica de los proyectos que postulen. Esta evaluación, cuyos resultados serán públicos, se efectuará sobre la base de los criterios de elegibilidad que anualmente aprobará la Dirección General de Aguas. Estos criterios de elegibilidad deberán considerar, al menos, los efectos de la investigación o estudios a nivel nacional, regional o comunal, la población que beneficia o impacta, la situación social o económica del respectivo territorio y el grado de accesibilidad para la comunidad.

Decreto:

1. Apruébase el reglamento que regula el desarrollo del concurso público anual por medio del cual se efectuará la selección de las iniciativas que se postulen para ser financiadas con cargo al Fondo para la Investigación, Innovación y Educación en Recursos Hídricos, conforme al artículo 293 ter del Código de Aguas:

TÍTULO I
DEL FONDO PARA LA INVESTIGACIÓN, INNOVACIÓN Y EDUCACIÓN EN RECURSOS HÍDRICOS

Artículo 1. El Fondo para la Investigación, Innovación y Educación en Recursos Hídricos (en adelante, el Fondo), dependerá del Ministerio de Obras Públicas y se ejecutará a través de la Dirección General de Aguas (en adelante, DGA), quien definirá las políticas e impartirá las instrucciones para la utilización del Fondo.

El Fondo estará constituido por los aportes que se consulten cada año en la Ley de Presupuestos del Sector Público.

Artículo 2. El Fondo estará destinado a financiar la investigación, innovación y educación en recursos hídricos, incluyendo aquellas iniciativas que sean necesarias para la adopción de medidas para la gestión sostenible del agua, en particular, la elaboración, implementación y seguimiento de los planes estratégicos de recursos hídricos en cuencas, en conformidad con los criterios de elegibilidad que anualmente apruebe la DGA, mediante la dictación de una resolución fundada.

De este modo, el Fondo financiará iniciativas orientadas a:

a) La elaboración de los Planes Estratégicos de Recursos Hídricos en Cuencas, considerando, al menos, los aspectos a los que hace referencia el artículo 293 bis del Código de Aguas y el artículo 13 de la ley Nº 21.455, Marco de Cambio Climático.

b) La implementación de los Planes Estratégicos de Recursos Hídricos en Cuenca o de algunos de sus componentes por parte de los organismos de cuencas o de las organizaciones de usuarios de aguas, servicios sanitarios rurales individualmente o conjuntamente con otros servicios sanitarios rurales en la medida que cuenten con el patrocinio del Consejo Consultivo Regional al que se refiere el artículo 68 de la ley N° 20.998, entidades representativas de la sociedad civil, municipalidades, instituciones de educación y centros de investigación, entre otros.

c) La implementación, investigación, innovación y educación de iniciativas necesarias para la adopción de medidas de gestión sostenible del agua. Entre estas iniciativas se incluyen, sin que la lista sea taxativa, aquellas relacionadas con:

i. Recuperación de acuíferos y fuentes superficiales cuya sustentabilidad, en cuanto cantidad y calidad, se encuentre afectada.

ii. Soluciones en materia de acceso a agua potable y saneamiento.

iii. Gestión de las aguas en diferentes tipos de ecosistemas prioritarios para la protección de la biodiversidad, especialmente humedales.

iv. Nuevas fuentes para el aprovechamiento y la reutilización de aguas, con énfasis en soluciones basadas en la naturaleza, tales como la restauración o conservación de humedales, riberas, bosque nativo, prácticas sustentables agrícolas, así como las mejores técnicas disponibles para la desalinización de agua de mar, la reutilización de aguas grises y servidas, la recarga artificial de acuíferos, la cosecha de aguas lluvias y otras que propendan a la seguridad hídrica de las cuencas.

v. Evaluación de los impactos del cambio climático en las cuencas como también, medidas para la mitigación y adaptación de sus efectos, propendiendo a una evaluación integrada de distintas amenazas climáticas para avanzar hacia la resiliencia de los territorios.

vi. Infraestructura hidráulica y,o tecnologías ecohidrológicas que permitan diagnosticar y mejorar la calidad de las aguas, aumentar la eficiencia en el uso del agua en los territorios y velar por la preservación ecosistémica.

vii. Creación y desarrollo de programas de investigación en educación para una nueva cultura del agua.

viii. Creación y desarrollo de programas de capacitación, educación y transferencia tecnológica en áreas rurales, destinados a la instrucción y perfeccionamiento de personas y comunidades rurales para fortalecer la gestión del agua en sus territorios.

ix. Fortalecimiento de la gobernanza del agua en cuencas, incluyendo programas de fortalecimiento de las Organizaciones de Usuarios y Servicios Sanitarios Rurales, la promoción y apoyo para el desarrollo e instalación de instancias formales de coordinación pública, privada y de organizaciones de la sociedad civil en materias de gestión de recursos hídricos a nivel de cuenca.

x. Creación y desarrollo de programas de innovación social en gestión comunitaria del agua, en especial para grupos vulnerables.

d) El seguimiento total o parcial, de los Planes Estratégicos de Recursos Hídricos en Cuenca, incluyendo su revisión y actualización.

Artículo 3. El Fondo podrá financiar hasta la totalidad de los recursos solicitados en un determinado proyecto, en conformidad a los montos máximos por proyecto que se definan en las bases del concurso público.

Conforme lo establecido en las bases del concurso, se podrán seleccionar proyectos cuyo plazo de ejecución sea superior a un año. En estos casos, el financiamiento del proyecto para las anualidades futuras quedará condicionado a la existencia de disponibilidad presupuestaria para el año correspondiente.

Artículo 4. Los recursos, así como los concursos para su asignación, serán administrados por la DGA. Para estos efectos, dicha entidad tendrá a su cargo la elaboración y aprobación de las bases del concurso público, convocatoria, procedimiento y forma de postulación, evaluación, selección y adjudicación, la supervisión técnico-financiera y el cierre o término de los mismos.

TÍTULO II
DE LAS BASES GENERALES DEL CONCURSO

Artículo 5. Los concursos públicos se regirán por lo establecido en este reglamento y por las bases, las que deberán considerar, al menos, las siguientes materias:

a) Las formalidades para la presentación de los proyectos, y su contenido, el que, al menos, deberá incluir:

i) Componentes y etapas del proyecto.

ii) Fines que persigue su realización.

iii) Acciones para el logro de sus objetivos.

iv) Presupuesto y calendario de gastos para su ejecución.

v) Propuesta de estados de avance de actividades comprometidas.

vi) Indicadores de verificación del proyecto.

vii) Forma en que contribuye el proyecto al cumplimiento del Plan Estratégico de Recursos Hídricos de la cuenca, Objetivos de Desarrollo Sostenible (ODS) u otras políticas públicas vinculadas a la gestión del recurso hídrico.

viii) Nombre y domicilio del postulante o titular del proyecto, junto con una dirección de correo electrónico. La DGA considerará esa dirección de correo electrónico como válida para notificaciones y otras comunicaciones electrónicas. Será responsabilidad exclusiva del postulante mantener actualizada dicha dirección de correo electrónico ante la DGA.

b) Las líneas de investigación, innovación y educación que se financiarán con los recursos del Fondo, de acuerdo a lo establecido en el artículo 293 ter del Código de Aguas, en el artículo 13 de la Ley Marco de Cambio Climático y en este reglamento.

c) Los montos máximos a financiar por línea de investigación, innovación y educación; por proyectos y por tipos de postulantes señalados en la letra b) del artículo 2 del presente reglamento.

d) Las garantías destinadas a asegurar el fiel cumplimiento de las obligaciones contraídas por el titular del proyecto que resulte adjudicado.

e) Las fechas de apertura, de cierre de los concursos y de comunicación de los resultados y adjudicación y demás, relacionadas con el procedimiento concursal.

f) La información sobre la composición del jurado.

g) Los criterios de selección y adjudicación.

h) Los informes de estados de avance a presentar durante la ejecución del proyecto.

Artículo 6. Los proyectos deberán guardar coherencia con las líneas de investigación, innovación, capacitación, educación, transferencia tecnológica o difusión. A su vez, debe ser coherente con los criterios de distribución preferente regional que se definan en cada convocatoria y serán evaluados y seleccionados, considerando, a lo menos, los siguientes criterios de elegibilidad, los que serán aprobados anualmente por la DGA:

a) Población que beneficia e impacta;

b) Situación social o económica del respectivo territorio;

c) Grado de accesibilidad para la comunidad;

d) Vulnerabilidad hídrica de la cuenca, asociada a su situación de escasez hídrica y calidad de las aguas;

e) Nivel de impacto o incidencia en la implementación o innovación relacionados con lo dispuesto en el literal c) del artículo 2° del presente reglamento;

f) El impacto en la comunidad o población que habita en la cuenca o sector en que se emplaza el proyecto;

g) Efectos de la investigación, estudios y, o acciones de implementación a nivel nacional, regional o comunal en las materias indicadas en el literal c) del artículo 2 del presente reglamento;

h) Factibilidad técnica de ejecución de la propuesta;

i) Aporte financiero del proponente;

j) Consistencia de la estructura de costos con los objetivos y metodología del proyecto;

k) Capacidades y competencias del proponente y su equipo de trabajo para el desarrollo del proyecto y la difusión de sus resultados finales; y

l) Coherencia con las prioridades establecidas en los Planes Estratégicos de Recursos Hídricos, en caso que existan, y las instancias formales de gobernanza de agua a nivel de cuenca, considerando especialmente las propuestas que busquen implementar o dar continuidad a hallazgos ya efectuados por diagnósticos previos.

Para estos efectos, las bases considerarán la utilización de criterios e indicadores que permitan la valoración de las distintas iniciativas.

Artículo 7. Las personas naturales y jurídicas podrán presentar proyectos concursables de acuerdo a lo regulado en las bases correspondientes del concurso. Los proyectos deben estar debidamente descritos y contener los elementos necesarios para su evaluación, de conformidad con lo establecido en este reglamento y en las bases del concurso.

Artículo 8. No se podrán presentar proyectos al concurso de este Fondo que tengan los mismos objetivos, productos y resultados que hayan sido beneficiados por otros fondos públicos. Para que un proyecto sea admisible, el postulante deberá presentar una declaración jurada simple en el sentido de que el proyecto no ha sido beneficiado por otros fondos públicos al momento de la postulación. La DGA podrá rechazar proyectos en cualquier etapa del concurso si se comprueba la falsedad de la declaración, sin perjuicio de las responsabilidades civiles y penales que puedan derivarse de ese hecho.

Si un proyecto está postulando simultáneamente al financiamiento de otros fondos públicos y es adjudicado por la DGA, su titular deberá desistir de las demás postulaciones. Si el proyecto es beneficiado por otro fondo antes de la adjudicación de la DGA, deberá desistir de su postulación al fondo regulado por este reglamento.

En caso de incumplimiento de la obligación señalada precedentemente y si el proyecto es financiado por más de un fondo público, la DGA podrá poner término al convenio suscrito y exigir la restitución de los recursos transferidos, sin perjuicio de las responsabilidades civiles y penales que puedan derivarse de ese hecho.

Artículo 9. Los recursos asignados por la DGA en el marco de los concursos del Fondo deben utilizarse exclusivamente en el financiamiento de las actividades contempladas en el proyecto seleccionado.

Artículo 10. Los recursos necesarios para la administración del Fondo provendrán del mismo, de acuerdo se consulten cada año en la Ley de Presupuestos del Sector Público.

TÍTULO III
DEL PROCEDIMIENTO, FORMA DE POSTULACIÓN A LOS CONCURSOS PÚBLICOS Y DE LA CONFORMACIÓN DEL JURADO

Artículo 11. Anualmente, la DGA convocará a un concurso público mediante el cual se seleccionarán las investigaciones y estudios que serán financiados con los fondos contemplados en la Ley de Presupuestos del Sector Público.

La convocatoria se publicará, al menos, en un medio de comunicación de cobertura nacional y en la página web de la DGA del Ministerio de Obras Públicas, con un mínimo de 60 días corridos de antelación a la fecha de cierre de recepción de proyectos. La DGA también podrá publicar la convocatoria en medios de comunicación locales, si se considera necesario para llegar a los destinatarios o beneficiarios del concurso.

Podrá convocarse a concursos extraordinarios cuando circunstancias especiales así lo justifiquen, de lo que se deberá dejar constancia en las respectivas bases.

Artículo 12. La evaluación técnica y económica de los proyectos será realizada de conformidad a los criterios de elegibilidad definidos por la DGA y a las ponderaciones que de dichos criterios se establezcan para cada ítem en las bases del concurso. La evaluación técnica y económica será realizada por una comisión de evaluación conformada por un número impar de funcionarios de la DGA, la que será designada mediante resolución.

Artículo 13. Una vez efectuada la evaluación técnica y económica, la comisión de evaluación elaborará un acta que incluirá, al menos, los siguientes aspectos:

a) El nombre del proyecto y una descripción resumida del mismo;

b) El cumplimiento de los criterios de elegibilidad;

c) El puntaje obtenido por cada proyecto, de acuerdo a la ponderación de cada uno de los criterios de elegibilidad que corresponda según las bases del concurso;

d) El puntaje obtenido por cada proyecto, de acuerdo a la ponderación de los criterios económicos que corresponda según las bases del concurso;

e) El puntaje total obtenido por cada proyecto, de acuerdo a las bases del concurso;

f) Una nómina priorizada de los proyectos que se proponga financiar;

g) Una nómina con los proyectos que se propone rechazar y los fundamentos de ello.

El acta contendrá una recomendación de adjudicación o rechazo para cada proyecto. Este documento será presentado al jurado en un plazo máximo de 30 días hábiles, contados a partir del cierre de recepción de los proyectos definido en las bases del concurso.

En el acta la comisión de evaluación también recomendará al jurado el monto de financiamiento para cada proyecto. Este monto será definido por tramos en las bases del concurso y estará en directa relación con el puntaje total obtenido por el proyecto.

La comisión de evaluación podrá recomendar una lista de espera para proyectos que no hayan sido seleccionados, a fin de que sean financiados en caso de que se liberasen recursos asignados.

La modalidad y condiciones para la asignación de proyectos en lista de espera deberán ser especificadas en las respectivas bases de los concursos.

Artículo 14. El jurado estará conformado por:

a) El Director General de Aguas, quien lo presidirá.

b) El Ministro de Obras Públicas o su representante.

c) El Ministro del Medio Ambiente o su representante.

d) El Ministro de Ciencia, Tecnología, Conocimiento e Innovación o su representante.

e) El Ministro de Agricultura o su representante.

f) El Ministro de Educación o su representante.

g) El Vicepresidente Ejecutivo de la Corporación de Fomento de la Producción o su representante.

h) Dos gobernadores en representación de la Asociación de Gobernadores y Gobernadoras Regionales de Chile.

i) Dos representantes de las asociaciones de municipalidades. Cada una de las dos asociaciones que reúnan el mayor número de comunas entre sus asociadas nombrará a un representante para integrar el jurado. En caso de igualdad en el número de comunas, prevalecerá aquella asociación que reúna mayor número de población rural.

Dentro de los 15 días hábiles siguientes a la publicación del concurso respectivo, las autoridades y entidades referidas en este artículo deberán informar a la DGA, mediante oficio, el nombre del o la titular y suplente que lo representará en el jurado.

Asimismo, dentro de los 30 días hábiles siguientes a la publicación del concurso respectivo, la DGA publicará en su página web una resolución de conformación del jurado.

Artículo 15. El Jurado sesionará de manera presencial o telemática, con al menos seis de sus miembros y decidirá por mayoría simple la adjudicación de cada proyecto y el porcentaje de financiamiento asignado. En caso de empate, decidirá el asunto el presidente del jurado. En el mismo acto, el jurado decidirá los proyectos adjudicados con condiciones. Todas estas decisiones deberán ser fundadas en los criterios descritos en el artículo 6 del presente reglamento y constar en un acta.

Artículo 16. Las autoridades, los funcionarios públicos o agentes públicos que formen parte del jurado estarán sujetos a las normas de probidad y deberán abstenerse de participar en las votaciones en las cuales tenga algún conflicto de interés, según lo dispuesto en el artículo 12 de la ley Nº 19.880 y en el artículo 62 del decreto con fuerza de ley 1-19653, que fija texto refundido, coordinado y sistematizado de la ley Nº 18.575, Orgánica Constitucional de Bases Generales de la Administración del Estado.

Artículo 17. La DGA publicará en su sitio web, dentro de los 60 días hábiles siguientes a la fecha de cierre de recepción de postulaciones, una resolución que contendrá la lista de proyectos adjudicados, proyectos adjudicados con condiciones, puntajes obtenidos y monto de financiamiento asignado, así como también la nómina de proyectos rechazados, de acuerdo con el acta del jurado.

La resolución será notificada a los participantes mediante correo electrónico, en la dirección proporcionada en su postulación, en un plazo máximo de 5 días hábiles contados desde la fecha de dictación de la resolución.

Artículo 18. La DGA podrá solicitar a los titulares de los proyectos adjudicados con condiciones, que realicen modificaciones o ajustes, de acuerdo a lo indicado en el acta del jurado. En tal caso, la adjudicación estará supeditada a la aprobación de las adecuaciones requeridas y la resolución a que se refiere el artículo anterior establecerá que tales proyectos estarán "adjudicados con condiciones".

Sin perjuicio de lo dispuesto en el inciso anterior, la DGA no podrá exigir a los postulantes que realicen modificaciones o ajustes que alteren significativamente el proyecto original o desnaturalicen su finalidad. Se considerará una alteración significativa aquella que modifique el presupuesto presentado en más del 30% respecto del original o que afecte la esencia del objetivo del proyecto.

Artículo 19. En el caso de los proyectos aprobados con condiciones, el titular del proyecto deberá adecuarlo en conformidad a lo exigido mediante oficio por la DGA en un plazo de 30 días corridos contados desde la notificación de la resolución de adjudicación. Transcurrido este plazo, si no se efectuaren las modificaciones o ajustes requeridos, se entenderá que el postulante desiste de su postulación al concurso.

La DGA, dentro del plazo de 15 días hábiles, aprobará o rechazará las modificaciones o ajustes a que se refiere el presente artículo por medio de resolución fundada, la que será notificada a los postulantes y publicada en su página web con la respectiva lista definitiva de los proyectos adjudicados e indicación del monto de financiamiento asignado.

Artículo 20. En contra de las resoluciones que resuelvan la adjudicación de un proyecto o su rechazo procederán los recursos establecidos en la ley Nº 19.880, que establece bases de los procedimientos administrativos que rigen los actos de los órganos de la administración del Estado.

Artículo 21. Practicada la notificación de la resolución que adjudica el proyecto, la DGA tendrá un plazo de 30 días hábiles para elaborar el convenio correspondiente a la ejecución del proyecto. El titular del proyecto adjudicado deberá suscribir el convenio en un plazo máximo de 15 días corridos contados desde la fecha de notificación del convenio elaborado por la DGA.

Si el convenio no fuere suscrito en dicho plazo por causas imputable al titular del proyecto adjudicado, se considerará desistido de su postulación.

DISPOSICIÓN TRANSITORIA

Artículo único. En el primer llamado a concurso no se aplicarán los plazos establecidos en el Título III de este reglamento, los que serán regulados en las bases del concurso.

Los resultados del primer concurso serán puestos en conocimiento de los participantes mediante comunicación electrónica, que se realizará dentro de los 15 días corridos siguientes a la fecha de la resolución correspondiente, publicándose además en las páginas web de la DGA y del Ministerio de Obras Públicas. En el caso de los participantes cuyos proyectos hayan sido adjudicados serán notificados, además, por carta certificada.

Anótese, tómese razón y publíquese.- GABRIEL BORIC FONT, Presidente de la República.- Jessica López Saffie, Ministra de Obras Públicas.

Lo que transcribo a Ud. para su conocimiento.- Saluda Atte. a Ud., José Andrés Herrera Chavarría, Subsecretario de Obras Públicas.

DECRETO SUPREMO Nº 58, APRUEBA REGLAMENTO QUE ESTABLECE EL PROCEDIMIENTO PARA LA ELABORACIÓN, REVISIÓN Y ACTUALIZACIÓN, ASÍ COMO EL MONITOREO Y REPORTE DE LOS PLANES ESTRATÉGICOS DE RECURSOS HÍDRICOS EN CUENCAS, DE 2024

Núm. 58.- Santiago, 3 de abril de 2023.

Vistos:

1. Las facultades que me confiere el artículo 32 Nº 6 del decreto supremo Nº 100, de 2005, del Ministerio Secretaría General de la Presidencia que fija el texto refundido, coordinado y sistematizado de la Constitución Política de la República;

2. El decreto con fuerza de ley Nº 1-19.653, de 2001, del Ministerio Secretaría General de la Presidencia, que fija texto refundido, coordinado y sistematizado de la ley Nº 18.575, Orgánica Constitucional de Bases Generales de la Administración del Estado;

3. El decreto con fuerza de ley Nº 850, de 1997, del Ministerio de Obras Públicas, que fija el texto refundido, coordinado y sistematizado de la ley Nº 15.840, de 1964 y del DFL Nº 206, de 1960;

4. El decreto con fuerza de ley Nº 1.122, de 1981, del Ministerio de Justicia, que fija texto del Código de Aguas;

5. La ley Nº 21.435, que reforma el Código de Aguas;

6. La ley Nº 19.300, que Aprueba ley sobre Bases Generales del Medio Ambiente;

7. La ley Nº 21.455, Ley Marco de Cambio Climático;

8. La ley Nº 20.500, sobre Asociaciones y Participación Ciudadana en la Gestión Pública;

9. La ley Nº 20.285, sobre acceso a la información pública.

Considerando:

1. Que, mediante la resolución A/RES/70/1, de fecha 21 de octubre de 2015, la Asamblea General de las Naciones Unidas, aprobó el documento final denominado "Transformar nuestro mundo: la Agenda 2030 para el Desarrollo Sostenible", que contempla los Objetivos de Desarrollo Sostenible, por medio de los cuales se llama a la acción para poner fin a la pobreza, proteger el planeta y mejorar las vidas y las perspectivas de las personas en todo el mundo. Así, su objetivo Nº 6, tiene por finalidad garantizar la disponibilidad y la gestión sostenible del agua y el saneamiento para todos.

2. Que, por su parte, la ley Nº 21.435, que reforma el Código de Aguas, incorpora el artículo 293 bis, mediante el cual se establece que, cada cuenca del país deberá contar con un Plan Estratégico de Recursos Hídricos tendiente a propiciar la seguridad hídrica en el contexto de las restricciones asociadas a cambio climático, el cual será público y deberá ser actualizado cada diez años o menos. Asimismo, establece expresamente que un reglamento dictado por el Ministerio de Obras Públicas establecerá el procedimiento y requisitos específicos para confeccionar los Planes Estratégicos de Recursos Hídricos en cuencas.

3. Que, en este orden de ideas, el artículo décimo cuarto transitorio de la ley Nº 21.435 establece expresamente que, dentro del plazo de un año contado desde la publicación de la citada ley "deberán dictarse los reglamentos a los que se hace referencia en este cuerpo legal, mediante los decretos respectivos expedidos a través del Ministerio de Obras Públicas".

4. Que, la ley Nº 21.455, de 13 de junio 2022, Marco de Cambio Climático, en su artículo 13, establece que el Ministerio de Obras Públicas estará encargado de la elaboración de los Planes Estratégicos de Recursos Hídricos en Cuencas, en conjunto con el Ministerio del Medio Ambiente; de Agricultura; de Ciencia, Tecnología, Conocimiento e Innovación, de Relaciones Exteriores cuando comprenda cuencas transfronterizas, y de los Corecc respectivos.

5. Que, a su vez, la aludida disposición define a los Planes Estratégicos de Recursos Hídricos de Cuencas como aquellos instrumentos que tienen por objeto contribuir con la gestión hídrica, identificar las brechas hídricas de agua superficial y subterránea, establecer el balance hídrico y sus pro-

yecciones, diagnosticar el estado de información sobre cantidad, calidad, infraestructura e instituciones que intervienen en el proceso de toma de decisiones respecto al recurso hídrico y proponer un conjunto de acciones para enfrentar los efectos adversos del cambio climático sobre el recurso hídrico, con el fin de resguardar la seguridad hídrica.

6. Que, igualmente, la ley N° 21.455 establece que un reglamento expedido por decreto supremo del Ministerio de Obras Públicas establecerá el procedimiento para la elaboración, revisión y actualización, así como el monitoreo y reporte de los Planes Estratégicos de Recursos Hídricos en Cuencas, debiendo considerar al menos, una etapa de participación ciudadana de sesenta días hábiles.

7. Que, finalmente, el artículo décimo octavo transitorio de la ley N° 21.435 dispone que "Los Planes Estratégicos de Recursos Hídricos en Cuencas, que se dicten en el tiempo intermedio que transcurra entre la entrada en vigencia de la presente ley y la entrada en vigor de la Ley Marco de Cambio Climático, deberán ajustarse a las disposiciones de la ley posterior y, supletoriamente, a lo indicado en el Código de Aguas".

Decreto:

Apruébase el siguiente reglamento que establece el procedimiento para la elaboración, revisión y actualización, así como el monitoreo y reporte de los Planes Estratégicos de Recursos Hídricos en Cuencas:

TÍTULO I
OBJETO, PRINCIPIOS Y DEFINICIONES

Artículo 1°. Objeto. El presente reglamento tiene por objeto establecer el procedimiento para la elaboración, revisión y actualización, así como el monitoreo y reporte de los Planes Estratégicos de Recursos Hídricos en Cuencas, y las etapas de participación ciudadana, en conformidad a la dispuesto en los artículos 293 bis del Código de Aguas y 13 de la ley N° 21.455 (en adelante, "Ley Marco de Cambio Climático") respectivamente.

Artículo 2°. Principios Orientadores. En la aplicación de este reglamento deberá darse cumplimiento a lo dispuesto en los artículos 5 y 5 bis del Código de Aguas y deberán tenerse presente, como principios orientadores en la aplicación de este reglamento, los contenidos en el artículo 2 de la ley N° 21.455.

Artículo 3°. Definiciones. Para los efectos de este reglamento, se entenderá por:

a) Afectación a la sustentabilidad de la fuente: generar en el acuífero o a la fuente superficial una situación de menoscabo, en cantidad y/o calidad, contraria al resguardo de las funciones de subsistencia, que incluyen el uso para consumo humano, el saneamiento y el uso doméstico; o las de preservación ecosistémica y las productivas que cumplen las aguas.

b) Riesgo de afectación a la sustentabilidad de la fuente: posibilidad de generar una afectación al acuífero o a la fuente superficial ponderada especialmente en consideración al resguardo de las funciones de subsistencia, consumo humano, saneamiento, preservación ecosistémica y las productivas que cumplen las aguas.

c) Comité Regional para el Cambio Climático (Corecc): señalado en el artículo 24 de la Ley Marco de Cambio Climático, está integrado por el Gobernador Regional, quien lo preside, el Delegado Presidencial Regional, los secretarios regionales de los ministerios que integran el Consejo de Ministros establecido en el artículo 71 de la ley N° 19.300, sobre Bases Generales del Medio Ambiente, dos representantes de la sociedad civil regional, y uno o más representantes de las municipalidades o asociaciones de municipios de la región.

d) Cuenca: es aquel territorio delimitado por una línea divisoria de aguas, donde se interrelacionan dimensiones físico-ambientales, sociales, económicas, culturales, entre otras y que considera las interdependencias entre los elementos que la componen. La cuenca es la unidad básica de gestión de las aguas y se considera indivisible. La Dirección General de Aguas determinará mediante resolución fundada la denominación y límites de cada cuenca.

e) Imagen objetivo: declaración definida a través de un proceso participativo, que establece la visión de futuro deseable a lograr a largo plazo sobre los recursos hídricos de la cuenca, que determina el curso de acción para el resguardo de la seguridad hídrica en esta.

f) Órganos Encargados: son los señalados en el artículo 13 de la Ley Marco de Cambio Climático y corresponden a los ministerios de Obras Públicas, de Medio Ambiente; de Agricultura; de Ciencia, Tecnología, Conocimiento e Innovación; de Relaciones Exteriores cuando comprenda cuencas transfronterizas y a los Comités Regionales para el Cambio Climático (en adelante, "Corecc") respectivos.

g) Organismos del Estado y actores privados implementadores: son aquellas entidades que cumplen un rol implementador de las medidas del PERHC.

h) Órgano competente: es aquel, que de acuerdo a los requerimientos de cada cuenca y a los objetivos de modelación hidrológica e hidrogeológica y de calidad de aguas, cuenta con potestades, atribuciones y facultades para modelar o pronunciarse sobre ellas. Dentro de los órganos competentes se considerará, a lo menos, a los establecidos en el artículo 5 de este reglamento, también, de conformidad a la competencia de cada cual.

i) Participación ciudadana: proceso de cooperación abierto, inclusivo, oportuno e informado, a través de medios apropiados destinados a identificar y dialogar conjuntamente acerca de problemas públicos y sus soluciones, con metodologías y herramientas que fomentan la creación de espacios de reflexión colectiva, encaminadas a la incorporación activa de la ciudadanía en el diseño y elaboración de las decisiones públicas.

Los procesos de participación ciudadana serán facilitados por la Mesa Estratégica de Recursos Hídricos de la Cuenca del artículo 7 del presente reglamento.

j) Planes Estratégicos de Recursos Hídricos en Cuencas (en adelante, "PERHC"): son instrumentos de gestión de cambio climático de nivel local que tienen por objeto contribuir con la gestión hídrica, identificar las brechas hídricas de agua superficial y subterránea, establecer el balance hídrico y sus proyecciones, diagnosticar el estado de información sobre cantidad, calidad, infraestructura e instituciones que intervienen en el proceso de toma de decisiones respecto al recurso hídrico y proponer un conjunto de acciones para enfrentar los efectos adversos del cambio climático sobre el recurso hídrico, con el fin de resguardar la seguridad hídrica.

Cada cuenca del país deberá contar con un Plan Estratégico de Recursos Hídricos tendiente a propiciar la seguridad hídrica en el contexto de las restricciones asociadas a cambio climático, el cual será público. Dicho plan será actualizado cada diez años o menos, y deberá considerar los aspectos que ahí se mencionan, conforme a lo señalado en el artículo 13 LMCC.

k) Plan de recuperación de acuíferos: instrumento de manejo y control ambiental que comprende estrategias, acciones y técnicas aplicables a un acuífero, con el fin de corregir, mitigar, reparar y/o compensar la afectación de su sustentabilidad.

l) Seguridad hídrica: posibilidad de acceso al agua en cantidad y calidad adecuadas, considerando las particularidades naturales de cada cuenca, para su sustento y aprovechamiento en el tiempo para consumo humano, la salud, subsistencia, desarrollo socioeconómico, conservación y preservación de los ecosistemas, promoviendo la resiliencia frente a amenazas asociadas a sequías y crecidas y la prevención de la contaminación.

m) Soluciones basadas en la naturaleza: acciones para proteger, gestionar de manera sostenible y restaurar ecosistemas naturales o modificados que abordan desafíos de la sociedad como el cambio climático, la seguridad alimentaria e hídrica o el riesgo de desastres, de manera eficaz y adaptativa, al mismo tiempo que proporcionan beneficios para el desarrollo sustentable y la biodiversidad.

Artículo 4°. Fases del Desarrollo de un PERHC. El ciclo de desarrollo de un PERHC está comprendido por tres fases: a) elaboración; b) implementación y seguimiento; y c) revisión y actualización, según se detalla a continuación:

a) Fase de elaboración: es aquella en la que se diseña y confeccionan los contenidos del PERHC, mediante dos etapas consecutivas hasta su dictación, correspondientes al diagnóstico de la cuenca y la priorización de medidas.

b) Fase de implementación y seguimiento: esta fase se iniciará con la creación de un plan de implementación, seguido de la ejecución de las medidas priorizadas del PERHC por parte de los organismos del Estado o actores privados implementadores, en torno a su ámbito de gestión, en función de dar cumplimiento al abordaje de las brechas identificadas y los objetivos establecidos. A su vez, se establecen mecanismos de monitoreo y reporte para evaluar el desempeño de las fases de elaboración e implementación del plan, según los plazos establecidos.

c) Fase de revisión y actualización: en esta fase se revisan los PERHC considerando la evaluación de la información sobre su seguimiento para proponer ajustes y recomendaciones para su mejor adecuación. Con los resultados de la revisión y de la evaluación del seguimiento, los PERHC se actualizan, modificando o incorporando, según corresponda, los objetivos, medidas e indicadores, entre otros contenidos. Cada PERHC se revisará cada 5 años y se actualizará cada 10 años o menos.

Durante todas las fases de desarrollo de un PERHC, la información recopilada y generada, cuando corresponda, debe ser representada a través de mapas que permitan identificar la distribución de los fenómenos en la cuenca. A su vez, la información debe ser compilada a través de un catálogo ordenado que permita contar con la base de datos cartográficos para su revisión y posterior análisis en Sistemas de Información Geográfica (SIG).

TÍTULO II
DE LA FASE DE ELABORACIÓN DE LOS PLANES ESTRATÉGICOS DE RECURSOS HÍDRICOS EN CUENCAS

PÁRRAFO 1° ASPECTOS GENERALES

Artículo 5°. Encargados de la Elaboración. El Ministerio de Obras Públicas, por intermedio de la Dirección General de Aguas, estará encargado de la elaboración de los Planes Estratégicos de Recursos Hídricos en Cuencas, en conjunto con el Ministerio del Medio Ambiente; de Agricultura; de Ciencia, Tecnología, Conocimiento e Innovación, de los Comités Regionales para el Cambio Climático (en adelante, "CORECC") respectivos y del Ministerio de Relaciones Exteriores cuando comprenda cuencas transfronterizas.

A los órganos encargados les corresponderá, especialmente, y de acuerdo a sus competencias legales, lo siguiente:

a) Realizar las acciones necesarias para cumplir con las etapas de la fase de elaboración de los PERHC.

b) Apoyar técnicamente en las distintas etapas de la fase de elaboración de los PERHC, para lo cual designará uno o más representantes para tales fines.

c) Participar, en conjunto con actores de la cuenca, en la Mesa Estratégica de Recursos Hídricos de la Cuenca en las labores que corresponda realizar a dicha mesa.

d) Facilitar y colaborar, cuando corresponda, con el proceso de participación ciudadana.

e) Proporcionar la información solicitada por la Dirección General de Aguas, y participar en todas las etapas de elaboración.

f) Desarrollar o requerir estudios, análisis e información técnica, científica y administrativa que sean necesarias, en forma previa al inicio formal de la elaboración y durante esta.

g) Velar por el cumplimiento de aspectos formales y los plazos establecidos para cada etapa de la fase de elaboración.

h) Velar por la coherencia e integración de ejes comunes con los distintos instrumentos de gestión del cambio climático, potenciando sus sinergias.

i) Colaborar en el diseño y priorización de objetivos, medidas e indicadores del PERHC.

j) Pronunciarse sobre el proyecto PERHC resultante de la fase de elaboración.

k) Suscribir en el caso de los Ministerios de Medio Ambiente; de Agricultura; de Ciencia, Tecnología, Conocimiento e Innovación y de Relaciones Exteriores, cuando proceda, junto con el Ministerio de Obras Públicas, el decreto supremo que aprueba el PERHC.

Artículo 6°. Funciones de la Dirección General de Aguas. La Dirección General de Aguas estará encargada, especialmente de:

a) Establecer, mediante resolución fundada, el orden de elaboración de cada PERHC.

b) Delimitar mediante resolución fundada cada cuenca, pudiendo agrupar dos o más para efectos del desarrollo de un PERHC.

c) Convocar a los órganos encargados a las sesiones de la Mesa Estratégica de Recursos Hídricos de la Cuenca establecida en el artículo 7 del presente reglamento.

d) Invitar a los actores de la cuenca indicados en el artículo 8, a la integración y a las sesiones de la Mesa Estratégica de Recursos Hídricos de la Cuenca y presidir dicha Mesa.

e) Liderar y coordinar las acciones necesarias para cumplir con las etapas de la fase de elaboración en conjunto con los órganos encargados señalados en el artículo 5°.

f) Confeccionar, durante la fase de elaboración, el proyecto de PERHC, el cual incluirá los resultados de cada etapa.

g) Enviar, mediante oficio, el proyecto de PERHC a los órganos encargados solicitando su pronunciamiento.

h) Consolidar los pronunciamientos y observaciones que formulen de los órganos encargados al proyecto de PERHC.

i) Elaborar y proponer el decreto supremo que aprueba el PERHC.

j) Gestionar la documentación referida a los compromisos de implementación de las medidas priorizadas por los organismos del Estado o actores privados implementadores.

k) Definir una plataforma electrónica de público acceso desarrollada para el efecto de publicar el contenido de los PERHC la que incluirá los indicadores anuales de cumplimiento de la planificación y avance de cada plan, identificando el organismo del Estado implementador y la información de los modelos conceptuales con sus códigos y escenarios de cambio climático.

l) Implementar todas las acciones necesarias para el debido cumplimiento de este reglamento.

Artículo 7°. Mesa Estratégica de Recursos Hídricos de La Cuenca. La Mesa Estratégica de Recursos Hídricos de la Cuenca estará compuesta por representantes de los órganos encargados y por actores de la cuenca o agrupación de cuencas, quienes colaborarán en las fases de desarrollo de los PERHC, conforme a lo establecido en este reglamento y, además, deberá:

a) Colaborar en las actividades de participación ciudadana requeridas durante las fases de elaboración, revisión y actualización, conforme a lo establecido en el artículo 32 del presente reglamento.

b) Promover acuerdos y compromisos entre los organismos del Estado y los actores privados identificados como implementadores de las medidas del PERHC, especialmente respecto de acciones intersectoriales que requieran de su actuación coordinada.

La Mesa Estratégica de Recursos Hídricos de la Cuenca será conducida por la Dirección General de Aguas y sesionará, previa invitación efectuada por dicho Servicio, cada vez que se requiera dar cumplimiento a las finalidades descritas en el inciso anterior.

Artículo 8°. Actores de la Cuenca. La Dirección General de Aguas identificará a los actores existentes en la cuenca y los invitará a integrar la Mesa Estratégica de Recursos Hídricos de la Cuenca por cada PERHC. Entre los actores de la cuenca se contemplará, cuando corresponda, un representante de:

a) El consejo regional.

b) Las municipalidades de la cuenca.

c) El Servicio Nacional de Prevención y Respuesta ante Desastres (Senapred).

d) Las juntas de vigilancia respectivas o, en su defecto, se considerarán otras organizaciones de usuarios de aguas.

e) Las empresas o asociaciones productivas o asociaciones gremiales con usos intensivos de aguas dentro de la cuenca y que no sean parte de una junta de vigilancia u otra organización de usuarios de la cuenca.

f) Las empresas de servicios sanitarios.

g) Los servicios sanitarios rurales.

h) Los centros de investigación o universidades con estudios o iniciativas de investigación en la cuenca.

i) Los pequeños productores agrícolas y campesinos, conforme lo dispuesto en la ley N°18.910.

j) Organizaciones con personalidad jurídica sin fines de lucro, con presencia en la cuenca, que tengan por objeto la protección del medio ambiente o la promoción del derecho humano al agua y al saneamiento. Se podrá contemplar en este grupo, a un representante de organizaciones con personalidad jurídica que participen de coordinaciones de organizaciones y agrupaciones que cumplan con los demás requisitos señalados precedentemente.

Previo a efectuar la invitación señalada en el inciso anterior, la Dirección General de Aguas escuchará a los actores identificados, a fin de velar por su adecuada representación, dejando acta de dichas gestiones,

La Dirección General de Aguas, luego de establecer el orden de elaboración de cada PERHC, conforme lo previsto en la letra a) del artículo 6 del presente reglamento, considerará la existencia de instancias de coordinación público-privada formales o informales en la cuenca, para la conformación de la Mesa Estratégica de Recursos Hídricos de la Cuenca respectiva. Igualmente, podrá invitar a participar en la Mesa Estratégica de Recursos Hídricos de la Cuenca a otros órganos de la Administración del Estado o actores que resulten relevantes para la cuenca de que se trate.

La Dirección General de Aguas, dentro del plazo de tres meses contados desde la publicación del presente reglamento, dictará una resolución que contendrá los plazos para efectuar la invitación, los requisitos y condiciones mínimas de los actores para integrar la Mesa Estratégica de Recursos Hídricos de la Cuenca, la manera en que los actores manifestarán su interés de formar parte de ella, así como aquellas normas que sean necesarias para el funcionamiento de la Mesa y la correcta aplicación de este reglamento.

La Dirección General de Aguas, dará inicio a la fase de elaboración del PERHC, convocando a la primera sesión de la Mesa Estratégica de Recursos Hídricos de la Cuenca.

Artículo 9°. Fase de Elaboración. Los Planes Estratégicos de Recursos Hídricos en Cuencas se elaboran a través de dos etapas secuenciales:

diagnóstico y priorización de medidas. El contenido de cada etapa es el siguiente:

a) Etapa de diagnóstico: su propósito es contar con la información actualizada y adecuada para la toma de decisiones, que permita establecer una imagen objetivo de la cuenca y el objetivo del plan que propenda a la seguridad hídrica.

b) Etapa de priorización de medidas: en base a la definición de la imagen objetivo y el objetivo del PERHC, se deberá realizar la identificación, caracterización, análisis y priorización de medidas para el Plan de Implementación.

En la fase de elaboración se deberá tener en consideración e incorporar, según corresponda, el contenido del Título V sobre Aspectos Transversales, así como el Título VI sobre Vinculación con Políticas Sectoriales.

Artículo 10°. Elaboración del PERHC Consolidado. Para la elaboración del PERHC, los órganos encargados serán convocados por la Dirección General de Aguas a reuniones o sesiones de trabajo; las veces que esta estime necesario para la realización de las labores asociadas a la fase de elaboración del plan, según lo dispuesto en el artículo 6 del presente reglamento, con la finalidad de coordinar las acciones descritas en los literales señalados en el inciso segundo del artículo 5 del presente reglamento, requeridas para poder dar cumplimiento al presente reglamento.

Asimismo, solicitará mediante oficio, cuando corresponda, la información necesaria para poder dar cumplimiento al presente reglamento. Los plazos y demás condiciones de las citaciones a las reuniones de trabajo y requerimientos de información quedarán establecidas en cada comunicación, en atención a las particularidades de cada caso.

La Dirección General de Aguas confeccionará, durante la fase de elaboración, el proyecto de PERHC, el cual incluirá los resultados de cada etapa.

Concluida la etapa de priorización y mediante oficio, la DGA enviará el proyecto de PERHC a los órganos encargados y en el mismo documento solicitará su pronunciamiento.

Los órganos encargados dispondrán de un plazo de 30 días hábiles, prorrogable por una sola vez, para remitir su pronunciamiento sobre el proyecto sometido a su consideración, a través de un oficio dirigido a la Dirección General de Aguas. El plazo se contará desde el ingreso del oficio en la respectiva oficina de partes.

En caso de que uno o más de los referidos órganos encargados no se manifieste dentro del plazo establecido, el Ministerio de Obras Públicas, por intermedio de la Dirección General de Aguas, podrá ordenar la continuación del proceso, conforme lo dispuesto en el artículo 38 de la ley N° 19.880.

Dentro de los 60 días hábiles siguientes al vencimiento del plazo definido en el inciso quinto de este artículo, tras el análisis y debida consideración de las observaciones formuladas en el procedimiento, la Dirección General de Aguas, confeccionará el PERHC consolidado.

La fase de elaboración terminará con la dictación del decreto supremo del Ministerio de Obras Públicas que aprueba el PERHC consolidado, el cual deberá ser suscrito por todos los órganos encargados.

La Dirección General de Aguas deberá efectuar una presentación a la Mesa Estratégica de Recursos Hídricos sobre el PERHC consolidado, dentro del plazo de 60 días hábiles contados desde la publicación del decreto supremo, conforme a lo establecido en el inciso anterior.

PÁRRAFO 2° ETAPA DE DIAGNÓSTICO

Artículo 11°. Contenido de la Etapa de Diagnóstico. El propósito del diagnóstico de la cuenca es contar con información actualizada y adecuada para la toma de decisiones, que permita establecer una imagen objetivo de la cuenca y el objetivo del plan que propenda a la seguridad hídrica. Los contenidos de esta etapa deben ser, al menos, los siguientes:

a) La caracterización de la cuenca.

b) El balance hídrico.

c) Principales problemas que afectan la seguridad hídrica de la cuenca.

d) La imagen objetivo de la cuenca.

Cada uno de ellos debe considerar actividades de participación ciudadana, según el artículo 32, en concordancia con el artículo 7 de este reglamento.

El diagnóstico podrá incluir la información pública existente en los servicios públicos, considerando, al menos, la disponible en los órganos encargados definidos en el artículo 5 del presente reglamento, y sus organismos dependientes o relacionados.

En este sentido, se deberá tener especial consideración con las políticas, planes, programas e instrumentos relacionados a temáticas hídricas desarrollados a nivel local y regional; así como la información proporcionada por los proyectos sometidos al Sistema de Evaluación de Impacto Ambiental que resulten pertinentes.

Artículo 12°. Caracterización de la Cuenca. La caracterización de la cuenca debe considerar aspectos mínimos para su análisis, identificando los principales usos del agua, en los términos que se señalan a continuación:

a) Caracterización física en términos climáticos, ambientales, hidrológicos e hidrogeológicos.

b) Caracterización socioeconómica y cultural de la cuenca.

c) Caracterización de la infraestructura hídrica, redes hidrométricas y de monitoreo.

d) Descripción de la gestión hídrica de la cuenca.

Todos estos aspectos pertinentes en términos territoriales serán considerados en el desarrollo de modelaciones necesarias para el PERHC, considerando aspectos hidrológicos como los relativos a los principios de enfoque sistémico, equidad y justicia climática y territorialidad. A su vez, servirán para comprender los problemas hídricos de la cuenca, así como para establecer la imagen objetivo de ella. Para lo anteriormente señalado, se deberán identificar las brechas de información existentes que limitan la caracterización de la cuenca.

Artículo 13. Caracterización Física en Términos Climáticos, Ambientales, Hidrológicos e Hidrogeológicos. La caracterización física debe considerar los siguientes aspectos mínimos, en los términos que se señalan a continuación:

a) En términos climáticos, incluir una caracterización del clima regional informando las condiciones meteorológicas a escala de cuenca y a escala local, y con la temporalidad adecuada según la hidrología de la cuenca (anual, estacional, horaria, diaria). Considerar las estadísticas a largo plazo de temperatura atmosférica; presión atmosférica; direcciones y velocidades de viento principales; la humedad absoluta y relativa; evaporación y evapotranspiración potencial y real y; la precipitación diferenciando entre sólida, líquida y, su estacionalidad. La determinación de proyecciones de cambio climático a escala de cuenca debe considerar, a lo menos, Trayectorias de Concentración Representativas (Representative Concentration Pathways, en adelante "RCP" por sus siglas en inglés) o Trayectorias Socioeconómicas Compartidas (Shared Socioeconomic Pathways, en adelante "SSP" por sus siglas en inglés) adoptadas por el Panel Intergubernamental de Expertos sobre el Cambio Climático de las Naciones Unidas ("IPCC", por sus siglas en inglés), Modelos de Circulación General, reanálisis climáticos y técnicas de escalamiento. Esta determinación deberá considerar la reducción de la incertidumbre frente a las proyecciones de cambio climático.

b) En términos ambientales, se requiere de una caracterización de los ecosistemas terrestres y acuáticos existentes, donde se debe considerar los pisos vegetacionales, especies protegidas, humedales, vegas, bofedales y pajonales, y otros componentes de relevancia según cada cuenca; además de las principales funciones y servicios ecosistémicos que existen en la cuenca.

Asimismo, se deben identificar las áreas bajo protección oficial y cualquier otra singularidad ambiental del territorio que requiera una consideración desde el punto de vista de preservación del medio ambiente, la conservación de la naturaleza y/o la sustentabilidad de los acuíferos. Igualmente, se debe incluir una identificación y análisis de suelos, tanto de sus características físicas, como de sus coberturas y usos.

c) En términos geomorfológicos, se debe informar las características principales que componen el paisaje de la cuenca, destacando los rasgos geomorfológicos singulares, así como los procesos geológicos principales que han generado la morfología. Además, se debe identificar la existencia de glaciares y su eventual rol en el balance hídrico de la cuenca hidrográfica de la que se trate.

d) En términos hidrológicos, se debe realizar una caracterización de flujos hidrológicos superficiales usando estadísticas de largo plazo y/o productos hidrológicos disponibles; para establecer la distribución natural en el territorio de los flujos superficiales, así como sus atributos según épocas del año. Con la información compilada, se deberán construir índices hidrológicos pertinentes a la cuenca y sociabilizados en ella. Además, se debe identificar la o las funciones de frecuencia que explican la distribución espacial y temporal, explicitando los estadísticos principales.

e) En términos hidrogeológicos, se deben identificar los distintos tipos de acuíferos presentes en la cuenca, y caracterizarlos de acuerdo a su geología, condición libre, confinado, semiconfinado, fracturado en roca, profundo, unidades impermeables, basamento rocoso, geometría en plano y en profundidad, unidades hidrogeológicas permeables, características de parámetros hidráulicos y de almacenamiento, zonas de recarga y descarga con sus mecanismos, fenómenos de ocurrencia, y tasas de flujo, tales como evaporación, surgencias, afloramientos, interacciones río-acuífero, bombeos, recargas por precipitación, entre otras.

Se deben caracterizar los niveles de agua subterránea con la información de datos y estadísticas de mayor duración posible disponibles, identificando variaciones temporales y espaciales en los niveles estáticos y dinámicos del agua subterránea. Igualmente, se debe caracterizar el balance hídrico hidrogeológico de la cuenca y sus Sectores Hidrogeológicos de Aprovechamiento Común (SHAC), para lapsos históricos, actuales, y proyectados.

f) En términos de la calidad del agua, se deben identificar sus principales características ya sea para agua superficial o subterránea, los procesos que condicionan su calidad y las problemáticas de calidad de agua de público conocimiento.

Además, se deben considerar los planes de manejo a los que hace referencia el artículo 42 de la ley N° 19.300, en el caso que se hayan dictado.

g) En términos hidráulicos, se debe caracterizar, en función de la información disponible, el arrastre de sólidos, la sedimentación y la extracción de áridos en los cauces de la cuenca.

En base a la información de la caracterización física, se deberá identificar los usos d protección y conservación del agua.

Artículo 14°. Caracterización Socioeconómica y Cultural de la Cuenca. La caracterización socioeconómica y cultural debe considerar, al menos, los siguientes aspectos:

a) En términos de la población presente en la cuenca se incluirá la identificación de los asentamientos humanos presentes en la cuenca tales como ciudades, pueblos, aldeas, caseríos, entre otros, realizándose una distinción entre la población que se encuentra en sectores urbanos, rurales y periurbano; evidenciando la evolución de la población en cada sector.

A su vez, se requiere de la identificación y caracterización de la población que habita la cuenca mediante variables demográficas, socioeconómicas y culturales de la misma, que permitan reconocer cuáles son los grupos más vulnerables ante los efectos adversos al cambio climático sobre recursos hídricos. En este aspecto, será relevante la información sobre edades, pueblos indígenas y tribales, conforme lo previsto en el Convenio 169 de la OIT; en la ley N°19.253 y en la ley N°21.151, género, niveles de pobreza considerando su evaluación multidimensional (educación, salud, trabajo y seguridad social y vivienda), y aquellos elementos que sean pertinentes a los habitantes de la cuenca. Esta caracterización debe representar especialmente a la población que se considera como vulnerable según el principio de equidad y justicia climática.

b) En términos culturales, se requiere identificar y analizar el valor, cosmovisión y vinculación que tienen los habitantes de la cuenca, incluyendo a las diversas comunidades, pueblos indígenas, tribales con el agua de la cuenca, entre otros.

c) En términos económicos, se deben identificar las actividades económicas presentes —además de proyectos e iniciativas de desarrollo potenciales— en la cuenca por tipo de actividad y empleos asociados, incluyendo los efectos sobre la disponibilidad de agua, en cantidad y calidad, que esas actividades generan. Se debe hacer un especial énfasis en identificar y analizar la interdependencia del agua asociada a cada actividad productiva. Además, se deberá analizar el estado de avance del sistema de Monitoreo de Extracciones Efectivas de aguas superficiales y subterráneas de la Dirección General de Aguas en la cuenca, e incorporar en los análisis al menos sus datos de usos, bombeos y niveles. Se deberá realizar una caracterización de los proyectos que cuenten con una resolución de calificación ambiental favorable. Finalmente, se deberá identificar los usos productivos del agua a partir de las actividades económicas de la cuenca.

Artículo 15°. Caracterización de la Infraestructura Hídrica, Redes Hidrométricas y de Monitoreo. Se debe caracterizar la infraestructura hídrica y las nuevas fuentes de agua existentes, proyectadas o potenciales en la cuenca, considerando aspectos mínimos en los términos que se señalan a continuación:

a) En términos de consumo humano, salud y subsistencia, se debe caracterizar la cobertura de los sistemas de agua potable y saneamiento, diferenciándolos entre los que abastecen sectores urbanos, rurales y periurbanos.

b) En términos de obras hidráulicas, se debe distinguir, entre aquellas destinadas al consumo humano, salud y subsistencia, desarrollo económico y control de efectos adversos derivados del cambio climático sobre recursos hídricos. Se deberá identificar entre las obras hidráulicas que permiten la extracción de agua (fuentes como pozos y bocatomas), tratamiento, su distribución y almacenamiento, cuando corresponda, señalando estatutos, derechos, dirigentes y beneficiarios.

A su vez, se deben identificar los sistemas de evacuación y recolección de aguas lluvias, control de crecidas e infiltración de acuíferos en la cuenca.

Además, se debe detallar las nuevas fuentes de agua existentes, proyectadas o potenciales en la cuenca, diferenciando el tipo de uso que se verá beneficiado por la nueva fuente.

c) En términos de redes hidrométricas y de monitoreo, se debe incluir el estado de las redes de medición, públicas y privadas, que existen en la cuenca, así como el estado de su calidad. Se debe considerar la caracterización de la red hidrométrica y de calidad de aguas superficiales y subterráneas, incluyendo, si corresponde, las de monitoreo fluviométrico, meteorológico, sedimentrométrico, glaciológico, del nivel de pozos, lagos y embalses, y rutas de nieves, y las que se consideren pertinentes en la cuenca. Para las estaciones y redes, según corresponda, deberá indicar el responsable de la mantención y del procesamiento de la información, la accesibilidad de la información y su formato, frecuencias, parámetros, base de datos y otra información pertinente.

Se deben identificar las condiciones de funcionamiento de las obras hidráulicas existentes, así como de las estaciones de monitoreo.

Para lograr la caracterización de la infraestructura hídrica, se debe realizar una revisión del estado de avance del sistema de Monitoreo de Extracciones Efectivas de aguas superficiales y subterráneas de la DGA en la cuenca, incorporando al menos la información de las obras de captación contenidas en él.

d) Es necesario localizar y georreferenciar toda información relativa a la caracterización de la infraestructura hídrica, redes hidrométricas y de monitoreo, señalando en cada caso, la organización, entidad o persona a cargo de su administración y las características principales de la misma según corresponda. Además, incluir año de construcción, vida útil, evaluación de la capacidad de otorgar el servicio requerido, sus reglas de operación, pérdidas de agua, entre otras características específicas.

Artículo 16°. Descripción de la Gestión Hídrica de la Cuenca. La descripción de la gestión hídrica debe considerar, a lo menos, la realización de un análisis tanto de actores usuarios de aguas, como de no usuarios, por sectores, e instituciones que se vinculen a distintos usos del agua y así, describir las dinámicas, interacciones y relaciones, en torno a la gestión hídrica.

Para esto, se debe identificar a los actores e instituciones de diferentes escalas territoriales involucrados en la gestión hídrica clasificándolos a partir de los usos del agua en la cuenca. Se debe considerar, al menos, actores y/o instituciones del sector público, privado, la sociedad civil y la academia y, describir sus características, roles, responsabilidades y las relaciones entre ellos. Se debe tener especial consideración en distintas instancias de articulaciones, finalizadas, actuales o potenciales, entre los actores y/o instituciones e identificar los motivos que los generen.

Artículo 17°. Balance Hídrico. Se deberá modelar el balance hídrico histórico, actual y proyectado a futuro, a diferentes escalas espaciales (subcuenca, SHAC) y temporales (largo plazo, anuales, mensuales), de acuerdo a las particularidades de la cuenca, considerando los contenidos del artículo 31 de este reglamento y la caracterización de la cuenca. Se deberá considerar los derechos de aprovechamiento de aguas constituidos y regularizados; las extracciones efectivas informadas por los usuarios, teniendo como resultado los usos susceptibles de regularización; la disponibilidad de recursos hídricos superficiales o subterráneos para la constitución de nuevos derechos; los caudales susceptibles de ser destinados a fines no extractivos. Además, se deben considerar otros componentes como los consumos domésticos de subsistencia que no requieren derechos de aprovechamiento de aguas; las aguas halladas; las reservas de aguas; el caudal ecológico; las aguas de mar (desalinizadas o no) que de alguna forma entren al balance hídrico de la cuenca, superficial o subterráneamente; las infiltraciones; extracciones autorizadas conforme al inciso séptimo del artículo 314 del Código de Aguas; obras destinadas a infiltrar las aguas; la capacidad de regulación en embalses, acuíferos y lagos; las interacciones río acuífero; y flujos glaciares, cuando corresponda.

En suma, el balance hídrico de la cuenca debe describir todos los flujos relevantes de entradas y salidas de agua superficial y subterránea de la cuenca, considerando los diferentes usos y demandas, y describir si el balance se encuentra en un estado positivo de almacenamiento o negativo de desembalse, tanto para los lapsos históricos, actuales, y proyectados.

El balance hídrico resultante se deberá comparar con los balances hídricos anteriores existentes en el territorio, analizando posibles diferencias. En función de la información disponible en la cuenca, se podrán considerar la actualización del Balance Hídrico Nacional, los Planes Estratégicos de Gestión Hídrica, la disponibilidad para otorgar derechos de aprovechamiento de agua, estudios asociados al Sistema de Evaluación de Impacto Ambiental, estudios procedentes de la academia, estudios de servicios públicos pertinentes (Comisión Nacional de Riego, Dirección Nacional de Fronteras y Límites del Estado de Chile, Servicio Nacional de Geología y Minería, entre otros), u otros estudios específicos.

Artículo 18°. Principales Problemas que Afectan la Seguridad Hídrica de la Cuenca. A partir de los aspectos caracterizados y considerando el balance hídrico, se deberán identificar los principales problemas que afectan la seguridad hídrica de la cuenca y, las oportunidades para alcanzarla.

Este análisis deberá contener, al menos, lo siguiente:

a) Un diagnóstico que establezca la afectación a la sustentabilidad acuífera en cantidad y calidad, y el riesgo de afectación, según sea el caso de la cuenca, caracterizando y ponderando el origen de la afectación, según sea esta antrópica o natural. Este diagnóstico deberá considerar la información disponible levantada en la caracterización de la cuenca y el Balance Hídrico.

b) En coordinación con los órganos competentes, se debe modelar la calidad del agua superficial y subterránea de acuerdo a lo establecido en el artículo 29 de este reglamento.

c) Un diagnóstico de las redes hidrométricas y de monitoreo, que profundice en los resultados de la evaluación obtenidos en la caracterización.

d) Un análisis de los principales eventos climáticos extremos que ha experimentado la cuenca o parte de ella, entre los que destacan sequías históricas, inundaciones, contaminación de cuerpos de agua, o cualquier otro evento climático vinculado con temáticas hídricas, así como los relativos a la contaminación de cuerpos de agua. Este análisis debe contener una evaluación de los Instrumentos y Políticas de Planificación y Ordenamiento Territorial según lo establecido en el artículo 34 de este reglamento; una descripción de los lugares y población afectada; pérdidas materiales, económicas, degradación de ecosistemas naturales, entre otros; así como los mecanismos que se articularon posterior a la ocurrencia de estos eventos.

e) Un análisis de los problemas y/o conflictos socio-ambientales (históricos y/o actuales) vinculados con el agua en la cuenca. Para esto, se requiere describir a los actores e intereses involucrados, principales hitos, lugares, uso(s) del agua, mecanismos que se articularon en el proceso, entre otras características específicas de cada problema y/o conflicto desarrollado en la cuenca.

Para la generación de contenidos, todos los análisis deben incluir actividades de participación ciudadana, siguiendo lo indicado en el artículo 32 de este reglamento.

Artículo 19º. La Imagen Objetivo de la Cuenca. Considerando la información obtenida en la caracterización de la cuenca, el Balance Hídrico y los principales problemas que afectan la seguridad hídrica de la cuenca; se deberá construir una imagen objetivo que permita definir el objetivo general del PERHC y así propender hacia la seguridad hídrica de la cuenca, según lo establecido en el artículo 1 de este reglamento.

Para lo anterior, se deberán identificar las brechas en torno a la seguridad hídrica de la cuenca, comparando la situación actual y la imagen objetivo co-construida, mediante el establecimiento de indicadores de estado. Estas brechas deben estar diferenciadas según las siguientes dimensiones de la seguridad hídrica:

a) Seguridad hídrica para el consumo humano, la salud y subsistencia.

b) Seguridad hídrica para el desarrollo económico.

c) Seguridad hídrica para la conservación y preservación de los ecosistemas.

d) Seguridad hídrica que promueva la resiliencia frente a amenazas asociadas a sequías, crecidas y la prevención de la contaminación.

Además, se deberán definir los objetivos específicos del PERHC en torno a las dimensiones de seguridad hídrica, de tal forma que respondan al objetivo general del plan.

Se deben realizar actividades de participación ciudadana, según lo que indica el artículo 32 del presente reglamento, para elaborar la definición de la imagen objetivo de la cuenca, los objetivos y los indicadores de estado.

PÁRRAFO 3° ETAPA DE PRIORIZACIÓN DE MEDIDAS

Artículo 20°. Contenido de la Etapa de Priorización de Medidas. En esta etapa, se deberá realizar la identificación, caracterización, análisis y priorización de medidas para el Plan de Implementación, las que deberán propender a alcanzar la imagen objetivo de la cuenca y el objetivo del PERHC. Para su desarrollo, se debe considerar lo establecido en el Título V del presente reglamento.

Artículo 21°. Identificación de Medidas. Para la identificación de potenciales medidas que permitan abordar las brechas identificadas y el logro del objetivo del PERHC, se deberá poner especial énfasis en las soluciones basadas en la naturaleza y en las mejores técnicas disponibles para implementar e innovar en las actuales y en las nuevas fuentes para el aprovechamiento y reutilización de las aguas. De acuerdo al literal e) del artículo 13 de la ley N° 21.455, se considerarán soluciones basadas en la naturaleza la restauración o conservación de humedales, riberas, bosque nativo, prácticas sustentables agrícolas, entre otras; por su parte, se considerarán mejores técnicas disponibles la desalinización de agua de mar, la reutilización de aguas grises y servidas, la recarga artificial de acuíferos, la cosecha de aguas lluvias y otras que sean aplicables.

Para la identificación de potenciales medidas que permitan abordar las brechas identificadas se deberá realizar, al menos:

a) La elaboración de un catastro de medidas que se encuentren en políticas, planes y programas o la cartera de proyectos elaborados por instituciones, tanto públicas como privadas para la cuenca. El catastro será elaborado por la Dirección General de Aguas con la participación de los órganos encargados.

b) El levantamiento de una propuesta preliminar de medidas que surja desde la Mesa Estratégica de Recursos Hídricos de la Cuenca, a través de actividades de participación ciudadana, según lo establecido en el artículo 32 de este reglamento.

c) Medidas complementarias a las anteriores, que sean propuestas por los órganos encargados definidos en el artículo 5 del presente reglamento.

Entre estas medidas identificadas, se deben encontrar, al menos:

a) Medidas para hacer frente a las necesidades presentes y futuras de consumo humano, conservación y preservación de la naturaleza.

b) Medidas para la recuperación de acuíferos cuya sustentabilidad se encuentre afectada o haya riesgo de afectación.

c) Medidas destinadas a la ampliación, instalación, modernización y/o reparación de redes de monitoreo.

d) Medidas concretas para hacer frente a los efectos adversos derivados del cambio climático, tales como sequías, inundaciones y pérdida de calidad de las aguas, entre otras; e información que propenda a reducir la incertidumbre sobre los efectos del cambio climático.

e) Medidas destinadas a solucionar la falta de información para propender a una toma de decisiones informada, considerando a lo menos información necesarias para la definición de indicadores de estado.

Artículo 22°. Caracterización de Medidas Identificadas. La caracterización de las medidas identificadas considera, al menos, los siguientes aspectos que permitan elaborar un perfil detallado y homogéneamente desarrollado para cada una de ellas, en miras de evaluar su factibilidad y contribución al logro del objetivo del PERHC:

a) Nombre de la medida.

b) Brecha a la que responde, según lo definido en la co-construcción de la imagen objetivo a que refiere el artículo 19 de este reglamento.

c) Objetivo específico de la medida y objetivo específico del plan al que responde.

d) Descripción de la medida.

e) Política, plan, programa sectorial o cartera de proyectos; actividad de participación ciudadana; o propuesta complementaria de órganos encargados que le da origen a la medida.

f) Relación con otras medidas identificadas.

g) Vida útil o duración de la medida.

h) Plazos de implementación.

i) Organismo(s) del Estado o actor(es) privado(s) implementadores de la medida.

j) Localización territorial.

k) Estimación de los costos, incluidos los costos indirectos de la inacción para la adaptación.

l) Posible(s) fuente(s) de financiamiento.

m) Identificación de las potenciales barreras institucionales, normativas, culturales, tecnológicas y financieras para el cumplimiento de la medida.

n) Fuente(s) de información.

Se deberá evaluar y validar que las medidas caracterizadas aborden todas las brechas identificadas. En el caso de que esto no se cumpla, los órganos encargados deberán complementar las medidas identificadas.

Artículo 23°. Análisis y Priorización de Medidas. Se realizará un análisis de la factibilidad de las medidas, considerando las barreras institucionales, normativas, culturales, tecnológicas, financieras u otras que permita determinación de cuáles de ellas son o no factibles.

Este análisis de factibilidad, lo deberán realizar, al menos, los organismos del Estado o actores privados implementadores de cada medida.

Luego, se deberá evaluar si las medidas que no sean factibles pueden ser robustecidas en su caracterización, es decir, en su perfil detallado y homogéneamente desarrollado, para un nuevo análisis de factibilidad. Si no es posible, serán descartadas.

A continuación, y a partir del resultado del análisis de factibilidad, se deberá realizar respecto de cada medida evaluada como factible una evaluación de los beneficios y/o contribución en torno al logro del objetivo del PERHC y de sus costos asociados.

Además, se deberá incluir una evaluación de los potenciales impactos ambientales y sociales de las medidas factibles, así como la evaluación de las proyecciones de demanda para consumo humano y la conservación y preservación de la naturaleza, de al menos diez años; propendiendo a una evaluación integrada para alcanzar la seguridad hídrica.

Esta evaluación podrá incorporar la modelación del conjunto de medidas para el análisis del impacto sinérgico sobre los objetivos, considerando los escenarios de cambio climático pertinentes, de acuerdo al artículo 31 de este reglamento.

Para contribuir a la evaluación de las medidas se deberán realizar actividades de participación ciudadana, según el artículo 32 de este reglamento.

La evaluación de los beneficios, contribución y costos, así como, la evaluación de los potenciales impactos ambientales y sociales de las medidas factibles; serán insumos para la priorización de las medidas factibles y deberá considerar los costos indirectos de la inacción para la adaptación.

Para la priorización de las medidas factibles se deberá realizar un análisis en base a criterios y metodologías pertinentes a cada cuenca, que permita establecer un orden de preferencia intertemporal entre ellas.

Los criterios deben ser definidos por los órganos encargados, teniendo en cuenta las actividades de participación ciudadana, según lo establecido en el artículo 32 de este reglamento. Estos criterios deberán responder a los objetivos del PERHC y guiarse por los principios orientadores indicados en el artículo 2 de este reglamento, permitiendo establecer, al menos, una cartera de medidas pertinentes al territorio, en base a sus prioridades y que aborde todas las brechas identificadas.

En el caso de proponer más de una cartera de medidas, éstas se deberán evaluar en base a los criterios definidos anteriormente, al menos, por los organismos del Estado o actores privados implementadores de medidas. Como resultado de esta evaluación, se seleccionará una cartera de medidas a través de actividades de participación ciudadana según el artículo 32 de este reglamento.

Sin perjuicio de lo anterior, entre las medidas priorizadas se encontrarán, al menos, las señaladas en el inciso tercero del artículo 21 de este reglamento. A su vez, se debe señalar explícitamente y cuando corresponda, las medidas concretas para hacer frente a los efectos adversos derivados del cambio climático, tales como sequías, inundaciones y pérdida de calidad de las aguas.

Aquellas medidas que deban ser implementadas por organismos del Estado podrán ser priorizadas en su respectivo ámbito de gestión, de acuerdo con su disponibilidad presupuestaria, de tal manera que permita establecer un orden de preferencia intertemporal entre ellas. La priorización de cada organismo se materializará a través de un informe que será remitido a la Dirección General de Aguas, en un plazo de 15 días hábiles, en los términos descritos en el artículo 38 de la ley N° 19.880.

Se deberá elaborar un resumen de las medidas priorizadas, incluyendo su caracterización, el análisis de factibilidad, la evaluación de costos, beneficios y potenciales impactos, la priorización de medidas y la selección de cartera; además de los resultados del proceso de participación ciudadana.

TÍTULO III
DE LA FASE DE IMPLEMENTACIÓN Y SEGUIMIENTO DE LOS PLANES ESTRATÉGICOS DE RECURSOS HÍDRICOS EN CUENCAS

Artículo 24°. Contenidos del Plan de Implementación. El Plan de Implementación establece el curso de acción en el tiempo de la implementación de las medidas priorizadas resultantes de la Fase de Elaboración, permitiendo la coordinación entre los organismos del Estado y actores privados implementadores de medidas, así como del seguimiento de las medidas.

Este Plan de Implementación debe contener:

a) Hoja de Ruta.

b) Plan de seguimiento.

c) Estrategia de comunicación.

El Plan de Implementación deberá guardar coherencia con el diagnóstico, la imagen objetivo de la cuenca y los objetivos del PERHC.

En los casos que corresponda, las medidas priorizadas a partir de lo establecido en la fase de elaboración serán incorporadas dentro de los instrumentos definidos en el artículo 28 de este reglamento.

Corresponderá a la Dirección General de Aguas confeccionar el Plan de Implementación.

Artículo 25°. Hoja de Ruta. Se deberá establecer una Hoja de Ruta que describa la secuencia y plazos en el que se debe desarrollar el PERHC, para favorecer la materialización de sus objetivos y la imagen objetivo de la cuenca. Esta Hoja de Ruta deberá contener, al menos, la siguiente información:

a) Imagen objetivo de la cuenca.

b) Objetivos del PERHC.

c) Agrupación de medidas por tipología y objetivo.

d) Cronología a corto, mediano y largo plazo.

e) Hitos de referencia relevantes para la implementación.

f) Relación (interdependencias) entre las medidas, destacando las medidas habilitantes.

g) Organismos del Estado o actores privados implementadores de las medidas.

h) Posibles riesgos.

Además, se deberá incluir una evaluación económica y social del Plan de Implementación, indicando, al menos, la distribución de costos en que incurran los organismos del Estado y actores privados implementadores de las medidas, plazos, y una descripción de las fuentes de financiamiento, entre otros aspectos del financiamiento relevantes en función de las características particulares de cada territorio.

Artículo 26°. Plan de Seguimiento. El Plan de Implementación deberá incorporar un Plan de Seguimiento, en el que se indiquen los mecanismos de monitoreo y reporte, especificando las responsabilidades, información y recursos necesarios para el seguimiento del PERHC, según lo especificado en el artículo 29 de este reglamento.

Se deben incluir indicadores anuales de cumplimiento de la planificación y de avances tanto en las medidas priorizadas, como en los instrumentos del Plan de Implementación definidos en el artículo 28 de este reglamento, identificando al organismo del Estado implementador. Además, se incluirán los indicadores de estado definidos en la etapa de diagnóstico de la cuenca, según lo dispuesto en el párrafo 2° del título II de este reglamento.

Los indicadores anuales de cumplimiento de la planificación y avances serán de público acceso, y deberán ser coherentes con el proceso de monitoreo, reporte, verificación y evaluación de la adaptación en el largo plazo al que se refiere la Estrategia Climática de Largo Plazo de Chile.

Artículo 27°. Estrategia de Comunicación. Los productos y resultados de los PERHC deberán ser de público acceso, para lo que se deberá definir una Estrategia de Comunicación de corto, mediano y largo plazo, que permita la difusión de sus contenidos. Esta estrategia debe contener, al menos:

a) Objetivos.
b) Público objetivo.
c) Medios, acciones y actividades para su logro.
d) Recursos y responsables.
e) Plazos de ejecución.

La Dirección General de Aguas dispondrá de una plataforma electrónica de público acceso desarrollada para el efecto de publicar el contenido de los PERHC, incluyendo los indicadores anuales de cumplimiento de la planificación y avance de cada plan, identificando el organismo del Estado implementador y la información de los modelos conceptuales con sus códigos y escenarios de cambio climático.

Adicionalmente, el PERHC se publicará en la página web de este servicio, en un plazo no superior a 10 días hábiles contados desde su aprobación y se incluirá su publicación conforme a reglas de transparencia activa contenidas en la ley N° 20.285.

Artículo 28°. Instrumentos del Plan de Implementación. Cuando corresponda, según su objetivo o tipología, las medidas priorizadas en el artículo 23 del presente reglamento, deberán ser incorporadas en alguno de los siguientes instrumentos del Plan de Implementación:

a) Plan de recuperación de acuíferos:

Se deberá elaborar un plan de recuperación de acuíferos que incluya medidas priorizadas dispuestas para tal efecto cuando se hayan identificado en la etapa de diagnóstico, acuíferos cuya sustentabilidad, en cuanto a cantidad y/o calidad, incluyendo parámetros biológicos, físicos y químicos, se encuentre afectada o haya riesgo de afectación. Este Plan deberá incluir:

i. Identificación del acuífero o sector acuífero que se busca recuperar.

ii. Identificación precisa de la afectación a la sustentabilidad que ha sufrido el acuífero o de su riesgo de afectación, de conformidad a la definición del artículo 3 de este reglamento, considerando especialmente el principio precautorio.

iii. Caracterización de las medidas que se implementarán y mediante las cuales sea posible proyectar la recuperación del acuífero.

b) Programa quinquenal de redes hidrométricas y de monitoreo:

Se deberá elaborar un programa quinquenal de redes hidrométricas y de monitoreo cuando se prioricen medidas cuyo objetivo propenda a la ampliación, instalación, modernización y/o reparación de las redes de estaciones fluviométricas, meteorológicas, sedimentométricas, y la mantención e implementación de la red de monitoreo de calidad de las aguas superficiales y subterráneas, de niveles de pozos, embalses, lagos, glaciares y rutas de nieve.

El programa consistirá en un conjunto integrado y articulado de medidas, el que deberá incluir, al menos, las actividades necesarias para su ejecución, especificando sus secuencias, plazos y presupuestos.

Las medidas priorizadas incluidas en este programa deberán complementar su caracterización con, al menos, los siguientes contenidos:

i. Número de estaciones.

ii. Ubicación de las estaciones consideradas, incluyendo su accesibilidad física y legal.

iii. Caracterización técnica de las redes y estaciones consideradas, según corresponda.

c) Plan para hacer frente a las necesidades presentes y futuras de recursos hídricos:

Se deberá elaborar un Plan que compilará todas las medidas que hagan frente a las necesidades presentes y futuras de consumo humano y conservación y preservación de la naturaleza.

Artículo 29°. Sobre La Implementación y Seguimiento. Una vez elaborado el Plan de Implementación, se iniciará la ejecución del mismo, que permita la implementación y ejecución de las medidas priorizadas del PERHC, de acuerdo a lo establecido en dicho Plan, por parte de los organismos del Estado y actores privados implementadores de medidas en torno a su ámbito de gestión. Esto, con el propósito de dar cumplimiento al abordaje de las brechas identificadas y los objetivos específicos.

Para el seguimiento se establecerán mecanismos de monitoreo y reporte para evaluar el desempeño de la elaboración e implementación del PERHC.

El Ministerio de Obras Públicas, por medio de la Dirección General de Aguas, como órgano encargado, deberá hacer seguimiento del avance de las etapas definidas en el artículo 9 de este reglamento, mediante un reporte anual.

Iniciada la fase de implementación, el Ministerio de Obras Públicas por medio de la Dirección General de Aguas, como órgano encargado según lo definido en el artículo 5 de este reglamento, deberá hacer seguimiento permanente del cumplimiento de los objetivos, metas, indicadores, medidas e instrumentos de los PERHC, conforme al Plan de Seguimiento señalado en el artículo 26.

Los organismos del Estado implementadores de las medidas, deberán informar anualmente, durante los primeros 15 días del mes de febrero, el avance del año anterior al Ministerio de Obras Públicas por medio de la Dirección General de Aguas, a través de la entrega de un informe de seguimiento que contenga la información, documentación, medios de verificación y otros antecedentes necesarios, de manera oportuna, actualizada y completa con el fin de permitir a la Dirección General de Aguas el monitoreo del avance e implementación de las medidas, planes y programas.

Cuando los PERHC recaigan sobre cuencas transfronterizas, la Dirección General de Aguas remitirá a la Dirección Nacional de Fronteras y Límites del Estado (en adelante, DIFROL) el respectivo Plan para el ejercicio de sus competencias, debiendo la DIFROL remitir el informe indicado en el inciso anterior.

Como resultado del seguimiento permanente, el Ministerio de Obras Públicas por medio de la Dirección General de Aguas, reportará los avances del PERHC a través de un Informe Anual de Seguimiento que se publicará en la página web del servicio, en un plazo no superior a 10 días hábiles contados desde su emisión. Además, dicho informe anual de seguimiento se remitirá a la Mesa Estratégica de Recursos Hídricos de la Cuenca. Ello, sin perjuicio de la publicación del mismo de acuerdo a las reglas de transparencia activa, contenidas en la ley Nº 20.285.

La Dirección General de Aguas deberá efectuar una cuenta pública sobre el Informe Anual de Seguimiento, dentro del plazo de 30 días hábiles contados desde su publicación, conforme a lo establecido en el inciso anterior.

TÍTULO IV
DE LA FASE DE REVISIÓN Y ACTUALIZACIÓN DE LOS PLANES ESTRATÉGICOS DE RECURSOS HÍDRICOS EN CUENCAS

Artículo 30°. De la Revisión y Actualización. Los PERHC deberán revisarse cada cinco años y actualizarse cada diez años, o menos. La revisión tendrá por objeto proponer ajustes y recomendaciones para su mejor adecuación. El Ministerio de Obras Públicas, a través de la Dirección General de Aguas, estará encargado de la revisión de los PERHC.

Para dar inicio a la fase de revisión, se deberá realizar una evaluación de los PERHC. Para dicho efecto, se considerarán especialmente los informes anuales de seguimiento establecidos en el artículo 29 de este reglamento.

La evaluación tendrá por objeto realizar un análisis crítico sobre el grado de avance del PERHC y el desempeño de los organismos del Estado y actores privados implementadores de las medidas, en función del cumplimiento de los objetivos, y la implementación de las medidas establecidas en el PERHC.

Durante la revisión se establecerá la oportunidad y mecanismos para formular observaciones y obtener respuesta fundada de ellas, de acuerdo al artículo 32 de este reglamento.

La actualización tendrá por objeto modificar o incorporar, según corresponda, objetivos, medidas e indicadores a los PERHC, entre otros contenidos, considerando los resultados de su evaluación y revisión y, siguiendo las etapas de la fase de elaboración definidas en el artículo 9. Los órganos encargados, de conformidad al artículo 5 de este reglamento, serán los responsables de la actualización.

TÍTULO V
ASPECTOS TRANSVERSALES A LOS PERHC

Artículo 31°. Determinación de los Aspectos a Modelar. La modelación hidrológica e hidrogeológica, tanto en cantidad como en calidad, responderá a objetivos estratégicos, que definirán su alcance y sus características particulares. Así, la modelación deberá considerar estos objetivos estratégicos y la particularidad de la cuenca, atendiendo al resguardo de la seguridad hídrica.

La definición de los objetivos de modelación deberá establecerse de manera coordinada con los órganos competentes y con la Mesa Estratégica de Recursos Hídricos de la Cuenca.

Dentro de los órganos competentes se deberán considerar a lo menos los establecidos en el artículo 5 de este reglamento. En caso de que se licite alguna actividad de modelación, los órganos competentes participarán en la elaboración de las bases técnicas, mediante la elaboración de informes, en los términos del artículo 38 de la ley N° 19.880.

Se deberá establecer la escala temporal y espacial de la modelación, iniciándola mediante un modelo conceptual o perceptual de la cuenca, según corresponda. Estos deben ser desarrollados considerando un equilibrio entre los objetivos de la modelación y la información disponible, que, a su vez, habilitará el nivel de detalle de la modelación. Así, en función de los problemas que se busca abordar o las respuestas que se busca dar, el o los modelos serán más o menos complejos, considerando siempre que la información disponible determina la complejidad posible de alcanzar.

Una vez que el o los modelos conceptuales o perceptuales de la cuenca estén validados por medio de actividades de participación ciudadana, según el artículo 32 de este reglamento; será posible diseñar, construir, actualizar, y calibrar, según corresponda, el o los modelos numéricos de la cuenca y sus sectores de interés, cuando sea pertinente.

Se debe distinguir entre los períodos históricos, actuales y proyectados, tanto por la disponibilidad de información como por las distintas formas de incertidumbre asociadas. Por periodo actual se entenderá como la situación presente al momento en que se elabore el PERHC, caracterizado con la información más actualizada disponible. Además, se debe establecer qué información de los modelos puede ser utilizada para evaluar los indicadores de los PERHC.

Los escenarios proyectados de simulación deberán incluir, al menos, el caso base y su proyección, y las proyecciones de cambio climático.

Para las proyecciones de cambio climático se debe considerar explícitamente la cascada de incertidumbre asociada, velando por explicitar las decisiones de modelación relacionadas y sus consecuencias al momento de definir escenarios proyectados.

Los modelos deben reportar y cuantificar la incertidumbre asociada, ya sea mediante análisis estadísticos, análisis de escenarios u otras metodologías pertinentes.

Se deberá obtener, establecer o evaluar, según corresponda, los siguientes contenidos del PERHC, incluyendo sus respectivos indicadores, mediante modelación, según el párrafo 2º del título II de este reglamento:

a) Balance hídrico físico actualizado.

b) Balance hídrico legal actualizado.

c) Balance hídrico físico proyectado.

d) Balance hídrico legal proyectado.

e) Diagnóstico que establezca la afectación de la sustentabilidad acuífera en cantidad y calidad, y el riesgo de afectación, según sea el caso de la cuenca.

Asimismo, se podrán obtener, establecer o evaluar, según corresponda, los siguientes contenidos, mediante modelación:

a) Diagnóstico sobre la red hidrométrica, de acuerdo al artículo 13 de este reglamento.

b) El análisis de medidas según lo especificado en la etapa de priorización de medidas, según lo dispuesto en el párrafo 3° del título II de este reglamento.

c) Plan de recuperación de acuíferos, de acuerdo al artículo 26 de este reglamento.

d) Programa quinquenal de redes hidrométricas y de monitoreo, de acuerdo al artículo 28 de este reglamento.

e) Plan para hacer frente a las necesidades presentes y futuras de recursos hídricos, de acuerdo al artículo 28 de este reglamento.

f) Cálculo de los indicadores pertinentes.

Los modelos conceptuales con sus códigos y escenarios de cambio climático que se generen serán de público acceso en una plataforma electrónica de la Dirección General de Aguas. Se publicarán una vez aprobado el proyecto del PERHC, según el artículo 7 de este reglamento.

Artículo 32°. Participación Ciudadana. Toda persona o agrupación de personas tendrá derecho a participar, de manera informada en, al menos, la elaboración, revisión y actualiación de los Planes Estratégicos de Recursos Hídricos en Cuencas, de conformidad a la resolución MOP (exenta) N° 139, de 9 de mayo de 2023, que establece la normativa general de participación ciudadana del Ministerio de Obras Públicas, o aquella que la reemplace, considerando, al menos, una etapa de participación ciudadana de 60 días hábiles, de conformidad a las reglas que en lo sucesivo se enuncian.

La participación ciudadana será abierta, inclusiva, oportuna e informada a través de medios apropiados, teniendo en cuenta criterios de equidad, descentralización y respeto a su autonomía, para un efectivo ejercicio de este derecho, especialmente desde sus etapas iniciales, a través de mecanismos de participación temprana, tales como actividades de entrega de información y difusión y la recolección de antecedentes y opiniones de actores relevantes.

La participación ciudadana considerará la oportunidad y mecanismos para formular observaciones y obtener respuesta fundada de ellas, considerando criterios de viabilidad legal, pertinencia técnica y oportunidad. La Dirección General de Aguas, definirá las estrategias de participación ciudadana para lograr un proceso de cooperación y diálogo conjunto.

Deberá aplicarse con especial consideración de las características sociales, económicas, culturales, geográficas y de género del público de que se trate, teniendo especial consideración con los sectores y comunidades vulnerables, aplicando un enfoque multicultural y de género, procurando el uso de herramientas y el establecimiento de canales que permitan su participación efectiva. Lo anterior, sin perjuicio de los procesos de consulta indígena que deban llevarse a cabo, cuando corresponda.

La Mesa Estratégica de Recursos Hídricos de la Cuenca colaborará con los procesos de participación ciudadana, con la finalidad de propender a una gestión integrada de los recursos hídricos.

En los procesos de participación ciudadana podrán participar tanto quienes integren la Mesa Estratégica de Recursos Hídricos de la Cuenca, así como aquellos actores relevantes para la gestión hídrica y, en general, las y los habitantes del territorio, pudiéndose generar actividades diferenciadas para su participación.

Artículo 33°. Abordaje de Género en los Planes Estratégicos de Recursos Hídricos. Siguiendo los principios de la ley Nº 21.455, Marco de Cambio Climático y los Objetivos de Desarrollo Sostenible de la Agenda 2030 de las Naciones Unidas, específicamente, los objetivos 6.2 y 5.a.; se presentan medidas para la incorporación del enfoque de género de manera transversal en todas las fases, etapas y actividades de los PERHC.

Los PERHC deberán incorporar el enfoque de género en todo ciclo de desarrollo del plan para avanzar a la seguridad hídrica en todos los niveles.

De manera transversal, para cada actividad que se desarrolle, se debe propender, según sea el caso, a una representación equilibrada entre hombres y mujeres. De igual modo, las metodologías deberán propender a facilitar la reflexión en torno a las brechas de género en relación a la gestión hídrica.

Para la fase de elaboración del plan se deben identificar las problemáticas e impactos, o potenciales problemas, en torno a la brecha de género en la gestión hídrica, identificando los efectos diferenciados entre hombres, mujeres, niñas, niños o adolescentes; siendo parte del diagnóstico elaborado por cada cuenca, según señala el párrafo 2° del título II de este reglamento. Este abordaje debe propender al análisis interseccional de los problemas ambientales, considerando otras condiciones de vulnerabilidad adicionales al género como nivel educacional, pertenencia a pueblos indígenas o tribales, pobreza por ingresos y multidimensional, entre otros; siempre velando por la pertinencia territorial de ellos.

En esta fase, se deben generar indicadores mediante datos sensibles al género para facilitar la lectura de efectos diferenciados de las personas por cada cuenca y si es necesario, en sectores específicos de la cuenca. Además, estos indicadores deben ser desagregados por sexo y género. La información que se obtenga debe ser de carácter cualitativo y cuantitativo, propendiendo a la mayor representatividad y diversidad de experiencias.

Las dimensiones de la seguridad hídrica a observar para la generación de indicadores sensibles al género deberán ser, al menos:

a) Participación efectiva en espacios decisionales.

b) Trabajo comunitario.

c) Trabajo doméstico.

d) Impactos en labores de cuidado.

e) Salud física y mental.

f) Economía del hogar y Productos hortofrutícolas para su subsistencia.

Para lo anterior, deberán considerarse, al menos, las siguientes variables:

	Variables
Participación efectiva en espacios decisionales	Distribución de cargos en Comités de Agua Potable Rural (APR) o Servicios Sanitarios Rurales (SSR)
	Distribución de cargos en Organizaciones de Usuarios de Agua (OUA)
Trabajo comunitario	Aumento de estrategias de gestión del agua (ej. Mingas por el agua)
	Tipos de Colaboración vecinal en torno al agua
	Aumento de conocimiento vinculado a la gestión del agua
Trabajo doméstico	Carga de trabajo y tiempo invertido, como prácticas de ahorro de agua (doméstico, de subsistencia, dirigencia APR-SSR/OUA) según fuentes hídricas (bidones, camión aljibe, noria/pozos, agua superficial).
	Labores vinculadas al agua en horarios no habituales.
Impactos en labores de cuidado	Días del año que cierra el establecimiento educacional por falta de agua.
	Ausentismo femenino por escasez de agua (ej. Escolar).
Salud física y mental	Impactos en salud física: Dolores en manos, brazos y espalda (ej. Dolor por acarreo).
	Malestares estomacales por bajo consumo de agua o bien, agua contaminada.
	Impactos en salud mental: sentimientos de preocupación, rabia, estrés, tristeza, angustia, impotencia.
	Diferenciación de la aceptabilidad de la demanda hídrica según usos y fuentes (lavar, cocinar, higiene, riego, aseo / bidones, camión aljibe, norias/pozos, agua superficial).
	Abordaje de Higiene menstrual y embarazo.
Economía del hogar y productos hortofrutícolas para su subsistencia	Efectos en la participación de mujeres en el mercado laboral (disminución de oportunidades de emprendimiento y generación de ingresos).
	Disminución de calidad, cantidad y diversidad de frutas y verduras que consumen.
	Disminución de trueques de verduras y frutas.

En particular, en la etapa de Priorización de medidas, se deben realizar, al menos, dos procesos para incorporar el abordaje de las brechas de género. Por una parte, se deberá utilizar como base, el diagnóstico de las brechas de género, realizada en la etapa anterior, e incorporar una caracterización del aporte de la medida analizada a la reducción de dicha brecha. Por otra, se deben caracterizar posibles nuevos efectos que aumenten o disminuyan las brechas de género atribuibles a la implementación de las medidas, donde se debe velar que estos sean abordados de manera integral en su implementación.

En la fase de implementación y seguimiento, se deben incluir indicadores que evidencien cómo disminuyen efectivamente las brechas de género como efectos de la implementación de las medidas del plan, así como monitorear otros efectos adversos derivados del cambio climático sobre recursos hídricos, en las brechas de género, producto del desarrollo del PERHC como proceso de adaptación.

Los textos y presentaciones que se desarrollen a lo largo del plan deben usar lenguaje inclusivo y los productos deberán excluir cualquier estereotipo de género. Se considerará como insumo mínimo para su elaboración la "Guía de lenguaje inclusivo de género" (MINCAP, 2022) y la "Guía ilustrada para una comunicación sin estereotipos de género" (SERNAM, 2016).

TÍTULO VI
VINCULACIÓN DE LOS PLANES ESTRATÉGICOS DE RECURSOS HÍDRICOS EN CUENCAS CON POLÍTICAS SECTORIALES

Artículo 34°. Vínculo con Instrumentos y Políticas de Planificación y Ordenamiento Territorial. Los instrumentos y políticas de Planificación y Ordenamiento Territorial, en su versión más actualizada, deberán ser utilizados como insumos en la fase de elaboración de los PERHC. Se considerarán como instrumentos y políticas mínimas, cuando correspondan:

a) Planes Reguladores Intercomunales o Metropolitanos (PRI - PRM).
b) Zonificación del Uso del Borde Costero (ZUBC).
c) Plan Regional de Ordenamiento Territorial (PROT).
d) Política Nacional de Riesgos de Desastres (PLANAGERD).
e) Plan Regional para la Reducción del Riesgo de Desastres (PRRRD).
f) Plan Regional de Emergencia (PRE).
g) Zonas de Interés Turístico (ZOIT).
h) Planes de Desarrollo Comunal (PLADECO).
i) Planes Reguladores Comunales (PRC).
j) Planes Seccionales.
k) Planes Maestros de Drenaje y Evacuación de Aguas Lluvias.
l) Estrategia Regional de Desarrollo (ERD).

m) La Estrategia Nacional de Biodiversidad.

Además, los PERHC deberán ser considerados en la elaboración y actualización de los Instrumentos de Planificación Territorial y los Planes Regionales de Ordenamiento Territorial que sean aplicables.

Artículo 35°. Vinculación con Otros Instrumentos de Gestión del Cambio Climático. Los PERHC deberán ser consistentes con la Estrategia Climática de Largo Plazo y el Plan de Adaptación de Recursos Hídricos.

Los PERHC, como instrumentos de gestión del cambio climático de nivel local, deberán considerar los lineamientos, objetivos y metas establecidos por la Estrategia Climática de Largo Plazo, Contribución Determinada a Nivel Nacional, Planes sectoriales de Mitigación y Adaptación al Cambio Climático; y los Planes de Acción Regional de Cambio Climático, según corresponda.

Con el fin de generar una mayor efectividad del sistema, los instrumentos de gestión del cambio climático deben ser complementarios y congruentes entre sí, potenciando sinergias y evitando contradicciones de acciones y medidas, propendiendo a la unidad de acción.

Artículo 36°. Vinculación con Políticas para el Manejo, Uso y Aprovechamiento Sustentables de los Recursos Naturales Renovables. Los PERHC deberán ser consistentes con las políticas para el manejo, uso y aprovechamiento sustentables de los recursos naturales renovables a los que hacen referencia la ley Nº 19.300.

Anótese, tómese razón y publíquese.- GABRIEL BORIC FONT, Presidente de la República.- Jessica López Saffie, Ministra de Obras Públicas.

Lo que transcribo a Ud. para su conocimiento.- Saluda Atte. a Ud., José Andrés Herrera Chavarría, Subsecretario de Obras Públicas.

ACTOS ADMINISTRATIVOS DE LA DIRECCIÓN GENERAL DE AGUAS

SISTEMATIZACIÓN

La DGA, que es el principal organismo público con competencias en materia de recursos hídricos, ha emitido numerosos actos administrativos que abordan diversas temáticas asociadas a sus potestades. A continuación se incluye una sistematización de algunos de ellos, cuyo texto está disponible en el sitio web del referido Servicio público (https://dga.mop.gob.cl/legistlacionynormas/Paginas/default.aspx):

AGUAS DEL MINERO

Resolución Nº 2.600 (exenta), establece alcance y aplicabilidad del artículo 56 bis del Código de Aguas (2022).

Resolución Nº 2.682 (exenta), determina las formas, requisitos y periodicidad en que se deberá entregar la información referida al artículo 56 bis del Código de Aguas (2022).

Resolución Nº 1.739 (exenta), modifica la Resolución DGA (exenta) Nº 2.682, de 21 de octubre de 2022, que determina las formas, requisitos y periodicidad en que se deberá entregar la información referida al artículo 56 bis del Código de Aguas (2023).

Resolución Nº 2.602 (exenta), modifica la Resolución DGA Nº 2.682 (exenta), de 21 de octubre de 2022, que fue modificada por la Resolución DGA Nº 1.739 (exenta), de 2023, dictada en conformidad a lo dispuesto en el artículo 56 bis del Código de Aguas (2023).

CONSUMO HUMANO, SANEAMIENTO Y SUBSISTENCIA

Resolución Nº 1.655 (exenta), establece normas para el correcto alcance y aplicabilidad del artículo 56 del Código de Aguas (2022).

Resolución Nº 1.373 (exenta), modifica la Resolución DGA (exenta) Nº 1.655, de fecha 15 de julio de 2022, que establece normas para el correcto alcance y aplicabilidad del artículo 56 del Código de Aguas (2023).

Resolución N° 2.356 (exenta), aprueba usos no contemplados en la tabla de equivalencia entre caudales de agua y usos del Decreto Supremo MOP N° 743, de 30 de agosto de 2005 (2023).

DERECHOS DE APROVECHAMIENTO DE AGUAS

Circular N° 3, imparte instrucciones sobre el procedimiento para constituir derechos de aprovechamiento de aguas subterráneas en pozos de barreras hidráulicas asociadas a proyectos de disposición de residuos, estériles o desechos sanitarios (2018).

Circular N° 4, instruye sobre los requisitos y condiciones necesarias para solicitar la inscripción individual de derecho de aprovechamiento a partir de inscripciones constitutivas de organizaciones de usuarios de aguas, conforme al artículo décimo tercero transitorio de la Ley 21.435, de 2022, modificado por la Ley 21.586, de 2023 (2023).

FISCALIZACIÓN Y SANCIÓN

Manual de procedimiento sancionatorio de fiscalización, SDT N° 418 (2018).

GOBERNANZA Y GESTIÓN DE CUENCAS

Resolución DGA N° 333 (exenta), establece procedimiento para la formalización de la convocatoria de las mesas estratégicas de recursos hídricos de conformidad a lo establecido en el artículo 293 bis del Código de Aguas y el artículo 8 del Decreto Supremo N° 58/2023, que aprueba el reglamento que establece procedimiento para la elaboración, revisión y actualización, así como el monitoreo y reporte de los planes estratégicos de recursos hídricos en cuencas (2024).

INVESTIGACIÓN E INVERSIÓN EN RECURSOS HÍDRICOS

Resolución N° 97 (exenta), identifica las entidades que tienen la calidad de coordinados, conforme al artículo único transitorio del Decreto MOP N° 52, de 30 de marzo de 2023, que aprueba Reglamento sobre la coordinación por parte de la DGA de los programas de investigación e inversión en recursos hídricos que cuenten con financiamiento del Estado (2024).

NORMAS Y PROCEDIMIENTOS PARA LA ADMINISTRACIÓN DE RECURSOS HÍDRICOS

Resolución DGA N° 3.504 (exenta), aprueba Manual de Normas y Procedimientos para la Administración de Recursos Hídricos, SIT N° 156 (2008).

Resolución N° 2.455 (exenta), modifica el punto 6.4.2 áreas de restricción (expediente tipo VAR), procedimiento, del Manual de Normas y Procedimientos para la Administración de Recursos Hídricos - 2008, aprobado mediante Resolución DGA N° 3.504 (exenta), de 17 de diciembre de 2008, en el sentido que indica (2011).

Resolución N° 2.878 (exenta), modifica Manual de Normas y Procedimientos para la Administración de Recursos Hídricos - 2008, SIT N° 156 de diciembre de 2008, aprobado mediante Resolución DGA N° 3.504 (exenta), de 17 de diciembre de 2008, en el sentido que indica (2022).

Resolución N° 3.020 (exenta), modifica Manual de Normas y Procedimientos para la Administración de Recursos Hídricos - 2008, SIT N° 156 de diciembre de 2008, aprobado mediante Resolución DGA N° 3.504 (exenta), de 17 de diciembre de 2008, en el sentido que indica (2022).

Resolución N° 3.202 (exenta), modifica Manual de Normas y Procedimientos para la Administración de Recursos Hídricos - 2008, SIT N° 156 de diciembre de 2008, aprobado mediante Resolución DGA N° 3.504 (exenta), de 17 de diciembre de 2008, en el sentido que indica (2022).

Resolución N° 1.513 (exenta), modifica Manual de Normas y Procedimientos para la Administración de Recursos Hídricos - 2008, SIT N° 156 de diciembre de 2008, aprobado mediante Resolución DGA N° 3.504 (exenta), de 17 de diciembre de 2008, en el sentido que indica (2023).

Resolución N° 2.083 (exenta), modifica Manual de Normas y Procedimientos para la Administración de Recursos Hídricos - 2008, SIT N° 156 de diciembre de 2008, aprobado mediante Resolución DGA Nº 3.504 (exenta), de 17 de diciembre de 2008, en el sentido que indica (2023).

NORMAS Y PROCEDIMIENTOS PARA LA CONSERVACIÓN Y PROTECCIÓN DE RECURSOS HÍDRICOS

Resolución Nº 1.752 (exenta), deja sin efecto Resolución DGA (exenta) Nº 1.400, de 15 de junio de 2007, y aprueba Manual de Normas y Procedimientos para la Conservación y Protección de Recursos Hídricos (2023).

Resolución Nº 4.000 (exenta), rectifica la Resolución DGA (exenta) Nº 1.752, de 7 de julio de 2023, que deja sin efecto Resolución DGA (exenta) Nº 1.400, de 15 de junio de 2007, y aprueba Manual de Normas y Procedimientos para la Conservación y Protección de Recursos Hídricos (2024).

MONITOREO Y CONTROL DE EXTRACCIONES DE AGUAS

Circulares

Circular Nº 1, instruye sobre aplicación de los artículo 3 y 7 del Decreto Nº 53, de fecha 3 de abril de 2020, del Ministerio de Obras Públicas, referentes a las condiciones técnicas de los dispositivos de control y aforo, y a los criterios y niveles de exigencia (estándares), respectivamente (2023).

Resoluciones

Resolución Nº 1.238 (exenta), determina las condiciones técnicas y los plazos a nivel nacional para cumplir con obligación de instalar y mantener un sistema de monitoreo y transmisión de extracciones efectivas en las obras de captación de aguas subterráneas (2019).

Resolución Nº 564 (exenta), rectifica Resolución DGA Nº 1.238 (exenta), de 21 de junio de 2019 (2020).

Resolución Nº 1.608 (exenta), modifica la Resolución DGA (exenta) Nº 1.238, de 21 de junio de 2019, que determina las condiciones técnicas y los plazos a nivel nacional para cumplir con la obligación de instalar y mantener un sistema de monitoreo y transmisión de extracciones efectivas en las obras de captación de aguas subterráneas (2023).

ORGANIZACIONES DE USUARIOS DE AGUAS

Circulares

Circular N° 02, instruye sobre cumplimiento del mandato legal contenido en los artículos 199 y 272 del Código de Aguas (2021).

Circular N° 3, aclara atribución del directorio de las juntas de vigilancia para representar a sus miembros para el registro de obras y envío de información en el cumplimiento de la normativa de monitoreo de extracciones efectivas (2021).

Circular N° 01, dicta instrucciones para la correcta aplicación del artículo 218 y 235 del Código de Aguas referente a la forma de realización de las juntas generales y sesiones de directorio (2022).

Circular N° 2, instruye sobre aplicación del artículo 231 del Código de Aguas en relación a representación de personas jurídicas en el directorio de organizaciones de usuarios (2022).

Circular N° 03, instruye sobre aplicación del artículo 229 del Código de Aguas en relación con realización de elecciones y representación de usos prioritarios en los directorios de organizaciones de usuarios (2022).

Resoluciones

Resolución N° 415 (exenta), aprueba instructivo sobre procedimiento de fiscalización de organizaciones de usuarios - SDT N° 451 de diciembre de 2022 y deja sin efecto instructivo N° 4 de septiembre de 2010 (2023).

PATENTE POR NO USO DE AGUAS

Resolución N° 121 (exenta), establece criterios para resolver recursos de reconsideración en contra de la resolución que fija anualmente el listado de derechos de aprovechamiento afectos al pago de patente por no uso de aguas (2023).

OBRAS HIDRÁULICAS

Circulares

Circular N° 1, imparte instrucciones para la aplicación del DS MOP 50, de 2015, Reglamento a que se refiere el artículo 295 inciso 2° del Código de Aguas (2016).

Circular N° 05, instruye sobre la aplicabilidad de los permisos ambientales sectoriales PAS 155, 156 y 157 del DS MMA N° 40/2012, a los servicios dependientes del Ministerio de Obras Públicas (2016).

Circular N° 01, deja sin efecto circular N° 2, de 18 de julio de 2016, del Director General de Aguas, la que se reemplaza por el texto que se indica, que imparte instrucciones sobre el sentido y alcance del permiso sectorial tipificado en el artículo 171 del Código de Aguas, en relación a las obras que son objeto de bonificación de la ley N° 18.450, sobre fomento a la inversión privada en obras menores de riego y drenaje, así como de aquellas obras beneficiadas con créditos y/o incentivos de financiamiento por el Instituto de Desarrollo Agropecuario (2017).

Circular N° 1, complementa circular N° del Director General de Aguas, de fecha 27 de mayo de 2016 (2018).

Circular N° 02, vigilancia de las obras de toma en cauces naturales, art. 304 Código de Aguas (2019).

Circular N° 028, instruye sobre el procedimiento de coordinación que deberá seguir la Dirección General de Obras Públicas y la Dirección General de Aguas, en la evaluación y otorgamiento del permiso para efectuar obras de regularización o defensa de cauces naturales, regulado en los artículos 41 y 171 del Código de Aguas, y el artículo 14 letra l) del Decreto con Fuerza de ley N° 850, que fija el texto refundido, coordinado y sistematizado de la ley N° 15.840, de 1964 (2020).

Resoluciones

Resolución N° 2.132 (exenta), establece las condiciones y el procedimiento a que podrá acogerse voluntariamente cualquier titular de un proyecto de ingeniería, de las obras a que se refiere el artículo 294 del Código de Aguas (2016).

Resolución N° 135 (exenta), determina obras y características que deben o no deben ser aprobadas por la Dirección General de Aguas en los términos señalados en el artículo 41 del Código de Aguas (2020).

Resolución N° 1.672 (exenta), establece criterios para la evaluación de concordancia entre los puntos de captación y/o restitución de los derechos de aprovechamiento de aguas y las obras utilizadas para su ejercicio, así como en el caudal que se aprovechará, de conformidad al artículo 10 inciso final del Decreto Supremo N° 50, de 2015, del Ministerio de Obras Públicas (2020).

PROCEDIMIENTOS Y TRAMITACIONES ANTE LA DGA

Circulares

Circular N° 5, sobre la observancia del principio de probidad administrativa (2018).

Circular N° 5, instruye sobre procedimiento de notificación de resoluciones dictadas por el Director General de Aguas y por funcionarios que obren en virtud de delegación de sus facultades (2023).

Resoluciones

Resolución N° 1.800 (exenta), establece criterios de la Dirección General de Aguas en materias que indica (2010).

Resolución N° 1.360 (exenta), deja sin efecto Resolución DGA (exenta) N° 4.137 de 2011 y aprueba instrucciones para aplicación del art. 135 del Código de Aguas, relativas a la solicitud de fondos para realizar visitas oculares a terreno de la Dirección General de Aguas (2021).

RECARGA DE ACUÍFEROS

Circular N° 4, instruye sobre la aplicabilidad del permiso ambiental sectorial PAS 158, del DS MMA N°40/2012, para ejecutar obras para la recarga artificial de acuíferos, y actualiza las instrucciones contenidas en las minutas DCPRH N° 23/2015 y DCPRH N° 8/2016 (2016).

Circular N° 01, sobre las obras hidráulicas permeables, en la recarga de acuíferos (2019).

ZONAS DE ESCASEZ HÍDRICA

Circulares

Circular N° 1, aclara atribuciones del directorio de las juntas de vigilancia para propomver y suscribir acuerdos de redistribución de las aguas en zonas declaradas en escasez, en virtud del art. 314 del Código de Aguas (2020).

Resoluciones

Resolución N° 1.104 (exenta), establece condiciones técnicas mínimas, obligaciones y limitaciones, que deben cumplir los acuerdos de redistribución de las aguas, y establece procedimiento de revisión, conforme al artículo 314 del Código de Aguas (2022).

Resolución N° 1.331 (exenta), deja sin efecto la Resolución DGA (exenta) N° 1.674, de 12 de junio de 2012, y establece criterios que determinan el carácter de severa sequía, de conformidad a lo dispuesto en el artículo 314 del Código de Aguas (2022).

Resolución N° 1.482 (exenta), establece requisitos, procedimiento y forma de operación en materia de autorizaciones temporales de extracción de aguas en zonas declaradas de escasez hídrica, en conformidad a lo dispuesto en artículo 314 inciso 7°, del Código de Aguas (2022).

Resolución N° 265 (exenta), modifica Resolución DGA (exenta) N° 1.482, de 23 de junio de 2022, establece requisitos, procedimiento y forma de operación en materia de autorizaciones temporales de extracción de aguas en zonas declaradas de escasez hídrica, de conformidad a lo dispuesto en el artículo 314 inciso 7°, del Código de Aguas, en los términos que indica (2023).

Resolución N° 414 (exenta), establece procedimiento de liquidación y cobro a las juntas de vigilancia de los costos asociados a la redistribución de las aguas, conforme al artículo 314 del Código de Aguas (2023).

Resolución N° 579 (exenta), modifica Resolución DGA (exenta) N° 1.331, de 7 de junio de 2022, en los términos que indica (2023).

Resolución N° 3.977 (exenta) complementa Resolución DGA (exenta) N° 1.331, de 7 de junio de 2022, en los términos que indica (2024).

ÍNDICE ANALÍTICO CÓDIGO DE AGUAS